아이들은 정말 괜찮을까?
현대적 가정에서..

도서출판 콜슨은
인간성의 회복, 바른 지혜와
분별력 있는 지성의 함양을 지향합니다.

Originally Published in the U.S.A. under the title:
Them Before Us:
Why We Need a Global Children's Rights Movement
Copyright © 2023 by Katy Faust and Stacy Manning
All Rights Reserved.
This Korean edition was published by Colson Book Publishing
in 2023 by arrangement with
Post Hill Press Book.

Korean Edition © 2023 by Colson Book Publishing

이 책의 한국어판 저작권은 저작권자인
Post Hill Press Book과의 독점 계약으로
도서출판 콜슨에 있습니다.
저작권법에 의해 한국 내에서 보호를 받는
저작물이므로 무단 전재와 무단 복제를 금합니다.

아이들은 정말 괜찮을까?

초판 발행. 2021년 12월
초판 2쇄. 2023년 4월

지은이   케이티 파우스트/스테이시 매닝
옮긴이   하선희
교정   이상현/하한봉
펴낸이   이상현

펴낸곳 도서출판 콜슨
등록번호 제2021-000223호 2021. 7. 7
웹사이트 www.colsonbookpublishing.com
이메일 sleejes@naver.com
전화 070-7818-0475
ISBN 979-11-975330-0-6

ⓒ 도서출판 콜슨, 2023
책값은 뒤표지에 있습니다.

아이들은 정말 괜찮을까?
현대적 가정에서..

Them Before Us: Why We Need a Global Children's Rights Movement

케이티 파우스트, 스테이시 매닝 공저

로버트 조지 추천 / 하선희 옮김

도서출판 콜슨

우리 성인을 위해 희생해야 했던 모든 아이들에게 이 책을 바칩니다.

이 책에 담긴 이야기들의 진정성을 유지하고자 인용된 이야기는
원문 그대로 사용하였습니다.

차례

한국어판 서문	9
추천의 글	11
들어가는 글	16
목소리를 내지 못한 이들의 이야기	30

1장 아동은 권리가 있다. — 37

"권리"란 무슨 뜻인가?	39
생명권, 부모권	46
전 세계적으로 아동의 권리는 인정된다.	49
민주당이 아동의 권리에 관심을 가져야 하는 이유	52
공화당이 아동의 권리에 대해 관심을 가져야 하는 이유	56
흑인 아버지는 중요하다.	60
당신은 이미 이것이 사실임을 알고 있다.	65
실천 방법	68

2장 생물학은 중요하다. — 71

아동은 단지 "안전하고 사랑받으면 되지 않나요?"	74
신데렐라 효과는 정확히 문자 그대로이다.	77
학대와 친자 살해	83
혈연관계가 없는 성인은 유대감이 덜하고 적게 투자한다.	85
계모는 의붓자식에 인색하다.	88
생물학적 부모에 대한 접근 = 생물학적 정체성에 대한 접근	91
실천 방법	98

3장 성별은 중요하다. 101
성별은 사회적 산물이 아니다. 102
남자아이 대 여자아이 106
"엄마 역할"과 "아빠 역할"은 "부모 역할"을 대신해야 한다. 111
아빠는 세상을 반영하고 엄마는 가정을 반영한다. 115
실천 방법 127

4장 결혼은 중요하다. 131
결혼은 아이에게 가장 안전한 장소이다. 133
성관계는 문제가 된다. 135
결혼을 재정의하는 것은 부모됨을 재정의하는 것이다. 138
"의도에 의한" 양육권 행사의 위험 145
위험한 성인을 연루시킬 수 있는 일부다처제 151
동거는 결혼과 다르다. 154
동성혼을 반대하는 것은 인종을 초월한 결혼을 반대하는 것이나 마찬가지 아닌가? 157
단순히 종교적인 문제 아닌가? 159
실천 방법 163

5장 이혼 165
유책주의(At Fault)는 가능하나 무책주의(No Fault)는 결코 안 된다. 168
아이들은 이혼을 "극복하지" 못한다. 172
결혼을 회복하는 것은 아이들과 부모 모두에게 좋다. 190
실천 방법 192

6장 동성 부모(Same-Sex Parents) 195
정말 "차이가 없는가?" 197
방법론이 모든 차이를 만든다. 200

아이들은 무어라 하는가?	209
아버지와 어머니에 대한 결핍	210
포용하거나 받아들이거나 축하하거나… 혹은 그 대안	217
성전환 부모	220
실천 방법	224
7장 기증에 의한 임신	**227**
체외 수정은 아동 친화적이지 않다.	232
나는 누구인가?	235
부모님을 찾아서	240
실종된 이복 형제자매	243
불안정한 가족	247
상품화	251
우생학	256
실천 방법	259
8장 대리모	**261**
의도적인 어머니의 상실	262
위험한 아빠들	268
아기를 팝니다. 바로 여기서 신생아를 가져가세요.	270
잉여 배아와 배아 입양	274
낙태	280
건강상의 위험	282
일어날 수 있는 최선의 시나리오조차 원 상처를 입힌다.	283
실천 방법	288
9장 입양	**291**

입양은 성인이 아니라 아동을 위한다.	292
입양은 상실과 함께 시작된다.	294
가계상의 혼란	301
아동 중심의 배정	302
입양은 아동의 권리를 보호하고 기증에 의한 임신은 침해한다.	305
실천 방법	321
10장 운동에 동참하라	**323**
Them Before Us의 목표	325
왜 전 세계적인 운동인가?	332
정확히 누가 "우리(Us)"인가?	334
이 운동이 당신의 관점을 어떻게 변화시킬 것인가	340
이 운동이 당신을 어떻게 변화시킬 것인가	347
실행 방안	349
감사의 글	**353**
주	**355**

한국어판 서문

모든 아이는 한 명의 어머니와 한 명의 아버지가 있다.
모든 아이는 본인의 어머니와 아버지가 필요하다.
모든 아이는 어머니와 아버지의 사랑을 간절히 원한다.
모든 아이는 친어머니와 친아버지가 양육하는 것이 이롭다.
모든 아이는 자신의 어머니와 아버지에 대한 권리를 지닌다.

지혜로운 우리 선조들은 이러한 현실을 인정하고 남자들이 평생 결혼을 통해 한 여성에게 헌신하도록 장려함으로써 양친 부모 모두 아이들 평생의 부모가 되게끔 만들었다.

우리의 현대적 사회는 그런 선조들보다 더 잘 안다고 생각한다. 진보라는 이름으로, 아이들이 친어머니나 친아버지를 반드시 잃게 되는 가정을 정상적인 것처럼 만드려는 강력한 움직임이 있다. 미국 사회에서 유명 인사들이 옹호해 온 이러한 운동은 법률과 정책을 만들었고, 공교육의 전 과정에 침투했다. 그 결과, 미국의 가정과 아이들의 마음은 그 어느 때보다 더 망가졌다.

그렇지만 이러한 현대적 사회는 잘못되었다. 아이들은 어머니와 아버지를 잃을 때 해를 입는다. 이러한 전통적인 가정을 가장 맹렬하게 옹호하는 이들은 전통적인 가정 바깥에서 자라난 자녀들이다. 특히 이혼 가정, 동성 커플의 자녀, 정자·난자 기증이나 대리모로 만들어진 아이들이 그렇다. "현대적 가정"은 단순히 "아이의 상실"로 이어진다는 사실을 분명하게 보여 준다. 당신이 이 책에서 읽게 될 내용은 바로 이 아이들의 이야기이다.

한 아이가 부모를 잃으면 그 아이의 가슴은 무너진다. 온 사회가 어머니와 아버지의 상실을 장려한다면, 그 사회는 무너질 것이다.

나는 한국이 미국의 사례로부터 배워서, 현대적 가정이라는 모래 위가 아니라 아동의 권리라는 반석 위에 이 나라의 집을 세우게 되기를 간절히 기원한다. 이 책은 당신이 그러한 집을 짓기 시작하는데 필요한 도구를 제공할 것이다.

케이티 파우스트

추천의 글

로버트 P. 조지(프린스턴 대학교 맥코믹 법학 교수이자 제임스 매디슨 프로그램의 책임자, 미국국민권익위원회(U.S. Commission on Civil Rights) 대통령 지명자 및 생명 윤리에 관한 미국 대통령 자문 위원(U.S. President's Council on Bioethics) 활동, 유네스코 과학 지식과 기술 윤리에 관한 세계 위원회(World Commission on the Ethics of Scientific Knowledge and Technology; "COMEST")의 미국 위원 역임)

성인의 욕구와 아동의 요구 중에서 우선순위를 왜 정해야만 하는가? 그 누구도 이 질문을 피해갈 수 없다. 또한 이 둘을 동시에 지지할 수 있는 방법도 없다. 당신은 반드시 양자택일을 해야만 하며, 하나를 선택하게 될 것이다. 노동조합의 그 옛날 노래 가사처럼 "청년들이여, 너희는 어느 편인가? 너희는 어느 편인가?"

내 입장을 분명히 하겠다. 나는 아동의 요구를 우선시하는 편에 선다. 이것은 내가 케이티 파우스트와 뎀비포어스(Them Before Us)를 지지한다는 의미이다.

아이들은 최적의 환경에서 태어나고 자라날 권리가 있다. 당신은 내 말을 정확하게 들었다. (읽었다.) 나는 권리라고 말했다. 그 권리는 아동은 인간이고 따라서 심오하고 천부적이며 평등한 존엄성을 지닌다는 사실에 기초한다. 아동은 거의 모든 방면에서 취약하며, 자라나는 수년간 신체적, 지적, 도덕적, 영적으로 돌봄과 보호를 필요로 한다. 아이가 잘 자라나기 위해 필수적인 조건을 그 아이로부터 박탈하는 정책과 관행을 지지하거나, 그런 일을 하는 것은 잘못된 일이다.

아이들은, 서로에게 그리고 자녀에게 헌신하며 신실한, 선량하고 사랑이 많은 한 명의 엄마와 한 명의 아빠가 필요하다. 그들은 어머니의 영향과 돌봄, 아버지의 영향과 보살핌이 필요하다. 그들은 선생님, 목사, 코치, 할머니, 할아버지, 대모, 대부, 이모, 삼촌의 역할뿐 아니라 특히 엄마와 아빠의 역할에 있어, 훌륭한 여성과 남성의 모범이 필요하다. 물론 나쁜 일들이 일어나서, 한 아이의 생모나 생부가 부모로서의 사회적 역할을 할 수 없게 되는 경우도 있다. 이러한 상황에서는 그 아이를 위해 우리가 할 수 있는 최선을 다해야 한다. 예를 들면, 입양기관과 같이 놀라운 단체에서 하는 일이 그런 일이다. 그러나 동시에 가능한 한 많은 아이들을 혼인 상태의 친부모가 양육하도록 만들기 위해서도 최선을 다해야 한다.

남편과 아내의 부부 간의 연합으로 알려져 있는 결혼은 그 자체로 가치가 있으며, 단순한 수단이 아니다. 결혼은 어쩌다 보니 아이들에게 참으로 좋아진 게 아니다. 결혼은 자연스럽게 가정생활로 이어진다. 결국, 한 부부를 남편과 아내로 연합시키는 그 행위는 또한 (모든 일이 잘 진행된다면) 그들을 어머니와 아버지로 만드는 그런 종류의 행위이다. 따라서 배우자가 서로에게 하는 영원하고 배타적인 약속이 부모가 본인의 자녀에게 마땅히 제공해야 하는 안정성을 만들어 낸다는 것은 놀라운 일이 아니다. 결혼과 자녀 사이의 연결 고리를 끊는다면, 결혼을 그 고유한 방식으로 진실되게 만드는 그 형태를 이해할 수 없게 된다.

결혼이란, 제대로 이해했다면, 특히 아이들의 건강, 교육, 복지를 위한 최고의 고유한 조직이다. 바로 결혼이 자녀를 가지고 키우기에 유일무이한 최적의 형태로 설정되어 있기 때문에, 결혼은 역사상 유지해 온 형태가 있었고 결혼을 지배해 왔던 규범에 좌우되었다. 역사적으로 법률상 결혼은, 참으로 아이를 가지는 활동에 의해 완성되고 완벽하게 되었기 때문이다. 이것은 생식이라는 행동의 조건을 충족시키는 활동이었다. 나이가 많거나 병약해서 본인의 자녀를 가질 수 없는 부부조차도, 그렇지 않았더라면 아이를 낳게 하였을 행동을 함으로써 본인들의 부부 간 유대 관계를 완성했다. 결혼이 자녀에게 적절하기 때문에, 부부가 결혼으로 맺는 관계는 결혼이 지니는 (배타성, 충실성, 영속적인 헌신 등의) 형식과 규범과의 관계이다.

결혼을 제대로 이해한다면, 대개 부분적으로는 이해하고 있기 때문에 결혼을 정말로 제대로 이해한다면, 자녀가 생활 양식에 필요한 장식품으로 간주되는 것이 아니고, 상품이나 제품도 아니고, 단순히 성인의 소비 성향의 대상도 아니고, 그렇게 되어서도 안 된다는 사실을 이해하게 될 것이다. 그리고 이 사실을 이해한다면, 왜 건강하고 번영하는 결혼의 문화를 세우고 유지하는 것이 중요한지, 건강하고 번영하는 결혼 문화를 재건하는 것이 어째서 우리 모두의 문화적이고 정치적인 최우선 안건이 되어야 하는지 깨닫게 된다.

오늘날 결혼에 관한 문화가 쇠퇴하고 있다는 것은 잘 알려진 사실이다. 그 결과가 우리 사회에서 가장 결핍되고 취약한 부문의 사람들에게 더 가혹하고, 그 중에서도 특히 그런 사람들의 자녀들에게 가장 가혹하다는 사실을 점점 더 많은 사람들이 인식하고 있다. 결국 그 아이들이, 만연한 가정 붕괴와 실패한 가정의 희생자가 되어 왔다. 무책주의(파탄주의) 이혼제도(no-fault divorce), 만연한 난혼, 비혼 동거를 정상적인 것으로 만들고, 비혼 육아와 아버지의 상실을 가져온 성 "혁명" 운동의 가장 무거운 대가를 그 아이들이 지불하고 있다. 자칭 "자기 중심주의(me)" 세대인 나의 세대의 어리석은 슬로건은 "기분이 좋으면 하라."였다. 많은 사람들이 이 슬로건을 따라 산 결과 수많은 아이들이 아동의 복지에 완전히 상반되며 해로운 관행의 결과로 고통을 받았고, 앞으로도 계속 고통받을 것이다. 내가 이렇게 말했다고 대범하고 급진적이며 ("진보적인" 이데올로기의 편파적이고 극단적인 지지자들에 따르면) 매우 편협한 것으로까지 생각된다는 사실이, 이 문제가 얼마나 심각한지 보여주는 바로 그 증거이다.

아이들이 생활 방식에 따른 장식품이나 생산품, 상품, 성인의 소비 성향의 대상으로 생각될 때, 성인들이 미혼이든 결혼을 했든 아이를 원하기만 한다면 그들은 한 아이에 대한 권리를 가진다고 생각하게 될 것이다. 그러면 성인이 (부부로서의 사랑의 행위에서 자녀를 받아들이는 것 대신) 한 아이를 실험실에서 만들고자 하는 결정이나 한 아이를 생물학적 부모로부터 떼어놓으려는 결정에 반대하는 것이 인권을 부인하는 것처럼 보일 것이다. 하지만 이것은 완전히 퇴행적인 것이다. (욕구와는 대조적으로) 여기서 문제가 되는 권리는 그 아이의 권리, 즉 모든 인간이 임신된 상태에서조차, 그리고 자라나면서 당연히, 상품이 아닌 *하나의 인격체*로, 타인의 욕구를 충족시키기 위해 존재하는 대상이 아니라, 심오한 존엄성을 지닌 주체로 대우받아야 할 바로 그 권리이다. 지금 자녀를 바래서는 안 된다고 말하는 것이 결코 아니다. 결혼한 부부는 정말 자녀를 원하고, 종종 부모가 되고 싶어서 결혼을 원하는 사람들도 있다. 이것은 자연적이고 옳은 일이다. 나는 여기서 아이들을 특정하게 묘사된 상태, 즉 고유하고, 대체불가하며, 측량할 수 없이 소중한 인간 가족의 구성원으로서 원해야 한다는 사실을 단순히 강조하는 것이다.

아이들을 성인의 욕구를 충족시키기 위한 물건처럼 단순하게 바라는 것이 아니라, 그들을 마땅히 원해야 하는 방식으로 바란다면, 우리 성인들이 아이들을 성인보다 우선시해야 한다는 사실이 참으로 자연스럽고 명확하게 보일 것이다. 우리의 욕구보다 그들의 권리를 소중히 여겨야 할 것이다. 주로 문화적이고 법적인 합의 등 사회적 상황을 포함해서, 그러한 상황을 확립하고 재건하는 일을 위해 아이들이 잘 살아가는 것을 소중히 여기고 발전시키며, 이를 위해 일하고 희생할 것이다. 그리고 우리는 아동 인권을 보호하기 위한 운동에 케이티와 함께 참여할 것이다.

들어가는 글

내가 여기 서게 된 것은 뜻밖의 일이다.

나는 결코 결혼, 가족, 부모됨에 관한 공적 토론의 장에 저돌적으로 뛰어들 의도가 없었다. 물론 나는 이 문제에 대해 강한 의견이 있었다. 독특한 유년 시절과 양부모로서의 경험으로 특별한 관점을 가지고 있긴 했다. 그렇지만 나는 친구들을 지키고 싶었다. 불행하게도 대부분의 사람들은 친구들을 지키기 위해서는 자신의 의견이 정치적으로 올바르지 않다면 입을 다물고 있어야 한다는 것을 안다. 그럼에도 불구하고 결국 나는 공개적으로 목소리를 내는 편을 선택했는데, 어느 날 이 유순하고 부드러운 목회자의 아내가 정말로 폭발하게 되는 사건이 일어났다.

이 나라의 분위기가 달라졌다고 느낀 때는 동성혼이라는 주제에 대해 오바마 대통령의 태도가 "진화(evolution)"하고 나서 약 일주일이 지난, 2012년 어느 화요일의 기본 방송에서였다. 그 당시 우리 집에서는 국가 공영 라디오 방송(NPR)을 늘상 틀어 놓았는데, 라디오를 틀 때마다 "편견이 아주 심한 사람(bigot)"이라는 단어가 단골로 등장했다. 분명히 공영 라디오 방송과 다른 수많은 주요 언론 매체에 따르면 전통적인 결혼을 지지하는 것은 단 하나의 이유, 즉 심한 편견 때문이었다. 당신은 자녀가 어머니와 아버지가 필요하다고 믿는가? 그건 당신이 동성애 혐오자이기 때문이다. 당신은 동성 결혼을 지지하지 않는가? 그렇다면 당신은 혐오 세력이다.

다음의 두 가지 이유 때문에 나는 폭발해 버렸다. 우선, 내가 비록 초진보적인 도시인 시애틀에 살고는 있었지만, 동성애자 가족과 친구들을 사랑하는 동시에 전통적인 결혼을 지지하는 사람들에 둘러싸여 있었다. 이들의 입장이 어떤 형태의 혐오, 공포증, 심한 편견에서 기인한 것이 아니었다. 더욱이 나는 본인이 남성 혹은 여성 동성애자이면서 전통적인 결혼을 지지하는 사람들을 알고 있었고, 이들 역시 많은 사람들이 비난하는 것처럼 내재화된 동성애 혐오증이나 자기 혐오 때문에 전통적인 결혼을 지지하는 것이 아니었다. 언론매체는 전통적인 결혼을 지지하는 사람들과 그 이유에 대해 거짓말을 하고 있었다.

둘째, 동성애 압력단체는 아이들에 관해 거짓말을 하고 있었다. 동성혼 운동의 주요 골자 중 하나는 두 아빠나 두 엄마와 사는 아이들이 혼인 상태의 엄마와 아빠와 사는 아이와 비교할 때 전혀 차이가 없다고 주장하는 것이었다. 물론, 문자 그대로 동성혼을 위한 포스터에 나오는 아이들은 모두 어머니나 아버지 중 한 명이 없는 아이들이었다. "아이들은 엄마와 아빠가 필요하지 않다. 그들에게 필요한 것은 오직 안전과 사랑이다."가 "동성혼"을 위한 주문이 되었다. 정치적인 목적을 밀어붙이기 위해 어머니와 아버지를 선택적인 것으로 만들고자 하는 압력이 역겨웠다. 아이들이 어머니나 아버지와의 관계를 상실한다 해도 아이들과 별로 상관이 없는 것처럼 암시하는 것과, 성별이 부모됨에 있어 무관하다고 주장하는 것은 위험하면서 동시에 터무니없는 것이었다. 아이들을 위해 20년 동안 일해온 사람으로서 이러한 주장이 정치적인 동기에서 나온 거짓말이라는 사실을 알았다. 내가 아는 아이들 중 부모님의 사망이나 이혼이든, 버려졌든지 정자·난자 기증으로 임신되었든지, 어떤 이유로든 어머니나 아버지와의 관계를 상실한 거의 모든 아이들은 평생 지속되는 상처로 고통을 겪었다.

나는 내면의 현실 도피주의적인 측면으로 가고 싶은 갈등에 빠졌다. 당연히 나는 우리 시대의 가장 논쟁적인 공개 토론에 뛰어드는 것보다는 차라리 모래 속에 머리를 처박고 (친구들을 모두 곁에 두면서) 내 인생을 살았을 것이다. 하지만 전통적인 결혼을 지지하는 사람들과 이 나라의 아이들에 대한 이 무모하고 끝이 없어 보이는 거짓말 속에서 조용히 있을 수가 없었다. 입을 다물고 있으면서 수동적으로 성인의 욕구를 지지하는 편에 서든지, 어떤 어려움이 있어도 아이들을 위해서 목소리를 내든지, 둘 중에 하나를 선택해야만 했다. 나는 결국 친구들을 잃게 되는 선택지를 골랐다.

그래도 나는 겁쟁이였기 때문에 익명으로 블로그를 시작했다. 나는 아이들이 어머니와 아버지가 필요하다는, 갑자기 논란이 많아져 버린 주장을 방어할 때 당연히 쏟아지게 될 반발이 너무 무서웠다. "동성혼 옹호 진영"에서는 본인들에게 반대 목소리를 내는 사람들이 값비싼 대가를 치를 것이라 장담했다. 정말 오랫동안 나를 침묵하게 했던 비난은 전통적인 결혼을 지지하는 수많은 사람들을 계속 침묵하게 한 것으로, 바로 동성혼에 동의하지 않는 사람들은 동성애자를 혐오한다는 비난이었다. 인류 역사 전반에 걸쳐 거의 모든 문화와 종교에서 인정한 것, 즉 한 남성과 한 여성이 일평생 연합하는 것이 성인과 아이들과 사회를 위해 좋다는 사실을 단순히 말하는 것만으로 폭도들이 실제로 쫓아올 것이라는 공포는 매우 현실적이고 타당했다.

동성혼 지지자들이 자신들을 반대하는 사람들을 전부 편견이 아주 심한 사람이라고 낙인찍는 것이 얼마나 터무니없는 것인지 강조하고자 나는 일부러 내 블로그를 '"편견이 아주 심한 사람"에게 물어보세요.(askthe "Bigot")'라는 민망한 이름으로 지었다. 그들은, 전통적인 결혼을 지지하는 사람들은 오직 동성애자를 모르거나, 종교적으로 세뇌당했거나, 동성애 혐오증에 빠진 사람들뿐이라고 가정했다. '편견이 아주 심한 사람에게 물어보세요.'는 이렇게 그릇된 가정에 대항하기 위한 것이었다. 나는 동성애자 가족과 친구들을 사랑하고 이들과 관계를 맺는 것의 중요성에 대한 글을 썼다. 나는 전통적인 결혼을 지지하는 설득력 있는 대중적인 주장을, 성경을 인용하지 않으면서 제시했다. 나는 정부가 결혼에 관심이 있는 이유는 성인의 감정에 관심이 있기 때문이라는 신념에 이의를 제기했다. 정부가 결혼에 관심이 있는 이유는 아이들에게 관심이 있기 때문이라고 주장했다. 댓글에서도 반대론자들에게 가능한 한 최대한 친절하게 답변했다. 편견이 아주 심한 사람이라는 재갈은 본질상 전적으로 가정과 거짓에 근거한 사실무근의 이야기라는 사실을 사람들에게 분명히 보여주면서, 세상에서 가장 편견이 심하지 않으면서 전통적인 결혼을 지지하는 목소리를 내기 위해 노력했다.

내가 글을 쓰기 시작했을 때에는 아는 게 별로 없었다. 당시 내가 알았던 것은 아이들이 어머니 혹은 아버지가 없이 자라면 괴롭고, 인생을 힘들어 하고, 그 결과로 종종 스스로를 비난한다는 사실이었다. 나는 아버지와 어머니가 서로 다르다는 것을 알았지만 이 둘의 차이가 실제로 아이들이 건강하게 자라나기 위해 필요한 사회·정서적인 자양분이라는 사실도 알지 못했다. 나는 결혼을 재정의하는 것이 부모됨의 개념을 급진적으로 변형시킨다는 사실을 알았지만, 제삼자 보조 생식 기술이 이미 그렇게 하고 있다는 사실을 몰랐다. 나는 결혼이 중요하다는 사실을 알았지만, 이혼, 동거, 대리모가 아이들에게 얼마나 심각한 위협이 되는지 당시에는 이해하지 못했다. 나는 모든 아이들이 어머니와 아버지에게 알려지고 그들의 사랑을 받기 원한다는 것을 알았지만, 그들이 실제로 이에 대한 권리를 지닌다는 사실을 깨닫지 못했다.

블로그를 운영하면서 왜 나의 진영이 사회의 가장 기본적인 기관인 가족을 성공적으로 방어하는데 실패했는지에 대해 굉장히 많이 배우게 되었고, 결혼과 부모됨, 자녀에 관해 이야기하기 위한 새롭고 더 좋은 방법을 시작하게 되었다.

"바로 그 편견이 아주 심한 사람"의 커밍아웃

당신은 이미 이 책에 있는 내 이름을 발견했을 것이다. 당신은 아마도, 내가 비밀을 공개하고 그에 따라오는 저주받을 용기가 갑자기 마구 솟아나서 익명성을 차버린 것처럼 나를 다소 과분하게 생각할 수도 있다. 그랬더라면 좋았을텐데. 하지만 실상은 다음과 같다. 남성 동성애자였던 한 블로거가 "책임감"이라는 명분으로 나의 IP 주소를 추적해서 내 가명을 벗겨내고 나를 세상에 드러냈다. 우리가 "사랑과 관용"이라는 새로운 시대에 사는지라 그는 그것만으로도 모자라서, 나를 협박하고 내 입을 막겠다고 우리 교회 교인들의 정보까지도 은밀하게 검색했다.

그러나 의도하지 않은 결과가 친구처럼 찾아왔다. 이 사건으로 나의 사역이 피해를 입은 게 아니라 오히려 내가 세상에 알려지게 된 덕분에 내 영향력이 미치는 범위가 확대되었다. 가족 연구 위원회(Family Research Council)와 자유 수호 연합(Alliance Defending Freedom)과 같은 단체에 초대받아 아동의 권리에 대해 이야기하게 되었다. 미국 대법원 등에 제출하기 위한, 아동 인권을 지지하는 취지의 법정 조력자 의견서를 써 달라는 요청도 받았다. 아동 인권을 열렬히 변호하기 위해 호주와 대만에 초대받아 가기도 했다. 전 세계적인 정책 입안자들에게 결혼이 왜 아동의 권리에 관한 이슈인지에 대해 교육하기 위해 미국의 지도자들에게 아이들의 이야기를 들려 주었다. 나를 침묵시키기는커녕, 그 "책임감" 씨 덕분에 내 이야기를 듣는 사람들의 수가 100배나 늘어났다.

일단 진실이 밝혀지자 나는 본명으로 글을 쓰기 시작했고, 더 많은 성 소수자 커플의 (성인) 자녀를 알게 되었고, 그들이 나를 찾게 되었다. 대부분 단순히 그들의 생각과 감정을 본인들의 가족과 나눌 때 생긴 극심한 공포와 두려움으로, 그들은 세상에 본인들의 이야기를 한다는 생각을 불편하게 여겼다. 하지만 많은 이들은 그 대가에도 불구하고 어머니나 아버지가 없이 자라서 어떤 희생을 치렀는지를 설명하면서 본인들의 진실한 감정을 "털어놓았다." 브랜디 월튼도 그런 사람 중 하나였다.

나는 내 친구들이 아빠에게서 받는 애정을 동경했다. 나로서는 이미 어머니가 한 분 계셨기 때문에, 또 한 분의 어머니가 필요하지 않았다. 외할아버지들과 외삼촌들이 나와 시간을 보내면서 아버지와 딸들이 하는 일들을 최선을 다해 해 주셨지만 그것은 정상적인 아버지가 있는 것과는 똑같지 않았고 나는 그 사실을 알았다. 그건 항상 간접적인 것처럼 느껴졌다.[1]

현실에서는 동성 부모의 자녀라고 다른 게 전혀 없다. 이 아이들은 본인을 만든 책임이 있는 두 사람에게 알려지고 그들의 사랑을 받기 원하는 다른 모든 인간의 자녀와 똑같다. 그들은 가족의 붕괴라는 고통을 경험하는 것에 있어서도 다르지 않다. 무책주의 이혼 정책의 결과 깨어진 가정의 자녀들, 버려진 아이들, 보조 생식 기술로 한 부모와의 관계를 의도적으로 거부당한 아이들은 유사한 고통을 경험한다. 이러한 아이들 중 어느 누구에게도 공식적으로 가족 내에서 이들의 권리를 변호해 준 사람이 없었다. 이는 우리 사회 전체를 위협할 만큼 심각한 불의이다.

선정적이지는 않지만 지루했던 내 어린 시절

독자 중 일부는 내가 여성 동성애자 혹은 엄마 둘이 기른 아이였다고 들어서 이 책을 읽는 것일 수도 있다. 왜 당신이 이 부정확한 진실을 믿게 되었는지 이해할 수 있다. 이 오해 중 일부는 내 잘못이다. 어쩌면 내가 너무 긴 이야기를 너무 조금 했던 것 같다. 되돌아보면, 자극적이고 주목을 끌기 위한 목적으로 내 어린 시절 이야기를 그리려고 한 인터뷰 진행자에게 수정할 기회를 주지 못한 적도 있다. 나의 부모님 두 분 모두 이혼 전후로 나를 계속 양육하셨던 사실에 대해 늘 솔직하게 이야기했었지만, 엄마가 둘이라는 소문은 유감스럽게도 계속되었다. 진실은 이렇다. 부모님 두 분 다 내 유년기에 필요한 서로의 중추적인 역할을 존중했을 뿐 아니라, 2015년 아버지께서 돌아가시기 전까지 두 분 모두 내 부모님의 역할을 수행하셨고, 서로 친구처럼 지내셨다.

우리 부모님은 내가 열 살 때 이혼하셨고 그 이후 아버지는 다른 분과 재혼하셨다. 이혼 직후 엄마는 다른 여성과 사랑에 빠졌고 그 때 이후 두 분은 같이 지내신다. 나는 항상 엄마와 매우 가깝게 지냈고 엄마의 동반자를 친구처럼 생각했다. 내가 아이였을 때 그 분들의 집에서 보낸 시간은 정말 안정적이었고 아무 갈등도 없었다. 게다가 이 두 여성분은, 인생의 오르막과 내리막은 있었지만, 헌신의 전형이었다.

독자 중 일부는 아마도 행간의 의미를 파악하느라 여기 내 이야기 속에 선정적인 생각을 주입할 수도 있을 것 같아서, 흥미진진한 가십거리는 사전에 없애는 게 좋을 것 같다. 우리 엄마가 비밀스러운 여성 동성애자였기 때문에 우리 부모님의 결혼이 끝난 게 아니었다. 결혼이 끝난 이유는 복잡했고, 그 이유를 이야기할 수 있는 사람은 부모님이지 내가 아니다.

내가 청소년기에서 성인이 되는 과정에서 그 분들의 연애 감정이나 혼인 상태와는 무관하게, 나의 어머니와 아버지 두 분 모두 나에게 헌신적인 부모님이었다는 사실에 큰 감사를 드린다. 나는 인생의 모든 과정에서 부모님의 관심과 애정을 받는 혜택을 누렸다. 그 분들은 좋은 부모님이셨다. 두 분 모두, 나중에 더 논의하게 될, 모든 아이들이 어머니와 아버지로부터 받아야 하는 필수적인 영양소를 나에게 주셨다. 사실 나의 아버지와 어머니가 제공한 영양분과 영향력이 없었더라면 이 두꺼운 책을 당신이 읽지 못했을 가능성이 상당히 높다.

나는 어머니로부터, 하나의 쟁점의 여러 측면을 동시에 보면서 관련된 모든 사람에게 공감할 수 있는 능력을 물려받았다. 어머니는 어떤 편에 서든지 상관없이 양측을 동시에 보면서 각각의 입장에서 힘든 부분을 이해할 줄 아셨다. 즉, 어머니는 갈등을 해결하는 특별한 능력이 있다. 그러한 공감 능력 덕에 페이스북 어머니 소그룹에서 쫓겨날만한 주제에 관해 글을 쓰고 있을 때에도 내가 동의하지 않는 사람들에게 적의를 돌리지 않을 수 있었다.

아버지로부터 물려받은 것은? 자신감이다. 남자들로 가득한 방에 걸어 들어가서 손을 내밀어 씩씩하게 악수하고, 사람들을 대면할 수 있는 능력은 정확히 아버지로부터 왔다. 〈레이트라인(Lateline)〉 프로그램에서 토니 존스를 상대하는 것이든, 방안을 가득 채운 비영리 재단의 남성 대표들과 관계를 맺는 일이든 남성들의 세계를 항해할 때면, 아버지로부터 배운 어느 정도의 자존감이 도움이 되었다. 나는 한 번도 자존감 때문에 힘들었던 적이 없다. 이 재능은 모두 아버지께서 애정으로 길러 주신 덕분이다.

그렇긴 하지만, 모든 일이 희망적이었던 것은 아니었다. 나중에 자세히 다루겠지만 이혼은 끔찍하다. 특히 아이들에게 최악이다. 이혼은 일회적인 사건이 아니고 수많은 상실과 이행이라는 롤러코스터의 시작이다. 이혼은 부모들이 이사를 가거나, 재혼을 하거나, 다른 동반자와 관계를 맺으면서, 아이들을 종종 끌고 다니다가, 또 다시 이사를 하고, 헤어지기도 하고, 이런 일이 계속 반복되면서, 아동기의 안정감이 끝나는 것이다. 이렇게 쉼표가 많은 문장으로 이혼을 묘사하는 것조차 진이 빠진다. 이혼 가정의 성인 자녀 중 많은 이들은 *아직도 성탄절을 두 번 지내면서 다투는 부모들의 중재자 역할을 하고 있다.* 이혼한 부모의 (성인) 자녀로 사는 것은 쉽지 않다.

이와 같이 내 이야기는 두 엄마가 양육한 아버지가 없는 한 소녀의 이야기는 아니다. 하지만 내 이야기가 나의 어머니와 어머니의 동반자를 사랑하는 한 여성의 이야기임에는 틀림없다. 따라서 이 이야기는 동성 가족과 친구들을 소중히 여기는 사람이, 이성 간의 결혼을 옹호하고 어머니를 지지하며 아버지를 지지하는 이야기이다.

많은 사람들이 '내가 하고 있는 일에 대해 우리 엄마가 어떻게 생각하는지'를 궁금해 한다. 나는 엄마를 대변하는 것이 아니다. 엄마는 내가 엄마를 사랑한다는 사실과 내 인생에서 엄마 대신 두 남성이 엄마의 역할을 절대로 대체할 수 없다는 사실도 알고 계신다.

이 책의 공저자

나는 아이들에 대한 열정이 있고 연구도 잘하고 대중 앞에서 연설도 능숙하게 할 수 있다. 그렇지만, 작가는 못한다.

처음 내가 '"편견이 아주 심한 사람"에게 물어보세요.'라는 블로그를 시작했을 때 너무 장황하고, 느릿느릿하게 글을 올렸기 때문에 이 내용을 읽을 만한 내용으로 고쳐줄 사람이 필요했다. 이 때 친구이자 탁월한 페이스북 작가인 스테이시 매닝이 들어왔다. 블로그를 하던 그 시절, 그녀에게 내용은 많지만 "주님의 자비가 필요한" 지루한 글을 보내 주면 그녀의 재능이 빛을 발했다. 장황하면서 '너를 사랑하는 엄마만 읽어 주실' 거라는 비판을 받아 마땅한 내 글은, 예리하면서도 아주 유쾌하게 다듬어져서 돌아왔다.

서로의 재능이 상호 완벽한 보완 관계를 이룬 두 전업주부였던 우리는, 우연히 신성한 동반자적 관계로 만났다. 전문가나 특정 단체의 지원도 받지 않고 두 명의 좋은 친구가 인터넷의 아주 조그만 구석에서 진실을 외치면서 공격적인 태도를 취하기 시작했다. 시간이 흐르자, 우리의 외침과 흔드는 소리가 인터넷 세계에서 더 큰 영향력을 행사하던 사람들의 이목을 끌었고 이들이 우리의 이야기를 게재하기 시작했다. 그러다가 이제는 공적 담론에 영향을 미치기를 희망하는 이 책의 표지에까지 우리 이름이 올라가게 되었다.

이 책은 내가 낳은 것이지만, 나의 날개가 되어 준 스테이시가 없었더라면 이렇게 책으로까지 나오지 못했을 것이다. 그녀는 8년 동안 늘 준비된 상태에서 기꺼이 나의 말들을 재치 있고 무게감 있는 글로 고쳐 주었다. 나 혼자 이런 글을 쓸 수 있었더라면. 때때로 그녀는 아주 적절한 정도로 세련되게 첨언을 하기도 했고, 내 글을 완전히 다시 써 주기도 했다. 이 책의 내용 중 당신을 웃게 했거나 마치 마이크를 떨어뜨리는 것처럼 느껴지는 인상적인 결론 부분이 있었다면, 그건 스테이시 덕분이다. 그녀의 도움이 없었더라면 아마 독자들이 여기까지 읽다가 그만뒀을 가능성이 높기 때문에 나는 이렇게 도움을 주는 날개 달린 여인도 없이 글을 쓰는 작가들에 대해 놀랍게 생각한다.

새로운 일을 시작할 시간이다.

내가 아동의 권리를 위해 더 많이 변호하고 블로그 활동을 더 많이 하게 되면서, 결혼과 가정을 둘러싼 주제가 대개 성인의 욕구에 지나치게 집중하고 있다는 사실을 더 잘 깨닫게 되었다. 논쟁이 벌어지는 모든 상황에서 아이들이 끊임없이 지고 있다는 점도 두드러졌다. 결혼, 가족, 부모됨에 관한 사안에서 아동의 권리를 누군가는 공식적으로 옹호할 필요가 있었다. 아동에 관한 담론의 중심을 바꿔보려고 했던, 짧지만 최초의 시도였던 국제 아동 인권 협회(International Children's Rights Institute)가 설립될 때에도 관여했었다. 그러는 사이에도 아동에 대한 위협은 계속 커져만 갔다. 결혼에 관한 논쟁과 마찬가지로, 이 문제에 대해 잘못된 답변에 도달할 경우 아이들이 가장 값비싼 대가를 치르게 됨에도 불구하고, 성인들이 보조 생식 기술, 출생증명서, 이혼, 동거에 관한 담론을 지배하고 있었다. 누군가는 아이들에게 이러한 논쟁에서 목소리를 낼 수 있도록 해야 했다.

이러한 아동 인권의 사명을 가지고 나서는 것은 초대받지 않은 행사에 도착한 바로 첫 번째 사람이 되는 것과 조금은 유사하다. 나는 누군가 유명한 사람이 지금 막 시작하려는 행사가 있다는 사실을 당연히 알고, 언제라도 그 유명한 누군가가 단숨에 이 일을 실현시킬 것이라 생각했지만, 아무도 나타나지 않았다. 알고 보니, 아무도 그렇게 설득력이 있지 않았다. 내가 그 "누군가 중요한 인물"은 아닐지 모른다는 명백한 사실을 아무도 지적해 주지는 않았지만, 나에게는 이 일을 가능하게 하기 위해 꼭 필요한 요소인, *기꺼이 하고자 하는 의지*가 있었다.

이혼했거나 기증으로 임신했거나 성 소수자였던 부모의 성인 자녀 여럿의 도움을 받아 Them (그들, 즉 아이들)을 Us (우리, 즉 성인)보다 중요시하는 것을 목적으로 하는 뎀비포어스(Them Before Us)라는 비영리 단체를 설립했다. Them Before Us는 오직 가족 내 아동의 권리를 변호하는 목적에만 전념하는 유일한 단체이다. 우리는 성인의 욕구를 위해 아이들이 기본권을 희생하기를 바라는 대신, 성인들이 적극적으로 아동의 권리를 존중하도록 권장하는 사회 정책을 발전시키고자 하는 사명을 지닌다. 우리의 목표는 모든 성인이 모든 아동의 권리를 옹호할 수 있게 준비시키는 것이다. 더 단순히 표현하자면, 우리는 성인들이 힘든 일을 해서 아이들이 힘든 일을 할 필요가 없도록 해야 한다고 믿는다. 이것이 책 전반에서 계속 다루는 주제이다.

요지는 바로 이렇다. 가족의 맥락에서 아이는 어머니와 아버지에 대한 권리를 가진다. 이 권리가 무시될 때 아이들은 상품처럼 취급된다. 그렇게 되면 아이들은 어떤 형태의 성인 간 연애 관계에도 들어맞도록 오려 붙일 수 있는 소유물 같은 존재가 된다. 물론, 자녀를 돌보지 않는 생물학적 부모나, 영웅적인 양부모도 존재한다. 하지만 이는 드문 사례이다. 오히려 좌우 진영 모두의 사회과학자들은, 한 아이가 잘 자라날 수 있는 환경을 만드는 중요하고 직접적인 원인은 혼인 상태의 생물학적 부모라는 점을 인정한다. Them Before Us는 다음 세대의 정신, 신체, 정서적 건강을 위해 개인적인 선택과 법안 모두가 아동의 권리를 존중하도록 돕는다. 우리의 목표는, 극도로 겸손하게 표현하자면, 결혼, 가족, 부모됨에 관한 전 세계적인 담론을 모두 장악하는 것이다.

이 책에서 다루는 내용은 다음과 같다.

- 개별적인 아동의 정의를 우선적으로 지켜내지 않는다면, 사회 정의를 도무지 실현시킬 수 없는 이유
- 어머니, 아버지, 안정감이 한 아이의 사회·정서적으로 가장 중요한 3대 영양소가 되는 이유와, 우리의 아이들이 이러한 영양실조에 걸릴 때 사회에 미치는 영향
- 혼인 상태의 어머니와 아버지로 구성된 가족 유형을 벗어나면 본질적으로 아동 인권에 위협이 되는 이유
- 이혼, 동성 부모, 정자·난자 기증과 대리모, 입양이 아동에게 미치는 영향
- 아동 인권을 보호하는데 실패한다면 그동안 줄기차게 인권을

보호하고자 했던 인류의 시계가 200년 전으로 돌아가는 이유

10장을 읽을 즈음 당신은 아동 인권을 위한 싸움이 우리 시대 가장 큰 싸움인 이유에 대해 이해하게 될 것이다. 이 책을 내려놓을 때에는 성인의 욕구, 갈등, 갈망과 상관없이 개인적이고 정책적인 결정에 있어 아동의 권리를 우선시하도록 요구하는 운동인, 이 전 세계적인 아동 인권 운동의 한 사람으로 당신 자신을 바라보게 되길 희망한다.

모든 아이들의 마음과 우리 사회의 건강이 여기에 달려 있다.

목소리를 내지 못한 이들의 이야기

　태고적부터, 아이들은 부모를 여의는 비극을 겪어 왔다. 전시에는 사상자로 인해 숱한 아이들이 아버지를 잃었고, 어머니들은 해산 중 목숨을 잃는 일이 빈번했었다. 다행히도 근대 의학과 현대 전쟁은 이렇게 비극적으로 부모를 잃는 사례를 현저히 줄였다. 하지만 현대적인 태도와 현대 기술은 새로운 방식으로 고통받는 아이들의 물결을 일으키고 있다.

　사회학자들은 수십 년 간 가족 구조를 연구해 왔다. 결혼을 찬성하는 지지자들은 항상 최고의 데이터를 가지고 있었다. 어머니와 아버지의 중요성에 대한 강력한 증거는 늘 있었다. 그렇지만 연구 자료와 통계 수치는 사람들의 마음을 움직이지 않기 때문에 사회는 이 메시지를 받아들이지 않았다. 그런데 이야기는 사람들의 마음을 움직인다.

　그래서 어린 시절 부모님의 상실로 괴로워했던 성인들이 본인의 이야기를 할 수 있는 안전한 장소를 마련해 주기 위해 Them Before Us가 시작되었다. 이들의 증언을, 이혼과 유기를 경험한 자녀, 성 소수자 커플의 자녀, 대리모와 정자·난자 기증으로 태어난 자녀와 같이, 의도적으로 부모를 여의게 된 세 유형으로 구분하였다. 이 책 전반에 걸쳐 이들의 이야기를 공유할 것이다.

아마 전에 이들의 이야기를 들어본 적이 전혀 없을 것이다. 그 이유는 일반 사회가, 대개 이러한 자녀들의 부모가, 자녀들이 본인들의 이야기를 한다면 큰 대가를 치르도록 만들어 왔기 때문이다.

부모를 비극적인 사건으로 여읜 아이들은 공공연하게 슬퍼할 수 있다. 게다가 비탄에 빠진 이들은 아이들만이 아니다. 모든 사람은 부모의 상실이 완전히 파괴적이라는 사실을 이해하기 때문에, 아이들의 부모를 알았고 사랑했던 모든 이들이 아이들과 함께 아이들을 위해 울어 줄 것이다. 하지만 한 아이의 부모를 *고의*로 잃게 만들면, 그 아이는 홀로 슬퍼해야 한다. 부모의 상실이 한 아이의 인생에 미치는 영향을 보여 주는 몇 가지 예시가 있다.

- 비혼 출산을 선택한 어머니를 둔 한 젊은이는 사라진 아버지에 대해 자유롭게 슬퍼할 수조차 없다. 잃어버린 아버지에 대해 목소리를 내는 것은 그가 사랑하는 어머니가 한 행동을 비난하는 것이기 때문이다. 그의 고통은 인정받지 못한다. 그는 어머니가 그를 너무나 사랑하며 원했다는 사실에 감사해야 한다는 이야기를 듣는다.
- 두 엄마가 있는 성인 여성은 어린 시절 머리 위로 날아가는 비행기마다 아빠가 그 비행기를 타고 그녀를 내려다보고 있기를 바라는 마음에서 손을 흔들면서 시간을 보냈던 일을 기억한다.

그녀가 이러한 이야기를 공적으로 했다가는 그녀가 가장 사랑하는 사람들과 나머지 세상이 반동성애자라는 꼬리표를 붙일 것이다.

- 한 어린 소년은 아버지에게 새 여자친구와 결혼하지 말라고 이야기하는 게 두렵다. 만일 그가 정말 원하는 것은 아버지가 자신의 생모와 화합하는 거라는 속마음을 드러내 보이면, 자신의 집을 꾸려 나가고 있으며 아버지의 애정을 받고 있는 이 새로운 여성과의 관계가 나아지겠는가?

아이들이 어머니와 아버지 모두에게 알려지고 양친의 사랑을 받을 권리보다 성인의 욕구가 우선시되었기 때문에, 성인의 선택에 의해 친부모 중 한 사람을 잃어버린 아이들이 본인이 겪었던, 고통스러운 그 선택의 결과에 대해 이야기한다는 것은, 이들의 가장 친밀한 관계를 희생시킬 수 있다.

성인들이 하는 가족에 관한 자아실현 이야기를 들을 때면 온 세상이 황홀경에 빠진다. 불임 여성의 힘겨운 싸움이나 남성 동성 커플이 대리모를 구하기 위해 GoFundMe 캠페인을 벌이거나, 연예인이 "커밍아웃"을 하면서 배우자와 자녀를 떠나는 기사와 관련해서 늘 전선에 서는 내용은 이러한 성인들에 공감하는 것이다.

아이들이 가족의 붕괴에 관한 이야기를 할 때면 온 세상이 난리법석을 떤다. 이혼 가정의 자녀들은 "훨씬 많은 아이들의 상황이 더 나쁘니까!" 불평을 그만하라는 소리를 듣는다. 두 엄마가 양육한 자녀들이 아버지가 보고 싶다고 하면, 편견이 아주 심한 사람(bigot)이라는 딱지가 붙는다. 기증으로 임신된 아이들이 정체성의 혼란에 대해 이야기할 때면 "너는 살아 있다는 것을 감사해야 한다."는 이야기를 듣는다.

배아 기증과 대리모 행위를 통해 태어난 한 여성은 아기를 원하는 성인들에 관한 기사에는 사람들이 얼마나 잘 공감하는지 이야기한다. 기증으로 임신된 아이들의 이야기를 관리하는 AnonymousUs.org 사이트에 그녀가 올린 글의 내용은 다음과 같다.

> 그들은 대중의 연민을 사기 위해 임신하지 못하는 엄마들의 슬픈 이야기와 그런 엄마들이 다른 어머니와 아버지들로부터 아이들을 어떻게 사 와서 지금은 부모가 되었는지에 관한 놀라운 이야기들을 장려한다. 내 이야기는 많은 사람들이 읽지 않는 웹사이트에 나오지만, 그러한 이야기들이 언론의 헤드라인을 장식한다는 사실이 너무나 우습다.[1]

정확히 말하자면, 이혼 가정의 성인 자녀들, 제삼자 보조 생식 기술로 태어난 성인들, 동성 부모의 가정에서 자란 성인들 중에는 괴로웠다고 느끼지 않는 사람들도 있다. 어떤 이들은 의붓가정에서 사랑을 받고 지지를 받았다고 느낀다. 정자 기증으로 태어난 아이들의 20%는 사라진 생물학적 부모의 정체성에 대해 전혀 관심이 없다.[2] 재크 와를스는 와이오밍 주 의회에서 동성 부모의 양육을 지지한 이후, 오바마 행정부의 백악관에서 인턴십을 하게 되었다. 이러한 이야기를 하는 자녀들은 인정을 받고 부모와의 유대 관계가 돈독해지는 보상을 받는다. 이러한 이야기는 성인이 어떤 방식으로 살든 아이들은 괜찮을 것이라는 신념을 강화하기 때문에 모든 주요 언론사에서 찾을 수 있다.

이러한 담론에서 절박하게 목소리를 낼 필요가 있는 대다수의 침묵 속에 실제 문제가 도사리고 있다. 이들은 목소리를 내면 불리해진다. 이들은 솔직해질 때, 모든 것을 잃을 수도 있다.

우리 스토리뱅크에 이야기가 쌓이게 되자, 많은 자녀들이 중년이 되기 전까지는 본인들의 상실감을 잘 해결하지 못한다는 사실이 분명해졌다. 십년 동안 알았던 한 친구는 태어나자마자 멋진 부모님이 입양해서 양육했다. 그녀는 초반에는 생부모를 찾는데 관심이 없다고 말했었다. 처음 만났을 때 그녀는 "양부모님이 나의 부모님이야."라고 말했다. 하지만 최근 그녀의 서른여섯 번째 생일 직후 저녁 식사 중에 그녀가 말했다. "사실 신경이 쓰여. 그분들이 누구인지 알고 싶은 것 같아." Them Before Us 웹사이트(thembeforeus.com) 상의 이야기들은 40대, 50대, 60대, 혹은 그 이상의 사람들이 쓴 글이 대부분이다. 많은 이들이 전에는 이런 이야기를 한 적이 없다. 많은 이들에게, 본인들의 부모가 내린 결정이 자신들에게 어떤 영향을 주었는지에 대해 솔직하게 이야기를 할 수 있는 다른 장소가 없었다.

이 책은 이혼이나 다른 이유로 버려진 자녀, 정자·난자 기증 및 대리모로 태어난 자녀, 동성 부모의 자녀라는 세 범주에 속하는 사람들이 직면했던, 뚜렷이 구분되는 괴로움을 다룬다. 하지만 이 모든 범주에는 하나의 공통점이 있는데 그것은, 아이들이 성인들에 맞추기 위해 희생을 강요당했다는 점이다.

그것이 "커밍아웃"하고 가정을 떠난 부모였든지, 기증받은 난자나 정자를 사용한 것이었든지, 자기 비서와 도망친 아빠였든지, 성인의 욕구가 자녀의 권리보다 우선시되어 한 부모를 잃게 되면 그 자녀는 정서적으로 감당하기 힘든 일을 강제로 해야 한다. 이러한 아이들 모두는 부모의 로맨틱하고 성적인 욕구의 결과로 생겨난 새로운 가정을 이해하고 거기에 맞추라고 강요당한다.

이것은 완전히 퇴행적이다. 뇌와 정서적 지능이 완전히 형성되어 있는 인간인 성인들이 힘든 일을 해야 한다. 성인들이 자녀들을 이해하고 아이들에게 맞춰주고 아이들을 지지해 주어야 하지, 그 반대가 아니다. 하지만 성인의 욕구를 자녀의 권리보다 우선시할 때 부모-자녀 간 관계는 거꾸로 보인다. 부모가 바라는 것을 지지하기 위해 자녀들이 힘든 일을 해야 한다는 것이다.

우리는 가정 안에서 성인들이 원하는 것이 중요하다는 이야기의 홍수 속에 살고 있다. 이제는 결혼과 가정에 관한 문제에 대해 잘못된 답변을 할 때 생겨나는 진정한 희생자인 아이들의 목소리를 들을 때이다. 그렇게 한다면, 건강한 자녀, 건강한 가족, 건강한 사회를 향한 길을 닦는 것이다. 우리가 이들의 목소리를 듣지 않으면 아이들은 계속 성인들의 자아실현을 위한 단순한 부속품이 되고, 실제로 잘 자라기 위해 필요한 정서적인 자양분에 굶주리게 된다. 어린 시절 성인으로 잘 자라나기 위해 필수적인 사회 정서적인 영양소를 공급받은 성인들이 주를 이루는 사회를 이루기 위해서는, 장래 세대에 모두 함께 투자해야만 한다.

1장 아동은 권리가 있다.

엘리자베스 스마트는 그녀가 유괴와 강간으로 당한 고통보다 아버지 본인의 "커밍아웃"이 "더 힘들었다"는 아버지의 말에 다시 한번 충격을 받았다.

파멜라 앤더슨의 성인 자녀는 어머니 앤더슨이 12일 만에 다섯 번째 남편과 이혼하자 안정적인 관계를 유지하고 싶어 괴로움에 몸부림쳤다.

"나의 두 아버지 중 한 사람이 내 남자친구에 빠져들자 두 아버지는 서로 갈라섰고 지금 한 아버지와 나의 전 남자친구는 세 쌍둥이를 '임신한' 상황이다. 너무나 충격적이다."

"나는 네 명의 남자가 있는 집에서 자랐는데 그 중 누가 나의 아버지인지 몰랐다." 그것은 사랑이 아니다!

언론에서 이혼 합의 서류의 내용에 대해 집착적으로 보도할 때 베이조스의 네 자녀들은 돈으로 살 수 없는 것, 즉 부모님이 서로 사랑하면서 같이 사는 것을 원했다.

만일 세상에서 결혼과 가족을 아이들의 관점에서 바라본다면 위의 내용을 헤드라인이나 인용문으로 보게 될 것이다. 하지만 우리는 성인 중심의 가십거리 뉴스로, 에드 스마트의 성 취향,[1] 파멜라 앤더슨의 최근 결별에 관한 요란한 뒷얘기,[2] 배리 발로우와 그의 "연하 애인"인 스코트가 뺨을 맞대고 찍은 인스타그램 사진,[3] 다섯 명이 아기를 함께 키우는 참신한 상황,[4] 베이조스의 전 부인의 순 자산[5]에 관한 소식을 접하게 된다.

나는 아동 권리를 위한 긴 여정을 시작한 2012년 이래 엄청나게 오랜 시간 동안 가족 구조에 관해 읽었고 예측 가능한 패턴을 관찰해 왔다. 가족이나 부모의 결혼, 이혼, 혹은 보조 생식 기술에 관한 한, 성인의 욕망이 거의 전적으로 그 이야기를 주도한다. 연예인 부모의 '커밍아웃' 이야기나 대리모를 통한 부부의 여정, 흥분되는 개방된 결혼을 축하하는 다섯 페이지의 양면 기사에서는 그들의 아이들이 거의 언급되지 않는다. 아주 드물지만 아이들이 언급되는 경우는 대개 그 자녀들이 성인들의 선택을 지지했을 때이다. 그러나 대개의 경우, 성인들이 자신들의 행동을 "내가 행복하면 내 자녀들도 행복할 것이다."라는 식으로 합리화하는 이야기만 듣게 된다.

이러한 성인 중심의 이야기들은 뉴스 헤드라인에서 더 나아가 공공 정책까지 추진한다. 그 주제가 결혼을 정의하는 것이든 입양기관에 영향을 미치는 법이든 성인의 감정이 가장 중요한 위치에 있다. 혈연관계가 없는 성인이 한 아이의 출생증명서에 부모로 기재되는 것을 허용하는 새로운 법이나, 일부다처제를 합법화하려는 노력을, 단순히 성인이 의도한다는 이유로 정당화한다. 오로지 관련된 성인들의 감정이 그 동기가 되는 것이다.

성인의 욕구를 법률의 제정 과정이나 법정에서 우선시한 결과, 공공정책에서 끔찍한 결과를 야기했고 성인의 욕구가 성인의 권리로 둔갑하여 아동의 *실제* 권리가 심각하게 훼손되는 지경에 이르렀다. 성인의 욕구가 완전히 승리했기 때문에 "선택할 *권리*"는 아동의 생명에 대한 실질적인 권리를 빼앗았다. 헌법이 이 이슈에 대해 침묵했음에도 불구하고 동성 결혼을 합법화했을 때 "결혼할 *권리*"가 우위를 차지했다. 성인들은 보험회사들이 체외 수정 비용을 부담하도록 강제하기 위해 "부모가 될 *권리*"를 들먹였다. 성인이 진정으로 원하는 모든 것은 편리하게도 권리로 표현된다고 하면 충분할 것이다. 그 결과는 무엇인가? 성인의 욕구를 권리로 취급하여, 아동의 인권이 희생되었다.

"권리"란 무슨 뜻인가?

만일 무엇이 권리를 형성하는지 혼란스럽다면 잔치에 온 것을 환영한다. 권리의 본질을 다루는 사상들에 관한 한 완전한 목록이 존재하며, 그 논쟁은 결코 끝나지 않았다. 일부의 사람들은 권리란 언론의 자유, 생명권, 자기 방어권 등 미국의 건국 문서에 열거된 권리에 한정된다고 주장한다. 다른 사람들은 인간이 주거, 건강 관리, 교육, 깨끗한 물, 정부가 지원하는 산아 제한 등에 대한 권리를 가지고 있다고 주장한다. "권리"라는 단어가 너무나 잘못 사용되어 온 결과 실제로 권리를 구성하는 것을 이해하기 어렵게 되었다.

아동의 입장에서의 권리에 대한 논의는 부모-자녀 관계가 다양한 인간 관계 중에서도 유일무이한 관계라는 점에서 매우 복잡해진다. 어떤 관계도 부모-자녀 관계와 같지 않다. 부모의 의무와 아동의 권리를 혼합하는 것은 가장 위대한 지성인들 사이에서조차 의견이 갈린다. 일부는 아동이 자신의 어머니와 아버지에 대해 권리를 가진다는 주장에 반대하지 않는 반면, 반대하는 사람들도 있다. 우리는 아이의 어머니나 아버지에 대한 관계를 논할 때 "권리"가 적절한 용어인 이유를 설명하고자 한다. 철학적 근거로 아이들의 부모에 대한 권리를 기술한 책이 많이 있지만 이 책은 그런 의도로 쓰이지 않았다. 이 책은 이론적이지 않은, 실질적인 면을 다룰 것이지만 "뎀비포어스(Them before Us)"가 아동 인권에 접근하는 기본적인 방식을 이해하는 것이 중요하다. 이 단체는 바로 이러한 토대 위에 세워졌기 때문이다.

자연권 대 실정권

위키피디아는 다음과 같이 자연권과 실정권을 확실히 구분해서 정리해 두었다.

> 자연권은 특정 문화나 정부의 법이나 관습에 좌우되지 않고 보편적이며 양도할 수 없다. (타인의 권리를 침해하는 것과 같이 특정인의 행동이 자연권의 행사를 막게 되는 상황이 발생할 수는 있지만, 실정법에 의해 폐지될 수 없다.) 실정권은 특정한 법체계 아래 개인에게 부여된 권리이다. (실정권은 실정법에 의해 개정되거나 폐지되거나 제한될 수 있다.)[6]

성 세바스찬 협회(Society of St. Sebastian) 회장인 조셉 크랄

(Joseph Kral)은 "자연권은 타인의 도덕적 의무에서 나온다. 그래서 생명에 대한 나의 권리는 자연권이라고 할 수 있다. 그 이유는 다른 사람들이 무고한 사람의 생명을 죽여서는 안 된다는 보편적인 도덕적 의무가 있기 때문이다."라고 간단 명료하게 설명한다.

종종 실정권은 자연권과 모순된다. 미국 역사 상 가장 좋은 (실제 의미 상으로는 "최악의") 예는 아프리카계 미국인을 노예화한 사례이다. 노예 제도는 흑인들의 자명한 자연권, 즉 자유로울 권리, 사유재산권, 부모와 자식으로부터 강제로 분리되지 않을 권리를 합법적으로 부정했다. 노예 제도가 결국 폐지되었음에도 불구하고 우리의 흑인 형제자매들은 자신들의 자연권을 인정하기를 거부하는 법체계로 인해 그 이후로도 수십 년간 시달렸다. 시민 평등권 운동의 최고봉인 마틴 루터 킹 주니어는 정의로운 사회는 모든 시민의 실정권이 인간의 자연권을 반영하고 보호하는 경우에만 존재할 수 있다고 이해했기 때문에 혁명적인 그의 메시지의 근거로 아프리카계 미국인들의 자연권[7]을 인정하는 데 실패한 정부를 들었다.

아동은 점점 더 자신의 부모에 대한 법적 권리를 잃어가고 있다. Them Before Us의 고문인 헬렌 알바레는 "*아동의 이익을 미국의 가족법과 정책의 최우선에 두기(Putting Children's Interests First in US Family Law and Policy)*"라는 책에서 어떻게 미국 법원이 조직적으로 아동과 부모 간 법적 유대 관계의 기반을 약화시켜 왔는지를 실증적으로 보여 주었다. 알바레는, 성인의 성적 표현은 아동의 권리의 대가로 "그 가치가 인정되는" 반면, 아동에게 있는 자명한 자연권을 법적으로 인정하는 것은 법정에서 변질되어 왔다고 주장했다.[8]

아동의 권리는 친권의 이면이다.

    이러한 권리가 현재 우리의 법체계에서 인정되는지 여부와는 상관없이, *Them Before Us*는 아동이 생모와 생부에 대한 자연권을 가진다는 것을 여기에서 증명하고자 한다. 이는 부모는 친자에 대한 권리가 있다는 널리 알려진 해석에 의해 분명하게 입증된 사실이다. 부모는 산부인과 병동에서 아무 아기나 데리고 나가지 않고 *자신의* 친자를 데리고 간다. 부모는 바로 그 자녀를 원할 뿐 아니라 세상에 데리고 나가는 그 아이에 대한 부모라는 생득권을 갖는다. 부모가 자녀를 양육해야 할 선천적인 의무를 이행할 것이라는 기대는 보편적이며, 이는 자녀 양육비 미지급과 같이 부모의 의무를 다하지 못하는 것을 다루거나, 방임과 학대의 경우에는 부모로 적합한지 여부를 엄정한 수사로 다루도록 하는 형법 조항으로 가장 잘 표현된다. 즉, 당신이 태어나게 한 자녀를 양육할 것이며 그렇게 하지 못할 경우 처벌받을 것이라는 기대는, 법적으로나 문화적으로 널리 인정된다. 강간이나 근친상간과 같은 일반적이지 않은 사례를 제외하고 아동의 권리가 관련되는 한, 아기를 만드는 활동에 관련된 모든 성인은 부모가 되는 것을 선택한 것이므로 자신들이 시작하게 한 인간의 생명을 보호하고 양육할 의무가 있다. 부모에 대한 아동의 권리는 성인의 욕구와 종종 충돌되지만 부모의 권리와는 결코 상충되지 않는다. 부모-친자 간 고유한 관계에 있어 권리는 상징적이다. 어머니와 아버지가 자신의 자녀를 양육할 선천적인 권리는 그들이 이 자녀를 존재하게 한 책임이 있는 유일무이한 두 사람이라는 사실과 결부되어 있다. 이러한 부모-자녀 간 유일한 관계가 부모에게 자녀를 양육할 권리를 부여하는 것이다. 마찬가지로 그 유일한 자녀-부모 관계는 자녀가 친모와 친부의 양육을 받을 권리를 부여한다. 부모는 자신의 친자를 데리고 산부인과 병동을 떠날 권리가 있고 아기는 친부모와 함께 산부인과 병동을 떠날 권리를 갖는다.

이러한 아동의 권리의 보편성은 부모-자녀 간 법적 유대를 단절시키는 데 필요한 수단으로도 입증된다. 입양이나 페트리 접시에서 만들어진 아기들 중 어느 경우든, 난자나 정자, 자궁을 공급하는 사람들은 많은 서명란에 서명을 해야만 자신의 아기에 대한 권리를 양도할 수 있다. 친권 전문가이자 Them Before Us 고문인 멜리사 모쉘라는 아동의 생모·생부에 대한 권리와 친자에 대한 부모의 권리가 어떻게 동전의 양면이 되는지를 설명한다.

> 친부모는 부모-자녀 간 생물학적 관계의 고유한 친밀감과 자녀의 행복을 위한 이 효익의 중요성을 고려할 때 그들의 자녀를 사랑해야 할 절대적으로 양도할 수 없는 무거운 의무를 진다. 또한 친부모는 전적으로 불가능한 경우를 제외하고는, 친자를 충분히 사랑하기 위해 친자를 스스로 양육해야 한다. 부모 측면에서의 이러한 의무는 자녀가 친부모로부터 사랑을 받을 절대적 권리와 친부모에 의해 양육되어야 할 강력하고 명백한 권리와 관련된다.[9]

전통적인 방법이든 실험실 연구원의 도움을 받은 성인이 자녀를 낳을 때 자녀는 친부모에게 알려지고 사랑받고 양육될 권리를 가지며, 자연법에 의거할 때 이 현실을 반박할 어떠한 사례도 알려진 바 없다. 일반적으로 용인되는 부모의 친자에 대한 권리가, 아동 역시 부모에 대해 권리를 가진다는 가장 강력한 증거이지만, 매우 유감스럽게도 정치적 목적을 관철시키기 위해 무언가를 권리라 하는 일이 비일비재해서, 더 설득이 필요할 수도 있다. 어떤 것이 자연권인지 여부에 대해 혼란스러울 때 나는 '권리를 형성하는 세 가지 규칙(Three Rules That Make It a Right)' 테스트를 해 본다.

1. 자연권은 정부보다 우선한다.

    자연권이 되기 위한 권리는 정부보다 먼저 존재하며, 정부로 인해 존재하지 않으며, 정부에도 불구하고 존재한다. 생명권, 발언권, 예배권, 정당방위권은 모두 정부보다 우선적으로 존재한다. 정부는 이러한 권리를 인정하고 보호하기 위해 설립되었다.

2. 누구도 자연권을 제공할 필요가 없다.

    본질적으로 권리란 어떤 사람도 다른 사람에게 제공할 것이 요구되지 않는 그런 성질의 것이다. 만약 땅에서 추출해서 병에 담아 전달하기 위해 어떤 노력이 필요한 것이라면 그것은 권리가 아니다. 만약 쏟아 부어 형틀을 만들고 석고 보드를 만들어야 하는 그런 것이라면 그것은 권리가 아니다. 만일 누군가가 12년 동안의 의과 대학과 레지던트 과정을 견디어 내고 병원을 열었다면 당신은 그 사람의 노력에 대해 주장할 권리가 없다. 윤택한 생활을 위한 깨끗한 물, 거처할 곳, 현대 의학에 실제 우리의 생존이 좌우될 수도 있지만, 윤택한 생활이나 필요가 자연권을 구성하는 요인이 아니다. 주택이나 의료 서비스와 관련된 권리는 이러한 상품을 추구할 우리의 자유가 그 원인이 된다. 상품이나 서비스에 대한 권리란 공급자가 그것을 제공할 수밖에 없어서 공급자가 타인의 "권리"에 종속된다는 의미이다.

많은 활동가들이 가난한 사람들을 돕겠다는 이타적인 목표를 진전시키기 위해 "권리"라는 용어를 끌어왔지만, 상품을 권리로 잘못 분류하는 것은 실제 권리를 방어해야 할 우리의 역량을 약화시킨다. 트리니티 로스쿨 인권 센터의 앤드류 들로슈 소장은 이 문제에 대해 다음과 같이 좀더 자세하게 말한다. "권리를 재정의할 수 있을 때뿐만 아니라, 권리를 서로 정확하게 구별하지 못할 때에도 새롭고 거짓된 권리는 확산되는 반면, 핵심적인 권리는 전복된다."[10]

즉, 모든 것이 권리가 될 때에는 그 어떤 것도 권리가 될 수 없다.

3. 자연권은 균등하게 배분된다.

마지막으로, 자연은 동일한 척도로 모든 개인에게 권리를 부여한다. 모든 사람들은 동일한 발언권, 예배권, 정당방위권을 갖는다. 억압적인 정부에서 그 어느 누구도 이러한 권리를 더 많이 혹은 더 적게 가지고 태어나지 않는다. 이와는 대조적으로, 상품은 매우 다양하다. 메디케이드(Medicaid; 65세 미만의 저소득층과 장애인을 위한 미국 국민 의료 보조 제도)와 트라이케어(TRICARE; 군인과 그 가족들에 민간 의료 혜택을 제공하는 미국 국방성 군사 건강 관리 프로그램), 작은 집과 마르-아-라고(Mar-a-Lago; 플로리다 팜비치에 있는 리조트), 고졸 학력 인증서(GED)와 박사 학위 등 이러한 예는 넘쳐난다. 만일 어떤 것이 수량, 크기, 정도에 있어 다를 수 있다면 그것은 자연권이 아니다. 모든 사람이 동일한 분량을 가지고 있다면 그것이 자연권이다.

그렇다면, 아동의 친모 및 친부에 대한 권리가 어떻게 '권리를 만드는 세 가지 규칙' 테스트를 통과하는가?

- 부모-자녀 관계는 정부 이전에 존재했다. 이 관계는 말 그대로 "이전"부터 존재한 것으로 당신이 아담과 이브를 믿든 호모 에렉투스를 믿든 인류 그 자체만큼 오래된 것이다.
- 아무도 자녀에게 친부모를 제공하지 않는다. 자녀가 존재한다면 자녀의 친부모도 존재한다.
- 모든 사람은 동등한 분량의 어머니와 아버지를 각각 갖는다. 우리 모두는 그 이상도 이하도 아닌, 정확히 두 사람의 친부모를 갖는다.

따라서, 자녀들이 부모에 대해 가지는 실정법적 권리는 다를 수 있겠지만 자녀들이 부모에 대해 가지는 자연권에 있어서는 논쟁의 여지가 없다.

생명권, 부모권

제인 로(Jane Roe)가 낙태 시술을 받지 못한 이래로 낙태 반대 운동가들은 태아를 보호하기 위해 싸워왔다. 발생학은 우리가 이미 알고 있는 것 – 인간의 생명은 착상에서 시작되므로 보호가 필요하다 – 을 증명했기 때문에 많은 사람들이 태아를 보호하는 데 지난 50년을 보냈다. '권리를 형성하는 세 가지 규칙' 테스트는 태아가 생명에 대한 권리를 가지고 있다는 것을 명백히 확인시켜 준다.

- 생명은 정부 이전에 존재했다.
- 착상이 일어나면 생명이 시작된다. 정부는 누구에게도 생명을

부여할 책임이 없으며 생명을 부당하게 빼앗는 것을 인식하고 막아야 한다.
- 모든 사람은 동일한 분량의 (정확히 하나의) 생명을 부여받는다.

아이의 생명권과 부모에 대한 권리의 유사성은 모두 기본적인 인권이라는 사실 그 이상의 것이다.

아동의 생명권 옹호론자들의 해석	아동의 부모에 대한 권리 옹호론자들의 해석
생명권은 자연권이므로 실정권으로 인정되어야 한다.	아동의 부모에 대한 권리는 자연권이므로 실정권으로 인정되어야 한다.
아동은 스스로 생명권을 방어하지 못하기 때문에 성인들이 아동의 생명권을 방어할 책임이 있다.	아동은 스스로 부모에 대한 권리를 방어하지 못하기 때문에 성인들이 아동의 부모에 대한 권리를 방어할 책임이 있다.
아동의 생명권을 방어하지 못하게 되면 아동에게 대단히 파괴적인 결과를 야기한다.	아동의 부모에 대한 권리를 방어하지 못하게 되면 아동에게 대단히 파괴적인 결과를 야기한다.
아동의 생명권을 옹호하는 것은 그들의 생존 그 자체를 확보하는 것이다.	아동의 부모에 대한 권리를 옹호하는 것은 잘 자라나서 잘 살아갈 존재로서의 아동을 보장한다.

대부분의 낙태 반대론자들은 어머니와 아버지가 육아에 있어 뚜렷이 구별되며 상호 보완적인 효익을 제공한다는 것을 알고 있다. 하지만 나는 보조 생식 기술에 관하여 동료인 낙태 반대 진영 내부에서도 놀라운 사각지대가 있다는 사실을 발견했다. 그동안 우리가 아기를 없애는

산업과 싸우느라 너무 바쁜 나머지, 아기를 만드는 산업이 *생산한* 아이들을 위해 싸우는 일을 소홀히 한 것이다. 낙태와 기증에 의한 임신은 아동을 상품화하는 동일한 동전의 양면이다.

- 낙태와 보조 생식 기술은 모두 성인 중심적이다. '정당한 사유 없이 요구만 하면 언제든지 낙태를 허용하는 것'을 찬성하는 사람들은 아이의 몸이 온전하게 남아 있는지 여부가 아니라, 시술이 끝났을 때 성인이 행복한지 여부로 성공을 측정한다. 기증(공여)에 의한 수정을 추구하는 사람들은 그 시술이 끝났을 때 그 아동의 친부모와의 관계가 손상되지 않은 채 유지되느냐가 아니라 성인들이 행복한가로 성공을 측정한다.

- 낙태와 보조 생식 기술은 모두 성인들이 그 아동을 원하는지 여부에 따라 아동의 권리를 결정한다. 낙태 찬성론자들은 "아동을 원하지 않으면 아동의 생명권을 침해하더라도 그 아동을 강제로 존재하지 않게 할 수 있다."고 말한다. 제삼자에 의한 보조 생식 기술 옹호론자들은 "아동을 매우 원한다면 아동의 생모와 생부에 대한 권리를 침해하더라도 그들을 강제로 존재하도록 할 수 있다."고 말한다.

우리 낙태 반대론자들은 계획되지 않은 임신으로 힘들어하는 여성들에 대해 마음으로부터 공감하면서도 성인들은 아동의 생명권을 존중할 필요가 있다는 점도 알고 있다. 마찬가지로, Them Before Us의 지지자들은 불임으로 인해 충격을 받은 사람들이나 성 소수자라 밝힌 사람들 중 아이를 원하는 사람들에게 공감하지만, 모든 성인들은 아동이 가지는 어머니와 아버지에 대한 권리에 따라야 한다는 믿음 위에 확고히 서 있다.

태아를 인간으로 보는 것이 최근 낙태 반대 진영의 승리에 핵심을 이루고 있다. 태어난 아동의 필요를 인간답게 만들고, 그들의 부모에 대한 권리가 거부될 때 생기는 고통을 가시화한다면 결혼과 가족 분야에서도 비슷한 성과가 실현될 수 있다. 모든 아동은, 원하지 않았든 매우 원해서 얻었든, 모든 성인들이 따라야 할 권리를 가지고 있다.

당신이 낙태 반대론자라면 어른보다 아이들을 먼저 생각하는 우리(Us) 중 한 사람이다.

전 세계적으로 아동의 권리는 인정된다.

생명권은 우리의 최우선 권리이다. 생명권에 다른 모든 권리가 의존한다. 우리들 대부분은 아동이 생명권을 가지고 있다는 것을 이해하지만, 가장 열렬한 낙태 반대론자조차도 아동에 관한 한, 보호해야 할 또 다른 기본적인 권리가 있다는 사실을 알게 되면 놀랄 수 있다.

자궁 밖에서 잘 자라기 위해 아동은 아버지의 사랑, 어머니의 사랑, 안정감이라는 세 가지 영양소를 사회 정서적으로 필요로 한다. 혼인 상태의 아버지와 어머니가 아동에게 안정적인 가정을 제공하기 위한 최상의 조건이다. 아버지가 떠나게 되면 많은 경우, 가정의 안정성 역시 그 아버지와 함께 떠나게 된다. 이는 너무나 많은 사회 문제의 핵심인 유년기 정신적 충격의 위험도 엄청나게 증가시킨다. 슬프게도, 매 십 년마다 이렇게 중요한 사회 정서적 3대 영양소로부터 제대로 영양을 공급받으며 성년에 도달한 아동의 수가 적어지고 있다. 그러므로 양친 부모와의 관계에 대한 아동의 자연권을 인정하는 것이 가장 중요하다.

양친 부모에 대한 아동의 권리가 보호될 때 아동에게는 신체적, 정서적, 정신적으로 건강한 층이 쌓인다. 다음 장에서 배우게 되겠지만, 아이들이 가난하게 살거나 학대받거나 범죄에 연루될 가능성이 최소화 되고, 학업이나 직장에서 성공할 가능성도 극대화된다. 요컨대, 어떤 액수의 돈이나 정부의 개입도 아동의 부모에 대한 권리를 보호하는 것만큼 효과적으로 우리 아이들에게 도움이 되지 못할 것이다. 이 기본권을 보호하면 2장에서 논의하는 내용과 같이 아이들에게 생물학적 정체성을 부여할 뿐만 아니라, 통계상으로도 그들의 인생에서 가장 안전한 어른인 두 성인과 자동적으로 접촉할 수 있게 된다.

지구상의 모든 국가는 어머니, 아버지가 아동에게 얼마나 중요한지를 알고 있다.[11] 날개 달린 유니콘을 보는 것만큼이나 합의를 이루어 내기가 드문 유엔은, 역사상 가장 널리 비준된 인권 협약인 '아동의 권리에 관한 협약(The Convention on the Rights of the Child)'에서 양친 부모 모두에게 알려지고 사랑받을 아동의 권리를 명기했다.

1989년에 채택된 이 협약에서 관련된 조항을 이해하기 쉽게 여기 기술한다. 유엔은 이러한 기본권을 변호사와 관료만이 아니라 모두에게 전달하기 원했던 것으로 보인다.

> 제7조: 아동은 출생 즉시 등록되어야 하며 출생 즉시 성명과 국적 취득권, 가능한 한 부모를 알 권리와 부모로부터 보살핌을 받아야 할 권리를 가져야 한다.
>
> 제8조: 당사국은 불법적인 간섭 없이 법률로 인정되는 국적, 성명 및 가족 관계 등 아동의 정체성을 보존할 권리를 존중할 것을 약속한다…
>
> 제9조: 당사국은 아동의 최선의 이익을 위해 분리가 필요한 경우를 제외하고는, 그 아동의 의사에 반하여 아동이 부모와 분

리되지 않도록 보장해야 한다…당사국은 자녀의 최선의 이익에 반하는 경우를 제외하고는, 한 부모 혹은 양친으로부터 분리된 아동이 정기적으로 양친과 개인적이고 직접적으로 접촉할 수 있는 관계를 유지할 수 있도록 하는 아동의 권리를 존중해야 한다.

제10조: 부모가 서로 다른 국가에 거주하는 아동은 예외적인 상황을 제외하고는 정기적으로 양친과 개인적 관계와, 양친과 직접적으로 접촉할 수 있는 관계를 유지할 권리를 지닌다.

제18조: 당사국은 양친에게 자녀의 양육과 발달에 대한 공동의 책임이 있다는 원칙을 인정하는 것이 보장되도록 최선을 다해야 한다.

이 날개 달린 유니콘은 아동이 어머니와 아버지 모두에게 알려지고 보살핌을 받을 권리가 있고, 부모와 분리되어서는 안 되며, 떨어져 있어도 계속 연락하며 지낼 권리가 있다고 선언했다. 아동은 자신의 생물학적 정체성과 대가족에 대한 권리를 가지고 있다. 요약하자면, 아동은 성인의 어떠한 관계에 맞춰 잘라 붙이는 물건이 아니다. 랍비인 질 베른하임(Gilles Bernheim)이 지적한 바와 같이, 아이들은 권리의 대상이 아니라 권리의 주체이다.[12]

이 국제 협약은 아동은 취약하기 때문에 아이들에게 있는 고유한 권리를, 사회에서 보호해 줄 수 있는 힘이 있는 유일한 사람들인 성인들이 보호해 주어야 한다는 점을 인정한다. 아동이 성인으로 잘 자라나기 위해서는 아동의 양친에 대한 기본권이 존중되는지 여부가 매우 중요하다. 그러므로, 성인이 아동의 권리를 중심으로 그들의 인생을 조정해야 한다. 하지만 불행하게도 자신의 욕구보다 아동의 필요를 우선시하

전 세계적으로 아동의 권리는 인정된다.

는 성인의 수가 줄어들고 있다. 현재 미국에서는 46%[13]의 아동만이 양친과 함께 살면서 성년에 이른다. 많은 사람들이 어떤 방식으로든 부모와의 분리를 경험하거나 양친 중 한 명을 전혀 알지 못한다. 가족에 관한 한 우리는 잘못된 방향으로 가고 있으며, 우리의 아이들은 결국 길을 잃고 있다.

민주당이 아동의 권리에 관심을 가져야 하는 이유

퓨 리서치 센터는 최근 공화당과 민주당이 그들의 우선순위에 관한 한 사실상 공통점이 없다는 사실[14]을 발견했다. 이러한 분열은 사회적 모임에서도 뚜렷하게 존재하며 당신도 분명히 동일한 경험을 하고 있을 것이다. 나의 좌파 성향의 친구들은 노숙자, 교육에 실패하고 있는 학교, 의료비의 증가, 교도소의 개혁 문제를 해결하기 위해 더 많은 세금이 쓰이기 원한다. 그들은 일반적으로 "부자"가 그렇게 많은 것을 가지고 있다는 것은 불공평하며 따라서 앞에서 언급한 모든 사회적 문제 해결에 필요한 자금을 대기 위해 더 높은 세율의 과세가 필요하다고 믿는다. 나의 우파 성향의 친구들은 어떤가? 그들의 의견은 "현재의 거대한 흉물 덩어리인 연방 정부와 주 정부의 절반도 여전히 너무 크다."는 말로 요약될 수 있다. 그들은 우리의 사회적 병폐는 정부가 아니라 가족과 지역 사회가 다루어야 할 일이라고 믿는다. 이와 같이 이들 사이에는 공통점이 거의 없는 것처럼 보인다.

하지만 외양은 실제와 다를 수 있다. 우리가 근원적인 원인을 조사하자 Them Before Us가 양당에서 해결하기 위해 애쓰는 가장 큰 문제에 모두 적용되는 바로 그 해결책이라는 점이 분명해졌다.

내가 좌파 성향의 친구들에게 노숙자 문제, 인신매매, 초만원인 교도소, 자살, 10대 임신, 고등학교 중퇴율 중 어느 것이 가장 긴급하게 해결해야 할 사회 문제인지 물어보면, 그들은 하나만 고르기를 어려워했다. 많은 좌파 성향의 친구들은 자발적으로 고(苦)학생들과 함께 일하거나, 성 산업에서 살아남은 사람들을 회복시키기 위해 일하는 단체들을 지원하거나, 자살 예방 전화 상담에 대응하는 등 그들의 마음이 닿는 일에 시간을 사용한다. 그들은 자신들이 도움이 되는 것은 알고 있지만, 대부분은 국가적 문제의 거대한 규모에 몹시 화가 나 있다. 교육을 개선하고 노숙자를 섬기고 정신 건강 서비스를 증진시키기 위해 투입된 압도적인 규모의 자원에도 불구하고 상황은 점점 더 악화되고 있는 것 같다. 물론 그들은 옳다.

하지만 민주당을 지지하는 내 친구들이 하나의 문제만 선택할 필요가 없다면 어떨까? 만약 사회문제 리스트에 있는 모든 문제를 현저하게 줄이고 즉시 성취도가 높은 학생들의 수를 증가시키고[15] 매춘 산업의 파이프라인을 끊고, 자살 상담 전화에 대한 절박한 상담 요청 건수를 획기적으로 줄일 수 있는 "위의 사회 문제를 모두 고를 수 있는" 선택지가 있다면 어떨까?

그런 선택지는 존재한다. 이러한 파괴적이고 광범위한 사회 문제는 모두 한 가지 공통점을 가지고 있다. 이들 모두 가족의 붕괴, 더 구체적으로는 아버지의 부재에 그 뿌리를 두고 있다. 아버지와 자녀를 다시 연합시키고 '아버지가 없는 아이들에게 아버지가 없는 여정의 어려움을 어떻게 대처하고 극복할 수 있는지'를 가르치는 사명을 수행하는 비영리단체인 '아버지 없는 세대를 위한 재단(Fatherless Generation Foundation)'이 수집한 통계에 따르면[16] 아버지의 부재로 인한 위기는 전 세계적인 유행병이다. 아버지의 부재는 우리 사회의 병폐로 인한 상처를 덧내는 감염 현상이며 이는 통계상으로도 부정할 수 없다.

- 노숙자나 가출 청소년들의 90%는 아버지가 없다. 노숙자와 가출 청소년의 삶은 흔히 성매매의 관문이 된다.
- 교도소 수감자의 70 ~ 85%는 아버지가 없이 자랐다.
- 자살하는 십 대들의 63%는 아버지가 없다.
- 임신한 십 대들의 71%는 아버지가 없는 집에서 나온다.
- 고등학교 중퇴자의 71%는 아버지가 없는 집에서 나온다.[17]

데이비드 블랭컨혼은 그의 책 "아버지 없는 미국(Fatherless America)"에서 다음과 같이 주장한다. "아버지의 부재가 이 세대의 가장 해로운 인구 통계학적 경향이다. 이는 아동의 건강과 행복을 위축시키는 주된 원인이며 또한 범죄, 청소년 임신, 가정 폭력을 아우르는 우리의 가장 시급한 사회 문제를 일으키는 주 원인이기도 하다. 하지만, 이러한 규모와 사회적 결과에도 불구하고, 아버지의 부재의 문제는 종종 무시되거나 거부된다."[18] 한 아동의 양육에 미치는 아버지의 영향의 중요성에 관해 우리가 알아야 할 모든 것은 아버지가 없을 때 우리가 볼 수 있는 무수한 재앙적 결과로 발견된다.

다음과 같은 이유로 아이의 아버지는 대체할 수 없다.

- 아버지는 아동이 기본권을 갖는 단 두 사람 중 한 명이다. 아버지는 아이와 그 아이의 확대 가족과 유산의 절반에 연결시키고, 2장과 7장에서 자세히 설명하듯 아동의 "나는 누구인가?"라는 질문에 대한 답변을 돕는 생물학적 정체성의 절반을 부여한다.
- 아버지는 아동의 인생에서 가장 안전하다. 2장에서 다루겠지

만, 수많은 연구 결과, 아동의 인생에서 가장 위험한 사람은 혈연관계가 없는 동거 남성이라는 사실이 밝혀졌다. 통계학적으로 아동의 아버지는 보호와 공급에 있어 아동에게 최선이다.

- 그는 아동이 자신감 있는 성인이 되기 위해 필요한 의사소통, 훈육, 자립심의 측면에서 확연히 드러나는 아버지의 영향력을 제공한다. 3장은 아버지의 영향력의 중요성에 대해 자세히 알아본다.

아버지가 떠나버린 후 제나의 인생[19]은 아버지가 없는 아동이 감내해야 했던 것을 보여 주는 가슴 아픈 예시다. 그녀는 고등학교에 진학하기 전 몇 차례 재혼한 홀어머니가 길렀다. 제나의 엄마는 남편과, 동거하는 남자친구 몇몇이 있었다. 그 중 두 명은 제나를 성적으로 학대했고, 열여섯 살 때 어머니의 세 번째 결혼을 계기로 제나는 도망쳤다. 아버지의 사랑과 보호에 굶주린 그녀는 40대 포주의 집에 갇혀 그의 친구들을 성 접대하며 살아갔다. 영혼을 파괴당한 채 보낸 삼 년 후, 그녀는 뼈가 부러지고 메트암페타민 중독이라는 짐을 진 채 마침내 탈출에 성공했다. 감사하게도 제나는 결국 그 생활에서 벗어나 치료 전문가의 도움으로 삶을 회복하고 있다.

나는 정의에 관심을 가진 사람들이 인신매매와 싸우고, 빅 브라더스 빅 시스터즈(Big Brothers Big Sisters of America; 일대일로 청소년 멘토링 서비스를 제공하는 미국의 비영리 단체)와 함께 일하고, 교도소 선교회, AmeriCorps (지역 사회의 필요를 지원하기 위해 성인들이 공공 서비스에 참여하도록 하는 자발적인 시민 사회 프로그램), 구세군에 기부하는 것을 권장한다. 하지만 당신이 자선 단체를 지원함으로써 정의를 위해 싸우면서도 아동의 어머니와 아버지에 대한 권리를 보호하는 일에 소홀하다면, 근본적으로 치명상에 반창고를 붙여 주고서 환자가 잘 살기를 기대하는 것이나 마찬가지이다. 결혼한 어머니와 아버지가 함께 자녀들을 키우도록 독려하여 아이에게 정서적으로 자양분을 공급하는데 실패하면, 우리의 가장 시급한 사회 문제를 해결할 희망이 없다. 더 간단히 말해서, 우리가 개별 아동에 대한 정의를 확보하기 전까지는 *사회 정의가 존재하지 않을 것이다.*

공화당이 아동의 권리에 대해 관심을 가져야 하는 이유

"작은 정부에는 큰 결혼이 필수적이다."
- 데이빗 업햄 (댈러스 대학교 법학 연구소장)

아동의 어머니와 아버지에 대한 권리를 옹호할 때 피할 수 없는 결과는 보편적으로 작은 정부이다. 더구나 아동의 권리를 보호하는 것은 정부가 문제를 해결하기 위해 예산을 과다 지출하는 문제를 해결하는 가장 저렴한 방법이다. 만약 당신이 보수주의 능변가라면 내가 당신을 "작은 정부"로 이끌었다고 생각할 수 있다. 하지만 여기 요점을 짚어 볼 수 있는 몇 가지 수치가 있다.

가정의 붕괴로 인한 비용은 한 가정의 유동성을 크게 고갈시킨다. 2017년 미국 인구조사국은 편모 가정의 소득의 중간값은 평균 41,700달러로, 기혼 부부의 평균 90,380달러의 절반에도 못 미치는 수치라고 보고했다.[20]

재정적인 영향은 가족의 예산에만 국한되지 않는다. 아버지의 부재는 연방 국가의 예산에도 큰 영향을 끼친다.

2008년 미국의 가치 연구소(Institute for American Values)는 지금까지 가족 붕괴로 발생한 비용을 미국의 수익에 상응하는 금전적 가치로 평가해 보는 유일한 연구를 수행했다. 이 연구에서는 한부모나 양친으로부터 떨어져 사는 아이들에게 매년 대략 1,120억 달러의 세금이 들어간다는 사실을 발견했다.[21] 이 정도의 돈이면 니카라과, 나미비아, 모잠비크, 마다가스카르, 몽골, 마케도니아, 르완다, 콩고, 말라위, 보츠와나, 아프가니스탄의 경제를 1년 동안 운영할 수 있다. 이 엄청난 수치는 빈곤 퇴치 프로그램, 사법 제도, 교육 프로그램에 지출된 돈을 포함한다. 또한 아버지가 없는 자녀들은 평균적으로 학업에서나 직업에서 성공할 가능성이 낮아져 결과적으로 성인이 되었을 때의 소득이 낮아지기 때문에 장차 줄어들게 되는 세수 효과도 감안했다.

우리 가족은 2012년 한 미혼모와 그녀의 아이를 집으로 데려왔을 때 아버지의 부재로 치르는 높은 비용에 대해, 수치상으로나 문자 그대로 생생하게 알게 되었다. 이 아이 엄마도 편모 가정에서 자라나 결국 위탁 가정의 보호를 받았었다. 우리가 그녀를 만났을 때 그녀는 대단히 위험한 장소에 있었다. 그녀와 딸은 학대하는 남자친구의 집에서 도망쳐 나와 몇 주 동안 (대가를 지불하지 않고 잠시 타인의 집에 머무는 것을 의미하는) 카우치 서핑(couch surfing)을 하고 있었다. 그녀가 우리 집 지하실로 이사했을 때, 그녀는 주택 지원금, 교육 지원금, 월 교통비, 식권, 양육비, 메디케이드(Medicaid; 미국 저소득층 대상 의료 보장 제도) 보조금을 받고 있었다. 너무나 놀랍게도 그녀는 자그마치 연간 5만 5천 달러의 납세자들이 내는 세금을 거둬들이고 있었다. 더 나빴던 점은 그녀가 재정 관리 능력이 부족했기 때문에 당시 가계 소득의 중간값

보다 더 많은 액수의 돈을 가지고도 수입과 지출의 균형을 맞출 수 없었다는 점이다.

가정이 붕괴되면 국가는 비효율적이고 값비싼 대체물이 된다. 국가는 온전한 가정에서 자란 아이들이라면 거의 요구하지 않을 복지 프로그램의 운영을 재정적으로 지원한다. 일하는 싱글맘들은 정부가 재정을 지원하는 탁아소를 필요로 하며, 노숙자 쉼터에 대한 수요는 그러한 시설을 건설할 수 있는 국가의 여력을 능가한다. 본래 아버지들이 보다 잘 가르치고 실천할 수 있는, 지켜야 할 경계선을 정하는 일은 불행하게도 법이 대신 집행하게 되고, 정서적으로 굶주린 학생들은 더 많이 행동 장애로 진단을 받게 되어 교사와 학교 상담사에 대한 수요도 증가하고 있다.

여기 우리의 가장 시급한 사회 문제들 중 일부를 해결하기 위한 정부 지출 중 비참하게 실패한 몇 가지 사례가 있다.

교육. 성 혁명으로 태어난 1세대가 학교를 다니기 시작한 1970년에 정부는 매년 유치원에서 12학년 학생 한 명당 천 달러만을 지출했다. 인플레이션을 감안한다면 이 액수는 현재 약 5천 달러이다.[22] 재학생 수는 약간 증가했을 뿐이지만 오늘날의 학교는 거의 두 배 이상인 학생 일인당 1만 4천 달러를 받는다.[23] 이처럼 엄청난 자금 유입에도 불구하고 현재의 졸업률은 1970년 당시의 비율을 약간 웃도는 정도이다.[24]

교도소. 1970년도에도 수감률이 급격히 증가하기 시작했는데, 이는 50년 만에 처음으로 크게 증가한 수치이다. 국가 연구 위원회(National Research Council)는 다음과 같이 설명한다.

> 1972년에는 인구 10만 명 중 161명의 미국 거주자들이 감옥에 수감되었다. 2007년까지 그 비율은 인구 10만 명당 767명

으로 다섯 배 이상 증가하였다. 실제 재소자의 수는 223만 명으로 증가하여 이는 세계에서 가장 높은 인구 대비 재소자율이다.[25]

전 세계 수감자의 4분의 1을 수용하는 데 매년 약 800억 달러가 소요되며, 이는 교육비 비율 대비 세 배 규모로 증가한 비용이다.[26]

복지. 브루킹스 연구소의 이사벨 소힐 선임 연구원은 2000년 이전에 이미 "한부모 가정의 증가가 1970년 이래 아동 빈곤이 증가한 사실상 대부분의 이유가 될 수 있다… 의회예산처에 따르면 한부모 가정이 계속 폭발적으로 증가하지 않았더라면 1980년대 전반적으로 복지 담당 건수는 상당히 줄어들었을 것"[27]이라고 보고했다. 지난 20년 동안 비혼 출산이 증가하면서 상황은 계속 악화되었을 뿐이다. 그 결과 복지 혜택 비용이 급증했다. 헤리티지 재단에 따르면 아래와 같다.

> 인플레이션을 감안하면 수혜자의 수입에 따라 지급하는 현금, 식품, 주거 프로그램에 대한 지출은 1964년 364억 달러에서 2016년 3,510억 달러로 그 기간 동안 거의 열 배 증가했다. 2016년 물가로 환산할 경우 현금, 음식, 주택에 대한 1인당 지출액은 1964년 190달러에서 2016년 1,098달러로 거의 여섯 배 증가했다.[28]

이렇게 엄청난 지출이 빈곤한 가정이나 아이들에게 도움이 되었는가? 아니다. 1967년에는 약 27%의 미국인들이 가난하게 살았으나 2012년 그 비율은 약 29%로 증가했다.[29]

이렇게 엄청난 지출 증가에도 불구하고 졸업 비율에는 변화가 없었고 교도소 인구는 네 배나 증가했고, 미국의 빈곤율은 기본적으로 변하지 않았다. 다시 말해서 완전한 실패다.

사회적 위기에 관한 한, 돈이 문제가 아니고 막대한 정부 지출도 해결책이 아닌 것처럼 보인다. 그렇다면 낙제생, 재소자의 증가, 세대 간의 빈곤에 대해 어떻게 설명할 수 있을까? 지난 60년 동안 *아버지 없는 아이들이 여덟 배 증가한 것*[30]이 문제의 근원이 되지 않겠는가?

정부는 아이를 사랑할 수 없기 때문에 정부 지출은 실패한다. 그것이 바로 엄마, 아빠의 역할이며 결혼한 양친이 함께 양육하는 것이 아동에게 최선인 이유이다.

만약 공화당을 지지하는 유형의 사람들이 세금을 줄이고, 범죄율을 낮추며, 정부의 권한을 줄이기를 바란다면, 그들은 아동 권리 열차에 탑승해야 한다. 만약 우리가 아동 발달에 있어 가장 중요한 요소인 그들의 어머니와 아버지가 자녀를 양육하는 문제를 다루지 않는다면, 유일한 대안이란 더 높은 세금, 비싼 돈을 들이면서 실패하고 있는 학교, 더 많은 교도소, 더 높은 복지 지출을 체념한 체 받아들이는 것이다. 아동의 권리를 외면하는 것은 치명상에 수십억 달러의 반창고를 붙이는 결과를 초래할 것이며 부상을 입은 환자는 계속 증가할 것이다.

아동을 우리 앞에(Them Before Us) 두는 것은 모든 사람들에게 최선의 이익이 된다. 왜냐하면 우리가 모든 아동의 권리를 옹호하기 전까지는 진보와 보수, 그 어느 누구도 이 나라의 문제를 해결하는데 있어 진척이 없을 것이기 때문이다.

흑인 아버지는 중요하다.

미국에서 수 세기 동안 지속된 흑인 차별 정책과 조직적인 인종 차별주의는 오늘날 미국의 가장 권위 있는 대학과 기업에서 소수 인종 학생과 직원들을 선발하는 것으로 대체되었다. 미국 흑인들은 정부에서 가장 강력한 자리에 선출되었다. 그러나 식자층에서는 끊임없이 특권과 흑인 사회가 경험하는 인종차별을 비난한다. 교육, 정부, 고용에 있어 제도적 차별은 찾아볼 수 없지만 오늘날의 흑인 아동에게 특권이 없는 기관이 있다. 그리고 그들에게 오랫동안 거부되었던 *시민권*은 회복된 반면, 많은 흑인 아동의 *자연권*은 자주 거부된다. 그 기관은 바로 결혼이며, 그 권리는 그들의 어머니와 아버지와 관련되어 있다.

마틴 루터 킹 주니어 세대의 미국 흑인들은 인종으로 인해 고용과 교육 및 법체제에 대한 평등한 접근이 거부된 반면 흑인 사회에서 양친과는 대부분 동등하게 접촉할 수 있었다. 킹의 동년배 중 75%가량은 결혼한 어머니와 아버지의 가정에서 양육될 수 있는 축복을 받았다.[31] 강인하고 자랑스러운 흑인 어머니와 아버지가 함께 자녀를 길렀고, 그 아이들이 시민권을 위해 싸우고 이 나라를 치유했다. 50년이 지난 지금, 조직적이고 제도화된 불의가 사라지고 킹이 꿈꾸던 자유가 실현되었다.

하지만, 이 나라의 흑인 청년들은 고전하고 있다. 흑인 소년들은 불균형적으로 더 많이 범죄에 빠져 있고, 흑인 소녀들은 십 대에 아이를 낳을 가능성이 더 높다.[32] 흑인 학생들은 학교에서 더 많이 힘들어 한다. 인종 차별의 탓은 아니다. 정서적 영양실조가 이 아이들의 어려움의 원인이다. 그들의 배는 가득 찼을 지 모르지만 많은 아이들의 마음은 공허하다. 왜냐하면 이 나라의 다른 어떤 인종보다 걱정스러울 정도로 많은 흑인 아이들이 아버지와, 아버지가 제공하는 안정감에 굶주려 있기 때문이다.

항상 그랬던 것은 아니다. 온전한 흑인 가족이 일반적이었다. "1890

년부터 1950년까지는 공공연한 인종 차별과 만연한 빈곤에도 불구하고…결혼하는 흑인 여성의 비율이 백인 여성보다 더 높았다."[33] 오늘날 미국의 흑인 자녀 중 17%만이 결혼한 어머니, 아버지와 살면서 고등학교를 졸업할 것이다.[34] 다시 말해서 대부분에 해당하는 83%는 성년이 되기 전에 가정 파탄이나 어떤 형태의 불안정을 경험할 것이다. 아동의 권리는 모든 사회에서 가장 시급한 문제이고, 이것은 흑인 아동에게 특히 해당된다.

당신이 반드시 내 말을 들을 필요는 없다. 흑인 사회의 지도자들도 이미 아동 인권 운동의 필요성을 이해하고 있다. 변호사이자 작가이면서 전국적으로 방영되는 토크쇼의 진행자인 래리 엘더는 흑인 사회가 직면한 가장 큰 세 가지 문제를 다음과 같이 밝혔다.

1. 가정 내 아버지의 부재
2. 가정 내 아버지의 부재
3. 가정 내 아버지의 부재[35]

정치 평론가이자 활동가인 캔디스 오웬스는 "미국 흑인이 직면한 가장 큰 문제는 아버지의 부재이다."라고 선언했다.[36]

저명한 경제학자인 토마스 소웰에 따르면 "수 세기 동안의 노예제도와 차별 속에서도 살아남았던 흑인 가족은, 혼외 임신에 보조금을 지급하고 복지의 개념을 긴급 구호로부터 하나의 생활 양식으로 바꾼 진보적인 복지 국가에서, 급속하게 해체되기 시작했다."[37]

버락 오바마 대통령은 2008년 2만 명의 교인이 있는 흑인 교회에 보낸 아버지의 날 메시지에서 자신의 아버지의 부재가 자신의 삶에 얼마나 부정적인 영향을 주었는지에 대해 이야기했고, 흑인 사회에서 남성의 부재가 야기한 대대적인 파괴를 다음과 같이 직접 언급했다. "나는 아버지가 없는 가정이 치러야 하는 대가, 즉 당신을 인도하고 이끌어 줄 수 있는 남자 어른이 집에 없을 때 가슴에 뚫린 구멍이 어떤 것인지를 경험적으로 안다… 우리에게는 책임감이 단지 임신에서 끝나는 것이 아니라는 사실을 아는 아버지들이 필요하다. 어떤 바보도 아이를 가질 수는 있다. 그렇다고 그가 아버지가 되는 것은 아니다. 당신을 아버지로 만드는 것은 아이를 양육할 용기이다."[38]

대통령님, 이를 증언해 주시기 바랍니다.

학교에서 인종 별 성취도의 격차는 당연히 많은 관심을 받는다. 전체의 65%가 한부모에 의해 양육되고 있는 흑인 학생들은 학업적으로 학교에서 가장 많은 어려움을 겪고 있다. 한부모 가정에서 사는 비중이 24%인 백인 학생들은 중간 정도에 해당하는 편이다. 15%만이 한부모 가정인 아시아 학생들은 일반적으로 가장 높은 학업 성취도를 보인다.[39] 한부모 가정에서 자라나는 아이들과 학업적으로 어려움을 겪는 아이들 사이의 상관 관계는 너무나 명백하지만, 성취도 격차를 해소하기 위한 논의 과정에서는 좀처럼 고려가 되지 않는다.

피부색에 상관없이 아버지들이 자녀들의 어머니들과 결혼하면 어떤 일이 일어날까? 주로 성공적으로 성인기를 시작할 성공적인 학생들을 키우게 될 것이다. 학업 성취도 격차를 살펴본 30개의 메타 분석 연구에서는 학생의 성공이 인종보다는 가족과 훨씬 더 관련된다는 사실을 발견했다.[40] 그 연구자들은 "성취도 격차 감소와 가장 강하게 연관된 가족 요인은 양친 부모 가정과 부모의 참여도가 높은 수준일 때이다."라는 결론을 내렸다. 이 연구에서 더욱 흥미로운 점은 온전한 가족의 종교적 믿음을 고려한다면, "사회 경제적 지위를 감안하더라도 성취도의 격차가 완전히 사라졌다."고 밝힌 것이다.[41] 정서적 욕구가 충족된다면 흑

흑인 아버지는 중요하다. 63

인 학생들도 다른 인종의 아이들과 마찬가지로 학문적으로 성공할 수 있다.

최근 카니예 웨스트는 휴스턴 교도소에서 재소자를 대상으로 조니 캐쉬 스타일의 공연을 한 적이 있다. 그 비디오는 온라인에서 볼 수 있는데 볼만한 가치가 있다. 나는 그 영상을 수없이 보았고, 볼 때마다 청중 중에 흑인 남성과 여성이 압도적으로 많다는 사실에 가슴이 찢어진다. 통계상 이러한 재소자의 70~85%[42]는 아버지의 관심과 훈육, 사랑을 받지 못했고 아버지와 연결되지 못했다. "소년의 위기(The Boy Crisis)"의 저자인 워렌 퍼렐은 "교도소는 기본적으로 아버지를 박탈당한 소년들의 중심지이다."라고 언급했다.[43] 흑인들은 교도소에 너무나 많이 수용되어 있다. 흑인 남녀가 더 범죄를 저지르기 쉽기 때문이 아니라 그들 중 70%가 홀어머니에게서 태어나기 때문이다.[44]

아버지의 부재가 흑인 아동에 미치는 파괴력을 고려한다면 당신은 인종적 정의를 위한 운동가들이 경종을 울릴 것으로 생각할 것이다. 실상은 인종적 정의를 위한 행동주의로 가장 잘 알려진 단체인 '흑인의 생명은 소중하다(Black Lives Matter; 이하 "BLM")'에서는 흑인 아동의 상황을 더 악화시키고 있을 뿐이다. blacklivesmatter.com 웹사이트 상의 "What We Believe" 페이지에 따르면, BLM은 아동을 아버지와 묶어 주는 유일한 기관인 "서구에서 정의한 핵가족을 파괴하는 것"을 추구한다고 되어 있다.[45] 이 단체의 핵심적인 신념에 대한 성명서에서는 흑인 어머니, 흑인 가족, 흑인, 심지어 성전환 흑인 여성에 대해 언급하고 있지만 어디에서도 흑인 아버지를 언급하지 않았다.

흑인의 생명은 물론 중요하고 나는 인종 차별주의와 싸우고, 흑인 사회에서 범죄율을 낮추고, 흑인 학자들을 양성하고, 징역형 양형 기준을 검토하고, 흑인 아동을 가난에서 구해내는 일이라면 전적으로 지지한다. 하지만 우리가 흑인 아동이 어머니와 아버지로부터 양육될 권리를 위해 싸우지 않는다면 이들 목표 중 어느 하나도 성취할 수 없다.

이 나라에서 특권이란 아동의 인종과 아무런 관련이 없다. 특권은 오로지 아동의 양친에 대한 권리가 존중되는지 여부와 관련된 것이다.

당신은 이미 이것이 사실임을 알고 있다.

당신은 아마도 여전히 조금 회의적일 것이다. 결국 "아동은 단지 사랑과 안전이 필요하다"는 후렴구가 수십 년 간 우리 귓가를 쟁쟁하게 울려왔기 때문이다. 당신이 평생 불러온 노래 가사가 틀렸다는 사실을 깨닫는 것은 충격적이다. 이제는 좀더 개인적인 이야기로 들어가 보자.

당신은 양친과 친밀한 사랑의 관계 속에서 자랐거나, 파괴된 가정에서 한부모 혹은 양친과 관련해서 물리적 혹은 감정적 상실감을 경험했거나, 아마 이 두 경우 중 하나에 해당할 것이다.

만약 당신이 첫 번째 범주에 해당한다면 각각의 부모님이 당신의 양육에 있어 뚜렷이 구별되는 영향을 미쳤다는 사실을 인정할 것이다. 당신의 아버지는 당신에게 모험심과 독서의 즐거움을 심어 주었을지 모른다. 당신은 아버지가 가정용품을 직접 제작하거나 수리하고 장식하는 DIY 프로젝트와, 욕하면 벌금을 넣는 통 안의 벌금 액수가 증가하는 것과의 상관 관계에 대해 생각하면서 빙그레 웃고 있을지도 모른다. 당신이 홈런을 쳤을 때 아버지가 응원해 준 데 대한 깊은 만족감과, 축구팀 코치였던 아버지가 당황한 척하는 모습이 어떤 것인지 당신은 안다. 당신은 아직도 그를 실망시켰을 때 느꼈던 쓰라림과 아버지의 인정을 갈망하여 내렸던 선택을 기억할 것이다. 오늘날까지도 아버지로부터 "나는 네가 정말 자랑스럽다"라는 말을 듣는 것은 최고의 찬사이다. 당신이 여성이라면 아버지와 다정하게 데이트를 하면서 아버지로부터 들은 "아름다운 소녀"라는 말이 얼마나 특별하게 당신의 자존감을 세워 주었는지 기억할 것이다.

어머니가 당신의 인생에 미친 영향을 생각할 때에는 눈가에 이슬이 조금 맺히지 않는가? 어머니가 당신을 위해 희생한 것을 생각하면 기분이 어떤가? 어머니가 한눈에 당신이 무슨 생각을 하는지 알아차리거나 자신의 기분에 대해 아무 말도 할 수 없을 때에도 무슨 일이 일어나고 있는지 정확히 이해하고 계셨던 것에 대해 당신은 여전히 경외심을 가지고 있을 것이다. 중요한 경기에서 터치다운에 성공해 지역 신문과 인터뷰할 때, 항상 곁에 있어 준 어머니께 감사하지 않았는가? 어머니는 항상 최고의 통찰력을 가지고 있기 때문에 여전히 매주 그 분께 전화를 거는 것 아닌가? 지나가던 사람에게서 아주 좋아했던 그 지독한 에이본 화장품 향이 날 때 잠시나마 집의 향기를 느낀다. 첫 아이를 낳고 깊은 산후 우울증에 빠졌을 때 구해주러 나타난 엄마의 마법의 어깨에 기대어 울면 엄마가 된다는 것이 덜 암울하게 느껴질 것이다.

당신의 부모와의 관계는 의미 있는 역사가 된다. 부모님이 고국에서 보낸 청소년기의 이야기를 듣는 것은 언제나 즐거웠으며, 이를 통해 부모님과의 공동의 유산인 가족의 문화에 대해 오랜 세월 동안 깊이 공감할 수 있는 마음이 심겨졌다. 당신과 가족의 뿌리와의 연계는 각 세대에 전해져 내려온 집안 고유의 요리 비법에서 비롯된 것일 수 있다. 아니면 (중국인 부모처럼 압박하는 방법을 아무도 모르기 때문에) 중요한 시험 전날마다 듣게 되는, 여러분의 고조 할아버지나 할머니가 후손들의 진정한 자유를 보장해 주기 위해 청나라에서의 높은 지위를 포기하고 어떻게 여기까지 오게 되었는지 상기시켜 주는 이야기에서 나올 수도 있다. 혹은 당신이 거울 속에 비친 어머니나 아버지의 모습을 보면서 얼굴에 미소를 지을 수도 있다.

이제 과거의 기억을 회상해 보았으니 말해 보라. 부모 중 어느 한 분만 선택할 수 있겠는가? 다른 어른과 바꾸고 싶은 부모를 골라 보라. 부모 중 어느 한 분의 부재가 당신의 성장, 정체성, 행복, 안정감에 전혀 영향을 미치지 않았으리라고 할 수 있는가?

정직한 답변은 당신이 부모 양쪽 모두를 필요로 한다는 것이며 당신은 틀림없이 여전히 성인이 되어서도 서로 구별되는 방식으로 당신과 연결되는 양친에 의존하고 있을 것이다.

당신이 어머니나 아버지와 따뜻한 사랑의 관계가 없이 자랐다면 위의 몇 단락을 읽고 발끈했을 것이다. 어린 시절의 그러한 경험을 사랑했는가? 그 경험을 추천하거나 다른 사람들에게 다시 그렇게 경험해 보라고 권유할 수 있겠는가? 정부가 당신이 경험했던 괴로움을 장려해야 하는가? 단연코 아니다. 많은 사람들에게 있어 부모와의 관계를 완전히 혹은 부분적으로 상실하는 것은 인생에서 가장 큰 슬픔이다. 설령 그들이 이를 '극복했다'거나 '이해했다'거나 운 좋게도 그 빈자리를 책임감 있는 어른의 발자국으로 채울 수 있었다 하더라도 그들의 상실감은 채울 수 없는 구멍으로 남는다.

아동의 어머니와 아버지에 대한 권리를 옹호하는 것에 대해 "나의 어머니가 너무나 학대적이었기 때문에 두 명의 남성 동성애자에게서 자라났더라면 정말 좋았을 것"이나 "나의 아버지는 정말 폭력적인 지긋지긋한 인간이었기 때문에 싱글맘에게서 자라날 수만 있었다면 뭐든 당신은 이미 이것이 사실임을 알고 있다.

했을 것"이라는 식의 반대하는 목소리를 가장 흔하게 들을 수 있다. 이러한 반대는 부모의 중요성에 대해 반박하기 위한 것이지만 실상 이러한 반대는 부모-자녀 관계의 중요한 본질을 분명히 밝히는 것이다. 그러한 항변은 부모의 사랑을 제대로 받지 못했던 성인 자녀들이 겪었던 평생의 고통을 드러내는 것이다.

이성적인 사람이라면 그 누구도 학대하는 아버지가 양육하는 것이 사랑하는 두 여성이 양육하는 것보다 낫다고 주장하지 않을 것이다. 그러나 나는 이러한 두 극단적인 상황만이 유일한 선택지라는 주장을 거부한다. 세 번째 선택지가 바로 내가 Them Before Us를 시작한 이유다. 아동의 권리는 결혼에 충실하지 못한 채 방황하는 시선이나 중독되도록 술을 사랑하는 욕망보다 우선시되어야만 한다. 아동은 그들을 위해 어른의 역할을 하고, 필요할 때 전문적인 도움을 구하고, 본인의 이기적인 욕망을 억제하여 자녀들이 성인으로서 성공적인 삶을 시작할 수 있도록, 가능한 한 최선의 기회를 제공해 주는 부모를 필요로 한다. 건강하고 번영하는 사회에 대한 희망을 가지려면 우리의 문화와 법이 성인의 행동을 아동의 요구에 맞추도록 장려하고 격려해야 한다.

실천 방법

"역경 속에서 피는 꽃은 모든 꽃 중에서 가장 귀하고 아름답습니다."
- 황제 [뮬란]

결손 가정에서 자란 모든 아이들이 불행한 것은 결코 아니다. 위대한 정치 지도자, 거물 기업가, 스포츠 스타, 문화계의 영웅 중에는 어린 시절의 어려움을 성공적으로 극복한 사례가 많다. 그러나 이러한 사례가 수단을 정당화하는 목적이 될 수는 없다. 많은 경우에 이 아이들은 친부모가 만든 장애물로 인생에서 불필요한 방해를 받았다. 반대로 결혼한 어머니와 아버지가 있는 가정에서 자란 아동이라고 문제가 없는 삶을 보장받는 것은 아니다. 그럼에도 불구하고 Them Before Us는 통계상 현실을 인식하는데 주목한다. 연구 결과와 아이들의 눈물겨운 이야기는 모친, 부친, 또는 양친 모두와의 관계를 부인당한 아동이 불리한 상황에 처해 있다는 사실을 보여준다. 이렇게 부모 관계가 거부된 아이들은 신체적, 정신적, 관계적, 학문적, 정서적으로 크게 상처를 받는다. 우리는 이러한 진실을 부인함으로써 아이들과 국가의 미래에 해를 끼치고 있다. 아이들을 우리 성인보다 어떻게 우선시할 수 있을까? 답은 간단하지만 이를 실천하기란 쉽지 않다. 성인들은 어머니와 아버지 모두에게 알려지고 사랑받아야 한다는 우리 아이들의 기본권을 존중하기 위해 힘든 일을 해야 한다. 세상은 더 많은 어른들이 기꺼이 어려움과 희생을 받아들이고, 어른들이 아이들에게 지운 부담을 덜어주기를 간절히 바라고 있다. Them Before Us는 입양이나, 위탁 양육, 한 쪽 부모가 어른답게 행동하지 못할 때 한 부모의 짐을 떠맡는 것이든, 어려움을 겪는 아이를 위해 어려운 일을 하는 편을 선택하는 성인들을 격려한다.

부모의 상실이 새로운 현상은 아니지만, 성인이 자녀의 권리보다 자신의 욕망을 우선시하는 것은 현대 사회에만 국한된 현상이다. 우리는 성인의 행복과 개인적인 성취를 가장 먼저 추구해야 할 것으로 점점 더 믿고 있는 세상에 살고 있다. Them Before Us는 항상 아동에게 상실을 가져다 주는, 즉 결혼한 어머니와 아버지로 구성된 가정 이외의 어떠한 가족 구조를 정상적인 것처럼 만들거나 장려하는 시도에 반대한다. 우리는 또한 아이를 한 부모 혹은 양친으로부터 의도적으로 분리시키는 생식 기술에 반대한다. 좋은 공공 정책은 아동의 권리에 긍정적인 영향을 미칠 수 있지만, 오늘날 우리가 직면하는 중요한 사회 문제 중 그 어떤 것도 각 성인이 본인의 인생을 자녀의 권리에 맞춰 주는 방식을 선택하기 전까지는 해결되지 않을 것이다.

우리의 임무는 Them Before Us를 단순히 우리 기관명인 세 단어로 구성된 명칭 그 이상의 것으로 만드는 것이다. 우리는 모든 성인이 아동을 성인보다 먼저 생각하게 되기를 원하며, 잘못된 관점을 바로잡고 성인이 아동을 보는 방식의 방향을 바꾸고자 한다.

2장 생물학은 중요하다.

몇 년 전 아동 심리학자 팻 페이건은 수십 년간 진행한 가족 상담의 매우 충격적인 결과에 대해 이야기했다. 페이건은 수백 가정을 수천 번 넘게 상담하면서 발견되는 보편적인 역학 관계를 관찰했다. 아동은 어머니와 아버지가 서로 사랑하는 것을 목격했을 때, 부모가 그들을 사랑하는 것처럼 느꼈다. 페이건의 의견에 따르면 어머니와 아버지의 유대감은 누군가 사랑을 간접적으로 경험할 수 있는 유일한 인간 관계이며, 오직 자녀만이 그러한 사랑을 느낄 수 있다.

가정 파탄을 경험한 아동의 이야기가 많아질수록 페이건이 도출한 결과의 신뢰성이 높아진다. 아동은 아버지와 계모가 키스하는 것을 볼 때, 양친이 부엌에서 몰래 키스하는 것을 훔쳐볼 때 느끼는 간접적인 사랑과 동일한 감정을 경험하지 않는다. 저녁에 외출하기 위해 아이의 어머니와 아버지가 차려 입으면, 아동은 부모의 서로에 대한 애정에서 발산되는 따뜻함을 느낀다. 엄마의 남자친구가 뜨거운 데이트를 위해 엄마를 마중 나올 때에는 몸을 녹일 만한 그런 불꽃이 나오지 않는다. 나이든 자녀 중 일부는 아버지가 사랑을 찾았다고 기뻐할 수도 있겠지만, 그 새 여자친구가 자신에게 사랑과 안정감을 심어 준다고 말하는 사람은 거의 없을 것이다. 오히려 부모의 관심이 분산되고 점점 더 부족해지면 아동은 부모의 새로운 애정 상대와 경쟁해야 한다고 느끼는 경우가 더 많다. 가장 불행한 상황은 부모가 연애 관계를 추구하면서 학대하거나 방치할 가능성이 높아 아동에게 가장 위험한 사람을 집으로 데려오는 경우이다.

점점 더 많은 아이들이 인생의 일부 또는 전부를 혈연관계가 없는 성인과 함께 보내고 있다.[1] 현명한 혼합가족(Smart Stepfamilies)이라는 웹사이트에서는 다음과 같이 말한다.

- 미국 아동의 29%는 15세가 되기까지 (결혼이나 동거를 통해) 두 명 이상의 어머니와의 동반자 관계를 경험한다.
- 40%의 아동은 혼외자이며, 이 아이들의 부모 중 60% 가까이는 이미 이전 관계에서 적어도 한 명의 자녀를 두고 있다. 다시 말해, 현재 혼외자의 대다수는 의붓가정에서 태어난다.
- 자녀가 있는 결혼한 부부 중 40%는 적어도 한 쪽이 재혼인 부부이다. (적어도 한 배우자는 결혼 전의 관계에서 얻은 자녀가 있으며 이는 18세 전후의 자녀와 전일 혹은 일부 시간을 동거하는 혼합가족을 포함한다.)
- 오늘날 미국 혼인의 약 1/3은 혼합가족을 구성한다.[2]

적어도 한 쪽이 재혼인, 혼인 상태의 혼합가족이거나, 친부모 중 한 명이 동거 중인, 이러한 가정의 자녀들은 친족이 아닌 성인의 존재 그 자체만으로도 통계상 안 좋은 결과를 보였다.

부모-자녀의 관계에서 생물학의 중요성을 정립하는 광범위한 사회과학을 검토하기 전에, 과학적으로 확실한 증거로부터 시작해 보자.

평균적으로, 친부 없이 자란 소녀들은 친부와 함께 사는 또래들보다 1년 일찍 생리를 시작한다. 조숙증은 장기적으로 여성 건강에 큰 영향을 미치는 것으로 나타났다. 조기 사춘기는 기분 장애,[3] 약물 남용,[4] 다양한 생식 기관의 암 등 여러 방면에서 부정적인 생물학적, 심리적, 사회적 결과들과 연관된다.[5] 몇몇 연구[6]가 이러한 현상을 입증하고는 있지만, 조기 월경이 정확히 왜 친부가 없는 소녀들에게 찾아오는지에 대해서는 여전히 논의 중이다. 일부는 계부나 엄마의 남자친구와 같이, 친족 관계가 아닌 남자들에게서 나오는 생물학적으로 이질적인 페로몬에 대한 근접도가 높을수록 여아의 가임기가 앞당겨지는 것으로 본다. 아버지의 부재는 성적 호기심과도 관련이 되는데, 이는 조기 월경과 결부되어 십 대 임신의 증가를 야기한다. 실제로 그 수치는 전국 평균의 7배이다.[7]

2017년에는 아버지의 상실이 아이의 세포 수준에 어떠한 영향을 미치는지에 관한 또 다른 우려스러운 결과의 보고서가 발표되었다.[8] 연구자들은 사망, 관계 단절, 이혼 또는 수감으로 아버지를 잃은 아동은, 장수에 직접적인 영향을 미치는 것으로 여겨지는 염색체를 보호하는 말단소립의 길이가 더 짧다는 사실을 발견했다. 이 연구에서는 남아의 말단소립이 여아의 말단소립보다 무려 40%나 더 크게 영향을 받는 것으로 나타났다. 아버지의 상실이 말단소립의 길이에 미치는 영향은 인종이나 민족 간 차이가 없어 보였고, 다섯 살 이전에 아버지를 잃은 소년들에게서 그 피해가 가장 두드러졌다.

아동 인권 운동가로서의 내 경험에 따르면, 부모의 생물학적 중요성이 언급될 때마다 대화는 즉시, 학대적인 친부모와 성스러운 계부모의 존재로 전환된다. 물론 두 가지 유형이 모두 존재하지만, 학대하는 친부모와 헌신적인 계부모의 숫자는 통계상 예외적인 상황에 해당한다. 가족이 융합되기 위해서는 악명 높을 정도로 힘든 노력을 필요로 한다. 계부모가 모든 것을 다 바친다 해도 친부모가 친자에게 일상적인 관계에서 제공하는 것과 똑같은 장점을 제공할 수 없다.

학대하는 친부모들은 성인보다 아이를 우선시하지 않는 최악의 범죄자의 전형이고, 그들에 대한 비난은 아무리 강조해도 지나치지 않다. 또한 부모를 잃은 아이의 빈 틈을 막아준 계부모들을 우리는 가장 존경한다. 아동의 권리를 옹호하는 우리는 이러한 개별적인 예외 상황이 존재한다는 사실을 기꺼이 인정하지만, 예외는 그 정의상 일반적인 원칙이 아니다. 이 장에서는 아이의 권리를 효과적으로 변호하기 위한 확고한 기반을 다지고, 일화적인 예외 사례로 아이들이 희생양이 되지 않도록 설득력 있게 변호하는데 도움이 되는 정보를 제공한다. 부모됨에 관한 한, 아동을 중심으로 개인적인 결정을 내리고 공공 정책을 발전시키기 위해서는 생물학이 중요하다는 진실하고 확고한 이 원칙이 절실히 필요하다.

아동은 단지 "안전하고 사랑받으면 되지 않나요?"

커피숍에서 나누는 대화에서든 트롤(인터넷 토론방에서 남들의 화를 부추기기 위해 보낸 메시지. 이런 메시지를 보내는 사람)이 난무하는 트위터 게시글에서든, 부모됨에 있어 생물학이 중요하다고 말할 때 가장 일반적으로 부딪치는 반대의 목소리는, "아이들이 건강하고 행복하게 자라기 위해서는 오직 안전과 사랑만 있으면 된다."이다. 아동이 잘 자라나기 위해 사랑과 안전이 정말 필요하다는 점에서 이 문장의 일부 내용은 사실이지만, 오직 안전과 사랑만 필요하다는 것은 명백한 거짓말이다. 생물학의 중요성을 일축하는 것은 혼인 관계의 친부모가 모두 있는 가정에서 자란 아이들이 가장 안전하고 사랑받을 가능성이 높다는, 가족 구조에 대한 수십 년의 연구 결과와 과학적 합의를 무시하는 것이다. 따라서, 만약 아동이 안전하고 사랑받아야 한다고 생각한다면 생물학과 혼인 관계가 아동의 행복에 결정적으로 중요하다는 점에도 동의해야 한다. 결혼의 무수한 혜택은 4장에 설명되어 있지만, 이 장에서는 생물학적 부모-자녀 간 연관성이 얼마나 중요한지에 대한 전문가들의 견해를 숙독해 보자.

아동 경향(Child Trends)이라는 한 비영리 연구 기관에서는 "단순히 그냥 부모가 있다는 사실이 아니라…생물학적 양친이 있다는 사실이 아이의 발달을 지지하는 것처럼 보인다."라는 결론을 내렸다. "자녀의 관점에서 본 결혼: 가족 구조가 아동에게 어떤 영향을 미치며 우리는 이에 대해 어떻게 해야 하는가?"라는 제목의 보고서에서는 다음과 같이 설명한다.

> 아동에게 가족 구조가 중요하며, 아동에게 가장 큰 도움을 주는 가족 구조는 생물학적 양친이 이끄는 갈등이 적은 가정이라는 명백한 연구 결과가 나왔다. 한부모 가정의 자녀, 비혼 상태의 어머니가 출산한 자녀, 혼합가족 또는 동거 관계에서의 자녀는 생물학적 양친이 이끄는 온전한 가정의 자녀 대비 뒤떨어진 성과를 보일 위험이 더 높다.[9]

프린스턴 대학의 사회학 교수인 새라 맥라나한은 다음의 사실을 확인해 준다.

> 만약 우리가 아동의 기본적인 욕구를 충족시켜 주는 체제를 설계해 달라는 요청을 받는다면, 아마도 양친이 이끄는 가정이라는 이상과 꽤 비슷한 체제를 고안할 것이다. 이론상, 그러한 체제는 두 명의 성인이 자신의 시간과 재력을 자녀에게 사용할 수 있도록 보장할 뿐만 아니라, 잘 보살피는데 도움이 되는 견제와 균형도 제공할 것이다. 두 성인 모두 아이와 생물학적 연관성이 있다는 사실은 부모가 아이와 자신을 동일시하고 아이를 위해 기꺼이 희생할 가능성을 증가시킬 것이며, 부모 중 어느 한쪽이 아이를 학대할 가능성 역시 줄일 것이다.[10]

프린스턴 대학의 우드로 윌슨 공공 및 국제 문제 연구소와 브루킹스 연구소에서 공동으로 작업한 결과, "대부분의 학자들은 안정적인 결혼 생활에서 생물학적 양친이 양육한 아동이, 다른 형태의 가족의 아동보다 다양한 측면에서 더 나은 성과를 보였다는 데 동의한다."[11]고 밝혔다.

헤리티지 재단의 선임 연구원인 라이언 T. 앤더슨은 이를 다음과 같이 요약했다.

> 이용 가능한 최고의 사회학적 증거에 따르면, 아동은 혼인 관계의 생물학적 부모가 양육할 때 거의 모든 조사 지표에 있어 가장 성취도가 높다. 빈곤과 심지어 유전 등의 다른 요인들을 제어한 연구에서는 온전한 가정에서 자란 아동이 교육적 성취, 정서적 건강, 가족 형성 및 성적 발달, 범죄와 수감에 있어 가장 좋은 성과를 보였다.[12]

사회학자 웬디 D. 매닝과 캐슬린 A. 램노트는 "결혼의 이점은 아이가 부모 두 사람 모두의 친자녀일 때 주로 존재하는 것으로 보인다."고 말했다.[13]

단순히 혼인 상태의 부모나 두 명의 부모가 있는 모든 가정의 자녀에게 이러한 혜택이 주어지는 것은 아니다. 그저 아무나 두 사람의 보호자가 부모로 있는 것만으로는 충분하지 않다. 2017년 영국에서 수행한 연구[14] 결과, 비혼 상태에서 자녀를 낳은 어머니가 자녀의 친아버지와 결국 결혼한 가정의 자녀가 새아버지를 둔 자녀에 비해, 건강하고 좋은 교육을 받고 좋은 직장을 구할 가능성이 더 높은 것으로 나타났다. 사실, 이러한 아이들은 혼인 상태의 양친에게서 태어난 자녀와 실적 면에서 거의 구별할 수 없는 차이를 보인다. 반대로, 싱글맘이 친부가 아닌 다른 남자와 결혼하게 되면 싱글맘이 혼자 키우는 또래보다 별로 나을 게 없다.

통계상 아기를 만든 두 명의 성인이, 그 아기에게 가장 안전하며 그 아기를 사랑해 줄 바로 그 성인들이라는 사실을 이해하기 위해 대단한 전문성이 필요하지 않다.

신데렐라 효과는 정확히 문자 그대로이다.

당신도 이 이야기를 알고 있다. 신데렐라는 어머니가 돌아가시고 슬픔에 빠진 아버지가 계모와 계모의 두 딸을 데려오기 전까지만 해도 그녀의 삶은 꽤 괜찮았다. 아버지가 살아 계실 동안에는 계모가 학대를 자제했지만, 아버지가 돌아가신 이후 신데렐라는 사악한 계모 밑에서 속절없이 그 지위가 하녀로 전락되었다. 계모는 친딸들에게는 사랑과 양식을 쏟아 부으면서 신데렐라는 감정적으로 학대하며 방치하고 가족으로부터 배제시켰다.

많은 아이들에게 있어, 신데렐라는 동화가 아니라 그들의 실제 전기이다. 다행히도, 대부분의 계부모나 동거 중인 성인들이 아동 학대나 방임 행위에 가담하지는 않는다. 그러나 아동과 생물학적으로 혈연관계가 없는 성인이 있는 가정에서 학대나 방치가 발생한 경우, 혈연관계가 없는 성인이 종종 그 원인 제공자가 된다. 사회학자인 W. 브래드포드 윌콕스는 이를 다음과 같이 간결하게 정리했다. "미국에서 아이가 살기에 가장 위험한 장소는 혈연관계가 없는 남자친구가 사는 집에서, 특히 그 남자친구가 아이를 보기 위해 혼자 있을 때이다."[15]

진화 심리학자들 사이에서 이러한 현상은 신데렐라 효과로 알려져 있다. 그들은 계부모가 친자에 특별 대우를 하는 이유를 영장류 생식 전략의 유전적 잔재로 돌린다. 동물의 왕국에서, 어미의 새로운 파트너가 감정적이고 물질적인 자원을 얻고자 하는 새끼들과의 경쟁을 없애기 위해, 어미의 기존 새끼들을 죽이는 것은 드문 일이 아니다.

만일 성인들이 생물학적으로 혈연관계가 없는 동거 아동들과는 다르게 소통한다는 취지의 이야기를 트위터에 감히 올리기라도 한다면 바로 조롱당하거나 차단될 것이다. 트위터의 파란색 인증 마크 덕분에 인간의 성적 취향에 대한 진보적인 시각에 감히 반대하는 발언을 하는 사람이라면 누구나, 그러한 발언으로 인해 시퍼렇게 멍투성이가 되고 결국 트위터 이용을 금지당할 것이다. 하지만 프로필 사진을 공개하지 않고 사람들이 감정을 보다 안전하게 공유할 수 있는 익명의 온라인 포럼에서는, 의붓자식을 키우는 성인들의 있는 그대로의 생각을 듣게 된다.

아래는 계부모들의 레딧(Reddit) 토론 게시판에 올라온 글의 몇몇 예시이다.
- "의붓자식이 싫어요."
- "의붓자식 따위는 신경 안 써요."
- "나는 의붓자식이 별로야."
- "나는 내 의붓아들이 싫어."
- "저는 의붓딸이 싫어요."
- "의붓자식이 없었으면 좋겠다고 생각한 적이 있나요?"

한 계부모는 레딧에서 아래 내용을 공유했다.

> 나는 한 살때부터 키운 (지금은 여섯 살이 된) 의붓아들과 세 살 된 친아들이 있다. 무슨 이유인지 친아들과 똑같이 의붓아들을 사랑하는 마음이 들지 않아 마음이 아프다. 나는 사랑과 관심을 똑같이 주려고 노력하지만 두 아들 모두를 볼 때 친아들에게 더 끌린다. 나는 친아들을 볼 때마다 가슴이 두근거리고 더 많은 감정을 느낀다. 나는 이것이 잘못되었고 둘 다에게 똑같은 감정을 느껴야 한다고 생각하지만 그럴 수가 없다.[16]

아무리 인기가 없는 생각이라 해도, 자신의 "유전적인 후손"에게 잘해주는 것이 인간에게 자연스러운 것처럼 보인다. 신데렐라 효과의 전문가인 마틴 달리와 마고 윌슨은 그들의 연구에서 혈연관계가 없는 양육자의 손에서 자라는 많은 아이들이 고통받는 이유를 설명한다.

> 부모의 사랑은 부담스러운 헌신을 수반하기 때문에, 부양 자녀가 이미 있는 누군가와 단순히 동반자 관계를 형성하기만 하면 부모로서 느끼는 진화된 감정은 자연히 따라오게 된다는 말은 이상하게 들릴 것이다. 그리고 그것은 충분하지 않다. 평균적

신데렐라 효과는 정확히 문자 그대로이다.

으로 계부모는 특정 자녀에 대해 친부모와 똑같은 사랑과 헌신을 느끼지 않기 때문에, '부모로서' 일방적으로 투자하는데서 친부모와 동일한 감정적인 보상을 받지는 못한다.[17]

비전문적인 용어로, 혈연관계가 없는 성인들은 타인의 자녀를 보호하고 그들의 필요를 채워 주는데 있어 진화론적인 이점이 없기 때문에 의붓자식에 투자하는 것을 어려워한다.

생물학적으로 혈연관계가 없는 성인들이 자행하는 학대와 방임에 대한 비난을 진화론으로 돌리든 타락한 인간의 본성으로 돌리든, 결론은 동일하다. 혈연관계가 없는 성인 동거인은 아동을 학대할 가능성이 더 높다. ThemBeforeUs.com의 스토리뱅크에서 라쉘이 고백한 충격적인 이야기는 경고성 메세지를 담고 있다.

> 나의 엄마는 네 번, 아빠는 세 번 결혼했었다…엄마의 남편 중 한 사람 때문에 우리는 (자동차로 네 시간이 걸리는) 다른 주로 이사했었다…우리는 주변에 가족이 전혀 없는 시골의 고립된 지역에 살았다. 엄마는 그와 쌍둥이를 낳았고 그에게 의존하고 있다고 생각했었다. 그는 엄마와 나 둘 다, 특히 주로 나를 학대했다. 친아버지는 늘 강인한 영혼을 가지고 스스로를 위해 일어서라고 가르쳤었기 때문에 그 말씀을 실행에 옮겼다가 그로 인한 대가를 항상 치러야 했다…조용히 물리적 학대를 참았던 것이다. 그 계부는 나의 따귀를 때리고 머리채를 잡아당기고 고함을 쳤다. 한 번은 그에게 제압당한 채 그의 손이 내 셔츠 위로 올라가는 것을 보고 강간당하리라는 것을 직감했다. 그 때 나는 열세 살에 불과한 어린 소녀였다. 당시에는 그게 어떤 의미인지 알지 못했지만 나의 옷깃 뒤쪽으로 그가 발기하는

것을 감지하고 공포에 질렸다. 결국 강간하지는 않고 보내주긴 했지만 이튿날 나는 학교에서 집으로 돌아가지 않았다. 학교의 상담사에게 말해서 친아버지와 지낼 수 있게 되기 전까지 여름 내내 위탁 보호 시설에서 지냈다.[18]

네이트도 비슷한 일을 겪었다.

나는 엄마가 곧 새아빠가 될 사람과 주말에 스키 여행에 처음 데려 갔던 날을 기억한다. 그 때 나는 다섯 살 정도였다. 스키 별장에서 텔레비전을 보고 있었고 나는 고양이 흉내를 내면서 네 발로 기어다니다가, 장차 새아빠가 될 사람의 다리 밑으로 기어가서 (살짝) 다리를 무는 시늉을 했을 뿐인데 그는 내 머리를 밟았다. 그것은 학대적인 관계의 시작이었다.[19]

앨리슨은 계부가 친자녀에 대해 하는 행동과 자신을 대하는 태도가 얼마나 다른지를 알아차렸던 날을 기억한다.

엄마는 친아빠가 떠나고 몇 년 후 재혼했다. 엄마와 재혼한 그 남자는 40년이 지난 지금까지도 내 계부이다. 그는 친자가 아닌 네 명의 아이들을 맡아 그가 아는 한 가장 좋은 방식으로 우리를 키우려고 했다. 불행하게도 그는 종종 폭언을 했고 화를 잘 냈고 반동적이었다…엄마는 거의 매일 그의 언어 폭력으로부터 우리를 보호하는 입장이었다. 엄마와 계부는 결국 세 아이를 낳았는데 그가 그 아이들에게는 다정하고 애정 어린 친아빠로 변하는 것을 보았다. 그는 친자식에게는 완전히 다른 사람이었다.[20]

부모됨에 있어 생물학적 중요성은 많은 사람들이 받아들이기 힘든 진실이다. 나는 이 글을 읽는 모든 독자들이 친부모가 책임감 있는 성인

신데렐라 효과는 정확히 문자 그대로이다.

이 되지 못한 그 자리를 채운 영웅적인 계부모를 알고 있을 거라고 확신한다. 우리 모두는 제이 첸의 놀라운 새엄마 소피아와 같이 상처가 치료되도록 도와준 계부모들의 마음이 따뜻해지는 이야기를 들어왔다. 친엄마가 애인을 따라 가정을 버렸을 때 첸의 가정과 마음은 심하게 훼손되었다. 첸은 이렇게 이야기한다. "고등학교 2학년은 나에게 엄청난 해였다. 아빠는 소피아라는 놀라운 기독교도 여성과 재혼했는데 새엄마는 나의 멘토이자 친구가 되었고 고등학교 내내 나를 분별력 있게 지원해 주었다."고 회고했다. 첸은 어느 해의 크리스마스를 회상하면서, 아빠가 새엄마와 결혼해서 결혼에 대한 생각이 얼마나 회복되었는지에 대해 들려준다. "새엄마는 우리가 서로에 대해 가장 소중하게 생각하는 부분을 이야기하는 시간을 갖자고 제안했는데 나는 그 자리에서 아빠와 새엄마가 따뜻하고 친밀하게 서로에게 이야기하는 것처럼 아빠와 친엄마가 서로를 용납하는 것을 본 적이 한 번도 없었다."[21]

나는 소피아 같은 존재를 기꺼이 인정한다. 이들을 물론 존경하지만 소피아 같은 여성이 인생에 찾아와 축복을 받게 되기 전까지 첸이 겪어야 했던 끔찍한 고통과 상실도 이와 동일하게 인정해야 한다. 현실적인 아동 인권 옹호자로서 소피아를 기리면서도, 새로운 동거 파트너 재혼이 아이들에게 미치는 부정적인 영향에 대해서도 솔직하게 이야기할 수 있다.

계부모가 세상에서 마음이 가장 넓고 가장 좋은 의도를 지닌 경우에 조차 친부모가 친자녀와 누리는 것과 동등한 관계를 맺도록 하는 것은 매우 어렵거나 불가능할 것이다. 성인 간 사적인 관계는 원래 복잡한 법인데, 예전 관계에서 낳은 아이와 화합하여 하나가 되는 일은 더욱더 복잡한 일이다. 새로운 배우자는 의붓자식의 생모나 생부의 후임자이거나, 그들과 경쟁 관계에 놓이게 되므로, 의붓자식은 성인이 배우자의 자녀를 사랑하고 그들과 잘 지낼 수 있는 능력에 늘상 영향을 미친다. 이것은 아무리 이게 거짓이기를 바랄지라도 어쩔 수 없는 사실이다. 부모됨에 있어 생물학은 너무나 중요하다. 사실 이것이 가장 중요할 수 있다.

학대와 친자 살해

생물학적 연관성은 아동 학대와 사망과 관련하여 가장 중요한 요인이다. 오싹하게도, 혈연관계가 없는 성인이 이러한 위험성을 높이느냐의 문제가 아니라, 문제는 이들이 얼마나 많이 위험성을 높이느냐라는 연구 결과가 나왔다.

데일리와 윌슨은 캐나다에서 1974년~1990년 치명적으로 매질을 당한 미취학 아동의 사례를 보고 이 아이들이 생부에게 맞은 경우보다 계부나 동거남에 맞아 사망한 경우가 120배나 많다는 사실을 발견했다.[22]

2001년 644명의 아동을 대상으로 했던 아동 학대에 관한 연구에서는 편모와 사는 아이나 결혼한 부모와 같은 집에서 사는 아이 간에는 아동 학대 비율에 있어 통계학적인 차이가 없었다. 엄마의 새로운 남자친구가 추가되면 아동 학대 비율은 급등하게 되어, 엄마의 연인과 한 지붕 아래 사는 아동은 학대를 보고할 가능성이 두 배가 된다. 연구자들은 "가정 내 혈연관계가 없는 아버지의 존재는 미래의 아동 학대에 관한 중요한 예측 변수이다."라고 결론을 내렸다.[23]

2002년 의학 학술지인 소아과학에서는 미주리 주에서 2년 동안 아동 학대에 의한 사망에 대해 연구한 결과, 한부모가 학대의 위험을 높이지 않았지만 혈연관계 없이 동거하는 성인의 존재가 아동 학대의 위험을 8배나 높인다는 사실을 발견했다. 이 결과는 특히 동거하는 성인이 남성인 경우에 해당된다.[24]

가족 구조에 의한 신체적, 성적, 감정적 아동 학대를 연구한 아동 학대와 방임에 관한 제4차 국가 연구 자료를 요약하면서 W. 브래드포드 윌콕스는 엄마의 남자친구와 같이 사는 아동에 대해 아래의 사실을 발견했다.

> …결혼한 생물학적 부모와 사는 아동보다 성적, 신체적, 감정적으로 학대받을 가능성이 11배나 높다. 마찬가지로, 어머니와 어머니의 남자친구와 같이 사는 아동은 결혼한 생물학적 부모와 같이 사는 아동보다 신체적, 정서적, 교육적으로 방치될 가능성이 6배나 높다…과학적으로도 아동은 손상되지 않은 가정에서 결혼한 부모가 양육할 때 더 잘 자랄 뿐 아니라 단순히 더 잘 살아남는다는 사실을 보여준다.[25]

2005년 소아과학에서 출간한 연구에서는 "혈연관계가 없는 성인이 있는 가구의 어린 자녀가 치명적인 부상으로 고통당할 위험이, 두 명의 생물학적 부모와 사는 아동 대비 거의 50배가 높다. 사망한 아동의 가해자의 대다수는 남성인 가정 구성원이다.[26]

삽화를 좋아하는 독자를 위해 제4차 국가 연구에서 발췌한 그래프 자료를 가져왔다.[27]

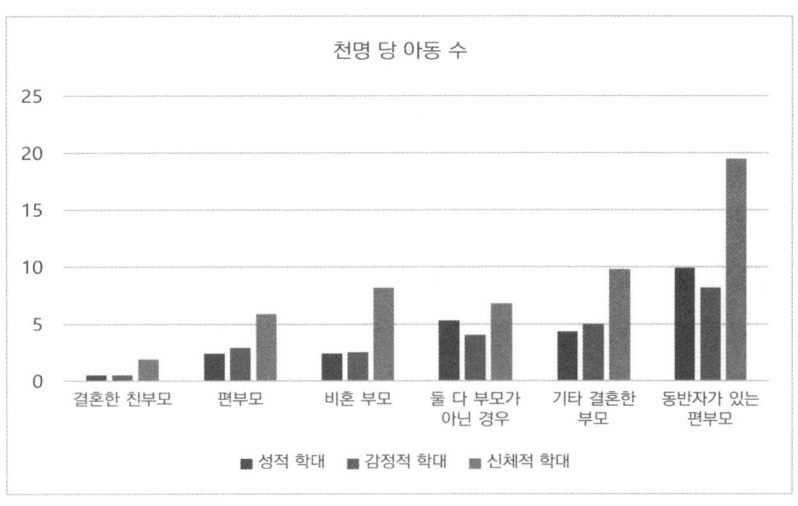

가족 구조와 아동 학대와 관련된 수십 년의 자료를 통해, 아이가 학대받지 않고 유년기를 보내기 위해서는 혼인 상태의 생물학적 부모와 사는 것이 최선이라는 피할 수 없는 결론에 이르게 된다.

혈연관계가 없는 성인은 유대감이 덜하고 적게 투자한다.

사실 혈연관계가 없는 동거하는 성인의 대부분이 가학적이거나 위험하지 않지만, 그럼에도 불구하고 이들은 심각한 문제를 가져온다.

퓨 리서치 센터의 2011년 연구 보고서에 따르면, 본인들의 잘못은 아니지만 계부모는 단순히 본인의 친자에 감정적으로 유대 관계를 형성하는 것만큼 동반자의 자녀에게 감정적으로 엮이지 않는다. 계부모는 친자가 아닌 자녀와 유대가 덜하다고 느낀다고 보고했다. 계부모와 혈연관계가 없는 자녀 역시 동일하게, 연결이 끊어진 느낌을 경험했다고 보고했다. 장성한 친자녀를 도와야 할 의무를 느끼는지 묻는 질문에 거의 80%의 부모가 자녀를 지원할 책임이 있다고 믿는다고 답했다. 동일한 질문을 의붓자식에게 했을 때에는 동일한 답변을 한 비중이 60%로 떨어졌다. 자녀들에게 부모에 대한 의무감을 판단해 달라고 질문하자 더 극단적인 결과가 나왔다. 친자녀의 경우 85%가 부모를 지원해야 한다고 답변한 반면, 의붓자식의 56%만이 계부모에 대한 의무감을 느꼈다.[28]

이혼한 의붓가정에 대한 연구에서는 50%의 의붓자식이 계부모를 적법한 가족 구성원으로 받아들이거나 "인정"한 적이 없었다. 계부모가 그 의붓자식의 부모와 혼인 상태인 경우에도 마찬가지였다. 과거 계부모를 합법적인 가족 구성원으로 받아들였다고 응답한 의붓자식 중 50%는 그 부모가 이혼한 이후 계부모와의 연락을 끊었다.[29]

지금은 60세가 된 크리스티는 과거 계모와의 거리감에 관해 다음과 같이 회상했다.

> [아버지의] 새로운 아내는 기본적으로 아이를 원하지 않는 사람이었는데 특히 우리를 원하지 않았다. 사실 그 당시 나는 너무나 심한 천식을 앓았고 내 여동생은 말썽쟁이였기 때문에 우리는 손이 많이 가는 아이들이었다. 게다가 우리가 아버지와 가까이 지내는 것조차 그녀가 원하지 않는다는 사실도 명백해졌다…우리는 그들의 사적이고 지극히 성인적인 관계에 있어 침입자였다.[30]

줄리아의 어머니는 그녀가 아홉 살 때 돌아가셔서 아버지가 나중에 재혼하셨는데, 다음과 같이 그 당시를 회상한다.

> 나는 대체로 혼합가족의 상황에 대해 늘 감사하게 느꼈다. 모두가 이 상황을 최대한 활용하기 위해 최선을 다했고 우리 모

두에게 괜찮은 상황이었다. 하지만 그 이면에 나와 친형제들은 새엄마가 의붓형제를 편애하는데서 큰 아픔을 겪었다. 새엄마가 우리를 아우르려 노력했다는 점을 안다. 하지만 보통 남편은 아내가 공을 들이는 것이라면 무엇이든지 찬성하기 마련이라, 새엄마가 친자녀에게 자연스럽게 들이는 노력은 종종 눈에 띄게 차이가 났다. 우리 혼합가족의 상황은 이랬다. 새엄마는 친자녀들을 나의 친형제보다 편애했다.[31]

난자와 정자 기증으로 태어난 많은 아이들 역시 그들의 "사회적" 부모와 동일한 단절감을 느낀다고 보고했다. 여기서 "사회적" 부모란 기증으로 태어난 많은 아이들이 생물학적 부모가 아닌 부모를 지칭하는데 있어 선호되는 용어이다. 익명의 한 아이는 다음과 같이 설명한다.

내 말을 믿어도 좋다. 나는 자애로운 어머니와 불임인 아버지의 자녀였다. 나중에 부모님은 결국 친자녀를 가졌다. 친자녀가 생기자 나는 마치 아무도 원하지 않고 처리해야 할 중고 장난감처럼 취급되었다. 나의 "사회적" 아버지는 나를 잊어가기 시작했고 그가 나를 사랑할 권리가 없는 것처럼 느꼈다. 이혼한 후에는 나의 양육비도 지원할 의무가 없는 것처럼 느꼈다. 그는 '진짜' 자녀가 이제 있으니까 더 이상 내가 그의 자녀인 체할 필요가 없어졌다.[32]

타라는 아버지가 생부가 아니라는 사실을 알게 된 후, 마치 퍼즐의 빠진 한 조각을 찾은 것처럼 평생 동안 느꼈던 고립감을 이해하게 되었다.

내가 유일하게 아빠로 알고 있었던 사람을 잃게 되면서 느낀 주된 감정은 안도감이었다. 그는 나를, 내가 그렇게도 원했던

혈연관계가 없는 성인은 유대감이 덜하고 적게 투자한다.

것처럼 소중한 딸로 다루지 않는다는 사실을 마음 속으로 이미 알고 있었다. 그래서 그를 사랑해야 한다고 느끼면서도 결코 그를 사랑하지 못한데 대한 안도감을 느꼈던 것이다. 나는 늘 그 이유가 궁금했는데, 이제는 알았다.[33]

익명의 청년은 친모에 대해 늘 궁금해했다.

나는 난자 공여로 태어났다. 이 사실을 열여섯 살에 알았고 지금은 이십 대 중반이다. 수년이 지났지만 나는 아직도 "나의 진짜 어머니는 누구일까? 그녀는 어디에 계실까? 아직 살아는 계실까?"가 여전히 궁금하고 이 부분에 대해 곰곰이 생각한다. 지금의 어머니는 자라는 동안 나를 한 번도 받아 준 적이 없고 나와 유대감을 발전시킬 생각도 하지 않았다. 왜 그랬는지 이제 이해가 된다.[34]

친밀한 부모-자녀 간 관계를 발전시키는데 있어 생물학은 중요하다.

계모는 의붓자식에 인색하다.

계부가 아이의 안전에 더 위험한 경향이 있는 반면, 신데렐라 효과는 그 동화 속 본질 상 계모의 경향을 묘사할 때 가장 적절한 용어이다. 프린스턴 대학의 두 경제학자는 계모와 사는 아동이 여러 방면에서 더 불리한 조건에 있다는 사실을 발견했다.[35] 2000년에 있었던 이 연구에서 전반적으로 계모는 의붓자식에게 의료 서비스와 양질의 교육을 받을 기회를 덜 제공하고, 의붓자식을 위한 음식에도 돈을 적게 쓰는 것으로 나타났다.

- 친부모와 사는 만 한 살 이상의 아동 가운데 61%는 전년도에 건강검진을 받았다. 그러나 계모와 친부와 사는 아동의 경우 이 비율은 46%로 떨어졌다.
- 친부모와 사는 아동의 74%는 항상 안전벨트를 착용하는 반면 친부와 계모와 사는 아동은 52%만 안전벨트를 착용했다.
- 식료품에 지출되는 돈은 친부모가 있는 가정이 계모가 있는 가정보다 아동 한 명 당 평균 5% 높았다.
- 친자와 의붓자식이 모두 있는 가정에서 의붓자식은 대학에 진학하지 않을 때 친자는 평균 일 년간 대학에 다녔다.

2003년 아동 건강에 관한 국가 연구에서 수집한 자료는 이 프린스턴 경제학자들의 연구 결과를 확인시켜 주었다. 본 연구에서는 "계모, 편모, 조부모만 있는 가정의 아동은 친부모와 사는 아동보다 건강 상태가 좋지 않았다."[36] 계부모가 장성한 자녀를 지원하는 것에 관한 보고서에서는 계모가 계부보다 성인이 된 의붓자식을 지원하는데 관심을 더 적게 보인다는 사실을 발견했다.[37]

유대감이 덜하다고 느끼기 때문인지 자원을 배분하는데 있어 계부모는 친자식에 편향적이 되는 경향이 있다.

1999년 미국의 혼합가족에 관한 연구 결과에서는 의붓자식과 친자녀 간 고등교육을 위한 자원 배분에 극심한 차이를 보였다. 부모의 재력과 자녀의 학업 성적을 동일하게 조정한 표본에서조차 의붓자식들은 계부모 가정에서 재정적 투자를 더 적게 받았다.[38]

호주의 퀸즐랜드 대학교에서 2015년 수행한 연구에서는 유언서를 작성할 때에도 의붓자식보다 친자녀에 재정적으로 더 편향적인 경향이 있다는 점을 발견했다. 연구 결과 계부모는 의붓자식에게 유산을 더 적

계모는 의붓자식에 인색하다.

게 남기거나 노골적으로 이들을 상속인에서 제외시켰다.[39]

생모와 계모의 역할을 모두 하는 익명의 한 주부가 레딧(Reddit) 게시판에서 친자녀와 의붓자식을 다르게 대하는 이유를 명확하게 기술했다. 그녀는 그저 단순히 의붓자식에 대한 책임감을 느끼지 않았다.

> 한 명의 친자가 있고 (다른 한 아이는 임신 중이며) 세 명의 의붓자식이 있다. 물론…당신은 타인의 자녀보다 당신의 자녀를 다르게 대할 것이다. 다르다는 의미는 더 잘 한다는 의미가 아니다. 하지만 당신은 당신 자녀에 대해 100%의 책임을 지며 (기술적으로) 의붓자식에 대해서는 0%의 책임을 진다. 따라서 당신의 관심은 이들에 대해 서로 다르게 집중될 것이다.[40]

친부모와 같이 살지 않거나 한 명의 생물학적 부모와 사는 아동이 유대감, 보살핌, 보호를 덜 받기 때문에 외상적 사건이나 가정에서의 부정적 경험(adverse family experiences; "AFE")에 노출될 위험이 높아진다. 2011년과 2012년 질병관리센터에서 수행한 방대한 연구 자료를 요약한 보고서에서는, 양친과 사는 아동 대비 한 부모나 양친 모두와 떨어져 사는 아동은 다음과 같은 결과를 보였다.

- 종종 기본 물품을 살 형편도 안 되는 어려운 가정에서 살 가능성이 1.5배가량 높다.
- 정신 질환을 앓는 돌보는 사람이나 부모와 같이 살 가능성이 다섯 배가량 높다.
- 이웃에서 폭력 사건을 목격했을 가능성이 여섯 배 높다.
- 돌보는 사람이나 부모로부터 폭력을 경험했을 가능성이 15배 높다.
- 알코올과 약물 문제가 있는 돌보는 사람이나 부모와 같이 살았

을 가능성이 11배 높다.

- 돌보는 사람이나 부모가 수감되는 것을 경험했을 가능성이 17배 높다.[41]

보고서의 저자는 가정에서의 부정적 경험이 아동의 장래에 장기적으로 영향을 미치며 성인기의 부실한 건강 상태, 불법 약물 남용 위험과 자살 위험과 관련되어 있다고 언급했다.

생물학적으로 혈연관계가 없거나 동거하는 성인이 아동에 미치는 위험이 분명하기 때문에, 입양을 원하는 부모는 입양 아동을 배정받기 전후로 엄격한 심사를 거쳐야만 한다.

놀랄 것도 없이 2007년의 한 연구에서는 실제로 양부모들이 친부모보다 자녀에게 대체로 *더 많은* 시간과 자원을 투자하는 것으로 나타났다.[42] 이에 대한 설명은 단순하다. 양부모는 자녀를 원하기 때문에 아이를 입양하기 위해 발생하는 심사와 훈련 비용을 기꺼이 감수한다. 그들은 그 자녀를 원하기 때문에 그 자녀에게 투자한다. 계부모는 그 아이의 부모를 원한다. 이들에게 자녀라는 요인은 단순히 그 부모와의 연애의 대가이며, 새로운 아들, 딸은 종종 계부모가 수용하고 감내해야 할 대상이다. 이 자료에 따르면 물질적이고 감정적인 투자와의 상관 관계는, 성인이 혈연관계가 없는 아동과 관계를 맺는 그 배경이 되는 동기와 더 직접적으로 연관된다.

생물학적 부모에 대한 접근 = 생물학적 정체성에 대한 접근

어렵지만 재미있는 질문: 한 아이가 계모를 찾아 떠나는 서사적이고 위대한 소설 하나를 들어보라. 단 하나의 소설이라도 좋다. 여유를 가지고 찾아보라.

없는가? 단 한 권도 없는가?

그렇다면 이번에는 한 소년이 오래 전 잃어버린 엄마의 남자친구를 찾아 떠나는 대하소설이나 영화를 들어보라. 기다려 주겠다.

하나도 없는가?

위와 같은 관계는 아동의 정체성에 있어 중요한 부분이 아니기 때문에 이런 소설도 없는 것이다. 엄마의 남자친구나 계모는 자신이 어디로부터 왔는지 알고자 하는 아동의 뿌리깊은 갈망을 만족시키지 않는다. "철수야, 내가 너의 *계부*란다."는 말이 얼마나 만족스럽지 못하게 들리는지를 단순히 상상해 보라.

위의 질문이 "한 아이가 잃어버린 아버지를 찾는 것과 연관된 서사극을 대 보라."는 것이었다면 당신은 즉시 여러 개의 답을 했을 것이다. 수 세기 동안 전해져 온 그러한 이야기는 많다. 셰익스피어의 *페리클레스*이든, 디즈니의 *온워드*나 *가디언즈 오브 갤럭시 2* 이든, 이러한 문학작품과 영화는 우리의 존재에 대한 책임이 있는 두 사람이 알아봐 주고 사랑해 주기 원하는 인류의 보편적인 갈망에 대해 이야기한다. 우리는 모두 이러한 이야기와 자신을 동일시하는데 그 이유는, 아버지와의 관계, 아버지와 같기를 갈망했던 관계는 바로 우리 정체성의 토대이기 때문이다. 이 정체성이 없다면, 사람은 "나는 누구인가?"라는 매우 중요한 존재론적 질문에 대한 답을 찾기 위해 몸부림치게 된다. 전통적인 가정의 아동은 (대가족과의 유대 등) 친족 간의 유대에 관한 자신의 정체성에 접근할 수 있는 반면, 입양이나 기증에 의한 임신으로 태어난 사람들은 그런 유대 관계도 없이 자의식을 형성해야만 한다. 1964년 H. J. 산츠는 친부모에 대해 알지 못하는 아동의 혼란스럽고 불확실한 상태를 묘사하기 위해, 입양이나 기증에 의한 임신으로 태어난 아동에게 있어 매우 자주 나타나는 경험인, "가계상의 혼란(genealogical bewilderment)"이라는 용어를 만들었다.

가계상의 혼란이 아이를 다른 인종 혹은 다른 국가에서 입양한 경우에만 뚜렷이 나타난다고 생각할 수도 있지만 사실은 그렇지 않다. 종족 간 차이와 무관하게, 정체성에 대한 씨름은 입양아들에게 있어 수십 년간 관찰되어 왔다. 이러한 가계상의 혼란은, 1949년 ~ 1970년 미국에서 입양이 필요한 백인 아동 인구가 급증했고 이들 대부분이 백인 부모에 의해 입양되었던 "베이비 스쿱 시대(baby scoop era)"[43]에 심리학자들에게 분명하게 보여졌다. 대개의 경우 이러한 아이들의 출신은 알려지지 않았고 자신들이 입양되었다는 사실조차 몰랐다. 그러나 심리학자들은 많은 아이들이 정체성의 혼란을 고통스럽게 겪는 것을 목격했다.[44]

21세기의 가장 영향력 있는 발달 심리학자인 에릭 에릭슨[45]은 "정체성의 위기"라는 용어를 만들었다. 에릭슨은 "과거, 현재, 미래에 대한 유전학적이면서도 끊임없는 역사적인 애착"[46]은 정체성의 강화 과정에서 아주 중요하다고 믿었다. 에릭슨이 역사상 가장 저명한 심리학자였다는 사실에도 불구하고, 그의 딸인 수 에릭슨 블로랜드는 아버지가 "평생 동안 개인적으로 무능하다는 감정과 자기 회의로 자책"하며 많이 괴로워했다고 묘사했다는 점이 흥미롭다. 그녀는 에릭슨이 불안을 경험한 이유가 아버지의 부재 때문이라 보았다.

> 나의 아버지는 본인의 아버지와 알고 지낸 적도 없고 아버지가 누구인지조차 몰랐다. 내가 볼 때 가장 슬픈 점은 할머니가 평생 동안 이렇게 가장 중요한 사람의 정체에 대해 아버지께 말

생물학적 부모에 대한 접근 = 생물학적 정체성에 대한 접근

쓿해 주시지 않으셨다는 사실이다. 할머니는 아버지가 세 살 때 재혼한 남편에게 이 정보를 결코 누설하지 않겠다고 약속했기 때문이라고 변명하셨다. 그러나 할머니의 변명을 통해, 할머니는 우리 아버지가 가슴이 아리도록 알고 싶어했던 그 갈망보다 다른 누군가의 소망을 더 중요하게 생각하셨다는 사실을 알 수 있다.[47]

블로랜드는 아버지가 크게 성공하게 된 이유 중 적어도 하나는 아버지의 친아버지가 그를 알아보고 인정해 주어, 그와 관계를 형성할 수 있게 되길 바랬던 데에서 기인한 것으로 생각한다.

다른 많은 입양아와 마찬가지로 에릭슨도 친어머니와 새아버지라는 두 사람의 부모가 있는 부유하고 안정적인 가정에서 자라났다. 그러나 그는 친부에 대해 너무나 알고 싶어했고 그와 연결되기를 간절히 원했다. 그의 어머니와 새아버지는 물질적인 면에 있어서는 그에게 모든 것을 공급해 주었을 지는 모르지만, 그들은 그가 간절히 갈망했던 생물학적 정체성을 결코 만족시켜 주지 못했다.

에릭슨의 이야기는 아주 일반적인 사례이다. 미국 입양 회의 연구에 따르면, 연구에 참여한 입양 청소년의 사분의 삼 정도가 본인들이 왜 입양이 되도록 버려져야 했는지 알고 싶어했고, 65%는 낳아 준 부모를 만나고 싶다는 바람을 드러냈다. 거의 보편적인 관심을 의미하는 94%의 참가자는 친부모 중에서 그들이 누구와 가장 닮았는지 궁금해했다.[48]

기증에 의한 임신으로 태어난 아동

대개 친부모를 생계의 어려움이나 비극적 사건으로 잃은 입양아와는 다르게, 기증에 의한 임신으로 태어난 아이들은 생물학적 부모를 의도적으로 빼앗긴 경우에 해당한다. 기증으로 태어난 사람들을 위한 글로벌 지원 단체인 우리는 기증으로 태어났다(We Are Donor Conceived)에서는 정자 및 난자 기증으로 태어난 개인의 경험과 시각에 관해 매년 연구를 수행한다. 이 기관에서 2019년에 발행한 보고서에서는 15개국에서 15세에서 74세에 이르는 312명의 기증으로 태어난 사람들을 조사[49]하여, 아래의 결과를 발표했다.

- 응답자의 다수(64%)는 "기증자는 나의 정체성의 절반에 해당한다."는 진술에 동의했으며, 78%는 기증에 의해 태어났다는 사실이 그들의 정체성에 있어 중요한 부분을 차지한다는데 동의했다.
- 응답자의 81%는 종종 기증자와 성격이나 기술, 신체적으로 어떤 면에서 닮았는지 궁금하다고 말했다.
- 77%는 가족의 건강상 유전적 이력에 대해 온전하고 정확하게 알 수 없다는 상황을 걱정했다.
- 53%는 기증자에 대해 알고 싶어하거나 관심을 보이면 본인을 양육한 어머니나 아버지가 화를 내거나 상처를 받거나 위협을 느끼지나 않을지 걱정했다.

많은 입양아와 기증으로 태어난 아이들은 정체성으로 괴로워하며, 생부모와의 유대 관계를 빼앗긴 데 대한 채울 수 없을 만큼 심한 공허감이 남았다고 믿는다. 이들은 자신들의 가계상의 혼란을 공허한 감정으로 묘사하는데, 이것은 마치 그들의 일부를 잃어버렸고 다시는 그 일부를 복구할 수 없는 것 같은 느낌이다. 공허한 감정을 회피하기 위해 일부는 음식, 성, 약물에 의지한다. 7장과 9장에서는 생물학적 부모에게서 떨어져 자란 아동이 느끼는 지속적이고 심한 분리감이나 "이질감", 그들이 얼마나 스스로를 잘 맞지 않는다고 느끼는지에 대한 보다 깊이 있는 연구 결과를 보여준다. 이는 입양아들이 알코올 및 약물 남용이나 반사회적 인격 장애와 같은 외현화 장애가 발생할 위험을 높이는데 일조할 수 있다.[50]

자신의 고유한 특질이 어디에서 나왔는지를 알 수 있는 기회가 없기 때문에 일부 기증으로 태어난 사람들은 거울에 비친 본인의 모습을 바라보는 것이 어렵다고 고백하기도 한다. 엘리는 혼인 상태의 아버지와 어머니가 있는 가정에서 사랑을 많이 받으며 자랐지만 그녀가 정자 기증으로 태어났다는 사실을 알고 난 이후, 정체성의 위기로 깊이 빠져들었다.

> 나의 세계는 무너졌다. 나는 침대에서 병적으로 흥분한 상태로 울면서 여러 날을 보냈다. 평정을 되찾게 되었을 때 아침 일과를 시작하려고 거울에 비친 내 모습을 보면서 더 이상 내가 누구인지 알 수 없다고 자각하게 되었다. 아버지로부터 물려받은 것으로 생각했던 코는 아버지의 것이 아니었다. 나와 가족과 연결된 것으로 생각했던 둥근 코는 갑자기 흉측스럽게 느껴졌다. 아버지의 손가락과 너무 닮은 나의 손가락 모양도 이제는 너무나 이질적이고 끔찍하게 느껴졌다. 이십 대 중반의 수 년간 울음을 터뜨리지 않고는 거울 속의 나를 바라볼 수 없었기에 나는 거울을 피했다.[51]

난자 기증으로 태어난 또 다른 젊은 여성은 그녀의 생물학적 어머니를 찾았을 때 깨달은 점을 다음과 같이 썼다.

> 그녀는 내게 생명을 준 여인이다. 아무리 많은 계약을 하고 기

술을 쓰고 감정을 조작하고 돈을 쓴다고 해도 나의 홍채의 색깔에서 그녀의 눈동자 색깔을, 나의 볼에서 그녀의 보조개를, 나의 미소에서 그녀의 입술을 지울 수 없으며, 나의 유전자에서 그녀를 분리해 낼 수 없다. 그녀는 나의 조상이다. 그녀는 나의 엄마이다. 그녀는 나 자신이고 내가 그녀이다. 그녀와 갖는 유대감은 마치 하나님과 맺은 유대감처럼 느껴진다. 그녀를 만나게 되어 너무나 감사하다. 그녀를 "엄마"라고 부를 수 있어 너무나 감사하다. 가난한 홀어머니여서 가족을 부양하기 위해 자기 자녀를 팔 수밖에 없었던 그녀를 용서할 수 있게 되어 너무나 감사하다. 서로 안고 같이 울면서 얼마나 서로를 그리워했고, 사랑했고, 매일 서로에 대해 얼마나 생각했는지 고백할 수 있어서 너무나 감사하다. 나는 거울을 볼 때마다 그녀와 아버지를 본다. 그녀의 미소, 웃음, 강인한 의지를 본다. 내가 보지 못하는 게 무엇인지 아는가? 나를 내 허락 없이 난자 은행에서 사 와서 강제로 본인의 자궁 속에 집어넣은 여인은 보지 못한다. 나의 어머니의 특질을 은폐하려 하는 돈과 계약서도 당연히 보지 못한다.[52]

연구 결과 성인들은 생물학적으로 혈연관계에 있지 않은 아이에 대해 다르게 반응한다. 즉, 더 적게 투자하고 유대감을 덜 느끼며 보호를 덜하게 된다. "나는 누구인가?"라는 질문에 대해서는 생물학적인 부모만이 답변을 줄 수 있고, 친부모를 의도적으로 분리시키는 경우 아동은 평생 고통받는다.

부모됨에 있어 생물학적 중요성을 무시하는 것은 아동을 위험에 처하게 하며, 우리 사회가 바람직하지 않은 공공 정책을 수립하도록 하고,

생물학적 부모에 대한 접근 = 생물학적 정체성에 대한 접근

사람들이 내용도 잘 모르면서 해로운 개인적인 결정을 계속 내리게 만든다.

실천 방법

여기서의 내 주장은 한결같이 형편없을 뿐아니라 융통성이 없고 관용적이지 않고, 확실히 현대적이지 않게 들릴 것이다. 오해하지 말기 바란다. 나는 당신의 반대자도 아니고 종교적인 열심 당원도 아니고 우파의 전문가도 아니다. 단순히 생물학에 관한 이야기이다. 생물학은 부모됨에 있어 가장 중요한 요인이다. 어떤 임상적인 반대 사례도 제시될 수 없다.

만일 성인이 아동의 생물학적 부모에 대한 권리에 성인의 인생을 맞춰 주지 않는다면 이는 의도적으로 무모하게 아동이 더 많은 위험과 단절감, 정체성에 대한 괴로움에 시달리게 만드는 것이다. 다른 어떤 가족구조도, 사랑하는 두 성인, 단순히 결혼한 두 남녀, 혼인 관계에 있지 않는 생물학적 부모조차, 혼인 상태의 친부모가 자녀에게 제공하는 혜택과 동일한 것을 제공할 수 없다.

생물학은 철거할 건물을 부수기 위해 크레인에 매달고 휘두르는 쇳덩이이다. 당신이 정자와 난자 공여자를 찾는 불임 부부이든 아이를 원하는 동성 커플이든, 당신의 아이는 "단순히 괜찮을 것"이라고 믿는 비혼 출산을 선택한 엄마이든, 이혼 후 자녀가 여섯인 대규모의 혼합가족을 조합할 계획에 있든지, 당신은 대자연보다 한 수 앞설 수 없고 생물학을 전술로 이길 수 없다.

누군가에게는 생물학이 중요하다는 사실을 받아들이는 게 어려운 일이다. 이 진실을 인정한다면 실제 인생을 바꾸어야만 하기 때문이다. 지적으로 정직한 성인은 우선순위를 재정립하고, 성인 관계나 성적인 선택을 할 때 이전과는 다른 결정을 내려야 한다. 그럼에도 불구하고, 변화를 가져오고 아이들을 보호하고 병든 우리 사회를 치유하기를 진정 원하는 사람들은 부모됨에 있어 생물학의 중요성을 인정할 것이다. 1장에서 다룬 무수히 많은 사회적 병폐를 해결하는데 동참하고자 하는 진중한 성인이라면, 본인의 인생에 있어서도 생물학을 존중하고 다른 성인도 동일하게 행동하도록 권유할 것이다.

우리 나라의 아동이 안전하고 사랑받게 되는 것을 진정으로 원한다면, 성인의 욕구는 아동의 권리의 제단 위에 희생되어야 하지 그 반대가 되어서는 안 된다.

3장 성별은 중요하다.

미국 건국 이래 과거에는 다양한 직업, 재산에 대한 소유권, 투표권으로부터 제한을 받았던 여성은 오늘날 많은 진전을 보았다. 지금은 여성이 성적, 교육적, 직업적인 선택을 할 때 정부의 제약을 받지 않는다. 사실 대학 캠퍼스[1]나 대학원에서 여성의 숫자가 남성보다 많고, 박사 학위를 취득하는 사람의 대부분은 여성[2]이다. 여성이 노동 인구의 다수를 차지하며[3], 페미니스트인 크리스티나 호프 소머스에 따르면, 여성에게 고유하며 여성에 국한된 교육적이고 직업적인 선택을 하는 경우를 감안할 때에는, 급여의 성별 차이도 사라진다.[4] 태어나지 않은 여아의 경우만 제외한다면 여성 평등을 위한 투쟁은 완전히 성공했다.

하지만 불행하게도 법 앞에서의 평등을 고상하게 추구하는 과정에서 치명적인 우를 범한 결과, 우리 사회는 엄청난 대가를 치르게 되었다. 피상적인 고정 관념에 저항하는 과정에서 평등과 동일성을 혼돈하는 실수를 저질렀고, 남성과 여성 간 서로 보완적인 고유성을 인정하지 않고 남녀 간 존재하는 자연적이면서 매우 중요한 차이를 없애고자 하였다.

남녀 간 아무 차이도 존재하지 않는다는 주장은 거짓인 동시에 파괴적이지만, 유감스럽게도 남자와 여자는 서로 교환할 수 있고 성별은 일종의 사회적 산물이라는 생각이 학계에 침투되어 이러한 광기 어린 사고가 우리 문화 전반에 급속히 퍼졌다. "성별이 사회적 산물"이라는 현상에 익숙하지 않을 수 있는 독자를 위해, 진보적인 소설을 다음과 같이 풀어서 써 보겠다. 사회적 강압과 소위 억압적인 가부장 제도야말로 남자와 여자가 서로 다른 직업을 선택하고, 서로 다른 시간 동안 일을 하며, 불평등한 임금을 받고, 아이들에게 투자하는 시간에 차이를 만들어 내는 유일한 이유이다.

여성이 잔디의 반을 깎고 남성이 빨래의 반을 개키는 식의 젠더 이데올로기라는 동화 속 나라에서라면 꽤 행복하게 살 수도 있다. 문제는 우리가 동화 속 나라에 살지 않고 과학이 지배하며, 진보주의 허수아비의 목을 벨 수 있는 과학적인 실증 자료가 준비되어 있는 현실 속에 살고 있다는 점이다.

성별은 사회적 산물이 아니다.

사회적 압력이 남자와 여자의 차이를 만든다는 주장을 무력화하기 위해 먼저 태어나지 않은 아기들이 줄지어 서 있다. 2019년 한 팀의 연구자들은 자궁 속의 태아를 연구하기 위해 MRI 촬영을 했고 이 표본은 사회적 압력이나 가부장 제도에 노출이 되지 않았음에도 불구하고 남성과 여성의 두뇌에 구조적인 차이가 있다는 사실을 드러냈다. 심리학자인 레오나르드 삭스는 "현대 심리학(Psychology Today)"에서 아직 태어나지 않은 남아와 여아 간 가장 놀라운 차이는 "임신 주수가 지나는 동안, 여자 태아의 뇌의 피질 하부와 피질 구조 간 연계성이 현저하게 변화되었다."는 점이라고 언급했다. 이러한 패턴은 여자 태아에서만 거의 독점적으로 발견되었다. 일반적인 용어로 설명하자면, 여자아이의 두뇌와 남자아이의 두뇌는 사회적 억압이나 이성애자 중심의 가부장 제도라는 괴물 때문에 다른 것이 아니라, 그저 수정된 순간부터 다른 것이다.

"성별이 사회적 산물"이라는 어리석은 생각을 무너뜨릴 다음 주자는 여성이 임의적인 성별에 따른 규범으로부터 자유롭게 살 수 있는 문화이다. 여러 연구에서 성별에 있어서의 가장 큰 차이는 여성을 가장 적게 제한하는 사회에서 나타난다는 사실을 발견했다. 캘리포니아 버클리 대학의 연구원들은 76개국의 8만여 남녀의 위험 감수 성향과 사회적 상호 관계에 대해 연구했다. 그들은 가장 높은 교육과 직업 선택의 기회를 가지는 평등주의적인 국가의 여성이 *가장 정형화된 여성*이었다고 결론지었다. 연구자들은 "국가 별로 경제 발전과 양성평등 수준이 더 높을수록 선호도에 있어 성별 차이가 더 두드러진다."[5]고 언급했다. 2018년의 또 다른 대규모 연구 결과는 "성격에 있어서의 성별 차이가 양성평등 수준이 더 높은 국가에서 나타났다."[6]고 단언했다. 요약하자면 학위, 직업, 생활 유형을 추구할 자유가 있는 가장 자유로운 국가의 여성들이 바로 가장 전형적으로 여성적인 선택을 하기 쉬운 여성들이다.

사회학자 찰스 머레이는 가장 최근 저서인 "인간의 다양성(Human

Diversity)"[7]에서 지능 지수가 높은 남성과 여성에게 선호하는 일과 인생의 가치를 중요성에 따라 순위를 매기도록 한 조사 결과를 공유했다. 남성들이 가장 가치를 두었거나 동의했던 상위 다섯 가지의 지표는 아래와 같다.

1. 타인으로부터 비난을 받을 것이 예상된다고 해서 내 생각을 표현하는데 있어 제약을 받지 않는 것
2. 성과급 체계
3. 전일제 정규직을 갖는 것
4. 영향력 있는 무언가를 고안하거나 만드는 일
5. 평균 연봉을 훨씬 상회하는 연봉

여성들이 가장 우선순위에 둔 다섯 지표는 아래와 같다.

1. 한정된 기간 동안 파트타임 직업을 갖는 것
2. 평생 파트타임 직업을 갖는 것
3. 일주일에 40시간 이상 일하지 않는 것
4. 끈끈한 우정 관계
5. 유연성 있는 근무 시간

머레이의 꼼꼼한 연구나 어떤 방식으로든 세상에 관심이 있는 사람이 단순히 관찰한 사실로부터 볼 때, 남성은 주도적이고 목표 지향적이고 출세 지향적이며 프로젝트 중심의 성향을 보인다. 여성은 보다 관계 지향적이고 직업에 있어서 유연성을 찾고 프로젝트보다 사람을 우선시하는 경향이 있다.

선택의 자유가 지배하는 사회의 여성은 전일제 직업을 갖는 것보다 전업주부를 선택할 가능성이 높다. 최근의 갤럽 여론 조사에서는 "18세 미만의 자녀를 둔 여성의 절반 이상인 56%가 이상적으로 집에 머물

며 집과 가정을 돌보기 원했다."⁸ 이와 대조적으로 집 밖에서 일하는 것보다 집안 일을 하기 원하는 아빠의 수는 27%에 불과하다. 이 자유로운 여성들이 아이들과 집에 있고 싶어하는 것을 무슨 이유로 설명할 것인가? 이 남성들의 73%는 사실은 아이들과 집에 있고 싶은데 생계를 책임지는 가장이 되고 싶다고 거짓말을 했다는 뜻인가? 그렇지 않다면 이 연구 결과는, 응답자가 모두 진실을 말했고 남성과 여성의 우선순위가 얼마나 뚜렷이 구분되는지를 완벽하게 보여준다는 설명이 훨씬 그럴듯하다.

브래들리 대학교의 데이빗 슈미트 교수는 "문화적으로 다양한 성별 차이의 진화: 남성과 여성이 항상 다른 것은 아니지만 이들이 차이를 보일 때에는…그 차이가 가부장제나 성역할의 사회화로 기인한 것으로 보이지는 않는다."는 아주 긴 제목의 장을 가진 책을 썼다. 그 책에서는 21개의 자료로부터 선택의 자유와 성별 특이적 차이는 상호 더 밀접하게 관련되다는 사실을 발견했다. 슈미트는 남성과 여성의 차이가 선택과 선호를 넘어 신체적 특성과 연결된다는 사실을 발견했다. 그는 "신장, 체질량 지수, 비만, 혈압과 같은 신체적 특징조차도, 성역할의 사회화에 있어서나 사회 정치적으로 양성평등의 수준이 더 높은 문화에서 성별 간 차이가 더 크게 나타났다."고 언급했다.⁹

만약 성이 사회적 산물이고 남성과 여성이 기본적으로 교환 가능한 것이라면 남성과 여성 간 직업 선택, 선호도나 체형에 있어 차이가 없었어야 한다. 하지만 평등주의적인 사회에서는 전반적으로 선택할 자유가 있는 환경에도 불구하고가 아니라, *바로 그 환경의 결과* 몹시 여성적인 여성과 현격하게 남성적인 남성을 만들어 낸다.

성별 차이는 자궁 속에서 존재하기 시작한다고 설명하는 여러 연구

성별은 사회적 산물이 아니다.

결과가 도움이 되기는 하지만, 남성과 여성 간 두드러지게 존재하는 차이점에 대해 이야기하기 위해 연구 결과까지 필요하지는 않은 것이다. (역사적으로 볼 때) 바로 5분 전까지만 해도 이 사실은 전 세계적으로 인정되고 모든 종교와 문화에서도 기념해 왔었다. 남성과 여성 간 차이점은 한 여성의 연구 프로그램으로도 지울 수 없으며, 소란스러운 제3세대 페미니스트의 존재로 인해 위협을 받을 수도 없다.

남자아이 대 여자아이

우리는 지금 너무나 기본적이어서 따로 증명할 필요가 없는 것을 설명해야 하는, 위험할 정도로 혼란스러운 상황에 처해 있다. 하지만 기술적으로 진보되고 과학이 주도하는 21세기에 살고 있는 우리는 남성과 여성이 무엇을 의미하는지 논쟁 중이다.

만약 당신이 남성과 여성의 차이에 대한 증거를 든다면 곧 남성과 여성이 다른 점보다는 *유사한 점*이 더 많다는 반박을 받을 것이다. 물론 이는 사실이다. 우리는 모두 먹고 자고 핸드폰을 너무 많이 들여다 봐서 거북목이다. 하지만 그 적은 수의 차이점이 바로 우리 종이 살아남는데 있어 가장 중요한 것이며 이 독특한 차이를 지우려는 시도는 우리 사회에 해를 입힌다. 성별의 중요한 차이를 경시하는 것은, 마치 버터 바르는 칼도 수술용 메스와 차이점보다는 유사점이 많으니까 외과 의사에게 버터 바르는 칼을 쥐여 주면서 수술을 하라고 기대하는 것이나 마찬가지다. 아무리 그 차이가 "적다" 해도 우리 종족은 그 차이 없이는 존재할 수 없다.

남성과 여성의 차이는 털이 자라는 위치, 목젖의 유무, 수영복이 가려 주는 부위 그 이상의 것이다. (많은 여성들에게 있어) 매우 짜증스러운 생리학적 차이점에서 시작해 보자. 남성은 근육량이 더 많은데, 근육은 지방보다 열량을 더 많이 소모시키기 때문에 소파에 앉아 있기만 해도 남성이 여성보다 열량을 더 빠르게 소모한다. 근육량이 많은 남성은 코스트코에 갈 때 정말 도움이 된다. 평균적으로 훈련을 받지 않은 남성은 자신의 몸무게의 133% 정도를 들어올릴 수 있는데 반해, 일반 여성은 자신의 몸무게 정도를 들어올릴 수 있다.[10] 남성들의 신체적 이점은 근육량에 국한되지 않는다. 남성은 심혈관 예비력과 심장도 더 크다. 남자는 뼈와 힘줄, 인대도 더 강하고 치밀하며 평균적으로 여성보다 15.2cm 가량 더 크다. 미 해병대에서 수집한 정보에 따르면 여성들은 신체적으로 이처럼 불리하기 때문에 남성 대비, 전투에서 부상에 시달릴 위험이 두 배나 높다.[11] 따라서 한밤중에 지하실에서 나는 소리가 무엇인지 알아보기 위해 아빠를 내려보내는 것은 완전히 과학적인 근거에서 하는 것이다.

성별 차이는 세포 수준에서조차 존재한다. 여성의 몸은 남성보다 백혈구가 더 많고 항체를 더 많이 만들어 낸다. 여성은 혈압이 더 낮고 위험을 감수하는 직업을 선택하지 않으려는 경향이 있으며, 지붕의 홈통을 청소하다가 사다리에서 떨어질 가능성도 더 낮기 때문에, 수명도 더 길다. 에스트로겐 수치가 더 높은 여성은 감기에 덜 걸리고,[12] 일반적인 감기나 독감을 면역 체계가 막아 내지 못할 때에도 여성이 남성보다 더 빨리 회복한다. 이 삐죽삐죽한 약이 아무리 삼키기 어려운 것이라 하더라도 여성들이여, 남성의 감기는 사회적 산물이 아니다. 당신이 아무리 아프더라도 그가 아마 대개 더 아플 것이다. 아마도.

테스토스테론은 양성 모두에게 있는 강력한 호르몬이지만 남성의 테스토스테론 수준이 여성보다 20~30배 정도 높다. 테스토스테론은 남성이 일 중심적이 되도록 만들고 위험을 감수하며 "다음 목표" 지향적인 관점을 갖도록 만드는 원인이다. 또한 테스토스테론은 남성들의 공격적인 성향과 경쟁심을 부추기는 이유이다. 테스토스테론은 좋은 아버지 같은 적절한 영향력이 부족한 남성이 더 강하게 힘으로 지배하게 만드는 원인이고, 남성이 여성 상대방보다 평균적으로 더 많은 수의 성적 파트너를 찾도록 유도하는 촉진제이기도 하다. 많은 연구에서는 남성이 자녀를 출산한 후 몇 달간 남성의 테스토스테론의 수준이 40% 정도 떨어진다는 결과가 있었다.[13] 그렇게 남성의 성적 충동이 줄어들면 엄마가 회복하는데 도움이 되고 엄마와 자녀가 출산으로부터 회복하는 동안 이들에게 더 부드럽게 대할 수 있도록 해 준다.

남성은 여성보다 신체적 장점이 많지만 여성은 엄청난 능력을 갖고 있다. 여성은 자녀를 출산한다. 아기가 자랄 수 있도록 골반이 넓고 모유를 먹이기 위해 필요한 지방을 아주 잘 저장할 수 있는 몸은 이 때 그 진가를 발휘한다.[14] 가슴 역시 또 다른 유용한 특징이다. 가슴은 아기가 태어나서 걸음마를 걸을 때까지 완벽하게 조제된 아기의 음식을 저장하고 운반하는 휴대 가능한 시스템의 기능도 한다.

성별에 따라 구분되는 중요한 속성은 우리의 뇌 구조에서도 존재한다. 전두엽 피질에서 발견되는 하나의 중요한 차이점은 우리 행동의 결과를 예측하는 기능을 하는 뇌의 부위이다. 전두엽 피질은 여성에게서 더 빨리 발달하는데 이는 십 대 소년이 평균적인 십 대 소녀보다 더 분별없는 행동이나 위험한 일을 하는 원인을 설명해 준다. 자동차 보험 요율만 간단히 검토해 보아도 이 사실을 확인할 수 있다.

걱정과 같은 감정을 처리하고 기억을 정리하는 부분인 전방 피질에도 또 다른 차이점이 존재한다. 여성들의 전방 피질이 더 크기 때문에 여성들이 남성보다 더 걱정을 많이 하는 경향이 있다. 이 조합에 어린이까지 포함시키면 불안 장애로 진단 받는 여성의 수가 남성의 두 배라는 사실이 놀랄 일이 아니다.[15]

여성들은 또한 뇌량이 더 크다. 이 두터운 신경은 두 개의 뇌반구를 연결해 주는데 여성의 뇌량은 더 크기 때문에 반구 사이를 오가는 것이 더 쉽다. 그 덕분에 여성은 이 일을 하다 다른 일로 쉽게 넘어갈 수 있는 반면, 남성은 하나의 프로젝트에 집중하고 거기서 소모되는 경향이 있다. 이렇게 과학적으로도 여성이 동시에 여러 가지 일을 하는 능력이 있다는 주장을 증명할 수 있다. 여성은 식구들에게 필요한 것들을 생각하다가 식료품 목록으로 넘어가거나, 페이스북에 글을 쓰고, 아기 신발 끈을 묶어 주고, 치열 교정 예약을 하고, 세상에서 가장 나쁜 선생님에게 이메일을 쓸 수도 있다. 심지어 이 모든 일을 1분 안에 할 수 있다. 항상 민첩하고 기술적이지 않은 경우도 있겠지만, 어쨌든 여성은 유능하다.

여성의 두뇌의 해마는 크기가 더 큰데 이 부위에서는 단기 기억을 장기 기억으로 전환시키는 기능을 한다. 따라서 아직도 남자가 감기를 더 심하게 앓는데 대한 합법적인 증거를 찾고 있는 여성들은 여성의 장기적이면서 세부적인 기억력으로 위안을 받기 바란다. 남성들은 아내를 처음 만났을 때의 세부 사항을 가지고 입씨름하는 것이 헛수고임을 알기 바란다. 과학적으로 여성이 세부 사항을 더 잘 기억하는 능력을 가지고 있다고 하니까, 그녀의 말이 아마 맞을 것이고 그녀가 맞다고 믿는 편이 나을 것이다. 첫 데이트에서 당신에게 나와 달라고 먼저 이야기한 사람은 정말로 그녀였다.

여성의 두뇌는 (논리적인) 좌뇌에서 (창의적인) 우뇌로 보다 쉽게 이

동하지만 남성의 두뇌는 한 반구 안에서 더 강력하게 연결되어 있다. 남성의 두뇌는 지각이 존재하는 뇌의 뒤쪽으로부터 행동이 시작되는 뇌의 앞쪽으로 나오는 경로의 수가 더 많다.[16] 즉, 남성이 특정 목표나 프로젝트에 전념할 때 그들은 임무를 완수하기 위해 여기에 외골수처럼 더 집중할 수 있다는 뜻이다. 반면 여성은 (자신의 영향력이 미치는 사람들에게 필요한 일들로 정신이 팔려 있을 때에는) 본래 해야 할 일들을 처리하기까지 수 주가 걸릴 수도 있다.

이와 같은 남성-여성 두뇌의 차이는 다른 여러 방면에서도 분명히 나타난다. 가장 널리 인식되는 차이 중 하나는 대화이다. 남성과 교제 중인 여성이라면 누구나, 그녀가 직장에서 혹은 교우 관계의 문제에 대해 이야기하면 현장에 해결사가 바로 출동할 준비가 되어 있다는 사실을 즉시 배우게 된다. 남성들은 문제가 되는 대인 관계적인 측면으로부터 떨어져서, 사실에 집중하는 성향이 있다. 여성의 두뇌는 직관과 감정에 더 엮여 있어서 관계적인 관점에서 문제에 접근하려는 경향이 있다.

남성과 여성의 차이는 이처럼 너무나 멋지기 때문에 이 차이를 부인하는 것은 일부러 완전히 비과학적으로 무식하게 행동하는 것이다. 하지만 과하게 "깨어난(woke)" 동료들은 남녀 간 차이를 최소화하고 완전히 부인하는 방식으로 바로 그 일을 하고 있다. 이 어리석은 행동 때문에 우리 사회 전반적으로 너무나 큰 대가를 치르고 있으며, 이는 특히 아동에게 해롭다. 인류의 생식에 필요한 양성이라는 분명한 필요조건을 넘어서, 아동은 남성과 여성이 그들의 자녀와 상호 작용을 하는 보완적인 방식을 통해 발달한다. 아동의 발달은 이러한 방식에 좌우된다.

"엄마 역할"과 "아빠 역할"은 "부모 역할"을 대신해야 한다.

공공 기관이나 재계에 관한 한 우리는 남성과 여성이라는 관점이 얼마나 중요한지를 선언할 여유가 없다.

영유아 교사들은 남성들이 이 직업에 기여할 수 있는 소중한 가치를 인정하기 때문에 초등학교의 여성 대 남성 교사 비율이 9:1인 현실에 개탄한다. 교육 전문가들 사이에서는 남자 선생님이 더 많아지면 특히 아버지와 같이 살지 않는 아이들에게 이로울 것이라는 믿음이 널리 퍼져 있다.

2019년 캘리포니아에서는 모든 기업의 이사회에 적어도 한 명의 여성을 포함시키도록 하는 법안을 통과시켰다. 분명히 이 법안은 잘못 판단한 것이다. 실력주의에 관한 한, 개인의 성별을 고려해서는 안 된다. 하지만 이 법안은 여성의 목소리가 갖는 중요성을 인정하는 데 우리 사회가 합의했다는 점을 보여준다. 민주주의와 선거 지원을 위한 국제 기관(International Institute for Democracy and Electoral Assistance)에 따르면 전 세계의 의회 제도 중 절반은 여성 의원을 강제하는 선거 할당 제도와 유사한 제도를 가지고 있다.[17] 비록 미국 정부가 공식적으로 이와 유사한 여성 할당 제도를 도입하지는 않았지만, 만약 아홉 명의 대법원 판사가 모두 남성일 경우 얼마나 격렬한 항의가 나올지 생각해 볼 수 있지 않는가?

우리 사법 및 교육 기관, 기업, 정부 모두 양성이 둘 다 존재하는 것이 중요하다고 일반적으로 인식하고 있지만, 가정 안에서도 양성이 균등하게 존재해야 한다는 심각하게 중요한 사실에 대해서는 점점 많은 사람들이 인정하지 않으려고 한다. 전통적인 결혼은 언제나 완벽한 양성 균형을 이룰 수 있도록 보장된 유일한 기관이다. 성별 상호 보완성을 없애기 위해 결혼을 새롭게 정의하는 것은 육아와 관련된 법률의 토대를 심각하게 침해하면서, 공공 정책에 지각 변동을 일으키는 것이다.

전국적으로 동성애자 간 결혼을 합법화한 *오버거펠 대 호지스 (Obergefell v. Hodges)* 대법원 판결을 지지하는 사람들은, 성별은 육아와 완전히 무관하다고 격하게 주장한다. 많은 이들이 성별 균형이 없는 가정에서 자란 아동이 실제 경험한 이야기를 찾지 못했다. 이들이 그들의 이야기를 들었더라면 성별이 육아에 있어 중요하지 않다는 주장에 대해 끝도 없이, 뼈아프게 반박하는 소리를 들었을 것이다.

두 명의 엄마가 키운 테오도어는 아버지와 같은 존재를 찾았던 경험을 다음과 같이 회상한다.

> 어린 시절부터 나는 친구들의 아빠들, 적어도 친절하고 책임감 있고 자녀를 사랑하는 것처럼 보이는 아빠들에게 반했다. 나의 엄마들도 내심 나에게 그런 분이 필요하다는 사실을 알고 있었다고 생각한다. 그래서 그들은 내가 그렇게 하는 것을 막지 않았고 그것은 현명한 처신이었다. 나의 가장 친한 친구의 아빠도 그가 내 인생을 채워주는 본인의 역할을 알아서였는지, 기꺼이 아버지 같은 역할을 해 주셨고 나는 그 일에 대해 평생 감사할 것이다.[18]

홀어머니가 키운 매기는 아버지의 부재가 그녀의 인생의 모든 면을 얼마나 파괴했는지 다음과 같이 묘사했다.

> 아버지 없는 내 인생은 너무나 많은 끔찍한 결과를 야기했다. 나는 끊임없이 사랑받지 못하고 가치가 없고 버려진 것처럼 느꼈다. 나는 아버지 같은 존재와 보호를 갈망했다. 이로 인해 나

는 나를 아끼지 않는 남성들과 건강하지 않고 학대적인 관계를 추구하게 되었다.[19]

리아나의 엄마는 그녀가 다섯 살 때 그녀를 버렸다. 아버지가 그녀를 위해 헌신했고 그녀를 무척 아꼈지만 그녀는 항상 어머니의 사랑을 갈구했다.

나는 엄마의 사랑과 애정을 받아 본 적이 없다…나는 그 버려졌다는 감정으로 인해 아직도 고통스럽다. 나는 종종 왜 나 말고 다른 모든 아이들은 엄마와 친밀한 관계에 있는지 궁금했다. 내가 엄마 보기에 사랑스럽지 않았을까? 왜 엄마는 내 인생에 있고 싶어 하지 않았을까? 엄마에 관한 기억이 너무 아팠기 때문에 대부분의 기억을 지워 버렸다.[20]

코빈의 엄마는 자칭 레즈비언으로 코빈이 어렸을 때 수많은 여성 파트너와 몇몇 남성 파트너가 있었다. 코빈의 아빠는 거의 곁에 없었고 결국 성전환자가 되어 나타났다. 코빈은 영향력 있는 아버지의 존재를 갈망했고 아버지의 부재로 인해 고통스러웠다.

남성의 존재를 무의식적으로 간절히 찾은 결과 내 자신을 남성들에게 "내보인" 것은, 때때로 나를 "이용해 먹으려" 하거나 "성행위의 상대로 삼으려" 하는 남자들에게 노출시킨 것을 의미했다. 일부는 나를 지독하게 괴롭히기 쉬운 표적으로 삼았다. 어머니가 정신이 온전한 상태에서 야단법석을 떤 적이 한 번도 없었기 때문에 나는 다른 남자아이들이 야단법석을 떨며 노는 것을 지나치게 예민하고 기분 나쁘게 받아들였다. 엄마는 우리가 거칠게 논다 싶으면 우리를 실제로 때리면서 "넌 여자애들을 때리지 않잖아!"라고 말하곤 했다. 이런 식의 놀이의

"엄마 역할"과 "아빠 역할"은 "부모 역할"을 대신해야 한다.

"균형"에 대해 가르쳐 줄 수 있는 아버지가 없었기 때문에 야단법석을 떨며 노는 상황이 되면 나는 이를 제대로 "끌 수 있는 스위치"가 없었다.[21]

아이들은 어머니와 아버지의 사랑을 받기 위해 만들어졌기 때문에, 위의 아이들은 한 부모로부터 사랑을 많이 받았음에도 불구하고, 잃어버린 부모로부터 받지 못한, 한쪽 성별에 고유한 사랑을 간절히 원했다. 여성 특유의 사랑과 남성 특유의 사랑은 한 아이의 건강한 사회·정서적 3대 영양소 중 두 요소이다. 세 번째 주요 영양소는 안정감이다.

과학이 이미 그 증거를 제시하고 있기 때문에 남성과 여성의 상당한 차이점의 증거로 우리의 감정에 의존할 필요가 없다. 그러한 차이점이 아기가 생긴다고 사라지지 않는다. 오히려 더 극명해진다. 수십 년 동안의 연구에서는 남성과 여성의 차이점이, 두 성별의 사람이 가장 적극적으로 협력해야 하는 관계인 가족 안에서, 얼마나 극적으로 분명하게 나타나는지 확인해 준다. 남성과 여성이 아이들과 공감하는 방식은 독특해서 "부모 양육(parenting)"이라는 용어 그 자체가 부적절하다. 여러 연구 결과에서 우리가 부모 양육이라는 표현보다는 더 정확하고 올바르게 "어머니의 보살핌(mothering)"과 "아버지의 돌봄(fathering)"이라는 용어를 사용해야 한다는 사실을 입증하며, 이 둘 다 선택 사항이 아니다.

미국 정신의학협회의 저명한 연구원인 정신과 의사 스콧 할츠맨은 다음과 같이 말했다.

양육 방식은 남성과 여성 간 생물학적 차이와 상호 연관성이 있다. 남성에 비해 여성은 정서적 유대감과 관련된 호르몬인 옥시토신과 옥시토신 수용체의 양이 더 많다. 옥시토신은 불안을 가라앉히고 운동 활동을 줄이고 접촉을 촉진시킨다…그 반면에 여성 대비 남성에게 10배 많은 테스토스테론은 남자 아기의 운동 활동의 증가와 연관성이 있으며 남성이 여성에 비해 신체 활동의 수준이 높은 원인일 수 있다.[22]

즉 어머니로서 보살핀다는 것은 여성이 단순히 끊어 버릴 수 있는 본능이 아니고, 남성이 그저 작동시킬 수 있는 기능은 확실히 아니다. 어머니와 아버지는 냄새, 목소리, 체격, 아이들과의 상호 작용에 있어 서로 다르다. 이 차이점들은 너무나 뚜렷하고 구별하기 쉬워서 태어난 지 겨우 8주 밖에 안된 어린 아기조차 남성 아버지와 여성 어머니에게 다르게 반응한다.[23]

아빠는 세상을 반영하고 엄마는 가정을 반영한다.

"사실은 당신의 감정에 개의치 않는다."

-벤 샤피로

아버지의 가장 중요한 임무는 자녀가 자립심 있고 독립적인 성인이 될 수 있도록 준비시키는 것이다. 아빠는 사실의 영역에서 살고, 양육 방식은 생활 속에서, 특히 힘든 일을 통해서 얻어지는 체험 교육과 비슷하다. 아빠는 자녀를 결과를 통해 가르치고, 실패를 통해 배우도록 놓아둔다. 본질적으로 아빠는 자녀에게 "세상"을 의미하며 딸과 아들들이 확신을 가지고 세상을 받아들일 준비를 시킨다. 엄마는 아이와 연결되어 보살피도록 만들어졌는데, 이는 영아가 생존을 위해 엄마에게 완전히 의존적인 시기에 특히 중요한 능력이다.

아빠는 세상을 반영하고 엄마는 가정을 반영한다.

엄마는 사실보다는 감정에 초점을 둔다. 엄마는 가정의 정서적인 분위기를 조성하고 가족의 정서적이고 신체적인 필요에 직관적으로 반응한다. 여성 특유의 방식으로 엄마는 "가정"을 자녀에게 보여준다.

엄마가 아기를 공중에 던지는 것을 몇 번이나 보았는가? 거의 없거나 아예 없을 것이다. 아빠가 아기를 공중제비시키는 것을 본 마지막 때는 언제인가? 아마 당신의 집 거실에서 본 게 아니라면 공항에서, 놀이터에서, 교회 로비에서, 아니면 이 모든 장소에서 다 봤을 것이다. 왜냐하면 그건 아빠들이 이 거친 세상의 전형으로서 자연스럽게 하는 일이기 때문이다. 아무리 엄마들이 둘러서서 소리를 지르고 질겁을 해도 멈출 수가 없다. 엄마는 가정을 위험으로부터 안전하게 지키는 보안의 전형이기 때문에 아기들을 던지는 행동에 대해 자연히 불안해하고 마음을 졸인다.

작가이자 Them Before Us의 고문인 글렌 스탠튼은 "아버지는 자녀를, 같이 재미있게 놀 수 있는 멋진 어린 사람으로 볼 가능성이 높다. 어머니는 자녀를 사랑과 위로와 보호가 필요한, 무엇을 해 주어야 하는 어린 사람으로 본다."[24] 엄마는 더 부드러운 반면, 아빠는 간지럽히고 레슬링하고 신체적 한계를 극복하게 하는 등 떠들썩한 면이 있다. 엄마는 "단조로운 일과"로 알려져 있는 일상적인 보살핌에 집중하는 편이다. 엄마는 고마워할 줄 모르고 끝이 없어 보이는 일과이지만, 아이를 먹이고 입히고 씻기며 세부적인 일들을 보살핀다. 나는 아마도 거기서 멈췄어야 했지만, 당신은 엄마가 자녀를 위한 독보적인 "안전한 공간"이라는 사실을 이해할 것이다.

반면 아빠는 흥분을 더 잘하고 예측하기 어려운 동시에, 상상력이 풍부한 경향이 있어 세상과 더 닮아 있다. 이에 대해 여성들이 화낼 필요는 없다. 나는 지금 여성들이 창의적인 공예 작품을 만들 수 없다거나 공원에서 놀 약속을 잡지 못한다고 이야기하는 게 아니다. 아빠가 재미를 불러일으킨다고 말하는 것이다. "아기와 함께 있는 아빠의 동영상"을 인터넷으로 찾아보면 아이와 창의적이고 한계를 넘어서는 활동을 하는 아빠에 관한 수많은 영상을 찾게 된다. 어떤 영상에서는 아기 의자를 로봇 청소기 위에 묶기도 하고 또 다른 영상에서는 아이의 썰매를 지저분한 자전거 뒤에 연결한 다음 눈 속에서 분리하기도 한다. "아기와 엄마의 동영상"을 찾아보면 "아빠가 아이와 집에 남아 있으면 안 되는 이유"라는 제목이지만 실상은, *정확히 왜* 아빠가 아기와 집에 남아 있어야 하는지를 보여 주는, 아찔한 사진이 모여 있는 동영상이나, 엄마가 아기를 안고 있는 사랑스러운 순간을 보여 주는 동영상을 찾게 될 것이다. 어머니로서의 양육과 아버지로서의 양육의 본질로서, 가정과 세상을 보여 주는 것은 대단히 즐거운 일이다.

아빠는 경쟁을 장려하고 엄마는 공정성을 장려한다. 이는 자녀들의 행동을 지시할 때면 아빠는 더 규칙 위주인 반면 엄마는 지나칠 정도로 품위와 공감을 중시하는 경향으로 나타난다. 아빠는 자녀가 책임을 다하지 못하거나 고칠 수 없는 무언가를 망가뜨렸을 때 잘못된 행동의 결과에 대해 더 확실히 하는데 반해, 엄마는 자녀가 잘못했을 때 장래의 소망과 기회를 보다 강조하는 편이다. 아버지는 자녀가 이 세상에서 살아남는 방법과 관련된 교훈을 주면서 자립심을 갖도록 독려하는데 반해, 어머니는 집 안에서 발견되는 요소인 안전, 예측 가능성, 보안에 더 집중한다.

글렌 스탠튼은 "어머니는 자녀와 결부시켜 세상을 본다…[반면] 아버지는 세상과 결부시켜 자녀를 본다."[25]

아빠는 세상을 반영하고 엄마는 가정을 반영한다.

바로 이 때문에 자녀에게 영향을 주고 자녀를 형성하는 어머니와 아버지 둘 다, 자녀에게 중요하다. 한 분은 보살피고 다른 한 분은 독려한다. 한 분은 안전에 주의하고 다른 분은 모험을 중시한다. 엄마는 가정을 나타내고 아빠는 자녀를 세상으로 초청한다. 아버지와 어머니가 모두 있어야 아이가 자신감 있고 감성적이면서 전인격을 갖춘, 자제력 있는 성인으로 자라날 가능성이 극대화된다.

훈육과 대화

훈육이 필요할 때면 엄마는 아빠보다 아이들이 특별히 정서적으로 필요한 부분에 귀를 기울이는 경향이 있다. 이는 엄마들이 훈육하는 상황에서 긍정하는 단어를 더 많이 쓰고 아이들과 문제의 원인을 생각할 가능성이 더 높은 이유를 설명해 준다. 아빠들은 어떤가? 바로 기대하는 바와 지시하는 내용으로 들어가려는 성향이 있다. 엄마가 "얘야, 너가 그림을 그리느라 바빠 보이는구나. 하지만 어제 엄마가 부탁한 재활용 쓰레기를 밖에 아직 안 내놓았더구나. 그러니까 지금 잠깐 연필 좀 내려놓고 쓰레기를 버리고 와 주렴."이라고 이야기할 때 아빠는 다소 심각하게 "야! 지금 재활용 쓰레기 바로 갖다 버려."라고 할 것이다.

자녀들과 이야기할 때 어머니는 아이들의 수준에 맞추기 위해 "넘어져서 아야 했니?"와 같이 말을 단순하게 하는 경향이 있다. 아빠는 "와, 얘야! 그거 지독한 상처구나!"와 같이 아기한테도 다른 사람들에게 하는 것과 똑같이 복잡한 생각을 어른들의 단어로 이야기한다. 아빠가 자녀에게 말하는 방식은 인지 발달을 촉진시킨다. 이런 화법은 어머니가 아이의 수준으로 이해하고 공감하고자 하는 화법과 달리, 아이의 잠재력을 최대한 발휘시키고자 하는 방식이다. 이것이 바로 구체적으로 이해해 주는 동시에 성장을 위한 공간을 만들어 주는 아름다운 균형이다.

순종에 대한 훈련 역시 세상과 가정 간 차이의 중심이 된다. 어머니는 "엄마, 하지만 왜요?"라는 질문에 대해 자녀가 하도록 지시를 받은 무언가를 해야 할 많은 이유를 담은 논문을 가지고 답변하려는 경향이 있다. 아빠는 주어진 지시 사항의 잘잘못을 다투는 데에는 관심이 없다. "왜요?"라는 질문에 대한 아빠의 대답은 세상과 똑같이 "왜냐하면 내가 그렇게 말했으니까."이다. 아빠들은 일자리를 잃지 않고 결혼 생활을 유지하고 단순히 기차에 치이는 상황을 피하기 위해서라도 우리가 인생에서 자주 이해할 수 없는 무언가를 해야만 할 것이라는 사실을 안다.

엄마와 아빠는 아이들에게 책을 읽어 주는 방식조차 다르다. 2014년의 한 연구[26]에서는 아이들이 아빠가 잠자리에서 책을 읽어 주는 게 엄마가 읽어 주는 것보다 아이들에게 더 이롭다는 결과가 나왔다. 아빠가 다른 이야기를 읽어 주기 때문이 아니라 아빠가 같은 책을 다르게 읽어 주고 이야기를 이해하고 있는지 질문해서 아이들이 더 넓게 사고하도록 하기 때문이다. 이 연구는 엄마들이 ("몇 마리의 돼지가 보이니?"와 같은) 보다 사실적인 질문을 하는 데 반해 아빠는 ("첫째 아기 돼지가 그 많은 지푸라기를 어디서 구해 왔을 거라고 생각하니?"와 같은) 보다 추상적인 질문을 한다. 이 연구를 수행한 엘리자베스 두르스마는 이러한 종류의 추상적인 질문은 "아이들이 두뇌를 더 활용하고 인지적으로 도전 의식을 불러일으키기 때문에 아동의 언어 발달에 매우 좋다"는 점에서 아주 중요하다고 설명했다.

아빠는 세상을 반영하고 엄마는 가정을 반영한다.

놀이

일반적으로 어머니는 아이를 보살펴 주고 아버지는 아이들과 놀아준다. 어머니가 놀아줄 때에는 좀더 아이 수준에 맞춰 주려 하고 나누는 것과 공평성을 장려한다. 아빠가 일단 놀이에 참가하면 그 놀이는 경쟁적이 되면서 더 흥미진진해지고 지경이 넓어진다.

다음 번에 놀이터에 가게 되면 어떤 부모가 "조심해!"라고 경고를 주고 어떤 부모가 여섯 살 아이한테 그네가 제일 높이 올라갔을 때 뛰어내리라고 부추기는지 관찰해 보라. 어떤 부모가 공중 사다리에서 떨어진 딸에게 뛰어가는가? 어떤 부모가 일어나서 다시 해보라고 하는가? 아이들은 최고로, 가장 높이, 가장 강하게 가라고 격려하는 부모와, 떨어졌을 때 회복할 수 있는 공간으로 기능하는 부모 둘 다 필요하다.

아빠가 신체적으로 놀아 주는 방법에서도 이러한 점을 확인할 수 있는데, 아빠가 아이들과 하는 활동은 전체적인 운동 기능을 강화한다. 광활하게 탁 트인 공간과 같은 세계에서 아이들은 대근육 운동 능력을 개발할 필요가 있다. 아빠는 축구공을 던지고 우편함으로 달려가고 낙엽을 모아주면서 아이들이 이를 배울 수 있도록 해준다. 엄마는 버터 나이프로 오이를 썰고, 레고를 쌓거나 색칠하기와 같이 아이들이 집안의 좁은 장소에서 소근육 운동 능력을 개발하도록 돕는다. 세상과 가정이 상호 보완적으로 아이들이 몸을 사용하는 방법을 잘 발달시킬 수 있도록 도와준다.

노는 방식에서의 차이가 신체적 활동에만 국한되지는 않는다. 두뇌 운동에 있어서도, 아빠는 위험을 감수하는 것을 강조하고 엄마는 공정성을 강조한다. 우리 집의 예를 들면, 놀아 주는 방식의 차이는 모노폴리 게임을 할 때 가장 잘 나타난다. 나는 사실 게임을 하지 않는다. 나의 스케줄은 끝이 없어 보이는 대개 "일상적인 보살피는 일"로 꽉 차 있다. 그래서 우리 아이들이 학교가 쉬는 날이면, 남편이 식탁에 모노폴리 게임을 준비해 둔다. 게임은 항상 똑같은 방식으로 시작한다. 모두 부동산이나 철도, 그 중에서도 수도 및 전기 회사를 가장 절박하게 사 모으기 위해 경쟁한다. 나는 일상적인 일을 처리하느라 바쁘기 때문에 게임 시작 후 한 시간 정도 있다가 게임을 보러 오곤 한다. 늘 가장 큰 아이가 부동산을 쌓아 두고 순진한 동생들을 무자비하게 착취하면서 부동산 재벌이 되어 있다. 그 동안 내내 남편은 거기서 무자비한 형과 누나들을 응원해 주고 동생들에게는 더 공격적으로 게임을 하도록 부추긴다. 큰 아이들이 그렇게 비정하게 노는 것을 어디서 배웠는지 궁금한가? 동생에게, 빚을 갚으려면 동생의 자산을 저당잡히라고 제안하는 법을 어떻게 배웠는지 아는가? 아빠가 자신들의 부동산을 저당잡아 돈을 갚게 했던 바로 지난 번 게임에서 배운 것이다. 막내가 가장 곤경에 처해 있을 때 아무도 그에게 대출을 해 주지 않아서 나는 화가 났다. 나는 즉시 "너희들이 호텔이 가득한 보드워크를 통과하고 출발점에 도착해서 400불을 모아서 계속 게임을 할 수 있게 해 달라고 기도하면서 주사위를 던져야 할 상황에 처해 있다면 어떨까? 그게 마음에 드니? 아니지? 너도 동생도 당연히 아니지. 그러니까 동생한테 돈 좀 줘라."며 애들을 보챘다.

아빠는 아이들이 전략적으로 생각하고 신중하게 투자하게끔 만든다. 나는 아이들이 모두 같이 평화롭게 식탁에 모여 앉아 게임을 끝낼 수 있도록 게임에 간섭한다.

경쟁하는 것을 연습하는 것이나 경쟁적인 상황에서 원만한 관계를 유지하는 방법에 대해 지도하는 것 중 어느 하나가 더 중요하지 않다. 이들 각각의 교훈은 직장에서와 개인적인 생활에서 모두 건강한 관계를 유지할 수 있는 젊은이들을 성공적으로 키워내기 위해 반드시 필요하다.

당신이 세상과 담을 쌓고 살고 있거나 아이비리그 학교에서 박사 학위를 받은 게 아니라면 아빠가 아이들과 더 많이 몸싸움을 하고 신체적으로 더 활동적인 스포츠나 활동을 같이 한다는 사실을 이미 알고 있다. 몸싸움을 하며 놀아 주는 아빠는 아이들, 특히 남자아이들의 공격적인 에너지에 대한 건강한 배출구를 제공해 줄 수 있다. 신체적인 놀이는 아이들이 자제력을 개발시키는데 있어 매우 중요하다. 에모리 대학교 캔들러 신학교의 인간 발달학 및 신학 교수인 존 스나리는 "아버지와 격렬하게 노는 아이들은…깨물거나 발로 차는 것, 다른 형태의 신체적 폭력을 행사해서는 안 된다는 사실을 빠르게 배운다."는 사실을 관찰했다. 집에 아빠가 있는 남자아이들은 덜 폭력적이 되고 경찰과 덜 싸우며 여성을 더 친절하게 대한다. 이는 "유해한" 남성성은 아버지의 영향의 결과가 아니라 아버지의 부재의 결과로 나온다는 점을 입증한다.

아이들이 자신과 타인을 보는 방식

모든 아이들에게 동성의 한 부모와 다른 성별의 부모가 둘 다 중요하다는 점은 아무리 강조해도 지나치지 않다. 어머니와 아버지가 함께 키운 자녀는 자신이 성인이 되었을 때의 모습을 보여 주는 가정 내 한 부모로부터 도움을 받는다. 지혜롭고 유대감이 돈독한 아버지는, 차를 수리하거나 별자리를 관찰하는 것이든, 아들과 같이 놀거나 일하는 과정에서 아들이 남자라는 사실에 감사할 수 있도록 가르친다. 서로의 관심사가 다른 경우라도 아빠는 남자가 되는 것은 멋진 일이라는 점을 가르침으로써 아들이 남성성을 받아들이고 남자 어른이 되는 것을 고대하도록 돕는 중요한 역할을 한다. 아빠는 행동을 통해 아들이 자신과 동일시하도록 만들어 주면서 아들의 자존감을 형성한다. 멋진 풋볼 팬 아빠는 이 교훈을, 목이 쉴 때까지 소리지르면서 응원하는 실제 프로 풋볼팀 경기에 아들을 데려가서 아들에게 페이스 페인팅을 해 주면서 가르친다. 이런 아빠는, 내성적이면서 예술에 소질이 있는 아들과는 함께 앉아 만화 그리는 법을 배우면서, 남자가 되는 게 얼마나 멋있는지 가르친다. 남성성은 흥미가 아니라 생리학에 그 뿌리를 두고 있기 때문에, 이렇게 절실하게 중요한 유대 관계를 통해 아들은 남자가 되는 많은 방법이 있다는 사실을 배우게 된다. 이는 또한 아버지만이 세울 수 있는 남자아이의 토대가 되는 핵심적인 구성 요소인 "너는 나와 비슷하단다."와 "너는 내게 속한 아이다."와 같이 너무나 귀중한 메시지를 보내는 것이다.

    마찬가지로 여자아이는 여성 고유의 능력이 가정과 사회와 일터에 중요하고 뚜렷한 가치를 제공하는 방법을 보면서 잘 자란다. 여자아이들은 어머니가 세상에서 성공하고 세상에 영향을 미치기 위해 남자와 같이 행동할 필요가 없다는 점을 관찰하면서 여성성을 받아들이는 법을 배운다. 나는 운이 좋게도 사무실에 "기대는(Lean-in)" 대신 욕조에 기대는 편을 선택한 많은 어머니들에 둘러싸여 있다. 이 여성들은, 아이들을 홈스쿨링으로 가르치며, 온라인 사업을 하기도 하고, 저렴한 예산으로 미식 요리를 만들어내며, 자급자족형 생활 방식을 하면서 자신들 고유의 여성성을 나타낸다. 이러한 많은 여성들은 아기가 태어나기 전

아빠는 세상을 반영하고 엄마는 가정을 반영한다.

까지 자신만만한 직업여성이었다가, 아이들을 학교에 보내게 된 이후에는 다시 일터로 돌아갔다. 또 다른 여성들은 가족을 우선으로 하는 창의적인 방법을 찾아내어 어린이집에 아이를 데려다 주고 오는 시간을 활용하여, 온라인으로 학위를 마치기도 했다. 딸들은 이런 어머니들을 지켜보면서 가정이 단순히 어머니의 양육 방식을 반영하는 게 아니고 한 여성 그 자체를 아름답게 반영한다는 사실을 배운다.

한 남성과 한 여성으로 구성된 부모는 자녀들이 반대의 성별에 노출되는 매우 중요한 기회가 된다. 다른 성별의 부모는 자녀가 인류의 절반을 구성하는 다른 성별의 사람과 어떻게 상호 작용을 해야 하는지 안전한 방식으로 가르쳐 주고 남성과 여성이 서로에게 어떻게 관련되는지 예시를 통해 친근하게 보여 준다.

모자 간 역학 관계를 통해 아들은, 여성이 절반을 구성하고 있는 공동체, 학급, 직장이라는 세상에서 살아갈 준비를 하게 된다. 남성이 본인 인생의 여성이 필요한 것에 주의를 기울이도록 하는 데 있어, 아들과 좋은 유대 관계를 유지하는 엄마가, 아들이 태어나서 졸업할 때까지 아들을 잘 지도하고 인격을 형성시켜 주는 것보다 좋은 방법이 있을까?

이상적으로 아이들은 아버지가 어머니를 아껴주고 사랑하고 존중하고 보호하는 것을 보면서, 남자아이와 여자아이 모두 이러한 특성이 진정한 남성성을 대표한다는 사실을 알게 되면서 사춘기를 졸업하게 될 것이다. 2장에서는 혈연관계가 없는 성인이 있는 가정의 아이들이 학대를 목격하거나 경험할 가능성이 얼마나 높은지에 대한 많은 자료를 제시한 바 있다. 그 원인은 결혼한 아버지가 가족을 학대할 가능성이 가장 낮기 때문이다. 아버지가 양육한 아들은 어떻게 여성을 올바로 존중하고 보호해야 하는지 관찰을 통해 배운다.

딸들은 남성이 자신에게 어떻게 대해야 하는지를 아버지가 어머니를 사랑하는 모습을 관찰하면서 배운다. 가장 좋게는 그들이 아버지가 어머니를 대하는 방식과 동일한 방식으로 본인들을 소중히 여기고 존중하는 남편을 가질 가치가 있다는 사실을 배운다는 뜻이다. 이러한 유형의 아버지를 둔 여자아이들은 자신감을 지닌 성인이 되어 남성들과 교제하게 될 때 나쁜 남성들로부터 이용당할 가능성이 줄어든다. 아버지의 영향을 많이 받는 경우에는 십 대 임신율도 줄어든다. 그 원인 중 일부는 딸들은 좋은 남성을 판단하는 방법을 아버지를 보면서 배우기 때문이다. 더 중요하게는 아버지가 딸이 남성에 대해 가지는 선천적인 갈망을 만족시킴에 따라 다른 곳에서 대리인을 찾고자 하는 충동이 억제되기 때문이다. 게다가 적극적인 역할을 하는 아버지의 존재 그 자체만으로도 남성 약탈자로부터 딸들을 보호해 준다. 약탈자들은 쉬운 먹잇감을 찾는데, 적극적인 아버지 역할을 하는 아버지들은 자신들이 어떤 유형의 인간인지를 바로 알아차릴 수 있다는 사실도 알고 있다.

건강한 부부 간의 유대 관계는 자녀들이 본받고자 노력해야 하는 유형의 사람, 그리고 장래 인생의 동반자로 찾아야 할 유형의 사람의 생생한 표본이 되어 준다.

지금까지 가족을 위한 최적의 조합이 주는 효용에 대해 매우 장황하게 살펴보았다. 이제는 이러한 성별 균형이 없이 자란 아이들에게 실제 어떤 일이 생기는지 알아보자. 아동 권리에 관한 챔피언인 로버트 (바비) 로페즈는 두 어머니가 키웠는데 그 경험을 아래와 같이 묘사했다.

> 나에게는 모범이 되는 남성이 없었고 나의 어머니나 그녀의 파트너 모두 전통적인 아버지나 어머니와는 달랐다. 그 결과 남자 혹은 여자 친구들을 대하는 눈치 있는 태도에 대한 감이 도

아빠는 세상을 반영하고 엄마는 가정을 반영한다.

통 없어서 대인 관계에서 자신감도 갖지 못했고 타인을 배려할 줄도 몰랐다. 그래서 사람들과 좀처럼 사귀지 못했고 쉽게 타인과 소원한 관계가 되곤 했다. 이성애자 부모가 있는 가정에서 자란 동성애자들은 본인들의 성적 정체성으로 괴로워했을 수는 있으나, 행동하거나 말하고 올바로 처신하는 방법과 같이 성적 취향과 무관한, 사회적으로 적응할 수 있는 광범위한 영역의 세계에 대해서는 집에서 배울 수 있다는 점에서 유리하다…나는 어떻게 행동해야 여자아이들에게 매력적으로 보일 수 있는지 도무지 알 수가 없었다. 나는 여자아이 같은 행동, 기이한 복장, 혀 짧은 소리, 특이함 때문에 어머니들의 영향력에서 벗어나자마자 바로 왕따라는 꼬리표가 붙었다.[27]

바비는 남성 아버지의 영향을 받지 못했기 때문에 자신의 남성성을 이해하고 다른 성별과 소통하는 것을 힘들어했다.

당신이나 배우자가 여기 묘사된 유형에 들어맞지 않는다고 반대할 수도 있다. 당신은 여성이지만 훨씬 더 엄격한 편이며 당신의 남편이 훨씬 관대한 사람일 수도 있다. 당연히 모든 사람은 다르고 관계는 복잡한 법이다. 이 장에서 설명한 어머니나 아버지로서의 유형에 정확히 들어맞는 사람도 없을 것이다. 우리 집에서는 남편이 아이들이 다쳤을 때 아이들을 훨씬 세심하게 보살펴 준다. 나는 안아 주기보다는 하이파이브를 해 주는 유형의 사람이다. 아이들을 재빨리 안아 준 다음 필요하면 언제든 이야기하라고 말을 하지만, 주로 아이들에게 자유를 주는 편이다. 그러나 이렇게 독특한 재능과 성격에도 불구하고 "더 남성적이고" "더 여성적인" 것으로 범주화할 수 있는 부분이 있다. 여성의 대부분은 여성과 관련된 특성과 동일시할 것이며 남성의 대부분도 남성적 특질과 분명히 동일시할 것이다. 이것이 바로 인간 본성에 대한 하나의 조건이다. 우리 인간이 대부분의 경우 인정하는 정형화된 개념은 존재한다.

아동의 권리에 관해 활동가들은 예외가 아니라, 바른 양육을 위해, 다음과 같이 단순한 원칙을 반영하는 정책을 추구해야만 한다. 남자는 어머니가 될 수 없고, 어머니는 아버지가 될 수 없으며, 아이들은 둘 다를 원한다.

실천 방법

성별이 사회적 산물이라고 믿는 젠더 사상가들에게 다음과 같이 묻고 싶다. 자녀에게 있어 어떤 부모를 선택할 수 있는가? 위험을 감수해 보도록 격려해 주는 부모나 즉각적인 필요와 정서적 건강에 주의를 기울이는 부모를 없앨 것인가? 당신은 일어나서 다시 해 보라고 용기를 북돋아 주는 분이나 눈물을 닦아 주면서 다친 곳을 불어 주는 사람을 버릴 수 있는가?

지적으로 정직한 답변이란 '그 어느 한 쪽도 버릴 수 없다.'이다. 양 부모 모두 최적의 자녀 양육을 위해 반드시 필요하다.

1장에는 건강한 유년기에 꼭 필요하고 정서적으로 대단히 중요한 영양소를 공급받지 못한 아이들의 형편없는 결과를 보여 주는 통계 자료가 많이 있다. 정서적으로 영양을 잘 공급받지 못한 이 아이들 중에는, 학교에서 고전하고 우울증과 싸우고 자살하는 비중이 높다. 이들은 범죄를 저지를 위험이나 십 대 부모가 될 가능성도 더 높다. 정서적으로 결핍된 아이들은 위험에 처한 아이들이다.

비극적인 사건으로 아이가 어머니나 아버지를 잃었다면 이는 애통

할 일이다. 하지만 성인의 욕구를 아동의 인권보다 우선시해서 아이가 어머니나 아버지를 잃게 된 상황이라면 이는 부당한 일이다. 두 명의 여성이 아니라 열 명의 여성도 한 아버지를 대체할 수 없다. 어떤 수의 남성도 어머니 한 사람을 대신할 수 없다.

몰라서 그랬건 이념적인 강요에 의한 것이든, 우리 사회는 어머니와 아버지의 역할에 있어 뚜렷이 구별되는 장엄하면서도 반드시 필요한 성별 차이를 계속 무시하고 있다. 그 결과로 우리 아이들이 이에 대한 대가를 치를 것이다. 어머니와 아버지 모두의 적극적이고 지속적인 참여를 부인하는 어떤 과학적인 주장도 할 수 없다. 엄마가 아이에게 보여 주는 가정의 안정감이나 아빠가 보여 주는 세상의 모험과 기회를 부정할 수 없다. 남성과 여성은 아동 발달에 있어 매우 다르면서도 똑같이 매우 중요한 효익을 제공한다. 결혼에 관한 국가 연구(National Marriage Project)의 공동 창립자인 데이빗 포페노는 아래와 같이 말했다.

> 우리는 "아빠가 좋은 엄마가 될 수 있다."는 대중적인 생각…을 부인해야 하는 것과 마찬가지로 "엄마가 좋은 아빠가 될 수 있다."는 생각 역시 거부해야 한다. 이 두 성별은 완전히 다르지만 각각은 인간을 최적으로 발달시키기 위해 문화적으로나 생물학적으로 반드시 필요하다.[28]

이 책을 계속 읽으면서 아버지나 어머니가 없는 아이들의 이야기를 접할 때 포페노의 위 진술이 진실이라는 점은 명명백백해질 것이다. 아이들은 특별히 멋진 아빠가 있더라도 엄마가 없으면 고통받으며 그 반대도 마찬가지이다. 성별은 사회적 산물이 아니고 사회를 지탱하는 바로 주춧돌이다. 남성과 여성의 차이를 무시하는 것은 곧 문명의 기반을 파괴하는 것이고, 어머니나 아버지를 마치 선택적인 것처럼 취급하는 것은 아동의 정서의 토대를 파괴하는 것이다.

4장 결혼은 중요하다.

　대법원이 동성 결혼을 합법화한 지난 오 년이라는 짧은 시간 동안 결혼과 가족의 지형은 지각 변동을 겪었다. 결혼에 포함되는 새로운 유형의 목록이 늘어났고, 성인 관계를 기술하는 창의적인 새로운 용어가 쏟아져 나오는데 속수무책이다. "자기 자신과의 결혼(Sologamy)", 기존의 일부다처제(polygamy)를 뜻하는 개념에 새로이 포함된 용어로 "합의에 의한 비일부일처제(consensual non-monogamy)"까지 나왔다.

　"준남편(Quasband)"이란 구혼하지 않고 동거하는 유사 남편을 지칭한다. 장기간 동거하는 관계의 비중이 증가하고 있다. 또한 밀레니엄 세대는 보험이나 세제 혜택과 같은 결혼 생활의 재정적 유익에 대해 잘 이해하고 있기 때문에, 이상적인 남편이나 부인이 나타나기 전까지만 현재의 파트너와 임시적 동반자 관계(placeholding)를 형성하거나, 친

구를 보험의 수익자로 하는 결혼 관계를 맺기도 한다.[1]

현대의 성인들은 무수히 많은 종류의 관계를 조직하는데, 이러한 복합적인 관계 중 일부는 거주지에 따라 법적 결혼으로 여겨지기도 한다. 하지만 아동 인권 활동가에게 있어 "결혼"이란 아이들이 권리로 가지는, 한 남성과 한 여성, 이 두 사람을 연합시키는 바로 그 전통적인 혼인 관계만을 의미한다.

결혼은 아이를 만들고 유지시키고 보살필 수 있는 유일한 관계를 성문화함으로써, 어머니와 아버지에 대한 아동의 권리를 보장해 주는 고유한 능력을 지닌다. 결혼 계약은 정당한 사유로 다른 모든 연애 감정을 기피하도록 하게끔 만들어졌다. 부부 간 신의는 심리적으로 안정된 아이를 키우는데 있어 필수적이다.

"현대적 가정"에서는 분명히 아동의 권리가 타협된다. 동거이든 비일부일처제이든, 동성애 혹은 다자성애이든 모든 현대적 가정은 아동의 권리보다 성인의 욕구를 우선시한다. 이러한 관계에 결혼이라는 꼬리표를 붙인다고 해서 그러한 현실이 바뀌지 않는다. "현대적 가정"이란 실제로 "혈연관계가 없는 성인을 포함하는 가정의 아동"을 의미하며 종종 아동의 생물학적 부모를 배제시킨다. 이것은 다음과 같은 이유로 문제가 된다.

- 1장에 따르면 아동은 어머니와 아버지에게 알려지고 그들로부터 사랑받을 권리가 있다.
- 2장에 따르면 혈연관계가 없는 부모는 아이와의 유대 관계가 약하고 아이를 덜 보호하고 아이에게 덜 투자한다.
- 3장에 따르면 남성과 여성은 둘 다 자녀 양육에 있어 매우 중요하다.

현대성(modernity)이 결혼의 근본적인 목적을 흐리는 대신 사랑, 열정, 로맨스, 성인의 만족을 축하하는 데 크게 이바지한 결과, 결혼이 성인의 감정을 지지하기보다는 아이를 보호하려는 목적으로 세워진 제도라는 생각을 지금 처음 해 보았다 하더라도 충분히 이해할 만하다. 주류 문화와 언론이 여러 세대에 걸쳐, 결혼은 사랑에만 좌우되며 성별, 구성원의 수, 관계가 유지되는 기간과 상관없이 성인이 원하는 대로 조립할 수 있는 것처럼 사람들을 세뇌시켰다. 결혼에 대한 현대적 정의가 갈 데까지 가서 이제는 여성들끼리도 결혼을 하게 되었다.[2]

결혼은 아이에게 가장 안전한 장소이다.

라이언 T. 앤더슨, 셰리프 기르지스, 로버트 조지는 "결혼이란 무엇인가?"라는 책에서 결혼에 대한 상반되는 두 견해인, 동의에 근거한 관점과 부부 관계의 관점을 서로 대조시켰다. "결혼을 동의에 근거하는 것으로 보는 관점"[3]이란 서로 동의하는 성인 간 감정적 유대 관계를 인정하기 위해 결혼이 존재하는 것으로 정의했다. 세 저자는 결혼에 대한 이러한 접근 방법은 이 관계를 다른 관계와 *정도의 차이*만 존재하지, 본질은 동일한 것처럼 개념화한다고 설명한다. 헤리티지 재단의 선임 연구원인 앤더슨은 동의에 근거한 관점을 "당신에게 있어 가장 중요한 관계이자 정서적으로 가장 강렬한 연애 감정의 연합이고, 다른 모든 관계보다 우선하는 부양 관계"로 묘사한다.[4] 이는 결혼을 성인의 욕구를 우선시하고 자녀의 최선의 이익은 선택적인 것으로 간주하는 관점이다. 결혼을 이렇게 동의에 근거한 관점으로 보는 개념이 점점 더 주류 문화와 법원 판례에 있어 표준이 되어가고 있다.

"나의 진실"이라고 시작하는 개인적인 서사 기법이 만연한 이 감성주의의 시대에서 우리는 혼인 허가증이란 우리가 느끼는 모든 관계에 대해 정부에서 승인 도장을 찍어 주는 것으로 잘못 믿게 되었다. 사실 정부가 결혼에 관심을 갖는 부분은 감정적인 면이 아니다. 국가의 관심사는 사법 명령이나 사람들이 바꿀 수 있는 투표에 있는 것도 아니고, 오직 이성애적 성별을 가진 두 사람이 국가가 보호해야 할 권리를 지닌 차세대 시민을 생산해 낸다는 생물학적인 현실에 있다.

역사적으로 아동을 중심으로 결혼을 보는 견해는 아동 인권을 보호하고자 정부가 *최소한으로* 제한한다는 견해이다. 앤더슨과 기르지스, 조지가 결혼을 "부부 관계의 관점"으로 묘사한 이 견해는 배우자, 자녀에 대한 특별한 연계성, 영속성, 일부일처제, 배타성의 규준을 복합적으로 포함한다. 이 관점은 동의가 있기만 하면 "결혼의 존속 기간, 참여자의 수, 배우자의 성별과 관계없이 사랑하는 사람이라면 그 누구와도 할 수 있는 것"이라는 결혼관과는 극명히 대조된다. 결혼은 다른 우정 관계보다 조금 더 강렬한 버전으로 만들어지지 않았다. 다른 모든 관계와는 *본질상 다르게* 만들어졌다.

"배우자와의 포괄적인 연합"이란 성인의 감정을 훨씬 넘어서는 것이다. 몸과 영혼, 정신, 재정, 목표, 미래, 화장실 변기 관리까지 아우르는 총체적 연합을 요구한다. 이 포괄적인 연합은 자녀와의 특별한 유대관계를 보호하도록 하며 정부가 결혼에 대해 실제로 중요하게 생각하는 이슈에 정확히 집중한다. 정부는 결혼에 대한 이러한 접근법을 장려해야 한다. 왜냐하면 이 관점에 수반되는 영속성, 일부일처제, 배타성이라는 규준은 모두 자녀에 특별한 가치를 두고 있기 때문이다.

- 영속성: 자녀는 일생 동안 양친 모두에 연결될 때 잘 자란다.

- 일부일처제: 정확히 두 사람이 한 아기를 만들고 이 두 사람은 그 자녀의 인생에 있어 대체할 수 없다.
- 배타성: 자녀는 부모가 혈연관계가 없는 성인과 성적으로 관계를 맺을 때 좋지 않은 결과를 경험한다.

자녀를 출산하지 않는 결혼 관계가 존재한다는 점에서 결혼을 자녀 중심의 제도로 보는 데 대한 반론이 제기될 수 있다. 결혼한 많은 부부가 다양한 이유로 자녀가 없는 것은 사실이다. 그러나 중요한 점은 결혼이 부모가 되는 것을 보장하지는 않지만, 결혼은 모든 자녀가 어머니와 아버지의 산물이라는 점을 보장한다는 것이다. 결혼은 자녀가 평생 양친이 있는 삶을 누릴 수 있도록 해 주는 최상의 기회이다.

성관계는 문제가 된다.

이전 장을 읽어 보았다면 아이가 부모에 대해 갖는 권리가 침해당하는 문제가 주로 아버지의 부재로 나타난다는 점을 보았을 것이다. 가정 붕괴의 원인으로 비난할 수 있는 수많은 문화적 영향이 있지만 아버지의 부재에 대한 가장 기본적인 원인은 생물학이다. 보다 구체적으로는 성행위의 본질이다.

충격적으로 들릴 수도 있지만 진화론적 관점과 실용적인 시각에서 볼 때 성관계는 아기를 낳는 하나의 목적을 갖는다. 종족을 영속시키는 것은 성관계가 유쾌한 바로 그 이유이며, 성관계가 남성과 여성 모두에게 즐거운 일이기는 하지만 여성에게는 장기적으로 더 값비싼 대가를 치르도록 한다. 성관계의 불공평한 대가는 모든 사회가 태고적부터 다뤄와야 했던 문제이다.

성관계는 문제가 된다.

단순히 말해서 성관계는 남자보다 여자에게 요구되는 게 더 많다. 여성은 임신과 그 합병증의 부담을 진다. 진통과 출산의 고통도 감내해야 한다. 출산 후 회복 기간 동안 취약하고 의존적인 상황이 되는 것도 여성이다. 혼자서는 아무것도 할 수 없는 영아의 필요를 채워줄 책임도 여성이 부담한다. 자녀가 태어나고 몇 년 동안 여성은 스스로와 자녀를 부양할 능력도 제한된다.

인공 자궁이라는 반이상향적 현실이 실현되기 전까지는, 아기의 출산을 위해 엄마가 필요하다. 출산 후에 엄마의 두뇌와 몸은 아기와의 애착 관계를 형성한다. 진통 중에 자궁 수축을 촉발하고 출산 후 자궁을 수축시키는 옥시토신은 모유 수유와 일상적인 돌봄 활동에서 어머니-자녀 간 유대 관계를 강화시킨다. 이 강력한 생물학적인 힘은 엄마가 자녀를 쉽게 버리지 못하도록 한다. 엄마는 출산 전후로 아기와 떨어질 수가 없다.

여성에게 생물학적으로 요구되는 임신, 출산, 육아와는 대조적으로, 남성에게 있어 성관계는 평균 오 분 정도만 투자하면 되는 매우 쉬운 일이다. 성 혁명은 그 오 분동안의 즐거움으로 아기를 낳았을 때 그 책임을 부담하도록 했던 사회적 압력으로부터 남성을 해방시켰다. 이제 아기 곁을 지킬 것인가는 남성에게 선택권으로 여겨지기 때문에 많은 경우 남성들이 아기를 지키지 않는다. 그 결과 어머니, 자녀, 그리고 사회가 모두 아버지의 부재로 인한 대가를 치른다.

결혼은 유사 이래 모든 사회와 종교에서 임신부터 성인이 될 때까지 아버지의 자리를 지킬 것을 요구하는 이 문제의 해결책이다. 1996년만 해도 연방 정부가 '결혼보호법(Defense of Marriage Act; "DOMA")'을 통과시킴으로써 결혼에서의 아버지의 역할을 인정했다. 당시 클린

턴 대통령은 거부권에 대항하기에 충분한 표를 얻고 국회를 통과한 이 법안을 승인했다. 결혼보호법은 성인 관계의 정서적 애착 문제를 다루기 위해 제정되지 않았다. 이 법안의 유일한 목적은 유일한 통제 수단인 세무 신고상 지위와 세제 혜택을 사용하여, 이성애자 간 결합에서만 생기는 자녀를 보호하는 것이었다. 결혼보호법은 결혼에서의 정부의 역할을 다음과 같이 분명히 했다.

> 결혼이 책임감 있는 생식과 육아를 장려하는 데 깊이, 그리고 한결같이 관심을 가지기 때문에, 문명 사회는 본질상 이성애자 간의 결혼 제도를 유지하고 보호해야 할 이유가 있다. 간단히 말해서 정부는 아이들에게 관심이 있기 때문에 결혼에도 관심을 기울인다.[5]

2013년 연방 대법원은 결혼보호법의 제3조가 헌법에 위배되는 것으로 보았고, 그로부터 얼마 지나지 않아 *오버거펠 대 호지스 판결 (Obergefell v. Hodges (2015))*에서 결혼보호법의 정신을 완전히 무너뜨렸다. 법률이 제정될 때에는 그 시대의 분위기가 반영될 수 있지만 현실은 가변적인 것이 아니다. 법원이 결혼보호법을 무너뜨릴 수는 있지만 다음과 같은 진실은 영속성이 있다.

- 자녀는 한 남성과 한 여성 간 성관계를 통한 자연적 산물이다.
- 아버지와 어머니는 모두 자녀에게 필요하고 중요하다.
- 한 남성과 한 여성 간 결혼이 건강한 가족을 위한 최상의 조건이다.

가족보호법의 붕괴 이후 수년간 비혼 출산이 지속적으로 늘어났고 결혼율은 떨어졌으며 자녀 양육에 있어 어머니와 아버지 각각의 고유한 역할은 관용이라는 이름으로 무시되었다. 법률을 만든다고 인간 생성관계는 문제가 된다.

식의 본질을 바꿀 수는 없지만, 행동을 장려할 수는 있다. 그 어느 때보다 지금, 남성이 자신의 자녀의 어머니에게 헌신하도록 독려할 필요가 절실하다.

아기를 낳는 것은 남녀 관계의 자연적인 결과이고 대부분의 이성 간 혼인 관계에서 자녀를 출산한다. 동성애자 간 결혼에서는 성적 지향 때문이 아니라, 전적으로 생물학적인 성별 요인으로 인해 자녀를 출산할 수 없다. 즉 성인이 *정체성*을 *발견하는 것*은 결혼이나 부모됨과 무관하다. 여성 동성애자와 남성 동성애자 둘이서는 완벽하게 아이를 출산할 수 있다. 반면 이성애자인 두 남성 커플은 그렇게 할 수가 없다. 자녀에 관한 한 동성 결혼과 이성 결혼은 동등하지 않다. 남성과 여성만이 어머니와 아버지가 될 수 있기 때문에 결혼의 정의는 남성과 여성의 연합이 되어야 한다. 불행하게도 동성혼 합법화는 본질적으로 명확한 이 진실에 함구령을 내렸기에 가능하게 되었다. 오늘날 전통적인 결혼을 지지한다고 하는 날에는 남부 빈곤 법률 센터[6]의 혐오 지도표에 오르게 될 것이다.

결혼을 재정의하는 것은 부모됨을 재정의하는 것이다.

당신이 "사랑은 사랑"이기 때문에 결혼을 재정의하는 것이 별 일이 아니라는 소설에 아직도 집착하고 있다면 뜻밖의 각성을 하게 될 것이다. 전통적인 결혼을 지지하는 대부분이 예상했듯이 대법원이 동성혼을 합법화한 결과는 두 성인이 결혼할 수 있는 능력에 한정되지 않았다. 이 판결은 아동이 태고로부터 오래 누려 왔던 어머니와 아버지에 대한 권리를 해체하는 결과를 낳았다. 이것은 전 세계적인 현상이 되었다. 동성혼이 합법화된 나라라면 어디에서나 아동의 인권이 고통을 받는다.

역설적으로 동성혼은 잊어버린 것처럼 보이는 결혼의 숨겨진 목적을 밝혀냈다. 결혼을 재정의한 결과 부모됨의 의미를 재정의하게 되었다. 남편과 아내가 법률상 선택 사항이 되자 어머니와 아버지도 법률상 선택 사항이 되어 버렸다. 다음은 동성혼이 어떻게 아동 인권을 침해하는지 보여 주는 사례이다.

대만

대만에서는 2019년 5월 유권자의 3분의 2의 의견을 뒤집고 아시아에서는 최초로 동성혼을 합법화했다. 2019년 말에는 남성 커플을 위해 대리모로 엄마 없는 아이를 만드려는 이 작은 섬의 수요를 채우기 위해 미국에 본사가 있는 수많은 불임 클리닉이 성행했다.[7]

핀란드

2017년 3월 동성혼이 합법화되었다. 그해, 모성법이 동성 부부에 적용될 수 있도록 개정되어 생물학적 어머니의 여성 배우자를 자녀의 출생증명서에 부모로 신고할 수 있도록 함으로써 자녀의 출생일에 아버지의 신원을 공식적으로 삭제할 수 있게 되었다.

콜롬비아

2016년 콜롬비아의 헌법 재판소에서 동성혼을 합법화했다. 헌법 재

결혼을 재정의하는 것은 부모됨을 재정의하는 것이다.

판소에서는 결혼을 궁극적으로 부모됨에 관련된 것으로 인정했다. 결혼을 재정의한 근거는 사랑이 아니라 동성 커플이 "성적 지향에 맞는 가족을 시작하도록" 할 권리였다.[8]

아일랜드

동성혼을 허용하기 위해 아일랜드 헌법을 수정하는 국민투표가 2015년 5월 통과되었다. 곧바로 부모-자녀 관계를 "현대화"하고자 아동가족관계법의 후속 절차로 결혼을 재정의하려는 시도가 뒤따랐다.[9] 어머니-아버지-자녀 간 유대 관계를 특별히 인정하지 않고 생물학이 아니라 의도에 근거해 부모의 지위를 허용했다. 아일랜드에서는 현재 인공 수정이나 입양에 있어 이성 부부에 우선순위를 부여하는 것이 불법이다.

캐나다

캐나다 전역에 적용되는 2005년의 혼인법에서 결혼을 "다른 모든 사람을 배제시키는 두 사람의 법적인 결합"으로 정의하여 동성혼을 합법화하는 동시에, 부모됨의 의미를 재정의했다. 미국의 가치 연구소(Institute for American Values)의 엘리자베스 마콰트는 다음과 같이 설명했다. "캐나다에서는 사실상 논쟁 없이 동성혼을 인정한 논란거리가 되는 법에, 연방법 차원에서 전면적으로 '친부모'라는 용어를 '법률상 부모'로 대체시키는 조항을 조용히 포함시켰다. 아동의 부모가 누구인지 정의하는 데 있어 그 중심은 급작스럽게 시민 사회로부터 국가로 이동하였고 그 결과는 아직 알 수 없다."[10] 2016년 캐나다에서는 최대 네 명의 성인[11]이 법적으로 그들의 자녀를 인정받을 수 있도록 하는 계약 관계를 부모로 보는 '모든 가족 평등법(All Families Are Equal Act)'을 제정했다.

스페인

2005년 동성혼이 합법화된 그 이듬해에 스페인은 출생증명서에서 "어머니"와 "아버지"를 삭제했다. 텔레그래프에 따르면 스페인 법무장관은 정부가 "민간 혼인 상태를 동성 부부의 연합을 허용하도록 수정하였기 때문에 가족기록부(Family Book (Libro de Familia))에 '아버지'와 '어머니'라는 용어 대신 '부모 가(Progenitor A)'와 '부모 나(Progenitor B)'와 같은 용어를 사용하는 새로운 서식이 필요하다고 설명했다.

미국

오버거펠 판결로 더 이상 아동에게 어머니와 아버지가 있어야 한다고 인정하는 정부 기관이 사라졌다. 2017년 페이번 대 스미스 사건(Pavan v. Smith)에서 대법원은 생모의 여성 배우자가 아닌 생모만을 기록하도록 하는 아칸소 주법 상 출생증명서는 대법원의 오버거펠 대 호지스 판결과 모순된다고 보았다. 오버거펠 판례의 동성혼 지지자들이 결혼과 자녀는 무관하다고 주장한 데 반해 페이번의 변호인들은 결혼은 자녀와 매우 관련이 깊은 것이라고 주장했다. Them Before Us의

결혼을 재정의하는 것은 부모됨을 재정의하는 것이다.

고문인 자유 수호 연합(Alliance Defending Freedom)의 제프 셰이퍼는 "결혼을 재정의하려는 사람들은 자신의 입장을 옹호하기 위한 논거를 자신들이 제거한 바로 그 제도로부터 차용했다."고 언급했다. "그들은 자연적으로는 존재하지 않지만 동성 배우자라는 인공적인 법적 지위를 강화하는 수단으로, 다른 누군가의 자녀에 대한 소유권을 주장하는 개별적인 성인이, 그들의 성별과 무관하게 원하는 대로 부모가 될 것을 요구한다."[12] 즉 그들은 이것이, 생물학적으로 금지된, 동성의 두 성인이 한 아이의 부모가 되는 것을 가능하게 하기 위해 필요한 것이라 주장하고 있다. 이 여성들은 승소했다. 더 나아가 한 여성의 동성 배우자도 생물학적 관계와는 무관하게 자녀의 출생증명서에 부모로 기재될 수 있게 되었다. 셰이퍼는 "국가가 한 아이에게 두 어머니가 있고 아버지는 없다고 선언하는 출생증명서를 발급해 주는 것은 이상한 종류의 거짓말"이라고 언급했다.

전국적으로 양육법에서 "차별금지"에 대한 서비스 차원에서 "어머니"와 "아버지"라는 용어를 삭제했다. 2019년 버지니아 주에서는 인간의 배아를 소유할 수 있는 항목으로 하면서 양육법에서는 "어머니"와 "아버지"라는 단어를 삭제함으로써 '대리모'를 합법화하는 제1979호 하원 법안을 통과시켰다. (이는 1860년 이래 처음으로, 버지니아 주법에서 '특정 집단의 사람'을 소유물로 지정한 것이다.)

2018년 워싱턴 주에서는, 아이를 상품화하는 통일양육법안을 후원하는 이들이, 동성혼이 현재 이 나라의 법인 점을 고려할 때, 어머니와 아버지를 인정하는 것은 위헌적이라고 하는 것을 지켜봐야 했다.[13]

태고부터 전 세계적으로 아이들은 어머니나 아버지를 잃는 비극으로 고통받았다. 이런 비극은 보편적으로 어떤 대가를 치러서라도 피해야 할 것처럼 여겨져 왔다. 그런데 지금 인류 역사상 처음으로 선진국에서 어머니와 아버지를 여의는 것을 진보라는 이름으로 공개적으로 지지하고 장려하고 있다. 이것은 단순히 비극적인 것이 아니라 불의한 것이다.

법이 부모님에 대한 아동의 권리를 인정하든지 안 하든지 한 *아이가 부모를 간절히 바라는 마음을 없애버리는 법을 제정하는 것은 불가능하다.* 법이 아이들에게 부모에 대한 권리가 없다고 하더라도 아이들은 당연히 잃어버린 엄마에 관해 항상 궁금해하고 아버지를 그리워할 것이다. 아이들에게 잔인하게도 국가가 인정한 가정의 정의는 아이의 자연적인 갈망과는 상충한다. 법률이 아동의 천부적 권리와 상충할 때에 아이들은, 법이 잘못된 것이 아니라 잃어버린 부모님에 대한 자신들의 자연적이고 정상적인 갈망이 잘못된 것이라는 생각을 하게 된다.

과거 동성 결혼 옹호 활동가였다가 아동 인권 옹호 활동가로 전향한 헤더 바윅과 나는, 오버거펠 판례에 대한 법정 조력자 의견서를 같이 썼다. 우리는 이 의견서를 잃어버린 부모를 갈망하는 동성혼 자녀들의 이야기로 가득 채웠다. 헤더는 아버지가 없는 자신의 경험을 다음과 같이 토로했다.

> 나는 남자가 필요하지도 않고 남자를 원하지도 않는다고 말하는 여성들에 둘러싸여 자랐다. 하지만 어린 소녀였던 나는 필사적으로 아빠를 원했다. 남자는 필요 없다고 말하는 공동체 속에서 아버지, 남성을 향한 마음 속 깊은, 충족시킬 수 없는 아픔을 안고 사는 것은 이상하고 혼란스러웠다. 내 곁에 없는 아빠에 대해 분노하기도 했고, 애초에 아빠를 원한 내 스스로에 대해 분노하기도 했다.

결혼을 재정의하는 것은 부모됨을 재정의하는 것이다.

헤더는 레즈비언 중심의 세상에서 두 엄마가 키웠다. 그녀는 사회적으로 억압을 받아 아버지가 있어야 한다는 생각을 하게 된 것이 아니다. 그녀가 속한 세계에서는 아무도 그녀에게 아빠가 필요하다고 제안하지 않았고 오히려 완전히 반대로 그녀를 사랑하는 엄마가 둘이라서 그녀가 행운아라는 이야기만 반복적으로 들었다. "오직 필요한 것은 사랑뿐"이라는 메시지를 아무리 지속적으로 듣는다 해도 헤더는 어쨌거나 아버지를 갈망했다. 그녀의 바로 원초적인 인간의 갈망을 아무도 인정해 주지 않는 세상에서, 헤더는 아버지를 원하는 *그녀가* 미쳤다고 생각했다.

정자 기증으로 태어난 무신론자이자 두 어머니 슬하에서 자란 밀리는 아버지를 원하는 데 대해 죄책감을 느꼈다. 어렸을 때 심리적으로 매우 고통스러워해서 어머니들은 그녀를 심리 치료사에게 보냈다. 심리 치료사는 그녀가 아버지에 대한 갈망으로 정서적으로 혼란스러운 것이므로 아버지를 만날 수 있도록 해야 한다고 주장했다. 그녀는 열한 살에 마침내 아버지를 만났던 때를 "내가 안정적인 아이였던 아마 유일한 시간"이었을 거라고 묘사했다. 밀리의 어머니는, 동성혼을 옹호하는 진영에서 흔히 말하는 것처럼, 사회 때문에 딸이 고통받는다고 비난하면서 본인들이 합법적으로 결혼을 할 수 있었더라면 밀리의 고통은 덜했을 거라고 말했다. 하지만 밀리는 이에 대해 "아버지가 없다는 것을 인정하는 것이 차별의 한 형태라면, 심리학자가 아버지의 부재로 인한 나의 내면적인 문제를 어떻게 치료할 수 있었겠나?"라며 반문했다.[14]

헤더나 밀리나 나는 동성애자들이 좋은 부모가 될 수 없다고 믿지 않는다. 나의 어머니는 나에게 어머니가 된다는 것이 어떤 것인지에 대한 뛰어난 모범을 보여 주셨다. 나는 아이들을 돌보는 최고의 기술을 어머니 덕분에 배웠다. 내가 이야기하고자 하는 것은 나의 어머니나 그녀의 동반자가 내게 아버지는 될 수 없었다는 점이다.

오버거펠 대 호지스 판례로 인해 우리 어머니와 어머니의 동반자는 원하면 결혼을 할 수 있게 되었다. 동시에 사실상 아버지와 어머니에 대한 내 권리는 박탈당했다. 대법원은 나의 양 부모의 존재가 나의 건강과 발달과 정체성에 있어 근본적으로 중요하지 않다는 판결을 내렸다. 이보다 사실과 더 거리가 먼 것은 없다. 어머니와 아버지 둘 다 자녀에게 필수적이듯, 나의 부모님 두 분 모두 나의 발달에 필수적이었다.

동성혼 커플의 자녀들은 이제 어머니나 아버지에 대한 갈망을 어떤 법적 권한도 없이 이해해야 한다. 연방 정부는 아동이 어머니와 아버지 모두로 구성된 가정을 갖고 싶어하는, 아동의 가장 깊은 갈망과는 상충되는 법을 제정해 버림으로써, 아동의 행복에 대한 의무를 저버렸다. 동성혼을 합법화하는 것은 기본적으로 아이들을 동성혼 커플과 함께 가스라이팅하는 것이다.

"의도에 의한" 양육권 행사의 위험

"단순히 사랑하는 사람과 결혼할 자유를 원하는 것"이 어떻게 "아이들이 엄마와 아빠를 필요로 한다고 말하는 것이 차별적이다."로 해석될 수 있는지가 궁금할 것이다. 의도하지 않은 결과를 불러온, 오버거펠 대 호지스 판례를 현실에 적용하는 과정에서 이러한 해석이 나온다. 실제로 동성혼의 합법화는 전적으로 다른 두 유형의 관계를 동일시하는 것이다. 동성 커플이 느끼는 강렬한 감정과 이성 커플이 느끼는 감정이 동등한가는 나의 권한 밖의 영역이고 지금 이 문제와는 무관하다. 가장 큰 차이는 이성 관계에서는 자녀를 잉태·출산하지만 동성 관계에서는 그럴 수 없다는 사실에 있다.

동성 부모의 육아에 있어서 문제는 동성 부모가 아니라 *사라진 바로 그 부모*이다. 동성 부모 가정의 아이에게는 항상 그들이 천부적인 권리를 가지는 성인 한 명이 없다. 하지만 케네디 대법관은 판결문에서 동성 커플에게 이성 커플에게 주어진 "기라성 같은 혜택"[15]을 모두 다 허용해야 한다고 했다. 케네디 대법관이 언급한 이 혜택에는 양육법도 포함되어 있다.

생물학은 어머니와 아버지를 지속적으로 강조하기 때문에 자녀 양육에 관한 한 생물학은 편협한 존재가 된다. 따라서 동성 부부와 이성 부부가 자녀 양육 문제에 있어 동등하게 취급되도록 보장하는 유일한 방법은 생물학을 법률로 무시하는 것이다. 이는 생물학적 부모를 의도에 의한 양육권 행사로 대체하는 경우에만 가능해진다. 동성혼 옹호 활동가들은 통일양육법이나 부모-자녀 안전 보장법과 같은 이름으로 아이들에게 해로운 입법 행위를 은폐한다. 많은 주에서는 성 소수자(LGBT) 평등이라는 이름으로 양육법을 다시 쓰고 있는데, 이는 성인이 의도하고자 하면 아동을 소유할 수 있도록 허용하는 것이다. 의도에 의한 양육권 행사란, 아기를 살 수 있는 재력을 지닌 성인이라면 누구나, 친족 관계와 무관하게 양육권을 행사할 수 있다는 의미이다. 어떠한 신원 조회나 감독 관리, 가정 조사도 요구되지 않는다. 의도에 의한 양육권 행사는 공여에 의한 임신과 대리모 계약과 더불어 아이들의 가치를, 유명 브랜드 제품 수준으로까지 떨어뜨리는 위험한 삼총사가 된다. 의도에 의한 양육권 행사를 가능하게 하는 입법은 단연코, 아동의 인권에 있어 가장 큰 법적 위협이다.

2018년 워싱턴 주에서는 통일양육법(Uniform Parentage Act; "UPA")에서 상업적인 대리모 계약을 합법화하고, 생식 기술로 만들어지는 아동의 양육권을 성인의 의도에 따라 행사할 수 있도록 했다. 아동을 상품화하는 이 양육법은 입양이라는 오랜 모범 사례와 대조해 볼 때 얼마나 잘못된 판단인지가 확연히 드러난다.

아동의 최선의 이익을 위한 우선적인 고려 사항[16,17,18]

입양에 있어서는 아동이 의뢰인, 즉 고객이다. 아동의 최선의 이익이 입양에서 최우선시된다. 다시 말하면 어떤 부모는 아무리 돈이 많아도 아동에 대해 양육권을 행사하고자 하는 의도가 거부당한다.

생식 기술이 만연한 세상에서는 성인들이 고객이 되므로 돈만 주면 아기를 제공받게 된다. 돈이 있는 한, 성인 고객들은 거부당하지 않는다. 통일양육법에서는 아동의 최선의 이익이 고려되지 않는다.

부모로부터의 고의적인 분리[19]

입양은 친부모가 양육할 능력을 증명하지 못한 경우 아이가 최후에 의지할 수 있는 수단[20]이다. 사회 복지사들은 아이를 친부모에게서 떼어 놓는 것이 평생의 고통과 상실감을 유발한다는 점을 잘 알기 때문에 아이에게는 가장 마지막으로 사용하는 방책이다. 부모로부터 분리될 때의 부정적인 영향은 널리 알려져 있기 때문에 많은 입양기관에서는 양부모들이 상심한 아이들을 잘 보살필 수 있도록 이들을 준비시키는 지침서를 제공한다.

2018년 제정된 워싱턴 주의 통일양육법의 영향을 받는 아이들은, 부모의 잘못으로 인해서가 아니라, 양육권을 행사하고자 하는 부모가 의도적으로 생물학적 부모와의 관계를 분리시키기 때문에, 한 명 혹은 두 명의 생물학적 부모로부터 분리된다. 생식 기술 업체들은 그런 의도를 지닌 부모들에게 기증에 의한 임신으로 태어난 아이들이 경험하는 많은 심리적인 문제에 대처할 지침서를 제공해 주지 않는다.[21]

안전한 환경에 놓일 권리

통계상으로 혈연관계가 없는 성인들과 동거하는 아동이 학대를 경험하거나 방임되거나 유기될 위험이 높기 때문에, 입양 과정에서 사회복지사들은 혈연관계가 없는 낯선 사람들에게 마구잡이로 아이들을 배정하지 않는다. 이러한 위험은 성인이 아이에게 양육권을 행사할 의도를 지닌 경우에도 여전히 존재한다. 그렇기 때문에 양부모가 되고자 하는 사람들은 심사, 교육, 사후 감독과 같은 긴 절차를 거쳐야 한다.

통일양육법은 주 차원에서, 성인에게 전적으로 양육하고자 하는 개인의 의도를 근거로 양육권을 행사할 권한을 부여한다. 양육권을 행사하려는 의도를 가진 사람들이 본질상 생물학적으로 이방인이라는 사실에도 불구하고 이들에게는, 입양을 하는 부모들이 거쳐야 하는 안전 조치를 요구하지 않는다.

판매되는 것이 아니라 자유롭게 태어날 권리[22, 23]

백여 개 이상의 국가에서 비준한 국제입양에 관한 헤이그 협약

(1994)은 아기를 간절히 원하는 성인과 취약한 생모가 연루되는 상황에서 발생할 수 있는 도덕적 위험을 다루고자 만들어졌다. 이 협약은 특히 자녀를 포기하는 대가로 생모에게 대가를 지급하는 것을 금지한다.[24]

통일양육법은 모든 형태의 대리모 계약을 제도화하고 어머니가 자녀를 포기하는 대가로 금전을 지급받는 것을 허용한다. 많은 경우에 아동 인신매매와 대리모 계약 간 유일한 차이는 시기에 있다. 임신 전 서명된 계약이라면 한 여성이 누군가가 한 가정을 세우는 것을 돕는 것이다. 임신 이후에 서명된 계약은 아동 인신매매이다. 아이가 매매된다는 점에서 계약의 시기는 사실상 의미가 없다.

친족 유대에 관한 권리[25]

현대의 입양은 "공개적"으로 이루어지는 게 관행이다. 아동이 가능한 한 생물학적 가족에 최대한 연결될수록 아동에게 이롭기 때문이다. 형제자매를 같이 입양할 수 있는 사람들에게 우선순위를 주는 이유 중 하나는 아동이 형제자매와 헤어지는 상황을 막기 위한 것이다.

통일양육법은 생식 세포 공여자를 익명으로 제한함으로써 의도적으로 아이와 아이의 확대가족 간 연계를 단절시킨다. 익명의 공여자에 의해 임신된 아이들은 부모를 알 수 없을 뿐만 아니라 종종 전 세계에, 혹은 바로 자신의 고향에 수십 명에서 수백 명의 의붓형제가 흩어져 있게 된다.

의도에 의한 양육권 행사는 이러한 부모에 배정될 때에 아이에게 위협이 될 뿐만 아니라 모든 부모-자녀 관계에도 위협이 된다. 결국 아이의 혈통을 결정하는데 있어 국가의 권력이 생물학을 대체한다면, 국가가 특정 국민에게 그(녀)가 그(녀)의 생물학적 자녀의 부모는 아니라고 결정하기가 더 수월해진다. "이게 무슨 허튼 소리"냐고 반문할 수 있겠지만 동성애자 아빠인 프랭크는 생각이 다르다.

2019년 여름 Them Before Us는 프랭크의 아홉 살 난 쌍둥이 자녀를 위해 대법원에 법정 조력자 의견서를 제출했다. 프랭크와 그의 과거 파트너였던 조셉은, 조셉의 여동생을 대리모로 해서 자녀를 만들었다. 그녀는 쌍둥이의 유전적 어머니이지만 자녀에 대해 친권을 갖고 싶어하지 않았다. 여기서 조셉은 자녀들의 생물학적 외삼촌이다. 프랭크는 이 쌍둥이들의 생물학적 아버지이고 아이들이 일곱 살이 될 때까지 이들을 혼자 키웠다. 이 남성 커플 간 관계는 아이들이 태어나면서부터 악화되기 시작했고 결국 둘은 헤어졌다.

2017년 조셉은 쌍둥이 양육권에 대해 프랭크를 상대로 소송을 제기했다. 자녀들을 플로리다로 이주시킨 것과 또 다른 조치 하나가 소급적으로 승인되지 않은 것으로 여겨졌고, 법원에서는 프랭크가 부모로 적합하지 않다는 증거를 찾지 못했다. 그럼에도 불구하고 조셉이 양육권 소송에서 이겼다. 뉴욕 주의 양육법이 최근 개정되어서 양육권 행사를 의도에 기초하도록 함에 따라 법원은 외삼촌인 조셉에게 다른 남자의 자녀에 대한 소유권을 부여했다. "평등!" 때문에 조셉이 양육권을 행사하려는 의도가 프랭크와 자녀 간 생물학적 관계를 무효화했다. 불행하게도 대법원은 이 사건에 심리불속행 기각 결정을 내렸고, 조셉이 이 자녀들을 학대한다는 신고가 있었으며, 현재 조셉이 주 양육자인 상황에서 유모들이 번갈아가며 쌍둥이를 돌보는 처지에 있다.

위험한 성인을 연루시킬 수 있는 일부다처제

성인 간의 심리적인 유대감을 인정하기 위해 결혼을 의도에 기반한 것으로 보는 관점은, 대법원 판결에 따라 최고의 자리를 지키고 있다. 성인의 감정이라는 기준을 결혼에 적용한다는 의미는, 일부다처제의 합법화가 그 다음 수순이 된다는 의미이다. 2020년 여름, 매사추세츠주 소머빌은 일부다처의 관계를 최초로 법적으로 인정했다. 결국 "사랑은 사랑"이고 동성혼과는 다르게 일부다처제를 지지하는 역사적인 증거는 아주 많다. 많은 비평가들이 지적한 것처럼, 일부다처제로 여러 명의 부인을 두었던 구약 성경의 많은 족장들의 관계는 조화롭거나 동등한 것으로 묘사되지 않았다. 그들의 사례로부터 배운 점은 오늘날에도 진실이다. 결혼을 했든 동거 상태이든 일부다처의 가정은 화목하지 않다.

오버거펠 대 호지스 판결 이후 여러 부인을 둔 남성 몇몇과 다수의 다자성애 집단은 그들의 연합 관계를 법적으로 인정받기 위한 방법을 강구했다. 늘 그렇듯이 법원의 판결에서나 리얼리티 TV 프로그램에서나 다자성애 가정의 이야기는 이런 가정의 아이들이 사랑을 듬뿍 받기 때문에 잘 지낸다고 주장하는 성인들이 제시하는 내용으로 가득하다.

두 여자친구와 그들 각각의 아이의 아버지였던 아담이 그런 다자성애 남성이었다.[26] 다섯 명 모두 한 지붕 아래 살았고 이들은 그런 형태를 "삼각 연애 관계(throuple)"라고 불렀다. 아담은 성인들이 많아지면 육아가 쉬워질 것이므로 다자간 연합이 미래의 인간 관계를 대표할 것으로 믿었다. 그는 다음과 같이 말했다. "나는 '정상적인' 커플인 너무나 많은 친구들이 자녀, 직장, 기타 전형적으로 맡은 일들을 수행하는 과정에서 비효율적으로 힘겹게 사는 것을 보아 왔다. 둘이서 그런 일을 다 하는 것은 벅차다." 아이들은 어떻게 생각할까? 아담은 자녀들이 아빠가 동시에 두 여성과 관계를 맺고 있는 것을 이상하게 생각하지 않는다고 주장했다.

아이들이 자기 생각을 말할 수 있게 될 때를 제외해야 한다. 아이들은 위와 다른 이야기를 한다. 제임스는 아담이 미래의 가족 구조라고 보는 일부다처 유형의 가정에서 자랐다.

나는 아버지와 어머니와 또 다른 여자가 있는 집에서 자랐다. 나는 내 앞에서 아빠가 다른 여자와 키스하는 것을 보는 게 싫었다. 내 아버지가 내 엄마가 아닌 다른 누군가와 있는 것을 보면 화가 났다. 하지만 그렇게 어렸을 때 나는 이 불편한 감정에 대해 어떻게 반응해야 할지 어떤 목소리를 내야 할 지 몰랐다. 내가 그렇게 할 수 있는 위치에 있다고 느끼지 않았기 때문에 나의 감정을 아무에게도 말한 적이 없다. 내가 자라온 가족 구조에 대해 돌아보고 이것이 내게 미친 영향을 이해하기까지 15년이 넘는 시간이 걸렸다. 나는 십 대 후반의 나이에 두 명의 소녀와 동시에 데이트하기 시작했는데 물론 그들은 이 사실을 몰랐다. 결국 나는 둘 다에게 상처를 주었고 지금까지 그 일에 대해서는 깊이 뉘우치고 있다. 이십 대 초반이 되어서야 비로소 데이트에 관한 나의 동기, 욕구, 행동에 대해 의문을 가지기 시작했다. 내가 어렸을 때 한 명의 어머니와 아버지만 있었더라면 얼마나 좋았을까.[27]

에이미 그라펠의 부모는 그녀가 어렸을 때 이웃에 사는 부부와 배우자 교환 관계를 시작했다. 이러한 형태의 다자성애적 행동은 오늘날

"윤리적인 비일부일처제"의 하나로 꾸준히 장려되고 있다. 결국 그 이웃 부부와 그 집 자녀들은 에이미의 집으로 이사를 왔고 에이미는 이 경험을 "침입"으로 묘사했다. 집 안에 어른들이 더 많아졌지만 에이미에 대한 부모의 사랑이 많아지지 않았다. 부모들의 "사각 연애 관계(quadrangle)"로 그녀는 혼란스러웠고 불안정해졌다. 이들의 기이한 성적 관계는 한 가족을 함께 세우는 성인들이 서로 돕는 네트워크를 만들지 못했고 오히려 가족 생활의 중심에 성인들의 성적 욕구를 두었다. 여자들 간 질투심과 경쟁심과 끊임없는 성적 갈등은 아이들에게 깊은 상처를 주었다. 에이미는 "버려졌다는 생각과 자포자기의 심정은 그들의 유토피아에 있어 장애물이었다."고 회상했다. 이 네 명의 성인이 "미래에 부부가 사는 방식에 대한 길을 여는 멋진 신세계가 될 것"으로 믿었던 것은 완전히 실패했다. 두 부부는 결국 이혼하고 각각의 전 배우자와 결혼했다. 성인이 된 에이미는 결혼을 통해 안정을 찾았지만 "아이를 원했지만 내 스스로가 정상적인 모범 가정을 가지지 못했기 때문에 아이를 낳지 않기로 선택했다."고 서럽게 말했다.[28]

부모들이 집단 혼인 상태에 있거나 다자성애 관계에 있을 때 아이들에 미치는 정서적 악영향보다 일부일처제가 아닌 가정의 아이들에게 가장 큰 위험은 혈연관계가 없는 성인의 존재이다. 하룻밤의 관계이든 수십 년의 동거이든 다자성애 관계에는 혈연관계가 없는 성인과 아이가 같은 생활 공간을 나누게 된다. 2장에서 자세히 다룬 것처럼 혈연관계가 없이 같이 사는 성인은 아이들과 유대 관계를 덜 형성하고 아이들을 덜 보호하고 아이들에게 적게 투자한다. 일부다처제에 있어 여러 명의 부인들은 여러 명의 아이들을 낳고 이는 분열을 낳는다. 만약 집에 혈연관계가 없는 남자가 새로 들어오게 되면 통계상 그가 아동의 안전에 가장 큰 위협이 되는 존재이다.

일부다처제의 사회적 문제점을 논의한 논문인 "일부일처제 결혼의 수수께끼"의 저자인 조셉 헨릭, 로버트 보이드, 피터 리처슨은 다자간 결혼은 "혈연관계가 없는 이분법으로 인해" "가족 구성원 간 유대 관계가 평균적으로 덜하기 때문에 가족 구성원 간 학대, 방임, 살인의 위험이 높다."고 보고했다. 쉽게 말해서 다자간 혼인 관계의 가정은 혈연관계가 없는 성인의 존재로 인해 학대와 방임의 위험이 더 높다는 뜻이다. 논문의 저자들은 "유전적으로 혈연관계가 없는 아동과 같은 집에 사는 성인은 아동 학대와 방임, 살해의 위험을 가장 크게 높이는 요인이다. 계모는 생모보다 의붓자식을 살해할 위험이 2.4배 높고 혈연관계가 없는 부모와 사는 아동은 '불의의' 죽음을 당할 확률이 15 ~ 77배가량 높다.[29]

세 배가 된다 한들 다자성애는 아동에게 해롭다.

동거는 결혼과 다르다.

동성 부모나 생식 기술, 다자성애를 정상화하는 것이 아동의 행복에 해로운 것과 마찬가지로 오늘날 가장 많은 수의 아동에게 위협이 되는 성인의 행동은 동거이다.

결혼에 관한 국가 연구(National Marriage Project)에 따르면 과거 50년 동안, 동거하면서 자녀를 기르는 가구의 수가 1% 미만에서 10%까지 늘어났다.[30] 적어도 한 명의 자녀와 동거하는 커플의 수는 1960년 196,000명에서 2018년에는 300만 명으로 늘어났다. 미국의 모든 아동의 거의 50%가 고등학교를 졸업하기 전까지 일생의 일부분을 동거

하는 가정에서 보낼 것으로 추정된다.[31]

가족 인구학자인 웬디 매닝은 지난 23년 간 한 번이라도 동거를 했던 19~44세의 여성의 비율이 82%였다고 보고했다.[32] "1980년 이래 미국의 비혼 출산의 증가는 거의 대부분 동거하는 관계에서 발생했다."[33]고 언급했다.

커플들이 결혼보다 동거를 택하는 이유는 다양하다. 형편에 맞는 집을 구해야 해서, 혹은 부모님의 이혼으로 입은 상처로 생긴 헌신하는데 대한 두려움과 같은 현실적인 걱정에서부터, 결혼 전에 같이 살 수 있는지를 시험해 보면 좋은 배필을 만났는지 여부를 확인할 수 있을 것이라는 순진한 믿음에 이르기까지 다양한 이유가 존재한다. 아이들이 태어나기 전후로 같이 사는 이유가 무엇이든지 동거는 결혼을 대신하지 못한다.

2장에서 논의한 것처럼 동거 가정에 아이와 혈연관계가 없는 성인, 특히 엄마의 남자친구가 있는 경우 아동방임과 학대의 위험은 급등한다. 어떤 방대한 계량 분석 연구에서는 유치원생이 의붓아버지나 같이 사는 엄마의 남자친구에 의해 살해될 가능성은 유전적인 아버지에 살해될 가능성 대비 120배나 높았다.[34]

이상하게도 동거 커플이 비혼 상태에서 낳은 자녀의 생물학적 부모인 경우에조차, 이러한 자녀들의 상황은 여전히 좋지 않았다. 결혼한 부모와 사는 아동 대비 비혼 상태의 부모의 자녀의 상황은 다음과 같다.

- 부모가 헤어지는 것을 볼 가능성이 세 배 이상 높다.
- 신체적, 성적, 정서적 학대를 당할 가능성이 네 배 이상 높다.
- 가난하게 살 가능성이 네 배 이상 높다.
- 약물을 사용하거나 우울증으로 고통받거나 학교를 중퇴할 가

동거는 결혼과 다르다.

능성이 높다.[35]

친부모가 결혼한 경우와 비혼 상태인 경우의 아동이 직면하게 될 결과상의 차이는 바로 '헌신'으로 압축된다. 결혼한 부모는 가난할 때나 부할 때나, 아플 때나 건강할 때나, 죽음이 그들을 갈라놓을 때까지 인생을 함께한다는 약속을 공개적으로 선언한다. 이러한 공개적인 선언은 의무를 강화시키고, 어떤 어려움이 있어도 배우자에게 이 관계에 대한 책임을 묻도록 한다. 물론 부족한 결혼도 있다. 그래도 결혼은 여전히 인류가 영속성과 안정성을 위해 현재까지 노력해 온 최선의 방식이다.

많은 경우 동거하는 파트너는 헌신에 대한 자세가 다르다.[36] 그녀는 조만간 결혼하고 싶어할 것이지만 그는 속옷을 빨아주는 누군가가 있어 그저 행복할 뿐이다. 소극적인 제약[37]으로 알려져 있는, 이런 커플을 묶어주는 끈은, 이들이 서로 공유하는 꿈이나 서로에 대한 헌신이 아니라, 자이언트 슈나우저 종인 코코나, 실내용 고정식 자전거(Peloton) 구입에 따른 월 할부금 때문이다. 월 할부금을 아끼기 위해 같이 살기로 하거나 슈나우저를 반으로 가를 수 없기 때문에 사람들은 바람직하지 않은 관계를 유지한다. 멋진 고정식 자전거를 공동 소유하는 관계가 "오늘 이후 앞으로의" 헌신을 약속하는 것과 동일한 헌신을 이끌어 내지는 않는다. 아이들이 생기면 문제가 더 복잡해진다. 사실 상호 헌신의 정도가 낮기 때문에 우선 아이들이 이 관계에 들어오는 방식에 영향을 받는다.

성관계를 하고자 하는 사람이라면 누구나, 적극적이든 소극적이든 아이를 가질 것을 선택하는 것이다. 결혼한 부부는 신중하게 가족 계획을 세우는데 반해, 동거하는 커플은 "실수로" 부모가 되는 경향이 있다.

결혼한 부부가 "당신이 석사 학위를 마쳤고 아기가 태어날 때까지는 일을 쉴 수 있으니까 당분간 피임을 하지 않겠다."고 할 때, 동거하는 커플은 스콧 스탠리 연구교수가 "결정에 따르기 보다는 되는대로"[38]라고 언급한 방식으로 가정을 이루는 경향이 있다. 통계 자료는 이 주장이 사실임을 증명한다. 동거하는 여성의 43%가 실수로 임신하게 되었다고 보고한 반면 결혼한 여성의 경우 그 비율은 24% 미만이었다.[39]

위와 같이 헌신의 결여, 매우 소극적인 제약, 결정하기보다는 되는대로 하는 경향이 동거를 본질적으로 불안정하게 만든다. 평균적으로 동거는 약 18개월 정도 지속된다.[40] 다른 형태의 관계들과 마찬가지로 동거도 전적으로 불행하고 파괴적이지만은 않다. 동거하는 부모의 50%는 결혼한다.[41] 다만 불행하게도 결혼 전 동거는 이혼의 위험을 극적으로 높인다. 스탠리에 따르면 "결혼 전 동거한 사람들은 매년 파경의 위험이 결혼 전 동거하지 않은 사람 대비 30%가량 높다."[42]

3장에서 설명한 것처럼 아이에게 있어 사회·정서적으로 중요한 3대 영양소는 어머니의 사랑과 아버지의 사랑, 그리고 안정성이다. 결혼은 아이에게 다른 어떤 것도 줄 수 없는 방법으로 안정성을 제공한다. 결혼은 단순히 종이 한 장 이상의 것이다. 결혼은 번영하는 아동과 그렇지 못한 아동을 구분하는 가장 중요한 단 한 가지 요인이다.

동성혼을 반대하는 것은 인종을 초월한 결혼을 반대하는 것이나 마찬가지 아닌가?

아니다. 그렇지 않다.

밀드레드와 리차드 러빙은 버지니아 주의 1924년 인종보전법

(Racial Integrity Act)을 위반하고 결혼하여 징역 1년을 선고받았다. 연방 대법원은 1967년 6월 12일 기념비적 판례인 *러빙 대 버지니아* 사건에서 유죄 판결을 뒤집고 다른 인종 간 출산을 금지하는 법률을 전국적으로 폐지했다.

동성혼 지지자들은 결혼이 재정의되어야 하는 근거로, 동성혼에 대한 장애물이 인종을 초월한 결혼을 금지하는 것과 유사하다고 피상적으로 판단하면서 *러빙 대 버지니아* 판례를 잘못 끌어들인다. 심지어 동등하지 않은 것을 동등한 것으로 잘못 홍보하면서 전통적인 결혼을 지지하는 사람들을 편견이 아주 심한 사람들로 부당하게 낙인을 찍기까지 했다. 동성혼 지지자들이 다른 인종 간 결혼을 금지한 원인을 제대로 이해했더라면, 동성혼과 다른 인종 간 결혼은 완전히 무관하다는 사실을 알았을 것이기 때문에, 그들이 단순히 이해하지 못했기 때문에 그런 주장을 했었을 거라고 선의로 해석해 주겠다.

(결국 제9 항소법원의 재판관이 된) 제임스 R. 브라우닝은 1951년 "미국의 반혼혈생식법"이라는 논문에서 다음과 같이 썼다. "국가 부권주의(*parens patriae*)의 입장에서 국가는 '자손의 문제'를 야기할 수 있는 결혼을 금지시킬 특권이 있다고 주장할 수 있다. 이 원칙을 적용하기 위해 다른 인종 간 결혼에서 태어난 자녀의 상황을 고려할 수 있다… 가족을 규제할 때에는 정상적인 자녀를 출산하는 관점에서 사회적 상황을 고려해야만 한다…"[43] 반혼혈생식(인종 간 혼합에 대한 반대) 법률은 다른 인종 간 *아기*를 출산하는 것을 막기 위한 의도로 제정되었다. 다른 인종 간 결혼을 금지하는 것은 결혼이 주로 자녀에 관한 것이라는 현실에 전적으로 근거한 것이었다.

동성혼 지지자들은 편리할 때에는 결혼과 자녀는 무관하다고 주장하지만 역설적으로 동성혼의 도입으로 아이들이 깊게 영향을 받게 되었다. 인종을 초월한 결혼을 합법화하는 것은, 한 남성, 한 여성, 독점성, 너무 어리거나 근친 관계에 있지 않아야 하고, 평생을 책임지겠다는 약속, 관계자들이 모두 사람이어야 한다는 결혼의 기본적인 구성 요소에는 아무런 영향을 미치지 않았다. 러빙 대 버지니아 판례는 결혼의 바로 그 의미를 다뤘다. 그것은 언제나 자녀와 관련된 것이었다.

흑인 여성과 백인 남성이 결혼을 해서 자녀를 출산할 때에는 상실이 고려되지 않는다. 오히려 혼혈 자녀는 양친의 풍부한 유산을 물려받고 자녀를 만들어 준 어머니와 아버지의 사랑을 듬뿍 누리게 된다. 두 남성이 결혼해서 아이를 만들 때 그 아기는 자신의 유산의 50%, 대가족, 친척과의 유대 관계, 모든 아이들이 갈망하는 대체할 수 없는 어머니의 보살핌을 상실한다.

인종을 초월한 결혼과 동성혼은 비교가 안 된다. 전자는 아동의 인권을 지지하고 후자는 이를 침해한다.

단순히 종교적인 문제 아닌가?

나는 기독교인이고 단순히 당신이 생각하는 전형적인 기독교인이 아니다. 나는 완전히 열성적인 교파 소속이고 심지어 남편은 침례교 목사이다. 따라서 성과 결혼에 관한 성경적 가르침과 관련해서라면 나는 완벽하게 준비되어 있다. 당신은 결혼을 그리스도와 교회의 연합의 비유로서 성경의 취지에 입각해서 검토하고 싶은가? 그렇게 하자. 일부다처의 족장들로 인해 가정이 파괴된 영향에 관한 본격적인 강의를 찾고 있는가? 사탄아 내 뒤로 물러가라고 외치며 한껏 강의해 주겠다. 왜 하나님께서 간통을 우상 숭배의 완전한 파괴력을 묘사하는 구체적인 실례로 사용하셨는지에 대한 워크샵을 해야 할 필요가 있는가? 내가 하루 종일도, 내일도 해 줄 수 있다. 나는 오래오래 이 주제에 대해 이야기할 수 있다.

예수님은 내 인생의 큰 비중을 차지하지만 나는 여기서 성경적인 주장을 하지 않았다. 따라서 이 책에서는 어떤 성경 구절도 찾을 수 없을 것이다. 아동의 인권은 자연법에 근거하며 자연법은, 우리 아동 인권 옹호론자들이 하나님의 법과 설계와 상충하지 않는 우리 주장의 정당성을 입증하기 위해 근거로 삼는 것이다. 보편적이고 자명한 생물학의 권위에 호소하는 것은 마음과 정신을 바꾸는 방법이다.

만일 당신이 기독교인이고 믿지 않는 이웃에게 효과적으로 호소하기 원하는데, "하나님이 아담과 이브를 만드셨지 아담과 스티브를 만드시지 않았다."로 시작하려고 한다면 결혼에 대한 당신의 주장은 시작하기도 전에 이미 끝난다. 그래서 당신은 결혼을 지지하는 이야기와 연구 자료에 정통해 있어야 한다.

Them Before Us의 지지자들은 기독교, 이슬람교, 모르몬교, 천주교, 힌두교, 유대교 신자를 모두 포함한다. 이들 종교는 성과 결혼을 둘러싼 각자의 신학과 전통을 발전시켜 왔다. 역사를 통틀어 모든 문화와 종교는, 더 나아가 모든 사회는, 아버지가 없는 어린이와 어머니의 고통을 경감시킬 방법을 찾아왔다. 기원전 200년경 한나라 시대나 2020년 미국이나 아버지가 없는 아이들과 (이들의 어머니)는 빈곤과 착취에 가장 취약한 계층이다. 1장에서 논의한 것처럼 이러한 아이들은 범죄 행위에 연루될 가능성이 높고 책임감 있는 시민이 될 가능성이 낮고 기타 각종 신체적, 정서적 위험에 많이 노출되어 있다. 그렇기 때문에 동서고

금의 모든 문명화된 사회에서는 '생물학적으로는 남성이 아기 곁을 지키는 것이 선택 사항이지만 어떻게 해야 남자들이 아기 곁에 최대한 머무르게 할 수 있는가?'라는 동일한 질문에 대한 답을 구해야만 했다.

전 세계적으로 인류는 '한 남자가 한 여성과 성관계를 하기 전에 헌신할 것을 약속하고 평생 그 여성에게만 헌신된 상태를 유지할 것이라는 사회 차원의 기대'라는 동일한 결론에 거의 만장일치로 도달했다. 즉, 그는 그녀와 결혼할 것이라는 뜻이다. 최근까지, 인류 역사의 연대표 상, 말하자면 바로 1 나노미터 전까지만 해도, 결혼은 보편적으로 합의된 기준이었다.

간단한 사고 실험을 통해 분위기를 가볍게 해 보겠다. 다음 중에서 5대 종교(불교, 힌두교, 이슬람교, 기독교, 유대교)가 동의하는 것은 무엇인가?

- 신의 본성
- 사람의 속성
- 이 세상의 문제
- 이 세상의 문제에 대한 해답
- 사후 세계의 속성
- 결혼의 정의

당신이 결혼의 정의라고 추측했다면 당신은 대부분의 정치인보다 똑똑하다. 이들 종교 모두 두 사람 사이의 독점적인 관계를 장려하고, 남성과 여성의 성적인 상호 보완성을 높이 사고, 성적 관계에 있어 평생의 영속성을 기대한다. 결혼 생활에 있어서의 이러한 규준은 결혼이 남성, 여성, 자녀, 사회에 가져다 주는 식별 가능한 혜택 덕분에, 각 종교에서 독립적으로 발달되었다.

여기에 진실이 있다. 결혼은 불교 신자나 힌두교도, 무슬림, 유대교도, 기독교인이 되는 것보다 인간이 되는 것과 훨씬 더 관련이 있다. 종교 생활에 있어서라면 불교도인 십 대나 힌두교도인 6학년 학생이나 수니파 회교도 소년, 유대교도 소녀, 루터교도인 홈스쿨 학생 간 공통점이 거의 없을 것이다. 하지만 이들 중 미혼모가 양육한 아이가 있다면 그 아이들은 분명히 밤에 "내 아버지는 어디에 있는가?", "아버지가 나를 사랑할까?" 생각하면서 잠을 못 이뤘을 것이다. 부모들이 벌인 성적 자유라는 곡예에 비싼 입장료를 지불했던 아이들은 "현대적 가정"을 축하하는 것이 기쁘지 않다는 사실을 발견한다.

민간 결혼의 문제는 완전히 생물학과 관련되어 있는 것이지 종교와는 무관하다. 단순한 사실은 아이들은 잘 자라나고 잘 살기 위해 양친을 모두 필요로 한다는 것이다. 그래서 성인이 성적인 행동을 신실하고 평생 유지되는 결혼으로 돌릴 때 이 문제는 가장 잘 해결된다. 사회적 차원에서 남성이 성관계 전에 헌신을 약속할 것이라는 기대가 없이는, 성관계와 생물학으로부터 너무나 많은 대가를 치러야 하는 여성을 보호하거나 여성의 필요를 충족시켜 줄 수 없다.

당신이 신앙을 가진 사람이라면 아이는 어머니와 아버지가 있어야 한다고 주장하는, 모든 인간이 공유하는 공동의 권위인 생물학적 법칙에 호소해야만 한다. 아이들은 어머니와 아버지의 사랑으로부터 혜택을 받는다는 사회학적 현실과, 아이들이 부모를 잃는 것이 얼마나 파괴적인지 경험에 따른 진실도 존재한다. 인간에 관한 이와 같은 기본적인 진실은 이 모든 신앙적 전통에서 결혼을 우선적으로 장려하는 바로 그 이유가 된다.

실천 방법

어떤 법률이나 문화에서건 다른 어떤 성인 관계도 부모의 영속적인 연합이라는, 결혼이 아이의 인생에서 해 줄 수 있는 것을 대체할 수 없다.

아이들을 어른보다 우선시하기 위해서는 당신의 인생에서 아이의 권리를 존중해 주어야만 한다. 그것은 당신과 함께 자녀를 낳았던 그 사람에게 헌신하는 것을 의미한다. 또한 결혼은 아동의 인권을 보호하기 위한 제도이지 성인의 만족을 위해 존재하는 관계가 아니라는 사실을 사회가 더 잘 이해할 수 있도록 돕는 것을 의미한다.

공공 정책의 문제에 있어서 아이들을 어른보다 우선시한다는 것은 성인들이 원하는 합의한 관계는 무엇이든 만들 수 있도록 허용하는 것이 아니라, 아동의 권리를 존중하는 유일한 성인 관계인 결혼을 *장려하*는 것이다.

우리의 문화는 앞으로도 계속 성인의 욕구를 우선시하고 아이들에게 해로운 결정을 기념할 지 모른다. 아이들을 우리보다 우선시하기 위해서는 성인의 욕구라는 제단 위에서 아동의 권리를 희생시키는데 대해 반대의 목소리를 내야만 한다.

아이들을 우리보다 우선시하기 위해서는 양육권을 생물학적 관계나 입양 이외에는, 다른 어떠한 기준으로 행사하지 못하도록 해야 한다. 의도에 의한 양육권 행사는 아이들을 상품화하고 사물로 강등시킨다. 이것은 자녀를 취득하기 위한 수단으로써 어떤 성인의 인생에다 아이를 오려 붙이는 것이다.

아무도 당신에게 결혼을 지지하는 사람들은 역사의 그릇된 편에 서 있는 것이라는 주장을 믿도록 설득하지 못하게 하라. 동성애자인 더그 메인워닝이 지적한 것처럼 "자연법의 그릇된 편에 서는 동시에 역사의 옳은 편에 서는 것은 불가능하다."[44]

본질상 인간의 모든 역사는 자연권의 침해 혹은 자연권을 위한 투쟁으로 압축될 수 있다. 뒤의 다섯 장에서 아동의 권리가 오늘날 어떻게 침해당하고 있는지 보다 자세히 다룰 것이다. 10장에서는 아동의 권리를 어떻게 보호할 것인지 개괄적으로 보여줄 것이다. 그래서 이 책을 읽기를 마칠 때 당신은 성인보다 아이를 먼저 생각하는 우리 편에 서야 할지 여부를 결정할 수 있게 될 것이다.

5장 이혼

2001년 9월 11일 당시 생존했던 모든 미국인들은 그 날에 있었던 일을 자세히 기억할 것이다. 쌍둥이 빌딩이 무너지는 것을 볼 때 우리가 어디에 누구와 있었는지를 정확히 기억할 것이다. 그 때 같이 있었던 이들과 믿을 수 없는 사실에 공포로 울부짖었던 일은 우리 기억 속에 영원히 깊이 새겨졌다. 무고한 사람들을 죽이는 또 다른 무고한 사람들이 탄 비행기를 한 대, 두 대, 세 대, 네 대, 차례로 세면서 겪었던 끔찍한 감정을 떠올리면 아직도 눈물이 난다. 정장 차림의 회사원들이 손을 잡은 채로 떨어져 죽는 모습을 지켜보면서 느꼈던 분노는 여전히 격렬하다. 이 끔찍했던 날 이후 우리가 경험한 결속을 잊었을 지 모르지만 우리는 결코 그 공포를 잊지 않을 것이다.

이와 같이 충격적이고 정신적 외상을 초래하는 사건은 인간에게 깊이 주입된다. 부모님의 결혼이 끝났다는 소식을 듣게 될 때 아이들이 경험하는 충격도 예외는 아니다. 이 사건은 특히, 부모의 결혼 문제에 대해 전혀 알지 못했기에 자신의 전체적인 토대가 금방이라도 허물어진다는 사실을 자각하지 못하고 있던 아이들에게 대단히 충격적이다. 이들은 한 때 안전하다고 여기고 안정감을 느끼며 살다가 다음 순간 갑자기, 자신의 인생에서 영속적인 고정물로 생각했던 모든 것이 무너져 내리는 것이다. 이혼 가정의 아이들은 부모님이 헤어진다는 사실을 들은 순간이나 아빠가 갑자기 떠난 날, 엄마가 다시는 집에 돌아오지 않은 날을 결코 잊지 못한다. 이러한 운명적인 순간에 입은 정서적인 상처는 수십 년이 지나도 남는다.

그레고리는 아빠가 이혼 소식을 전한 날을 결코 잊지 않을 것이다. 그 날은 7학년의 마지막 날이었다. 아빠가 그와 형제들을 뒤편 침실로 불러들인 후 "아빠는 엄마와 더 이상 잘 지낼 수 없어서 떠난다고 말했다. 그리고 아빠는 거실로 나가 엄마에게 말했다. 우리는 엄마가 소리지르며 우는 소리를 들을 수 있었다."고 회상했다.[1]

30년이 지났지만 로리사는 여전히 그녀의 세상이 영원히 바뀐 그 날을 생생하게 기억한다.

> 나는 열 살이었다. 아빠가 하루는 집에 있었다가 다음 날 나갔는데 이후 여러 주 동안, 아마 두 달 넘게 아빠를 보지 못했다. 그 시간은 영원처럼 길게 느껴졌다. 아빠를 다시 보게 된 첫 날 (세 살이었던) 남동생이 아빠에게 달려가서 아빠를 발로 차면서 "*아빠는 우리를 미워해!*"라고 소리소리 질렀다. 아빠가 너무 심하게 울어서 아빠 울음 소리로 자동차 전체가 흔들렸었다. 우리는 그 때 일어난 일에 평생 전혀 잘 대처하지 못했다. 엄마는 한 번도 엄마의 결정이 야기한 결과를 인정한 적이 없

다…우리는 "철회 문화(Cancel Culture)"를 집에서 배웠고 그게 우리가 배운 전부다.[2]

베스는 엄마가 자기 물건 일부를 가지러 집에 왔다는 사실을 깨달았을 때 얼마나 마음이 무너졌는지 다음과 같이 회상한다.

우리 부모님은 내가 여덟 살 때 헤어졌다. 엄마는 집을 나갔었고 잠시 다시 돌아온 날이 생생하다. 나는 엄마가 앞으로도 집에 계속 머무리라 생각하고 매우 흥분했었다. 당시 나는 동네의 TV 방송국에서 주는 커다란 빨간 곰 인형을 상으로 받았다. 그 인형을 엄마에게 보여 주면서 어떻게 상을 타게 되었는지 이야기하고 싶었다. 엄마는 내 말에 주의를 기울이지 않으면서 급하게 이를 닦고 있었다. 그 때 비로소 엄마가 "집에 온 것"이 아니라는 사실을 알았다. 엄마는 짐을 싸러 온 거였다. 엄마가 나의 곰 인형이나…나에게 조금도 관심을 가지지 않았고 나는 완전히 상심했다.[3]

제니퍼는 그녀의 "두 성이 무너진" 바로 그 날을 회상한다.

나는 여덟 살, 동생은 일곱 살 때였다. 부모님이 우리를 부엌 식탁에서 한 사람씩 각각 무릎에 앉혀 놓고 이혼할 거라는 사실을 말씀하셨다. 우리는 둘 다 즉시 슬픔을 가눌 길 없어 울음을 터뜨렸다. 우리는 당시 부모님 사이에 문제가 있다는 사실을 전혀 몰랐다. 우리에게는 마치 어느 주말에 부모님이 같이 복도에서 페인트칠을 하고는 바로 그 다음 날, 가족이 산산조각이 난 기분이었다. "누가 나가실 거에요?"라고 물었던 게 기억난다. 어른이 되어서 그 기억을 되짚어 보았다. 내가 왜 그 질문을 했을까? 분명히 이미 우리는 "이혼"의 의미를 알았던 것이다. 80년대의 아이들이었으니 어떻게 그 의미를 모를 수 있었겠는가? 이혼은 당시 급속도로 퍼지는 전염성 있는 홍역과도 같았다.[4]

"이혼"이란 가족의 죽음을 의미하는 또 다른 용어이다. 결혼이 끝장났다는 의미는 종종 한 아이가 안전과 안정감을 느끼는 것도 끝나는 것이다. 이것은 한 가정의 아이가 가장 사랑한 두 사람이 나눈 사랑, 그리고 두 부모와 매일 보낸 시간의 종말이다. 이혼은 안 그래도 이미 복잡미묘한 아동기에 불안정, 혼란, 의리에 대한 의심을 불러온다.

엑스 세대와 밀레니엄 세대는 이혼이라는 유행병이 최고조에 달했던 시절인 1980년대와 1990년대에 성년이 된 터라 이들이 인격을 형성하던 시기에 이혼은 편만했다. 이혼이 아는 것의 전부라면, 그것은 곧 기준이 된다. 불행하게도 이 아이들에게 아무도 이혼이 그들의 기준이 될 수는 있어도, 이혼이 *정상적이지는 않다*는 사실을 알려주지 않았다. 또한 아무도 이 아이들에게 이혼이 한 아이의 정신에 지속적으로 신체적, 정서적, 관계 상의 악영향을 입힌다고 사실대로 알려주지 않았다. 누군가 이혼이 평생에 미치는 심각한 영향에 대해 언급했더라면, 이혼이 최고조였을 당시 아이들이 경험했던 관계상의 어려움이 덜했거나, 적어도 더 잘 이해되었을 것이다.

유책주의(At Fault)는 가능하나 무책주의(No Fault)는 결코 안 된다.

이혼은 한 때 매우 드물었다. 1867년에서 1915년 사이 대략적인 이혼율[5]은, 인구 천 명 중 한 명이 실제로 이혼하는 정도였다.[6] 1940년까지 이혼율은 천 명당 두 명으로 올라갔다. 이혼율이 최초로 3%를 넘은 시점은 1969년이었다. 1969년은 (당시 캘리포니아 주지사였던) 로널드 레이건이, 그의 정치 인생 최대의 실수라고 인정했던 쌍방의 책임을 묻지 않는 (유책주의 혹은 파탄주의) 이혼법을 처음으로 통과시킨 해였다. 다른 주들이 재빨리 뒤를 따랐고 쌍방의 책임을 묻지 않는 이혼이 새로운 기준이 되어 가면서 이혼율은 전국적으로 충격적인 수준인 250%나 폭등했다.[7] 대략적인 이혼율은 1979년과 1981년 사이 최고치인 5.3%에 도달했다가 천천히 감소했다. 이혼율의 감소는 동 기간의 결혼율이 감소한 것과 관련된 터라 축하할 만한 일은 아니었다. 이 암울한 시대에 아주 작지만 그나마 위안이 되는 부분은 지난 5년간 생물학적 양친과 같이 사는 아동의 수가 약간 증가한 점이다.[8]

4장에서는 결혼이 어떻게 아이가 잘 자라기 위해 필요한 사회 정서적인 3대 영양소인 사랑하는 어머니와 아버지, 안정감을 제공해 주는지에 대해 검토해 보았다. 이혼은 아이의 발 밑에 있는 안정감이라는 깔개를 걷어내고 엄마와 아빠에게 다가갈 수 있는 기회를 적어도 절반 이하로 줄인다. 주디스 울러스타인은 이혼 가정의 아이들에 대한 장기간의 추적 연구를 처음 수행한 저자이자, 이혼에 관한 연구에 있어 최고 전문가이다. 그녀는 상위 50%의 사회 경제적 배경의 아동 중 45%만 부모님의 이혼 10년 후의 "상태가 좋았다."[9]고 발표했다. 이혼에 관한 한 아무리 부유하고 자원이 많아도 아이들은 괜찮지 않다.

무책(파탄)주의 이혼법이 등장하기 전까지는 결혼을 한다는 것은 두 당사자를 혼인 서약을 지킬 의무와 부모로서의 책무에 구속시키는, 영원하고 평생 지속되는 계약을 맺는 것이었다. 결혼한 부부에 대해 사회적으로 추정하는 내용은 보편적이었다. 당시에는 모두, 배우자가 귀책

유책주의(At Fault)는 가능하나 무책주의(No Fault)는 결코 안 된다.

사유가 있거나 "잘못이 있는 것으로" 생각될 경우에 이혼으로 지불해야 할 대가에 대해 이해하고 있었다. 이혼 소송에서는 잘못이 있는 배우자가 재정적으로 더 많은 비용을 부담했고, 본인의 잘못으로 인해 사회적 비난에 시달렸다. 유책주의 이혼법의 경우, 결혼에 충실한 배우자에게는 호의를 베풀고 간통한 배우자나 가정에 태만한 부모에게는 책임을 물었다. 이 경우 원만한 결혼을 위해 노력하거나 결혼 서약에 합당하게 살고자 애쓰고 아이들을 위해 버티는 배우자에게, 사회적, 물질적으로 더 많이 지원해 주었다. 유책주의 이혼법은 관련된 모든 사람을 위해 결혼을 유지하고자 하는 행동을 장려했다. 다시 말해서 상사와 눈이 맞아 달아나면 집과 자녀의 양육권을 잃게 된다는 것을 아는 아내는 가정을 버리기 전에 두 번 생각해야 한다는 뜻이다. 유책주의의 사례는 부부가 결혼의 문제를 해결하고자 하는 그 어려운 일을 하도록 동기를 부여하는 것을 돕고, 반대로 결혼이 망가진 경우 법원이 피해자(배우자와 자녀 모두)에 호의를 베풀 권한을 부여했다.

우리가 현재 살고 있는 무책주의 이혼법의 세계에서는 배우자가 어떤 이유로도 부부의 서약을 포기할 수 있다. 실제로 한 당사자가 일방적으로 다른 당사자의 의지와 상관없이 이혼을 강제할 수 있다. 무책주의에서는 부부 서약을 지키는 당사자와 가정 파괴범을 동등하게 본다. 그 결과 *과실이 있는* 배우자는 이혼 소송에서 가장 큰 힘을 행사하고 무고한 배우자의 소망과는 상관없이 이긴다. 무책주의는 적법 행위를 불리하게 만들고 아이들에게 해를 입힌다.

MIT 대학교의 경제학 교수인 조나단 그루버는 양 배우자의 합의가 필요 없는 이혼에 관한 40년간의 전수 조사 자료를 편집하여 아동의 실적에 대해 분석했다. 그는 결혼이 실패한 가정의 아이들은 "교육을 덜 받고 상대적으로 가정 소득이 낮고, 일찍 결혼하지만 자주 헤어지고 성인이 되어 자살할 가능성이 높은" 성인이 되었다는 사실을 발견했다."[10] 그루버는 "이혼을 쉽게 만드는 법은 아이들에게 안 좋은 결과를 야기한다."라고 결론을 내렸다.[11]

사회학자인 폴 아마토와 앨런 부스는 이혼에 관해 수많은 연구를 수행한 결과 다음과 같은, 데이터에 기초한 결론에 도달했다.

- 아이들이 가정 폭력에 노출되거나 계속 소리지르며 싸우는 갈등이 심한 결혼 생활을 지속하는 것과 이혼하는 것 중 골라야 한다면, 이혼이 아이에게 덜 해롭다.[12]
- 이혼의 삼분의 일은 갈등이 심한 결혼에서 발생한다.[13]
- 부모의 이혼에서 가장 극심하게 스트레스를 경험하는 아동은, 이혼의 삼분의 이에 해당하는, 갈등이 심하지 않은 결혼에서 이혼한 부모의 자녀이다.[14]

이혼을 학대적인 결혼으로부터의 탈출처럼 그리는 할리우드의 묘사나 사회적인 일화에도 불구하고 대부분의 이혼은 갈등이 적은 부부 사이에서 발생한다. 2013년 발간된 "어떻게든 해 보아야 할까? (Should I Try to Work It Out?)"의 저자인 앨런 J. 호킨스, 타마라 A. 파렐, 스티븐 M. 해리스는 73%나 되는 부부의 이혼의 사유로 헌신의 부족을 들었다.[15] 이혼한 이들의 사분의 삼이 헌신이 부족하다는 것을 이혼의 사유로 들었다는 점에서 무책주의 이혼법이 결혼이라는 제도에 얼마나 극심하게 해를 입혔는지 쉽게 알 수 있다.

무책주의 이혼은 결혼을 끝내는 과정에서 성인에게는 시간과 노력 등을 투자할 것을 거의 요구하지 않으면서 자녀에게는 엄청난 대가를 치르게 하는 결과를 낳았다. 결혼을 평생의 약속이 아닌, 쉽게 끝낼 수

유책주의(At Fault)는 가능하나 무책주의(No Fault)는 결코 안 된다.   171

있는 무언가로 바꾸어 버린 결과, 결혼을 별 생각 없이 할 수 있는 어떤 것으로 당연시하게 되었다. 다음과 같은 이야기는 어디서나 들을 수 있다. 한 부부가 건강할 때나 아플 때나, 가난할 때나 부유할 때나, 죽음이 그들을 갈라놓을 때까지 서로에게 충실할 것을 약속하는 부부 서약을 하고서는 어떻게 되는가? 아이를 낳고 머리숱이 적어지기 시작하는 십 년 후, 바로 이 부부는 법정에서 재산을 분할하고 양육권을 합의하기 위해 협상한다. 이렇게 결혼을 처분 가능한 것으로 여기는 문화 속에서 자란 자녀들이 결혼에 대해 회의적인 성인으로 자라고, 결혼 자체를 단순히 포기하는 것은 놀랄 일이 아니다.

아이들은 이혼을 "극복하지" 못한다.

남편이 포르노 중독, 성적인 문제, 행동의 제어, 어린 시절의 상처, 정신 건강의 문제, 의사소통의 이슈, 신체적·감정적 불륜 문제를 겪는 부부를 상담하는 목사의 직무를 수행할 때, 나도 같이 그 자리에 있어야 할 때가 많다. 망가진 결혼을 보수하는 것은 종종 전문가의 도움과 책임을 필요로 하는 어려운 일이다. 그것은 자신의 인생에 변화를 주는 방법을 찾는 일인 동시에, 배우자도 변화할 수 있도록 그 사람에게 친절을 베푸는 것을 의미한다. 우리 집에서 도박은 죄로 여겨지지만, 인내와 개인적인 변화 사이의 좁은 길을 걷는 것이 결혼을 보수하는 데 있어 가장 어려운 부분이라는 점은 확률상으로도 확실하다.

나는 많은 부부들이 붕괴 직전에서 간신히 결혼을 지켜 내는 것을 목격했다. 또한 결혼에서 발견되는 거의 모든 역기능을 보았는데, 대부분의 상황에서 부부가 아무리 첨예하게 분열되어 있더라도 빈사 상태의 결혼을 소생시킬 수 있다고 장담할 수 있다.

이혼의 본질은 전가(transference)에 있다. 이혼은 성인의 단기적인 불행과 아동의 장기적인 신체적, 정서적 건강을 맞바꾸는 행위다. 비영리 연구 기관인 아동 경향(Child Trends)에 따르면 이혼은 아동기 학대경험(adverse childhood experience; "ACE")으로 분류된다.[16]

아동기 학대경험은 아동의 "건강과 행복에 부정적이고 영속적인 영향을 미칠 수 있는 정신적 외상을 초래할 가능성이 있는 사건이다. 이러한 경험에는 정신적, 정서적, 성적 학대 및 부모의 이혼이나, 부모나 보호자의 수감이 포함된다."[17] 따라서 배우자나 자녀가 위험에 처해 있지 않는 한 이혼은, 아동 인권의 옹호자들에게 고려의 대상이 아니다. 가정 불화를 일으킨 데 대한 책임은 결국 어른들에게 있으므로 다시 화합해야 할 책임도 어른들에게 있다.

심리적 불안정

이혼은 대개 아동기 학대경험을 쏟아붓는 가정 붕괴의 시작이다. 이혼 가정의 아동기는 대개 동거 파트너, 재혼, 또 다른 이혼과 같이 별로 유쾌하지 않은 양상을 보인다. 많은 경우 강제로 이사를 가야 할 수도 있고 새로운 의붓가정과 집을 나눠서 사용하기도 한다. 그래서 이러한 과정에서 아이들은 사는 곳이 바뀌거나 어린 시절의 안식처를 잃는다. 재혼의 경우 새로운 아기 혹은 이미 태어난 아이들로 구성된, "복합가족" 형태의 새로운 형제자매가 생긴다. 통계상으로 재혼은 초혼 대비 실패율이 높다.[18] 그 결과 많은 아이들이 이혼 후에 "가족"이 여러 번 생기는 것을 감내해야 한다. 주디스 월러스타인의 말을 빌리자면, "이혼 아이들은 이혼을 "극복하지" 못한다."

은 기만적이다. 법적으로는 단일 사건이지만 심리학적으로는, 어떤 경우에는 영원히 끝나지 않는, 오랜 시간에 걸친 일련의 사건, 이사, 관계에 있어 급격한 변화이자, 관련된 사람들의 인생을 영원히 바꿔 놓는 과정이다."[19] 특히 관련된 아이들에게 이 말은 사실이다.

이혼 가정의 성인 자녀인 제니퍼 존슨은 아래의 경험을 기억한다.

> 나는 이혼에 관해 경험이 많아서 누구든 내 의견과 관련해서 질문거리가 아주 많을 것이다. 부모님은 내가 세 살 때 이혼한 이후 재혼, 이혼을 거듭하면서, 다른 자녀들, "두 가정" 사이에서 왔다 갔다 하는 일들이 많았다. 내가 스물두 살 때 이미 우리 부모님의 이혼, 아빠의 두 차례 이혼 등 총 세 번의 이혼을 경험했다.[20]

마이크는 아버지가 바람을 피운 이후의 삶에 대해 회상한다.

> 아빠는 프랑스에 사셨고 우리는 엄마와 살았다. 우리가 열네 살 때 엄마는 우리를 스페인으로 불러들인 스페인 남자와 결혼했다. 그래서 결국 짜증스럽게도 말라가로 이사를 갔다. 입학했던 좋은 학교를 떠나서 아무도 모르는 어딘가로 옮겨야 했던 것이다. 한 달 후 엄마의 새로운 남편은 엄마를 죽이겠다고 협박했다. 나는 그 사실을 엄마가 학교 앞에 나를 데리러 와서 "우리는 집으로 간다."고 울면서 일러주셨을 때 알았다. 당시 내가 보인 반응은 그 상황이 이미 내 정신에 미친 영향을 잘 보여 주는 것이었다. 나는 그저 "아무 데나 상관없다."고 말했다. 그동안 너무 불안정한 일이 많았기 때문에 그 시점에서 나는 이미 정말 무감각한 상태가 되어 있었다.[21]

마리아는 다음을 기억한다.

내가 엄마와 살았을 때 상황은 안정적이었다. 가장 어려웠던 점은 아빠가 계속 여자친구들을 갈아치우는 것이었다. 아빠는 오랫동안 사귄 여자친구들이 여럿 있었다. 그 중 몇몇은 자녀도 있었다. 종종 한 가족처럼 살곤 해서 주말 여행을 같이 가고 식사를 같이 하고 때로는 같이 살기도 했었다. 그런데 그들은 그러다가 갑자기 사라졌다. 몇 달 후에는 새로운 여자가 와 있었다. 몇 주 후에 아침에 일어나 보면 아빠의 새 여자친구가 부엌에서 커피를 끓이고 있었다.[22]

제니퍼는 가족 구성원이 계속 바뀌는 것을 참아야 했다.

부모님이 이혼한 지 칠 년이 지나서, 그 칠 년 동안 일종의 새로운 평화가 찾아왔을 거라고 생각할지도 모른다. 다시 한번 생각해 보기 바란다. 그 칠 년 동안 아빠는 재혼했고 엄마도 재혼했고 아빠는 또 이혼했다. 다섯 명의 의붓형제가 생겼다가 세 명을 다시 잃었다.[23]

많은 어른들이 "아이들은 회복력이 좋다."는 착각에 빠져 있다. 이혼이 장기적으로 자신의 자녀에게는 영향을 주지 않을 것이라 믿는다. 그들의 자녀를 만나본 적이 있는가? 그들의 자녀는 특별하고 그 아이들은 더 강하고 더 잘 적응하고 그저 괜찮을 것이라 한다. 아이들이 회복력이 좋은 것은 사실이다. 하지만 이는 아이들이 사회·정서적으로 꼭 필요한 3대 영양소인 어머니의 사랑, 아버지의 사랑, 안정감을 충분히 제공받을 때에만 사실이다. 이 3대 영양소는 이혼 후에 사라지거나 극적으로 줄어든다.

아이들은 이혼을 "극복하지" 못한다.

아버지 역할의 감소

정서적인 유대는 신체적 유대와 비례하기 때문에 이혼으로 부모-자녀 간 유대 관계가 줄어드는 것은 놀라운 일이 아니다. 부모님에게 다가갈 수 있는 기회가 반으로 줄 때, 특히 (보통 아버지인) 한 부모가 양육권을 갖지 않을 때 그 부모와 정서적으로 친밀한 관계를 유지하는 것이 어렵다는 사실은 수능 성적이 우수해야만 이해할 수 있는 게 아니다.

"가족 관계에 이혼이 미치는 영향"이라는 제목의 매리피디아(Marripedia)의 보고서에 따르면 이혼 후에 상당한 비율의 아이들이 아버지와 거의 연락하지 않는다.

> 한 연구에서 거의 50%의 아이들이 같이 살지 않는 아버지를 전년도에 만난 적이 없다고 발표했다. 몇몇 아이들은 정기적으로 방문한 게 아니라 특별한 날에만 아버지 집에 방문해서 잔 적이 있다고 보고했다. 가족과 가족 구성원에 관한 전국 조사에서는 이혼한 아버지 다섯 명 중 한 명이 전년도에 자녀를 만나지 못했으며, 50% 미만의 아버지들만 일 년에 몇 차례 자녀들을 본다는 사실을 발견했다. 별거, 이혼, 재혼한 어머니와 사는 (열두 살에서 열여섯 살 사이의) 사춘기 자녀 중 50% 미만은 일년 이상 아버지를 본 적이 없고, 여섯 명 중 한 명만 일주일에 한 번 꼴로 아버지를 만났다.[24]

매리피디아 보고서에서는 아버지의 부재가 부모의 양육 참여와 투자에 미치는 영향에 대해 다음과 같이 설명한다.

- 이혼한 아버지, 특히 양육권이 없는 아버지는 자녀와 잘 지내지 못한다. 자녀들은 아버지와 더 거리감을 갖게 되었다고 보

고했다.[25]
- 아버지는 "양육권을 갖는 어머니보다 자녀와의 관계에 있어 부정적인 변화를 겪었다"고 보고했다.[26]
- 이혼은 자녀들이 아버지를 덜 신뢰하게끔 만든다.[27]
- 이혼 가정의 아이들은 양부모 가정의 아이들보다 아버지로부터 정서적인 도움을 적게 받는다.[28]
- 이혼한 아버지는 양육에 관여하는 정도가 덜하며[29] 이혼으로 법적 양육권을 거부당할 경우 어린 자녀들로부터 멀어질 가능성이 더 높다.[30]
- 새로운 동반자를 만난 아버지는 혼자 사는 아버지보다 자녀와 지속적으로 연락을 덜하는 경향이 있다.[31]

애니는 부모님이 이혼한 이후 아버지와의 관계가 극적으로 전환되었던 일을 기억한다.

> 나는 아빠가 토론 대회나 학교 연극에 오셨던 기억이 없다. 아빠와의 관계는 업무적인 성격이 되었다. 내 차에 무언가 필요하거나 학용품 같은 물품이 필요할 때만 아빠에게 연락했다. 아빠가 원하는 대학이 아닌 대학을 선택하자 아빠는 내 고등교육에 대한 재정적인 지원을 끊었다. 그 시점이 되었을 때 아빠는 내 짐을 싸서 대학까지 데려다 주었다. 이후 아빠와의 관계는 한 번도 다시 가까워진 적이 없고 충족되지 못한 욕구만 가득하다.[32]

로라는 아버지와 연락이 끊기게 된 계기를 간단히 들려 준다.

> 우리 아빠는 자포자기 상태로 무책주의에 따른 이혼에 협의했다. 엄마가 집을 지켰고 곧 엄마의 남자친구가 들어와서 엄마

아이들은 이혼을 "극복하지" 못한다.

와 재혼했다. 나는 격주로 아빠와 지낼 예정이었지만 아빠 집에서 학교를 가는 게 어려워서 아빠를 보는 날이 줄어 들었다. 점차 아빠는 나의 인생에서 사라져 갔고 가끔 주말에 보거나 주중 저녁에 보거나 하는 게 다였다.[33]

함께 보내는 시간이 많아야 자녀와 보내는 귀중한 시간도 생기게 된다. 어떤 연령대의 자녀도 무언가 정말 중요한 일을 부모와 상담하려고 시간을 예약하지는 않을 것이다. 중요한 문제에 대한 이야기는 빨래를 개거나 야구 연습을 하러 가는 길에서나, 예기치 못한 방법으로 일상에서 하게 되기 마련이다. 중요한 조언을 하기 위한 기회를 방문 스케줄을 잡는 방식으로는 만들 수가 없다. 특히 그 스케줄에 여자친구나 의붓형제와 같은 새로운 사람들이 포함되어 있으면 더욱 그렇다. 두 집 사이를 왕복하는 아이는, 중요한 문제에 대해 안전하게 이야기할 수 있도록 마음을 터놓는 데 필요한 안정감을 느낄 수가 없다. 결혼한 부모의 자녀(48%)가 이혼한 부모의 자녀(25%)보다 아빠와 더 끈끈한 유대 관계를 형성하는 것은 놀라운 일이 아니다.[34]

별장이 아니라면 두 집은 한 집보다 좋지 않다.

"우리 같은 아이들은 한 주는 어머니와 지내다 다음 주는 아버지와 지내는 일이 너무 힘들다. 그것은 마치 평생 시소 위에서 사는 것 같다."[35]

-피체스 겔도프

이혼 전 한 아이의 집은 그 아이가 소속감을 즐기는 장소이다. 팬케이크에 넣는 초코칩의 양이나 청소년 관람 불가 등급의 영화를 열일곱 살 미만에게 보여줄 것인지와 같이, 부모마다 각각 차이가 있을 수는 있지만, 모든 가정에는 일련의 규칙, 하나의 일과, 행동에 대한 기준이 있다. 이혼 후에도 부모가 모두 아이들과 관계를 유지한다면, 아이들은 각 부모의 새로운 집에서의 다양한 생활 양식에 적응해야 한다. 어른이 새로운 가정과 집을 세우는 동안, 이전 결혼에서 태어난 자녀들은 새로운 형태의 "일상(나누어진 가정, 갈라선 부모, 분열된 충성심, 갈라진 인생)"이라는 배에 올라타야 한다. 이혼은 부모가 자신의 인생의 방향을 올바로 설정하는 것을 거부했기 때문에, 여덟 살이든 열여덟 살이든 아이들에게 중요한 관계를 형성하는 생활의 방향을 바꾸라며, 고생을 시키는 것이다.

약 50%의 아이들에게 있어 이혼이란 단순히 집이 두 개라는 것 이상을 의미한다. 그것은 곧 두 개의 인격을 의미한다. 미국의 가치 연구소의 엘리자베스 말콰르트는 열여덟 살에서 서른다섯 살 사이의 1,500명의 청장년을 조사하였는데, 이 중 절반은 이혼 가정의 자녀였으며 나머지 절반은 온전한 가정의 자녀였다. 그녀는 조사한 결과를 "*두 세계 사이에서*(Between Two Worlds)"라는 책에서 다음과 같이 기록했다.

> 50%가량은 이혼 후 부모님과 자신이 다른 사람처럼 느껴졌다고 말했는데, 손상되지 않은 가정의 자녀의 경우 그렇게 대답한 비율은 25%에 불과했다. 이혼한 부모의 자녀 중 절반은 부모님이 서로 진실이라고 말하는 내용이 달랐다고 한 반면, 결혼한 부모의 자녀 중 그렇게 대답한 비율은 20%였다. 이혼한 부모의 자녀 중 부모가 중요한 비밀을 지켜달라고 요구했다고 응답한 숫자는 손상되지 않은 가정의 자녀보다 두 배 이상 많았으며, 더 많은 자녀들이 부모가 그렇게 요청하지 않았을 때

아이들은 이혼을 "극복하지" 못한다.

조차 그렇게 해야 할 필요를 느꼈다고 말했다.[36]

말콰르트는 또한 소위 "좋은 이혼"을 했다는 가정의 아이들이, 갈등은 적지만 행복하지 않은 부모와 사는 자녀보다 상황이 오히려 더 나쁘다는 사실도 발견했다. 말콰르트에게 무엇이 "좋은 이혼"인지 묻는다면 그런 것은 없다고 일러줄 것이다.[37]

부모의 이혼 후 주변인으로 살아온 한 여성은 다음과 같이 회상했다.

> 나는 엄마 아빠 각자의 가족들의 기분을 맞춰 주려 갖은 애를 쓰다가 결국 내 정체성을 잃어버렸다. 두 개의 분리된 생활을 혼자서 왔다 갔다 하던 나는, 각 가족에게 주변인이었지, 결코 내부의 일원이 된 적이 없다. 내가 가장 사랑했던 사람들은 한 번도 같은 공간에 함께 있은 적이 없었고, 대부분은 상대가 존재하는 것조차 몰랐다. 나는 이 가족과 시간을 보내느라 또 다른 가족의 행사나 기념일에 함께 하지 못했다. 이혼 가정의 아이들은 이렇게 일관성이 없고 불안정한 상황에 대처하는 법을 배운다…[38]

네이트는 악몽과도 같은 두 세계의 진흙탕 싸움을 다음과 같이 그린다.

> 부모님이 말다툼을 너무 심하게 해서 여섯 살부터 여덟 살때까지 악몽이 계속되었다. 처음 이 악몽을 꾸었을 때 나는 라켓볼 경기장 같은 하얀 방에 있는 검정색 액체괴물 한 조각이었다. 나는 엄마와 아빠가 싸우는 소리는 들을 수 있었지만 실제 그들을 보지는 못했다. 부모님 목소리는 방 전체에 울렸다. 엄마 목소리를 들을 때면 나는 목소리가 나는 쪽으로 늘어났다가,

아빠가 언쟁을 시작할 때면 그 목소리 쪽을 향해 늘어났다. 이 꿈을 꿀 때마다 식은땀에 젖어서 일어나곤 했다…나는 부모님이 싸워서라기보다는, 내가 두 집 살이를 하면서 느낀 불안감과, 부모님이 다른 부모님에 대해 나와 소통하던 방식으로 인해 이런 꿈을 꾸었던 것으로 생각한다.[39]

이런 두 집 살이에 대해 존은 "나는 동생과 내가 양 부모님들 사이에 있는 체스 게임의 졸처럼 느꼈다."고 소회를 간결하게 묘사했다.[40]

더플백을 들고 두 집 살이를 하느라 피눈물나게 노력해야 했던 기억을 적은 익명의 사람도 있다.

가장 기억에 남는 건 두 세계를 왔다 갔다 옮겨다니면서 모든 물품들을 꼼꼼하고 완벽하게 챙기느라 매일 짐을 싸면서 받은 스트레스이다. 무엇을 가져가고 무엇을 두고올 지, 세면도구와 찾아와야 할 물품들을 고생고생하면서 매번 계획했던 게 기억난다. 제출 기한 훨씬 전에 컴퓨터가 있는 집에서 숙제를 준비했던 날에는, 숙제에서 요구하는 내용이 추후에 바뀌지 않기를 간절히 소망했다. 내게는 나중에 숙제를 고칠 수 있는 방법이 도통 없었기 때문이다. 내 물건들을 깜빡해서 엄마나 아빠를 불편하게 하면 안 되기 때문에 모든 것은 완벽하게 준비되어야 한다는 생각에 늘 불안하고 긴장했다. 초등학교 일학년 때부터 고등학교까지 줄곧 학교 가방 말고 커다란 더플백을 하나 더 가지고 다녔다. 생필품을 가득 담은 지퍼가 고장난 파란 폴리에스터 가방을 하루 걸러, 격주 주말마다, 이 기지에서 저 기지로 질질 끌고 다니는 어린 셰르파가 바로 나였다. 나는 친구들과 달랐고 문자 그대로 짐보따리가 그 사실을 증명했다.[41]

아이들은 이혼을 "극복하지" 못한다.   181

일곱 살 난 레이서는 다음과 같은 표현을 통해 이 문제의 정곡을 찌른다. "왔다 갔다 하는 것은 너무나 괴롭다…나는 부모님 둘 다 보는 것을 좋아하지만, 아빠 집에 있을 때에는 엄마가 보고 싶고, 엄마 집에 있을 때에는 아빠가 보고 싶다. 매일 밤 나는 누군가를 그리워한다."[42]

정신, 정서, 행동 건강

베스는 부모의 이혼으로 그녀가 치른 대가에 대해 아래와 같이 말한다.

> 우리는 새로운 동네, 새로운 학교에서 새로운 면접 교섭권과 경계가 주어진 새로운 인생을 시작했다. 나는 하루에 여러 번 토하는 불안 장애도 새로 생겼다. 나는 거의 숨도 못 쉴 정도로 너무 심하게 울었다. 아무도 나를 어떻게 다뤄야 하는지 몰랐다. 당시 나는 유치원에 다녔는데 숱한 추수감사절과 크리스마스를 내가 망쳤다고 들었다. 그렇지만 그건 사람들이 하는 말이고 내 말이 아니다. 나는 좌약을 받느라 여러 시간 엎드려 있어야 했다. 사람들이 이 방법 외에는 나를 진정시킬 방법을 찾지 못했기 때문이다. 어느 명절날, 화장실에서 내가 잠잠해졌을 때 외할아버지가 내 곁에서 쩔쩔매면서 제발 그만해 달라고 사정했다. 커다란 어른인 할아버지가 상처받은 어린 소녀 위로 몸을 굽히며 말했다. "내가 너의 아빠가 되어 주마." 하지만 할아버지는 아빠가 될 수 없었다.[43]

이혼은 아이들에게 파괴적이고 오래 지속되는 정서적 피해를 입힌다. 부모가 이혼한 경험이 있는 성인을 장기간에 걸쳐 연구한 결과, 이들이 손상되지 않은 가정에서 자란 또래 대비 일반적으로 교육을 덜 받고 실직을 더 많이 경험하며 이혼율과 부정적인 생활 사건이 발생할 위험, 위험한 행동에 관여할 위험도 더 높은 것으로 밝혀졌다.[44] 정신 건강에 기본적으로 문제가 있는 아이들의 경우 부모의 이혼이 성인기 우울증의 발병 위험을 악화시키며, 성인이 되어 양극성 장애로 발전할 가능성도 증가했다.[45]

이혼으로 인한 정서적인 피해가 얼마나 심한가? 부모의 사망이 아동에 미치는 심리적 충격이 이혼으로 인한 것보다 덜하다는 연구 결과가 있다.[46] 부모가 가족을 버리는 쪽을 선택하지 않았다는 사실을 아는 아이들의 상황이 더 나은 것처럼 보인다.

케트린은 부모님의 이혼 후 남동생이 우울증으로 자살하게 된 책임은 당연히 아래와 같다고 말한다.

> 우리가 십 대였을 때 엄마가 남동생에게 이제 너가 "우리 집의 가장"이라고 말했다. 남동생은 자신이 성인 남성으로 잘 자라날 수 있도록 이끌어 줄 멘토가 필요한 상황이었기에, 그것은 누가 봐도 남동생이 감당하기에 불가능한 역할이었다. 남동생은 이십 대 때 우울증에 빠졌고 익사했다. 나는 의심의 여지없이 그가 스스로 목숨을 끊었다는 사실을 알았다.[47]

심리적 문제와 대인 관계에서 어려움을 딸들이 겪을 위험은 더 높다. 이혼한 가정의 젊은 여성들은 정상 가정의 비교군 대비, 우울감, 고독감, 아동기 심리적 외상, 애착 불안과 애착 거부, 만성 스트레스가 더 높고,[48] 자살 충동이 증가하였으며[49] 실제 자살 기도도 더 많이 하는 것으로 알려졌다.[50] 로라는 약물로 점철된 (부모의) 이혼 후의 여정에 대해 회상한다.

아이들은 이혼을 "극복하지" 못한다.

나는 십 대 시절 정서적으로 만신창이였다…나는 스스로가 너무 싫었다. 나 때문에 이혼한 거라 자책하며 죽고 싶었다…(자살 충동을 증가시키기 때문에 사춘기 직전의 아이들에게는 권장하지 않는) 우울증 치료제를 먹기 시작했다. 우울증 치료제도 효과가 없자, 아더럴(Adderall; ADHD 치료용 각성제, 암페타민)도 먹었다. 그 다음에는 항우울제, 항정신병약, 진정제를 한꺼번에 섞어서 먹기 시작했다. 그 어떤 것도 도움이 되지 않았다. 나는 그저 피곤했고 계속 아팠다…열세 살 되던 때 자살 시도를 했다. 그로 인해 나흘 동안 어린이 정신과 병동에 갇혀 있어야 했다. 내 상태는 우울증이나 양극성 장애의 징후와 맞지 않았다. 나는 복합성 외상 후 스트레스 장애로 진단받았지만, 엄마가 이혼이 정신적 외상을 일으킬 정도의 충격이라고 믿지 않았었기 때문에 성인이 되어서야 이에 대한 치료를 받을 수 있었다.[51]

신체 건강

위 글을 읽은 독자라면 이혼이 아동의 정서 건강에 막대한 피해를 입힌다는 사실을 인정하기가 어렵지 않을 것이다. 새롭게 알게 되는 점은 이혼이 아동의 신체 건강에도 합병증을 유발시킬 수 있다는 사실이다. 생리학적으로 흥미롭게도 이혼 가정의 성인 자녀는 감기마저 더 잘 걸리지만,[52] 심각하게는 암[53]이나 자가면역 질환[54], 뇌졸중[55]에 걸릴 위험까지 높다.

도나 잭슨 나카자와는 본인의 만성 질환이 어린 시절 겪었던 부정적 경험이 원인이라는 사실을 발견하는 과정에서, 이혼을 포함하는 아동기 학대 경험이 나중에 수많은 건강상 문제의 원인이 될 수 있다는 사실을 알고 매우 놀랐다. 그녀는 "아동기 정신적 외상은 만성 질환으로 평생 이어지는데 의학계에서는 왜 환자를 돕지 않는가?"라는 본인의 논문에서, 어린 시절 정신적 외상이 신체적 건강에 미치는 폐해에 대해 자세히 설명했다.[56] 나카자와는 수많은 연구 보고서를 인용하면서 아동기의 역경이 뇌를 변화시키는 일곱 가지 방식을 통해, 아동이 언제 아동기 학대경험을 접하게 되는지를 다음과 같이 설명한다.

> …우리 몸의 생리학적 스트레스에 대한 반응은 과민 반응 상태로 바뀌며 십 년, 이십 년, 심지어 삼십 년이 지나 겪게 될 스트레스에 대해서조차 적절하게 효과적으로 반응할 수 있는 능력을 잃어버린다. 이는 유전자 메틸화로 알려진 프로세스로 인해 발생하는데 작은 화학적 표지자나 메틸 그룹이 스트레스 반응을 조절하는데 관여하는 유전자에 달라붙어, 이 유전자가 본연의 기능을 수행하지 못하도록 방해한다. 이 유전자의 기능이 변경됨에 따라 스트레스 반응은 평생 "과민 상태로" 재설정되며 염증과 질병을 유발한다.[57]

애니는 부모님의 별거로, 정신 및 신체 건강이 어떻게 악화되었는지에 대해 다음과 같이 상세히 설명한다.

> 나는 (학교와 교외 활동은) 잘하고 있었지만 내면엔 분노와 의문, 그리고 이 모든 것을 끝내 버리고 싶은 느낌에 사로잡혀 있었다. 고등학교 2, 3학년 때는 끊임없이 극단적인 선택만을 생각했다. 고3 시절의 대부분은 상담을 받는 시간으로 보냈다. 건강은 완전히 망가졌다. 천식, 레이노병, 측두하악골증후군

아이들은 이혼을 "극복하지" 못한다.

(TMJ Syndrome) 진단을 받았는데 부모님이 헤어지기 전에는 이런 모든 질병이 없었다.[58]

심장병, 당뇨병,[59] 천식[60]은 부모의 이혼과 연관된다. 아동의 내장, 피부, 신경 계통, 생식기, 비뇨기에 문제를 일으킬 확률도 두 배이다.[61] 부모의 이혼과 자녀의 건강 악화는 서로 직접적인 상관 관계에 있으므로 의료비를 절감하는 방법을 심각하게 고민한다면 이혼율을 낮추는 일부터 시작해야 한다.

학력 저하

교육 전문가라면 누구나 학교에서 힘들어하는 아이들의 공통된 원인은 해체된 가정이라는데 동의할 것이다. 두 집 살이를 하는 일, 탈진 상태에 있는 한 부모, 정신없이 돌아가는 부모의 동거 파트너나 복합 가족은 아이들이 구구단을 외울 시간이나 정신적인 에너지를 앗아간다. 영국의 연구진들은 65%의 학생들이 부모의 이혼이 일반 중등교육 학력인정시험에 부정적인 영향을 미쳤으며 44%의 학생들은 가족의 붕괴가 성적에 안 좋은 영향을 주었다고 답변했다는 사실을 발견했다.[62] 이혼은 아동이 학업에 성공할 능력에도 상당한 영향을 미치기 때문에 결국 장래 취업의 기회조차 줄일 수 있다. 마이아의 경험이 좋은 예시다.

아빠는 사춘기 딸이 여성으로 성장하는 여정을 어떻게 다루어야 할 지 아무 생각도 없는 남자였는데도 불구하고, 내 인생에서 여성의 영향과 조언, 엄마만이 줄 수 있는 보살핌이 가장 필요한 그렇게 중요한 시기에 엄마가 나를 떠났다는 사실에, 반항하고 혼동하기에 안성맞춤인 환경에서, 나는 극도로 분노가 가득한 상태로 십 대를 보냈다. 성적은 떨어졌으며 자세도 변했고 아무도 내 존재를 신경쓰지 않는 상황에서 나는 조심성 없고 무모해졌다.[63]

이혼 가정의 아동이 고등학교를 졸업하는 비율 역시 무너진다. 청소년에 관한 국가 장기 연구조사(1979 ~ 1985)에 따르면, 손상되지 않은 친부모 가정의 자녀가 고등학교를 졸업하는 비율은 85%인 반면, 결손 가정은 이 비율이 심각하게 떨어졌다. 한 부모 가정의 경우 67%, 의붓 자녀의 경우에는 65%, 부모와 살지 않는 아동의 경우 51%였다.[64]

장래의 인간관계

부모가 결혼에 헌신하는 모범을 보여 주는데 실패할 때 아이들은 본인의 건강한 애정 관계를 발전시키거나 유지할 수 있는 능력을 잘 갖추지 못하게 된다. 이혼 가정의 자녀가 본인들의 가정을 형성할 때 더 많은 어려움을 겪는다는 사실은 놀랍지도 않다. 이혼이 전염병처럼 성행했던 시절 태어난 밀레니엄 세대는 결혼을 조심스러워하며 종종 동거를 선택한다.[65] 많은 이들은 모든 관계 자체를 피한다.

스물네 살인 리앤은 부모님의 이혼이 그녀를 얼마나 힘들게 했으며 헌신적인 관계에 대해 내면 깊이 공포가 생긴 과정에 대해 이야기한다.

나는 성인과 연애를 딱 한 번 했는데 가정, 친구, 재정, 일상과 같은 모든 인생을 산산조각내는 상처가 두려웠던 게 주요한 원인이었다. 이혼은 당신이 알고 있는 인생을 끝내버리는 것이다. 부모님의 이혼으로 얻은 가장 큰 교훈은, 아무리 상대방을 사랑하더라도 그들이 당신을 떠나기로 했다면 그들의 마음을

아이들은 이혼을 "극복하지" 못한다.

돌이키기 위해 당신이 할 수 있는 일이 아무것도 없다는 사실이었다.[66]

사회학자인 니콜라스 H. 볼핑거는 이혼 가정의 아이들이 본인의 가정을 형성할 때 특이한 두 결과를 보인다는 사실을 확인했다. 하나는 십 대에 결혼할 가능성이 훨씬 높다는 점이고, 다른 하나는 이들의 결혼 역시 이혼으로 끝날 가능성이 높다는 점이었다.[67] 헤더도 십 대 때 엄마가 되었다.

난 엄마와 항상 어려운 관계를 유지했지만 엄마가 없는 것보다 그런 엄마라도 있는 것이 더 나았다. 엄마가 날 떠난 후에도 난 엄마가 돌아올 것이라는 희망을 몇 달 동안이나 가졌었다. 아빠는 우울증으로 기본적으로 마음의 문을 닫았다. 아빠는 내가 집안일, 요리, 동생들을 돌보는 일을 맡아서 하리라 기대했다. 그렇지만 나는 이 상황을 감당할 수 없어서 가능한 한 자주 밖으로 나돌았다. 그러면 동생들을 방치한 데 대해 죄책감이 들곤 했다. 학교 생활은 더 힘들었다…결국 난 열여섯 살 때 임신을 하게 됐고 딸을 낳았다. 그 후 열일곱 살이 되던 해 결혼했다.[68]

볼핑거는 "이혼 주기에 대한 이해(Understanding the Divorce Cycle)"라는 책에서 부모가 이혼한 자녀의 이혼도 증가할 위험에 대해 보여 준다. 이혼한 부모가 재혼하지 않은 경우 그 자녀가 이혼할 가능성은 45% 더 높았고, 이혼한 부모가 의붓부모와 재혼한 경우 그 자녀가 이혼할 가능성은 손상되지 않은 친부모 가정에서 자란 자녀 대비 91% 더 높았다.[69] 당신이 만일 이혼을 했는데 당신의 자녀의 가정도 파괴되고 마음도 상하는 일을 반복적으로 겪지나 않을까 걱정이 된다면, 이런 일을 두 번 겪는 것은 전혀 매력적이지 않으므로 이 일은 한 번으로 끝나야 한다는 주문이라도 외워야 할 것이다.

에릭은 부모님의 이혼으로 어린 시절 받은 상처로, 자기 가족을 지키기 위해 최선을 다했음에도 불구하고, 결국 이혼한 가족의 통계에 오르고 말았다.

부모님의 이혼으로 나는 결혼이 두려웠다. 버려질까봐 두려운 게 아니라 아버지처럼 아내와 자식을 버리게 될까봐 두려웠다. 실제로 결혼식을 취소하고 예비 신부에게는 내가 그녀에게 약속을 지킬 확신을 갖기 위해 시간이 더 필요하다고 말하기까지 했다. 이혼으로 나와 형제들, 엄마가 겪은 일을 내 아내와 아이들이 결코 다시 겪도록 할 수 없다고 간절히 소망했다. 나는 장래의 신부가 이혼은 내 선택지에 없다는 점을 이해시켜야 했다. 만일 우리가 결혼을 한다면 결혼은 영원히 지속되어야만 했다. 그녀도 같은 생각이라고 말해서 하나님께서 우리를 부부로 맺어 주셨다.

하지만 애석하게도 그녀는 내게 거짓말을 했거나 마음을 바꿨다. 세 아이와 거의 이십 년 간 함께 한 부부 생활을 그녀가 "끝냈다"고 말했고, 이번에는 그녀가 본인의 말을 지켰다. 나는 이혼한 부모의 성인 자녀들도 이혼하는 비율이 높은 이유를 이해하지 못했다. 내 경우는 남편과 아버지로서 무엇을 해야 하는지 스스로 몰랐다는 사실을 깨달았다. 나 스스로도 그게 무언지 본 적이 없는데 누가 알겠는가? 내가 어떻게 해야 하는지 알았더라면 좋은 남편과 아버지가 될 수도 있었을 것이다. 아내가 떠나지 않았을 지도 모른다. 부모가 이혼한 집의 성인 자녀

아이들은 이혼을 "극복하지" 못한다.

들은 배우자에게 필요한 것을 충족시켜 줄 준비가 안 되어 있을 수 있다. 그래서 결국 본인들도 이혼하는 건지 모르겠다.[70]

결혼을 회복하는 것은 아이들과 부모 모두에게 좋다.

"불행한 결혼을 유지하는 것보다 이혼하고 행복하게 지내는 게 낫지 않나요?" 우리는 항상 이 질문과 비슷한 이야기를, 이혼을 생각 중이거나 정당화하는 누군가로부터 들어 왔다. 아마 당신도 이러한 질문을 한 적이 있거나, 질문을 받는 입장에서 보통, "아니요. 당신은 결혼 생활을 유지해야 해요. 책임감을 가지고 지켜내세요."라는 답변은 어차피 듣기 어렵기 때문에 자신의 입장을 불편하게 바꿨을 수도 있다. 이 이야기를 듣고 찔리거나 이렇게 불편한 입장을 가져본 적이 있다면 당신은 아이들을 성인보다 먼저 생각하는 우리 같은 사람 중 하나이다. 이제 책임감 있게 행동해야 할 때가 왔다. 비록 듣기 좋은 이야기도 아니고 관계를 끝낼 수도 있는 성격의 이야기이지만, 본인들의 욕구를 자녀들의 필요보다 우선시하는 부모들에게 당신은 이 진실을 부드럽게 이야기해야만 한다.

책임감을 가지라는 취지의 대화를 하면서 이혼에 반대하는 당신의 입장을 보강하는데 도움이 될 만한 사회과학적인 토막뉴스가 있다. 미국의 가치 연구소에서 2002년 발간한 보고서에서 불행한 결혼 생활이지만 유지하기로 결정한 부부 중 삼분의 이는 오 년 후 더 행복하다고 느끼는 것으로 발표했다.[71] 반대로 결국 이혼을 선택했던 불행하게 느꼈던 부부는, 평균적으로 결혼을 유지한 부부 대비 더 행복하지 않았다. 영국의 결혼 재단(Marriage Foundation)에서 발표한 유사한 보고서에서도 첫 자녀를 출산한 부부 중 5%가 불행하다고 보고했으며 이 중 거의 삼분의 일은 이혼했다.[72] 결혼을 유지한 부부 중 자녀가 열한 살이 되었을 때 여전히 불행하다고 보고한 부부는 7%였다. 이와 대조적으로 불행하다고 보고했던 5%의 부부 중 68%는 십일 년 후 결혼 생활이 행복하다고 응답했다. 결혼 재단의 연구 책임자인 해리 벤슨은 "일반적인 생각과는 달리, 불행한 결혼을 유지하는 것이 할 수 있는 최선"이라고 말한다.

직장에서 자신을 진정으로 "이해해 주는" 사람이나 틴더(Tinder) 앱에서 괜찮아 보이는 여성과 새로운 인생을 꿈꾸면서 아이들의 행복은 부모의 행복과 함수 관계에 있다고 믿는 성인들에게는 나쁜 소식을 전하게 되어 유감이다. (사실은 유감이 아니다.) 많은 아이들에게 부모의 이혼으로 받은 정서적 고통을 무색하게 만들 수 있는 유일한 사건은 부모가 재결합하는 것이다.[73]

웨딩비(Weddingbee) 웹사이트 토론방에다 좌절감을 토로한 예비 신부의 이야기를 들어보자.

> 방금 엄마가 전화로 9월에 재혼한다고 이야기했다. 엄마와 아빠는 (삼 년 전) 헤어졌고 12개월이 지나서 이혼이 확정되었는데, 엄마가 재혼한다는 남자는 엄마가 이혼하기 전 8개월 동안 바람을 피운 상대였다. 이들의 관계는 육체적이라기보다는 정서적인 관계여서 엄마는 아무 잘못이 없다고 생각했었다. 나는 가까스로 엄마를 용서하기 시작했지만 그 남자는 전혀 받아들일 수 없는 상태였는데 이 둘이 결혼을 한단다…나는 너무나 상처를 크게 받았고 온갖 종류의 분노가 다 느껴져서 도통 어떻게 해야 할 지를 모르겠다. 화상 통화를 하면서는 그 상황을

결혼을 회복하는 것은 아이들과 부모 모두에게 좋다.

넘기기 위해 감정을 숨기고 있었지만 사실 난 만신창이가 되었고 내면의 감정에 사로잡혀 있다.[74]

어리석은 생각은 하지 말기 바란다. 당신이 특별히 다르지는 않다. 당신 자녀도 다르지 않고 그들은 "괜찮지" 않을 것이다. 자녀의 행복과 성인의 행복은 함수 관계에 있지 않다. 아이들은 부모가 힘든 일을 해서 아이들이 매일 엄마와 아빠로부터 영양가 있는 사랑을 충분히 받을 수 있을 때 만족하고 안정감을 느낀다.

결혼은 단련하는 불이 될 수 있고 아이들은 그 불을 더 강하게 할 수 있을 뿐이다. 이혼을 통해 결혼이라는 불을 피하는 것은 도피하는 게 전혀 아니다. 이혼은 어른의 괴로움을 자녀의 어깨로 옮기는 행위이자, 배우자들이 감당해야 할 고생을 무고한 피해자가 감당하도록 하는 일이다. 이혼은 "우리는 결혼이 요구하는 힘든 일을 하지 않을 테다. 자, 자녀들아, 너희가 대신 감당해라."라고 말하는 것이다.

실천 방법

무책주의 이혼법은 결혼을 재정의하려는 첫걸음이 되었다. 결혼을 영속적인 것으로 기대하지 않게 되자, 인류에게 있어 가장 아동 친화적인 것으로 알려져 온 제도는 성인의 성취감을 위한 수단으로 전락해 버렸다. 무책주의는 결혼은 당사자가 행복할 때까지만 존재해야 한다고 결정했다. 그러자 부부가 행복하지 않게 되면 결혼은 끝내야 한다는 논리가 지배하게 되었다.

이혼이 신중한 처사인 예도 물론 존재하지만, 무책주의가 촉발시킨 이 전염병은 우리 문화를 병들게 했고 이 나라의 아이들에게 과도하게 해를 입혔다. 아이들을 성인보다 우선시하는 것은 결혼에 대한 태도를 결혼이 의도하는 바, 즉 평생 신실하게 지켜야 할 약속에 부합하도록 바꾸는 것이다. 우리는 다같이 양 당사자가 좋든 싫든 죽음이 갈라놓을 때까지 상호 헌신하도록 하는 건강한 결혼을 장려해야만 한다. 우리는 서로에게, 그리고 우리 자신에게, 이혼이 자녀의 평생에 미치는 부정적인 영향에 대해 정직해야만 한다. 헌신적인 접근 방법이란 관계에 어려움을 겪는 성인이 결혼을 지키기 위해, 그것이 전문가의 도움을 구하든 단순히 자신보다 가정을 선택하는 것이든, 힘든 일을 해야 한다는 의미이다. 물론 이혼을 꼭 해야만 하는 극단적인 학대나 간통, 유기와 같은 사례도 분명히 존재한다. 따라서 아동 인권을 옹호하는 사람들이 어떤 대가를 치러서라도 결혼을 옹호해야만 하는 것은 *아니다.* 그런 상황은 우리가 유책주의 이혼법 정책으로 돌아가야 한다는 우리의 주장을 뒷받침하는 근거가 된다.

국민들의 마음과 생각이 바뀌지 않았는데 국가의 정책에 영향을 미치는 것은 불가능하기 때문에 우리는 친구와 이웃들과 기꺼이 이 어려운 대화를 해야만 한다. 이 배를 바로 세우기 위해 우리 모두가 이혼이 야기한 문화적 재앙을 바로잡기 위한 노력을 하기 위해 갑판에 서야 한다. 이혼한 부모의 자녀이자 다큐멘터리 필름 제작자인 올리 램버트가 관찰한 바에 따르면 이 재앙은 단순히 "향후 몇 달이 아니라 50년 동안" 자녀의 인생을 바꾼다.[75]

6장 동성 부모(Same-Sex Parents)

동성 부모와 있는 아이의 사진을 볼 때마다 우리는 한 부모를 잃어버린 아이의 사진을 보는 것이다. 사진 속의 엄마들이나 아빠들이 아무리 부유하고 학식이 있으며 엄마나 아빠의 역할을 탁월하게 한다 해도 이들은 특정 성별에 고유한 양육 방법과, 사진 속에 없는 잃어버린 부모만이 줄 수 있는 생물학적 정체성을 제공해 줄 수 없다. 두 아빠가 딸을 아무리 많이 사랑한다 하더라도 사진 속의 그 아이는 밤에 아빠들이 잘 자라고 재워 주고 방을 나서면 곧바로 사진에는 없는 사라진 그 여성에 대해 궁금해한다. 왜냐하면 그녀의 *어머니인* 그 여성은 그 아이가 부모에 대한 권리를 가지는 대상인 바로 그 여성이기 때문이다.

당신이 이 책을 하나님께서 사람들이 책을 읽도록 의도하신 방식인 앞에서부터 차례대로 읽었더라면 육아에 있어 성별과 생물학이 가장 중요하다는 점을 받아들이게 되었을 것이다. 또한 부모를 잃는다는 것이 아이에게 얼마나 신체적, 정신적, 정서적으로 해로운지를 보여 주는 연구 보고서, 이야기, 통계 자료의 빗발치는 포화도 견뎌냈을 것이다.

앞의 장들을 건너뛰고 읽은 독자를 위해, 양육에 근본적으로 필요한 구성 요소를 요약하자면 다음과 같다.

결혼과 가정에 관한 수십 년간의 연구를 근거로 합의된 내용인 결혼한 어머니와 아버지가 양육할 때 아이들의 성과가 가장 좋다는 점에 압도적인 수의 사회학자들이 동의한다. 좀 더 구체적으로 말하자면, 사회과학자들은 동성혼 커플의 양육에 관한 연구만 제외한다면 아래 세 가지 내용에 대해 동의한다.

- 생물학은 중요하다. 동거와 복합 가족에 관한 수십 년간의 연구 결과, 생물학적 부모가 통계상 아이들의 인생에서 가장 안전하고 가장 많이 아이들에게 투자하면서 가장 오래 아이들 곁에 머문다는 사실이 확인되었다. 반면에 혈연관계가 없이 아이를 돌보는 사람이 가장 위험하고 아이 곁에 적게 머물고, 시간과 자원을 아이에게 가장 적게 투자하는 경향을 보였다.
- 성별이 중요하다. 남성과 여성은 육아에 있어 상호 보완적인 기능을 수행한다. 특정 성별이 없을 때, 특히 남성이 없다면, 소녀들은 조기에 성행위를 하거나 소년들이 일찍 범죄 행위를 하는 예측 가능한 양상이 발생한다.
- 부모의 상실은 해롭다. 정신 심리학계에서는 이혼, (추후에 입양되더라도) 유기, 사망, 제삼자에 의한 재생산의 경우 한 부모 혹은 양 부모를 잃은 아이들이 정신적 외상과 충격과 부정적인 결과로 고통받는다는 사실을 널리 인정하고 있다.

정말 "차이가 없는가?"

하지만 동성 부모의 육아에 관해서라면 이렇게 거의 보편적으로 인정받는 사실들이 대대적으로 은폐된다. 당신도 아마 동성 부모의 양육에 관해 토론하다가 현실이 뒤집어지는 경험을 했을 것이다. 사람들이 "연구 결과 남성 동성혼 커플의 자녀가 어머니와 아버지가 양육한 자녀와 차이가 없다고 밝혀졌다."라고 하거나, "동성 부모의 자녀들이 학교에서 더 잘한다.", 혹은 "아이를 키우는 여성 동성혼 커플의 학대 사례는 전무하다는 연구가 나왔다."는 주장을 한다. "연구 보고서"에서야 그런 사례를 보여 주지 못했는지 몰라도, 구글은 여섯 명의 입양 자녀를 굶기고 학대하고 마침내는 이들을 모두 차에 태워서 캘리포니아의 한 절벽으로 돌진해서 태평양에서 모두 익사하도록 만든 여성 동성애자 커플인 제니퍼와 사라 하트[1]의 사례를 알려 준다. 확실히 이 여성 동성애자 커플의 이야기는 "학대 사례가 전무하다"는 보고서에는 포함되어 있지 않다.

동성 부모가 양육한 자녀의 성과에 차이가 전혀 없다는 주장이 계속 반복되다 보니 이제는 사실로 인정받는 지경에 이르렀다. 하지만 그러한 연구에 사용된 방법론은 너무나 오류가 심해서 이를 반박하는 것은 무책주의에 따른 이혼 서류를 제출하는 것보다 더 쉽다. 그리고 당신은 내가 이 주장에 대해 반박하리라고 장담할 수 있다. 더구나 이 장은 "차이가 없다"는 주장이 틀렸음을 대대적으로 밝히는 믿을 만한 방법론에 근거한 엄연한 사회과학으로 꽉 들어차 있다.

하지만 우선 다음 문장으로 시작해 보자. 자료에 따르면 아이들이 부모가 이혼하고 재혼할 때 새로운 배우자가 부모와 다른 성별인 경우 여러 방면에서 힘들어 한다고 밝혔다. 이는 사실이다. 부모를 여의거나 버림받은 아이들이 동성이 아닌 부모에게 입양되면 친부모를 잃어버린 영향으로 오랫동안 고통을 받는다. 이것도 사실이다. 정자나 난자 기증으로 태어난 후 동성이 아닌 부모가 키운 아이들은 가계상의 혼란이라는 어려움에 직면하는 것도 사실이다. 위 유형에 해당하는 아이들 모두, 어머니와 아버지가 양육에 있어 상호 보완적으로 수행하는 혜택을 누림에도 불구하고, 통계상 안 좋은 성과를 보인다.

동성 부모의 가정에서 자란 아이들 모두 위의 아이들과 동일한 출생의 이야기를 공유한다. 이들은 부모가 이혼했거나, 입양되었거나, 기증에 의해 수정된 아이들이다. 그럼에도 불구하고 우리는 앞서 언급한 유형의 아이들이 느끼는 상실감, 버림받았다는 감정, 정체성의 혼란을 동성 커플이 양육한 아이들의 경우에는 겪지 않는다는 주장을 믿기를 바라는 것인가? 이 아이들은 남성과 여성인 부모가 제공해 주는 각 성별에 고유한 혜택을 받을 수 없다는 불이익까지 감수해야 하는데도 불구하고? 이처럼 현실과 유리된 결론은 말 그대로 감정에 치우치지 않는 자료 이외의 다른 무언가를 동기로 하는 것이다.

헤리티지 재단에서 출간한 2015년의 보고서는, "차이가 없다"고 발표한 연구 결과에는 인류의 오랜 적인 편견이 자리잡고 있다고 밝혔다. 이 보고서는 동성 부모의 양육에 관한 대부분의 연구에 존재하는 방법론상의 오류에 대해 자세히 기술했다.

- 연구의 참여자들은 연구의 목적이 동성 부모의 양육 실태에 대한 조사라는 사실을 알았고, 답변들로 의도하는 결과를 도출하기 위한 편향적인 목적이 있었다.
- 참여자들을 지인들의 네트워크나 옹호 단체를 통해 모집한 결

과, 일반적으로 동성 관계에 있는 전형적인 부모 대비 사회 경제적 지위가 높은 동성 부모가 표본으로 뽑혔다.

- 평균적으로 40명 미만의 동성 부모의 자녀로 구성된 표본은 사실상, 대조군과 통계적으로 유의미한 차이를 보이지 않는 연구 결과를 낼 수밖에 없다.[2]

즉, 연구 참여자들은 본인들의 답변이 정치적으로 원하는 결과를 지지하는데 사용될 수 있다는 사실을 미리 알고 있었다. 또한 이들은 무작위로 추출된 표본도 아니고 오히려 자원한 사람이거나 설득을 통해 모집된 표본이었다. 심지어 대규모 집단을 조사한 것도 아니고 표본을 적절하게 제어하지도 않았다. 실제로 일부 응답자는 성 소수자 운동에 친화적인 사이트에서 잠재적으로 참여할 가능성이 있는 사람들을 대상으로, 남성 동성 커플에 관한 연구를 홍보하고자 설득해서 모집한 사람들이었다.

2016년 결혼과 가족 논평(Marriage and Family Review)이라는 학술지의 편집장인 월터 슈만은 동성 부모의 육아를 주제로 하는 모든 연구를 철저히 검토한 결과, "'차이가 없다'고 발표한 연구들은 대개 이러한 취지의 결론을 도출하기 위해 빈약한 방법론(무작위로 추출한 표본을 사용하지 않은 경우, 실제 아동의 성과를 기록한 것이 아니라 부모가 스스로 답변한 내용을 기록한 경우, 조사 대상 기간이 짧은 경우 등)을 사용했다고 밝혔다."[3] 대부분의 이러한 연구자들은 과학적 방법에서 가장 중요한 엄격한 절차를 피했다.

사회학자인 카톨릭 대학교의 폴 설린스는 무작위 추출 표본이 아니라 모집해서 구성한 표본이 연구 결과에 정확히 어떠한 종류의 영향을 미치는지를 조사했다.[4] 아래의 내용 중 많은 부분은 그의 이야기이다.

정말 "차이가 없는가?"

"모집해서 구성한 표본에서는 비교대상의 79.3% (75~83 범위)가 동성 부모의 자녀의 성과에 대해 긍정적이었던 반면, 무작위로 추출한 표본에서는 긍정적인 답변을 한 비교 대상이 전무(0%, 0-0 범위)했다." 설린스가 다음과 같은 결론을 내린 것은 당연하다. "증거에 따르면 모집해서 구성한 동성 부모의 표본…으로부터 강력한 편향성이 발생해 긍정적인 결과를 허위로 유도했음을 시사한다."

어떠한 과학 연구 분야에서도 방법론이 가장 중요하다. 결혼을 재정의하도록 만든 연방 판결인 오버거펠 대 호지스 사건을 이끈 정치 문화적 풍토 때문에 아마도, 동성 부모 가정에 관해 이렇게 흐리멍덩한 연구 방법을 사용했을 것이다. 충분한 대조군도 없이 이 연구가 공공 정책을 본인들에게 유리하게 바꾸는데 사용되리라는 사실을 이미 알고 있는 비슷한 생각을 가진 응답자를 선별함으로써 연구자들은 연구 결과가 본인들의 정치적 선전에 도움이 되리라는 점을 거의 확신했다. 이는 과학적인 방법도 아니고 그저 정치 선전일 뿐이다. 동성 부모의 자녀의 성과에 "차이가 없다"고 결론을 내린 것을 "연구"라고 해야 한다면, 연구자의 편향성에 관한 연구가 보다 정확한 표현이 되겠다.

방법론이 모든 차이를 만든다.

2010년의 인구 조사 자료에 따르면 미국 전체 가구의 1%에 해당하는 미국의 59만4천 가구에서 동성 커플이 가장인 것으로 나타났다. 이 중에서 5분의 1 미만에 해당하는 미국 전체 인구의 약 0.02%의 가구에 자녀가 있는 것으로 보고되었다. 이는 연구 목적으로 이미 적은 규모의 인구라서 이 중에서도 임의로 표본을 추출하는 것은 지루하고 시간이 많이 소요되는 일일 수 있다. 하지만 건전한 사회과학이 바로 그 목표라면 이렇게 까다로운 수고는 중요한 일이다. 반면 소위 연구의 목적이 동성혼을 지지하기 위한 "과학적" 증거를 제공하기 위한 것일 때에는 그 목적이 방법을 정당화한다.

다행히도 과학적인 방법을 사용하는 과학자들이 아직 진짜 과학을 하고 있다. 폴 설린스는 가장 철저하고 비용이 많이 들면서 오늘날까지도 계속 진행 중인 정부 주도의 연구인 '청소년 건강에 관한 국가 추적 연구(National Longitudinal Study of Adolescent Health)' 자료로부터, 동성 부모 자녀의 성과에 관해 편향성이 없는 연구를 하기 위해 12,000명[5]이 넘는 참가자로 구성된 모집단에서 동성 부모의 자녀 20명을 무작위로 추출하여 평가했다. 다음 장의 도표에서 확인할 수 있는 것처럼 설린은 이 아이들이 28세가 될 때까지 결혼한 어머니와 아버지가 있는 가정에서 자란 또래 집단 대비, 다른 부정적인 결과 중에서도 우울증을 겪을 가능성이 두 배 높다는 사실을 발견했다.

무작위, 맹검법으로 추출한 표본에 기반한 연구에서는 자가 선택, 자가 보고 식 표본에서 수집한 연구 결과와는 정반대의 결과가 나온다는 사실을 증명하는 것은 놀랍지도 않다.

오히려 놀라운 것은 동성혼이 그 자녀들에게 미치는 영향이다. 비혼 상태의 동성 커플의 자녀 대비 혼인 상태의 동성 커플의 자녀가 "우울 증상을 보이고 매일 공포를 느끼거나 우는 비율이 더 높았다."[6] 한 대중 연구팀은 마지 못해 다음의 연구 결과를 인정했다. 별도로 진행한 한 연구에서 혼인 관계의 이성 부모의 자녀 대비 비혼 동거하는 동성 커플의 자녀가 정서적 문제를 겪는 위험이 2.3배, 혼인 상태의 동성 커플의 자녀는 4.2배 더 높다.[7]

방법론이 모든 차이를 만든다.

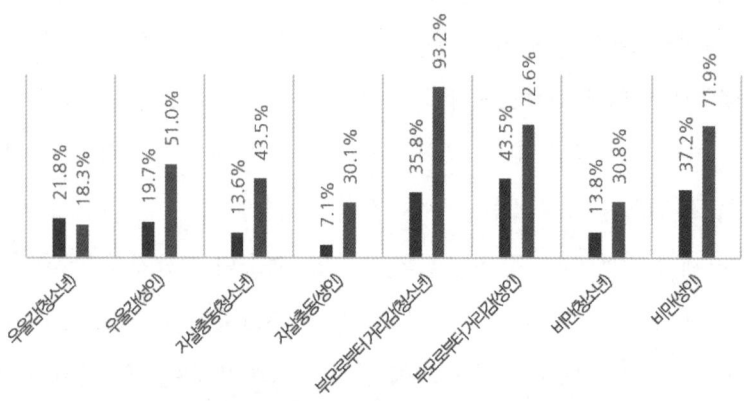

아직 동성 커플이 양육하는 자녀의 인생에 동성혼이 미치는 영향에 대해 더 많은 연구가 필요하기는 하지만, 위 연구 결과는 사회과학이 자녀 발달에 관해 이미 확립한 개념, 즉 자녀의 사회·정서적 필수 3대 영양소인 어머니의 사랑, 아버지의 사랑, 안정감과도 일치하는 것이다. 동성 혼인 관계는 동성 커플의 동거 관계보다 자녀에게 안정감을 제공할 수는 있지만, 생모나 생부의 사랑을 완전히 배제시키게 된다. 설린스의 연구에서 혼인 관계의 동성 커플의 자녀는 그 동성혼 부모와 함께 보낸 시간이 비혼 상태의 동성 부모와 사는 자녀 대비 2.5배 더 길었다. 이 점을 감안한다면, 이들이 부정적인 경험을 하는 원인은 이들의 잃어버린 부모와 이 아이들이 전혀 접촉할 수 없었다는 데에서 기인한다는 설명도 가능하다. 이와 대조적으로 비혼 상태의 동성 부모의 자녀는 동성 부모와 살게 되기 전까지 본인들의 어머니나 아버지의 가정에서 얼마 동안 지냈을 가능성이 더 높았다. 안정성은 중요하지만 잃어버린 어머니나 아버지의 사랑을 대체할 수 있는 요인은 없다.

불행하게도 오버거펠 사건의 대법원의 판결에서는 과학이 고려되지 않았다. 동성혼을 지지하는 판결은 온통 *감정에 의거해서* 내려졌다. 앤서니 케네디 대법관의 찬성 의견[8]에 따르면 동성 가구에서 자라는 자녀들이 느끼는 감정은 동성혼을 합법화하는 법원의 판결에 큰 영향을 미쳤다. 그의 추론이 동성 가장이 양육한 많은 자녀의 실제 경험과 정확히 반대되는 쪽으로 흘러갔다는 점은 너무나 유감이다.

오버거펠 판결이 있기 전 미국의 언론을 들끓게 한 선전과는 반대로 동성 부모의 자녀는 국가가 부모의 결합을 인정해 주지 않았기 때문에 괴로움을 겪는 게 아니다. 그 아이들은 본인들의 어머니나 아버지를 여의었기 때문에 괴로운 것이다. 사실 동성애자의 연합과 이성애자의 결혼을 정부에서 동등하게 취급하는 행위는 이 아이들을 더 괴롭게 만들 수 있다. 두 어머니의 딸인 헤더 바윅은 대법원에 제출했던 '법정 조력자 의견서'에서 두 엄마 밑에서 자라나면서 겪은 어려움의 근원에 대해 이야기한다.

> 내 인생의 고통은 나의 "두 엄마"의 관계를 국가가 인정해 주지 않는 데서 나오지 않았다. 오히려 아빠를 간절히 바라는 혼란 상태에서 나왔다. 나는 엄마를 깊이, 열렬히, 조건 없이 사랑한다. 엄마는 믿을 수 없을 만큼 좋은 사람이지만 나는 내게는 없는 아빠 또한 사랑한다. 나는 내가 알지도 못하는 한 남성을 사랑하는 것이다. 어느 모로 보나 그 남성은 형편없는 아빠이다. 나는 내가 왜 그를 사랑하는지 모르겠으나 어쨌든 사랑한다. 나는 아빠가 나를 사랑해 주기 갈망하는 마음에 아프다. 나는 결코 갖지 못할 것을 알지만 그 아빠를 갈구한다.[9]

"차이가 없다"는 연구서에 사용된 방법론에서 분명하게 나타나는 방법론이 모든 차이를 만든다.

또 다른 문제점은 실제 아이들의 결과가 아니라 부모가 자각하는 점을 자가 보고한 결과를 강조했다는 점이다. 이들 연구에서는 대개 고소득의 백인 여성 동성애자 커플에게 본인들의 자녀가 어떻게 지내는지에 대한 본인들이 생각을 물었다. 그들은 "당신의 자녀가 우울증을 겪고 있습니까?", "당신의 자녀가 성적으로 학대당한 경우가 있습니까?"라는 식의 질문에 본인이 스스로 답변했다. 예상하는 바와 같이, 부모가 그런 질문에 답할 때에는 압도적으로 다수의 자녀는 아버지 없이 자라나는 것을 *사랑하며*, 약간의 차질 정도나 있을까 그 외에는 힘든 일도 없는 것으로 답변한다. 더 나아가 그런 부모들에 따르면 자녀가 혹여나 차질을 겪고 있다면 그건 전적으로 모두 엄마가 둘이라는 사회적 낙인으로 인한 것이다.

여기 과학에 근거한 결과를 전달할 가능성이 0%인 최근의 실제 연구가 있다. 2018년 이탈리아의 연구원이 세 살에서 열한 살 사이의 자녀의 심리 결과를 비교하고자 했다. 표본에는 다음과 같은 집단이 포함되었다.

- 대리모로 자녀를 얻은 70명의 남성 동성애자 아버지
- 정자 기증으로 자녀를 가진 125명의 여성 동성애자 어머니
- 전통적인 방식으로 자녀를 낳은 195명의 부부

이 연구원들이 사용한 "방법"은 부모들이 "본인들이 부모로서 성공적으로 행동할 능력을 평가"하도록 하는 설문지를 완성하도록 한 것이다. 놀랍게도 (사실은 놀랍지 않게도) 연구원들은 "이 세 유형의 가족 집단에서 자녀가 심리학적으로 적응하는데 주요한 차이가 없었다."고 했다. 더 놀라운 점은 "동성 부모의 자녀는 이성 부모의 자녀보다도 어려움을 덜 겪는다고 보고했다."는 점이다.[10] 실제 현실에서는 이 문장을

"이성의 부모는 동성 부모 대비 양육 상의 실패에 대해 보다 직설적으로 응답했다."라고 읽어야 할 것이다.

정자 기증으로 태어나 두 엄마와 자란 스물다섯 살의 테어도어는 "심리학적으로 적응하는데 주요한 차이가 없다"는 이탈리아의 연구 결과를 반박할 것이다. 태평양 연안에서 있었던 동성 부모 자녀를 위한 여름 캠프에 관해 그가 가장 생생하게 기억하는 장면은, 접수처의 양호실 앞에 늘어선 줄이었다. "약을 타기 위한 줄은 거의 캠프 인원의 절반이었다. 이 아이들은 모두 정신과 질환 약을 먹고 있었다. 엄마가 둘 있으면 처방전을 쓰는 의사의 맞은편에 앉게 될 가능성이 아마도 증가하리라는 것을 나는 직감적으로 알 수 있었다."[11]

아버지와 그의 동성 파트너와 같이 지낸 적이 있는 스테판도 그 연구 결과에 동의하지 않는다. "나는 동성 부모의 자녀들이 이성 부모의 자녀와 똑같이 잘 지내거나 더 잘 지낸다는 식의 논문을 계속 보아 왔다. 도대체 어디서 이런 정보를 얻고 쓴 것인가? 독립적으로 생각할 수 있고 더 이상 부모와 같이 살지 않는 동성 부모의 성인 자녀와 인터뷰를 하기라도 한 것인가?"[12]

'새로운 가족 구성에 관한 연구(New Family Structures Study; "NFSS")'[13]에서 마크 렉너러스가 바로 이것을 했다. 그의 연구는 성인이 된 여성 혹은 남성 동성애자의 자녀를 임의로 추출하여 그들의 양육에 관해 그들에게 직접 질의한 최초의 연구였다. 이 아이들이 자기 생각을 말할 수 있게 되면 결과의 차이는 극명해진다. 렉너러스는 다음과 같은 사실을 발견했다.

> 손상되지 않은 생물학적 가정의 자녀와 동성 관계의 어머니들로 구성된 가정의 자녀는, 평가 대상 40건 중 25건에서 복지

방법론이 모든 차이를 만든다.

수당을 받거나 치료가 필요하거나 불륜, 성병, 성범죄 피해자, 학업 성취 저하, 원 가족의 안전, 우울증, 애착과 의존, 대마초 사용, 흡연 과다, 범죄 행위와 같이 분명히 최적이 아닌 많은 영역에서 통계적으로 중대한 차이가 있었다. 온전한 생물학적 가족과 동성 관계의 (소위) 아버지들이 있는 가정에서는 40건 중 11건에서 자살 충동, 성병, 강요에 의한 성관계, 원 가족의 안전, 우울증, 관계의 질, 흡연 과다, 범죄 행위와 같은 영역에서 통계상 중대한 차이가 나타났다.[14]

   NFSS의 출간은 사회과학계 전반에 널리 반향을 일으킨 사건이었다. 이 연구 결과는 자신들의 "평등한 동성혼"에 대한 정치적 지지를 진정한 사회과학으로 전진시키고자 한 이 분야의 많은 과학자들에게 저항하는 것이었다. 아이들의 목소리가 소란을 피우는 성인들 사이로 파고들자 성인을 위한 "평등한 동성 결혼"이 아동의 "불평등"을 야기한다는 사실이 실망스럽게도 너무나 명백해졌다. 이 불쾌한 자각으로 인해 동성혼 지지자들이 결혼을 재정의하려는 시도를 밀어붙이는 것을 재고하게 되었을까? 전혀 아니다. NFSS의 결론으로 인해 렉너러스의 방법론에 대해 오랜 기간 수많은 조사가 진행되었고 렉너러스 그 자체에 대한 신뢰를 떨어뜨리기 위한 각종 시도가 있었다. 다행히도 렉너러스는 진실성 있는 전통적인 과학자여서 그는 NFSS에서 연구 대상자를 무작위로 추출하였고 적절한 제어군을 사용하였으며, 아동의 실제 경험을 조사하는 데 사용한 엄정한 방법론은 난공불락인 것으로 밝혀졌다. 지지자들은 렉너러스의 연구가 틀렸음을 입증하는데 실패했다.[15] 그러나 마구 쏟아지는 욕설과, 투자를 많이 받은 활동가들에 의해 그의 명성을 훼손하려는 시도는 다른 정직한 연구자들에게 '우리의 정치적 이데올로기에 굴복하지 않는다면 우리는 무슨 일이 있어도 당신을 망가뜨릴 것이다.'라는 분명한 메시지를 보냈다.

이런 활동가들의 협박에도 불구하고 폴 설린스는 또 다른 방대한 연구를 수행했는데, 그의 연구는 모든 동성 육아 연구의 어머니로 알려질 만한 것이다.[16] 그는 미국 국민 건강 면담 조사(U.S. National Health Interview Survey)의 자료를 활용하여 그 중 160만 건의 사례로부터 512건의 동성 부모 가정의 사례를 구분했다. 설린스의 연구 결과는 사실이라는 넓은 구멍을 열어서, 무지개 빛 깃발이 밝혀진 오바마 행정부의 백악관을 그 구멍에 빠뜨리고, "동성 부모의 자녀가 전혀 다르지 않다."는 식의 남아 있는 환상도 모두 그 구멍으로 빨아들였다.

연구 결과 동성 부모의 자녀가 정서나 행동 장애를 겪을 가능성은 9.3%로, 이는 이성 부모의 자녀의 비중인 4.4%를 두 배 이상 웃도는 수치이다.

설린스는 또한 이성 부모 가정의 자녀와 비교할 때 동성 부모 가정의 자녀들에게서 다음과 같은 사실을 발견했다.

- "확연하"거나 "심각한" 정서적 문제를 경험한 비율이 이성 부모의 가정이 5.5%였던 데 반해 14.9%였다.
- 7.1%의 대조군 대비 ADHD 진단을 받는 비율이 15.5%였다.
- 학습 장애를 겪는 비율이 8% 대비 14.1%였다.
- 특수 교육이나 정신 건강 서비스를 받는 비율이 10.4% 대비 17.8%였다.

이렇게 높은 비율은 가족 구조로 인한 낙인 효과나 집단 괴롭힘 때문이라는 주장에 대한 반론으로 설린스는 집단 괴롭힘과 관련된 자료도 찾아서 다음과 같은 결론을 도출했다. "이성 부모와 동성 부모의 자

방법론이 모든 차이를 만든다.

녀 중 집단 괴롭힘에 노출되는 비율에는 차이가 없다. 사실 이 가설을 뒷받침하는 가정과는 대조적으로 이성 부모의 자녀가 동성 부모의 자녀보다 집단 괴롭힘의 대상이 되는 경우가 더 빈번했다.

즉 연구자들이 최적의 방법론을 도입하자, "차이가 없다"는 주장은 실제로는 "엄청난 차이"를 의미했다.

설린스는 두 방대한 연구에서 오버거펠 판결을 이끈 "차이가 없다"는 연구에 사용된 자료를 모두 합친 것보다 더 많은 규모의 가족 관련 자료를 샅샅이 뒤졌다. 그는 동성 부모의 자녀가 더 많은 곤란과 정서적 어려움을 겪는 이유를 다음과 같이 설명한다.

- 동성 부모의 가족의 자녀가 정서적인 문제를 더 많이 경험할 위험과, 이 가정의 양육, 돌봄, 기타 관계상의 특징의 우수성과는 상호 관련성이 거의 없다. 아동의 행복을 위한 가장 큰 혜택은 양친의 생물학적 자녀에게만 주어진다.
- 적어도 현재로서는 동성 관계에서 이성의 부모가 자녀를 임신하는 방법으로 양 당사자의 생물학적 자녀를 임신할 수 없다. 그렇기 때문에 동성 부모가 아무리 사랑하고 헌신적이라 하더라도 아동의 안녕을 위해 이성의 부모만이 줄 수 있는 수준의 혜택을 결코 따라할 수 없다.[17]

다시 말해서, 생물학은 중요하다. 이성애자들이 자연적으로 더 좋은 부모이거나 더 돈이 많거나 더 좋은 학군에 살기 때문에 이성 부모의 결혼이 자녀에게 유리한 것이 아니다. 오히려 장점은 아이들이 친부모에 접근할 수 있도록 보장해 주는 이성 가족 그 자체로부터 나온다. 마찬가지로 동성혼 커플이 키운 자녀가 경험하는 불이익은 성 소수자 성인들이 양육 기술이 부족하거나 돈이 없거나 형편없는 학군에 살기 때문에 발생하는 게 아니다. 이 아이들이 양 부모 모두와 생물학적으로 혈연관계를 갖지 못하기 때문에 불이익을 겪는 것이다.

동성 육아의 문제는 앞서 언급한 바와 같이 동성 부모에 있지 않다. 정말 문제는 잃어버린 친부모이다.

동성 부모 가정의 자녀는 개념 정의상 적어도 친부모 중 한 명이 항상 없다. 이들 역시 입양 자녀, 이혼 가정의 자녀, 제삼자 생식 기술로 태어난 아이들이 겪기 쉬운 동일한 어려움에 직면할 것이다. 동성 부모와 사는 아이들은 한 부모가 없는 데서 오는 곤란뿐 아니라 성별 균형이 없는 가정에서 오는 어려움까지 겪어야 한다.

동성 부모의 자녀의 성과가 최적이 아닌 이유는 낙인 효과, 편견, 동성애 혐오증이나 "결혼에 있어서의 평등"이 부족하기 때문은 확실히 아니다. 동성 커플의 자녀의 실적은 대체 불가능한 요인인 생물학 때문에 최적이 될 수 없는 것이다. 우리가 개념과 법원의 판결을 재정의하는 것이 마치 행방불명의 부모를 대신할 수 있는 것처럼 행동한다면 이는 아이들에게 큰 피해를 입히는 것이다.

아이들은 무어라 하는가?

Them Before Us에서는 어머니나 아버지와의 관계를 잃어버린 아동을 다음과 같은 세 집단으로 구분한다.
- 이혼 가정의 자녀나 유기된 아동
- 정자 기증, 난자 기증, 대리모로 태어난 아동
- 성 소수자 커플의 자녀

일반적으로 이러한 아동의 대부분이 부모의 상실과 관련하여 심각한 정서적 어려움을 보고했다. 부모를 심리적으로 돌봐야 하는 것 역시 반복되는 주제이다. 아이들의 스토리뱅크에는 부모의 정서적 안녕을 지지하고 위로해야 하는 의무감을 포함하는 수많은 예가 있다. 많은 아이들이 부모의 정서적 건강을 보호하기 위해 본인들의 갈망과 상실감을 억누를 필요가 있다고 느꼈다. 이 세 집단의 아이들의 이야기에는 공통점이 있지만 각기 특별한 상황마다 고유한 문제가 있다. 다음은 성 소수자 커플의 자녀들에게 고유하게 나타나는 특징이다.

아버지와 어머니에 대한 결핍

Them Before Us는 많은 이들이 목소리를 내기 두려워하는, 본인들의 감정과 생각을 공유할 수 있는 장을 열었다. 온라인이든 직접적으로든 쇄도하는 이야기들은 동성 부모가 양육한 자녀들의 가정에서, 잃어버린 어머니나 아버지의 사랑에 대한 갈망이 얼마나 깊은지에 대해 증언한다.

지인 중에 옆 집에 두 엄마와 네 살 소년이 살고 있는 사람이 있다. 그가 최근 내게 일러준 바에 따르면 그 소년의 가족이 자신의 아이들과 같이 놀기 위해 그 지인의 집을 방문할 때마다 이 소년은 바로 그의 무릎에 올라가서 그를 아빠라고 부른다.

게이브는 4학년 딸의 소프트볼 팀 코치인데, 아빠를 갈망하는 맨디의 이야기를 들려 주었다. 이 팀에는 엄마가 둘인 맨디가 있다. 맨디는 게이브가 그의 두 딸과 하는 것과 같이 게이브가 그녀에게도 거친 장난을 치는 것에 대해 잘 받아들이지 못했다. 게이브는 맨디가 운동장 맞은 편의 어머니 중 한 명에게 "엄마! 게이브 선생님과 결혼해서 선생님이 우리 아빠가 되면 안 되요?"라고 소리를 질러서 이상한 기분이 들었던 어느 연습 경기에 대해 기억하고 있었다.

어떤 양호 선생님은 두 아빠가 입양해서 입양 가족이 된 이래 누가 보아도 안정적으로 살아온 어린 소년의 이야기를 해 줬다. 이 어린 소년은 왜 아직도 양호실에 와서 양호 선생님에게 "엄마"라고 속삭이면서 안아 달라고 하는지 그 이유를 스스로 찾지 못했다.

어떤 사람도 이 아이들에게 너희들이 어머니나 아버지를 원해야 한다고 알려 주지 않았다. 어머니와 아버지를 원하는 것이 인간 존재에 있어 필수적이기 때문에 이러한 갈망은 그저 아이들 내부에서 유기적으로 발생하는 것이다. Them Before Us의 개발 담당 이사인 사만사 위싱은 인생 중 8년을 아버지와 그의 동성 파트너의 돌봄 속에서 보냈다. 그녀는 어머니가 존재한다는 사실을 인지하고 나서는, 얼마나 엄마를 갈구했는지 경험했던 그 좌절감을 기억한다.

나의 형성기 거의 전체 동안 내 인생에는 여성이 없었다. 학교에서 "공룡시대"라는 영화를 보여주기 전까지는 어머니라는 존재가 세상에 있다는 사실조차 몰랐다. 다섯 살 아이의 머리로는 내가 왜 엄마가 없는지 도무지 이해할 수가 없어서 갑자기 엄마를 절실하게 원하게 되었다. 나는 상실감을 느꼈다. 나는 그 구멍을 느꼈다. 성장하는 과정에서 그 구멍을 고모들, 아빠들의 레즈비언 친구들, 선생님들로 메꾸려 애썼다. 1학년 때 선생님께 엄마라고 불러도 되는지 물어본 일이 생각난다. 내게 조금이라도 사랑과 애정을 보여 주는 어떤 여성에게나 그 질문을 했었다. 그건 본능이었다. 나는 두 동성애자 아빠의 사랑을 듬뿍 받았음에도 불구하고 한 명의 어머니의 사랑을 갈구했

다.[18]

Them Before Us는 제이가 두 명의 레즈비언 부모님 밑에서 자라나면서 힘들었던 일들을 나눌 수 있는 장을 열어 주었다. 그는 전통적인 가정의 친구들에게 질투를 나타냈다. 제이가 "우리 둘 다 약간 뚱뚱하고 낚시와 야외 활동을 좋아하고, 바로 내가 하고 싶어하는 일인 농장에서 일하는", "바로 자기처럼 보이는" 이모의 친구를 보면서 그와 자신을 강하게 동일시하면서 그에게 중력과도 같은 끌림을 느꼈다고 묘사하는 데서, 그가 얼마나 깊이 남성과 연결되고 싶어했는지 알 수 있다. 제이는 "그저 아빠를 알 수 있다면, 매일 이 우울한 감정이 사라져 버렸으면 얼마나 좋을까"라고 이야기를 맺었다.[19]

이 아이들이 십 대가 되면 어려움은 더 커진다. 사춘기가 오면서 신체의 변화에 대해 이해해야 할 때 자신과 같은 성별의 부모의 빈자리는 더 커진다. 테오도어는 다음의 내용을 회고한다.

> 사춘기가 찾아오면서 엄마 둘이서는 답할 수 없는 많은 질문이 생겼다. 나의 어머니들을 그런 식으로 그리지는 않을 것이지만 남성성 발달이라는 신체 변화를 본질적으로 겪는 데 있어 나의 삶에 수치스러운 일들이 분명히 있었기 때문에 그 모든 불쾌한 일들을 일일이 다 밝히지는 않을 것이다. 정말 중요한, 생리학적이고 정신적인 많은 변화에 대해 다루거나 논의하지 못했고, 내 몸에 이런 변화가 생기는 것에 대해 물어볼 사람이 주위에 아무도 없었다. 내가 정말 무언가를 알 필요가 있을 때에는 그것에 관한 책을 찾아야만 했지만 대부분의 경우 그러지는 않았다. 아마 결코 완전히 이해하지 못할 것이라는 생각에 여러 면에서 확실히 나는 퇴보했다.[20]

많은 경우, 동성 부모의 자녀의 고충은 이성 부모의 파경으로 그 자녀들이 입은 피해에 대한 주장에 묻힌다. 이혼 가정의 자녀가 5장에서 자세히 설명한 바와 같이, 좋지 못한 결과를 겪는 것은 사실이다. 하지만 대부분은 적어도 여전히 다른 부모와 어느 정도 연락을 계속한다. 동성 부모와 인생을 시작한 아이들에게도 이를 동일하게 적용할 수는 없다.

다음은 사회과학자들이 탐냈던 "순수하게" 태어날 때부터 동성 부모가 양육한 인구 통계학적 아이들이 들려주는 이야기를 발췌한 내용이다. 아버지에 대한 결핍을 어머니들로부터 숨겨야 하는 그 무게가 익명성 덕택에 덜어지게 되면, 우리는 가려져 있던 그 곳을 실제로 볼 수는 있다. 하지만 그 이야기들은 그렇게 아름답지 않다. 기증에 의한 임신으로 태어난 아이들이 신원 확인이나 보복에 대한 위협을 받지 않고 본인들의 이야기를 나눌 수 있도록 개발된 AnonymousUs.org 웹사이트에서 인용한 이야기를 몇 가지 소개한다. 모든 이야기들은 원래 쓰여진 그대로 옮겨졌다.

***

아버지날은 늘 끔찍했다. 우리 엄마는, 정말 우리 엄마만, 그런 것을 사회라고 생각한다. 엄마는 자녀들을 양육할 때 성별이 중요하지 않은 것처럼 이야기한다. 정말 중요하지 않다면 엄마는 왜 내가 아버지 같은 존재를 가질 수 있도록 엄마의 남성 친구들과 그렇게 시간을 많이 보내길 바라는가? (그녀의 남성 친구들이 그들의 친자녀를 사랑하고 연관시키는 만큼 나를 사랑하거나 나를 연관시키는 것처럼 하는 농담. 그래, 그러시겠지.)…나는 아빠가 누구인지 알고 싶다. 기증자에 관한 몇 가지 기본적인 정보만으로는 충분하지 않다. 나는 그를 알아야만 한다. 나는 그와 아주 친해져서 아빠와 딸들이 하는 일들을 그와 해야만 한다. 그는 나의 반쪽이다. 우리는 살과 피로 된 존재다. 그는 문자 그대로 나의 유전자 속에 들어와 있다. 왜 사람들은 그 사실을 이해하지 못하는가? 그와 우리 엄마가 부부였다면 그는 나의 아빠가 되었을 것이다. 그러나 나의 엄마가 동성애자여서 그에게 오지 말아 달라고 부탁했을 때 그는 단지 '기증자'인가? 정말 그럴까? 여기서 나의 발언권은 어디에 있는가?[21]

***

나는 열다섯 소녀이고 엄마가 둘이 있다. 그들은 멋지고 내 여동생과 나에게 있어 최고의 엄마들이다. 그러나 그래도 나는 아빠를 원한다. 내가 동성혼이나 동성 부부 육아에 반대한다고 말하는 것이 아니다. 나는 그저 아빠를 원하고 그렇게 말하는 것에 대해 죄책감을 느낀다.[22]

***

나는 두 엄마의 (생물학적은 아닌) 딸이다. 나는 그 분들 모두 너무너무 좋아하지만 내가 아빠가 있다면 하고 바라지 않고 보낸 날은 단 하루도 없다. 나 같은 아이들에게 너무나 힘든 일이다. 사회가 어떻게 받아들이는지와 상관없이. 내 인생에도 엄마의 친구들처럼 남성들이 있지만 그건 똑같지 않다. 나는 부모님을 사랑하지만 나의 생물학의 절반과 나의 형제자매를 결코 모를 것이다. 나는 아이에게 절대로 이렇게는 안 할 것이다. 내가 아이들을 가질 수 없다면 입양을 할 것이다. 나는 더 많은 동성 혹은 이성 부부들이 입양과 위탁 돌봄을 고려하기 바란다.[23]

***

우리 엄마들은 항상 좋은 이미지를 만들었다. 누구에게나 미소 짓고 행복한 것처럼 보이게 하는 것이 우리 가족의 좌우명이었다. 그렇지만 나는 친구네 집에 가서 친구의 가정이 얼마나 다른 지를 볼 때마다 행복하게 느껴지지 않았다. 나의 가장 친한 친구의 아빠는 재밌고 좋고 어디든지 데려가 주는 최고의 남자였다. 그는 우리 이야기를 들어 주었다. 나는 내 친구를 질투했고 종이 한 장에 아빠라는 단어를 써서 베개 밑에 넣어 두었다. 나는 친구처럼 아빠를 갖고 싶었다. 내 친구들의 가족은 내가 항상 그들의 아빠들을 도울 게 있는지 물어봤기 때문에 내가 그 집의 아빠를 얼마나 좋아하는지 모두들 알았다. 어느 날 친구의 엄마가 내가 아빠 바보냐고 물었다. 그건 내가 정말 아빠를 사랑하고 정말 아빠와 친한 그런 종류의 소녀라는 의미이다. 나는 아빠가 없고 그게 어떤 것일지 결코 알 길이 없을 것을 알기에 집에 가서 펑펑 울었다.[24]

***

이렇게 느끼는 사람은 나 밖에 없을까? 내가 아빠를 원하기 때문에 나는 나쁜 아이일까? 엄마가 둘이거나 아빠가 둘인데 보통 가족에게 태어났더라면 어떨지 궁금해하는 사람은 없을까?

정상이라는 것에 대한 강의를 듣지 않고도 보통이라는 단어를 사용하기 원하는 다른 누군가가 없을까??? 나는 진짜 아빠를 모르고 앞으로도 모를 것이다. 이상하지만 나는 그가 그립다. 내가 결코 알 수 없을 이 사람이 그립다. 내가 친구들에게 모두 있는 아빠를 갈망하는 게 잘못된 것일까? 친구는 나랑 항상 농구를 같이 하는 남자 형제도 있다. 가족에 포함된다는 것은 정말 놀랍게 느껴진다. 그곳에 가면, 엄마와 아빠가 있다는 것이 한 가족이 된다는 것이라고 생각하게 된다.[25]

이런 이야기는 정말 많이 있다. 두 명의 남자 형제가 있는, 동성 커플이 키운 한 젊은이가 있다. 그는 십 대 때 정신 질환을 겪었고 한 형제는 자살했다. 그는 그 원인이 엄마가 없어서 버려졌다는 느낌 때문에 겪은 어려움이라고 했다.[26] 이혼한 엄마들이 남성이 없는 세상에 자신을 가뒀다고 한 어떤 소년은 가족 모두로부터 소외당하고 이해받지 못한다고 느꼈다. "솔직히 그게 싫었어요. 아빠가 없거나 가족 중 적어도 남자 형제가 하나도 없다는 것과 관련해서 모든 게 싫었다구요."[27] 엄마와 엄마의 여자친구가 양육한 또 다른 소녀는 아빠에 관해 물을 때마다 엄마가 "몹시 흥분했기" 때문에 아빠에 대한 결핍을 내면화했다. 그녀는 사라진 아빠에 대해 집착하게 되었다. "나이 든 사람만 보면 나는 …에 관해 백일몽을 꾸었다." 그녀의 이야기는 "제발 저를 좀 도와주세요. 누구라도요."라고 절박하게 끝난다.[28]

당신이 어떤 아이라도 알고 있거나, 한 때 당신 자신도 아이였다면 이러한 이야기들이 전혀 놀랍지 않을 것이다. 어머니나 아버지 없이 자란 아이들은 본인들이 무엇인가 결핍되어 있다는 사실을 안다. 아버지나 어머니의 고유한 사랑에 대한 갈망은 정치적 궤변(political correctness)이란 이데올로기나 진보적인 경향을 초월한다. 아이들이 어머니와 아버지를 알아야 하고 그 부모도 자녀를 알아야 하는 것은, 인간의 자녀가 된다는 것의 바로 핵심이다.

포용하거나 받아들이거나 축하하거나… 혹은 그 대안

성 소수자 커플의 자녀는 정치적인 문제로도 고통받는다. 그들은 부모의 성적 정체성에 뿌리내리고 있는 정치적인 행동주의를 받아들이라는 엄청난 압박에 직면해 있다. 만일 어머니와 아버지에 대한 자연적인 갈망에 관해 정직하게 이야기한다면 사회적 모임에서 제명당할 상황에 처한다는 사실을 알고 있다고 상상해 보라. 엄마가 둘이 있는 이 어린 여성은 부모가 편견이 아주 심한 사람이라고 낙인을 찍을까봐 두려워서 본인의 감정을 표현하지 못했다.

> "너에게 생명을 준 남성"이 궁금하고 그를 갈망하고 바라지만, "아이들은 엄마와 아빠가 필요하지 않다. 그저 사랑만 있으면 충분하다!", 그리고 여기 동의하지 않는 사람은 누구든 반동성애적 편견이 심한 사람이라고 하는 레즈비언 부모의 공격적인 정치관이 있는 가정에서 자란다는 것이 어떤지 아는가?[29]

엄마가 레즈비언이고 아빠는 여자처럼 살기로 결정한 존은 이렇게 이야기한다.

> 이런 모든 일들에 있어 가장 가혹한 현실은 내가 엄마와 아빠를 사랑하지만, 그들의 선택을 받아들이고 그들을 지금 그대로 사랑하고자 최선을 다하는 것으로 충분하지 않다는 것이다. 오히려 부모님의 새로운 성 정체성에 적응하지 않고 축하해 주지

않은 것에 대해 너무나 자주 비난을 받았었다. 인정하는 것만으로는 충분하지 않다. 나는 레즈비언으로 인식하는 엄마와 성전환자로 인식하는 아빠와 "잘 지내야"만 하고 심지어 행복해야만 한다. 그것은 마치 당신을 해치는 칼을 찬양하는 것이나 마찬가지다.[30]

아이들이 성 소수자 커플의 생활 양식을 인정하리라는 기대 때문에 자녀들이 특히 어릴 때 이에 대해 말을 하지 못한다. 레즈비언이 양육한 젊은 청년은 이것을 다음과 같이 표현했다.

진보적인 기자가 "아버지가 보고 싶지는 않나요? 그게 힘들지는 않나요?"라고 걱정스럽게 질문한다 해도, 이 이슈는 짧게 한 마디로 답변할 수 있는 성질의 것이 아니다. 나의 아버지에 대해 하고 싶은 온갖 종류의 질문에 관한 진짜 이야기가 있지만, 공식적으로 내가 보여 줘야 한다고 느껴지는 이미지가 있다. [여성 동성애자 부모가] 와서 "[너가 아빠를 모르는 데 대한 감정]에 대해 이야기하지 마라. 너는 그저 스스로가 괜찮은 것처럼 보여줘야 한다."라고 이야기하는 것이 아니다. 그것은 내부적인 압박이다. 나는 내 가족을 보호해야 한다고 느꼈다. 당신은 정치적인 이슈에 대해 잘 안다. 당신은 당신의 말로 사람들이 어떻게 당신을 판단할 것인지 잘 알고 있다.[31]

아이들이 "사랑이 가족을 만든다"는 후렴구로 가족, 문화, 이제는 법적으로까지 모든 방면에서 시달리면, 그들은 어머니나 아버지에 대한 본능적인 결핍 그 자체를 의심하기 시작한다. 아이들은 그들을 실망시킨 것이 그들 자신의 감정이 아니라, 문화적이고 법적인 풍속도라는 사실을 깨달을 만큼 노련하지 않다. 아이들의 실망에 대한 비난은 종종 그들의 부모의 몫이다. 밀리 폰타나가 아버지에 대한 결핍에 대해 이야기했을 때 그녀의 두 어머니는 각각 "너는 아빠가 필요하지 않고 엄마가 한 명 더 있는 거야."라고 이야기했다. 그녀는 "이 다른 부모를 거부한 나는 누구인가? 라는 생각으로 죄책감에 시달렸다. 그리고 맙소사, 그 여자가 정말 나를 충족시킬 사람이었다면 그 개념을 거부한 나는 얼마나 끔찍한 삶인가?"라고 생각했던 것을 기억했다.[32]

레즈비언의 딸인 브랜디 월튼은 자신의 진솔한 감정을 정말 표현하지 못했다. 아이였을 때 그녀는 사랑하는 어머니를 배신한다는 두려움에 동성 부모의 양육에 반하는 어떤 말도 한 적이 없다. 그러나 그녀는 아빠가 비행기에서 그녀를 내려다보고 있기를 바라는 마음에서 어린 시절 내내 머리 위를 날아가는 모든 비행기를 향해 손을 흔들었다. 브랜디는 성 소수자 커플의 자녀가 규칙을 어길 때 "사랑하고 관용적인" 좌파가 촉발시키는 잔인성에 대해 너무나 잘 이해한다. 그럼에도 불구하고 그녀는 아빠 없이 자란 고통스러운 성장 과정을 자세히 기술하기 위해 블로그[33]를 시작했다.

> 내가 어렸을 때 나는 엄마를 열렬히 보호했다. 그 비밀을 보호하고 좋은 아이가 되고자 엄마와 공동체에 대한 의무감을 느꼈다. 하지만 자라고 나서 보니 엄마의 성생활에 대해 사람들이 알까봐 두려워하던 데서 이제는 사람들이 내가 엄마가 동성애자라는 사실을 좋아하지 않는다는 사실을 알게 될 때 그들이 나를 어떻게 다룰지를 두려워하게 되었다. 나는 항상 모든 사람의 기분을 상하지 않도록 해야 한다고 느꼈고 내 기분은 상관한 적이 없다. 전통적인 결혼을 지지하는 "커밍아웃"이야말로 내가 이제까지 한 일 중 가장 어렵고 무서운 것이었다.[34]

다음은 두 명의 "멋진 엄마"가 있는 익명의 한 여인이 털어놓은 이야기이다.

> 내가 이 일에 대해 얼마나 외롭고 죄책감을 느꼈는지 당신은 절대 모를 것이다. 나는 특히 TV에서 동성 부모의 착한 아이가 그들은 완벽한 가정을 가졌고 자기는 엄마나 아빠가 필요 없다고 말하는 것을 보면서 막상 나는 "그러나 나는 아빠를 원해요."라고 생각할 때 스스로 나쁜 아이가 된 느낌이었다.[35]

그녀는 본인의 감정이 우리 사회 도처에 퍼져 있는 거짓말과 일치하지 않아 얼마나 슬퍼했는지, 그리고 자신의 인생에서 아빠가 있기를 바랬다고 스스로를 "끔찍한 창녀"처럼 느꼈던 데 대해 계속 이야기한다. 나는 동성 부모의 자녀들이 그들의 가장 기본적인 본능에 반하는 세계관을 지지하도록 너무나 극심한 부담을 받기 때문에 설린스의 연구에서도 그들이 안 좋은 실적을 낸 것으로 본다.

성전환 부모

성전환 과정에 있는 부모는 오늘날 피해자 계급에 속하기 때문에, 이 성인들이 새로운 이름과 새로운 인칭 대명사를 쓰고 자녀와의 관계를 새롭게 정립하여 "스스로에게 진실하게" 될 때, 모두가 그들에게 예의 바르게 미소지으며 축하해 줄 것을 기대한다. 이러한 이야기는 항상 부모의 새로운 정체성을 중심으로 돌아간다. 자녀에 미치는 부정적인 영향은 무시한다. 만일 아이들이 언급된다면 립스틱을 바르고 하이힐을 신은 아빠의 취향을 "인정"하는 아이들에 한정된 이야기이다. 엄마가 유방 절제술을 받은 것을 지지하는 그런 아이들만 주간 TV 방송에서 적절한 갈채를 받는다.

만일 아빠의 성전환을 축하하는 아이들의 진정성에 의심을 가진다면 당신은 혼자가 아니다. 부모가 전환 과정을 겪은 많은 아이들이 그 경험을 죽음과 같은 유형으로 그렸다. 그들은 아빠가 엄마가 된 것이 아니라 아빠가 전부 사라진 것처럼 느꼈다.

성전환을 겪은 가정을 지원하는 단체인 '가정을 도와주세요(Help 4 Families)'의 설립자이자 책임자인 데니스 시크는 그녀의 아버지가 아홉 살 난 자신을 앞혀 놓고 그녀에게 여성이 되고 싶다고 이야기한 날을 기억한다. "내 기억에 나는 '난 이미 엄마가 있어. 난 아빠가 필요해. 난 아빠를 원해.'라고 생각하고 있었다."[36]

조슈아 휴잇의 아버지는 조슈아가 고등학교 3학년 때 가족을 떠나서 캐런이 되었다. 서른여섯 살의 조슈아는 "엄청난 정신적 충격"에 이어 아버지의 성전환을 "21년 전 나는 아버지를 잃었다. 가장 힘들었던 점은 그가 죽지 않았다는 점이다. 어느 날 그는 집을 나가서 결코 돌아오지 않았다."라고 묘사했다.[37] 조슈아와 캐런은 관계를 유지하긴 했지만 부모와 자녀 관계는 아니었다. 캐런과 같이 한 인터뷰에서 조슈아는 그의 인생에서 그가 캐런을 원하지만 다음 내용을 강조했다.

> 오늘 여기 앉아 있는 이 분은 내가 자랐을 때 알던 사람과는 전혀 다릅니다. 그들은 동일 인물이 아닙니다. 나는 더 이상 아버지가 없습니다. 그녀가 "나의 남은 생은 여자로 살고 싶다."고 말한 바로 그 날 그녀는 거대한 폭탄을 터뜨린 거고 그 때의 대학살은 영원히 남을 겁니다. 계속될 겁니다. 멈추지 않을 겁니다.[38]

엘리자베스는 아버지가 성전환을 했을 때 성인이었다. 그래도 여전히 그가 죽은 것처럼 느껴진다.

> 우리 아빠는 스테파니로 개명했고 그렇게 하는 과정에서 가족을 파괴했다…내가 느꼈던 감정은 사라졌다. 나에게 있어 아버지는 돌아가셨고 그것을 바꿀 길이 없다. 내가 한 때 알던 사람의 껍데기를 보는 것이었다. 그를 보는 게 힘들었다. 왜냐하면 나에게는 그분이 돌아가신 것이기 때문이다. 매번 이런 동일한 기분이 들었다. 더 이상 그를 같은 방식으로 연결시킬 수가 없었다.[39]

존은 아버지의 남성성이 사라진 것을 애도한다.

> 나는 현관 앞에서 그가 내 앞으로 쓴 편지를 발견했다. 아빠가 스스로 정말 여성으로 느껴진다는 내용이었다. 호르몬 처방과 수술이 이어졌다. 솔직히 말해서 그 변화는 거북했다. 아빠에게는 내가 자라면서 사랑했던 거칠고 강한 면이 늘 있었다. 그는 나의 책에서 상남자였고 아버지의 힘 덕분에 나는 안정감과 안전한 감정을 느꼈다. 그 "치료들"은 아빠의 더 남성적인 특징들을 약화시키는 것이어서 아빠는 여성스러운 특징을 새로 가지게 되었다. 가장 힘든 부분은 그가 말하는 소리를 듣는 것이었다. 나는 그의 중후한 멋진 바리톤 음색이 그립다. 이제 그는 더 높은 음색으로 더 여성스럽게 이야기한다. 이 모든 것이 잔인하고 왜곡된 꿈과 같이 너무 억지스럽고 비현실적으로 느껴진다. 그의 목소리를 듣는 것도 그를 보는 것도 모두 고통스럽다…나는 아빠가 돌아왔으면 정말 좋겠다. 그가 어떻게 납치된 듯한 느낌이다.[40]

콜빈의 부모는 그가 두 살 때 헤어졌고 아버지가 성전환을 선택함으로써 아버지의 부재가 콜빈의 유아기에 미친 악영향은 가중되었다. 아버지의 성전환은 콜빈의 남성성에 대한 바로 그 감각을 더 와해시켰다. 그는 "남성성은 한 여성이 단순히 아내나 여자친구가 됨으로써 '주는' 무언가가 아니다…소년들은 반드시 분명하게 그리고 암묵적으로, 표현을 하든 안 하든 모든 종류의 방법으로 어떻게 한 남성이 되는지를 보아야만 한다. 남성성은 반드시…한 남성이 모범으로 보여 주어야만 하는 것이다."[41]

콜빈 같은 사례는 절대 유일하지 않다. 성전환 부모의 자녀가 본인의 성별과 성 정체성에 혼란을 겪고 본인들이 어머니나 아버지 역할을 할 역량이 있는지에 대해 회의를 갖는 경우는 흔한 일이다.

조슈아는 아버지가 여성, 즉 캐런이 되겠다고 결심한 것이, 그가 한 남성이 무엇을 의미하는지에 대한 본인의 고유한 감각에 어떤 영향을 미쳤는지에 대해 다음과 같이 회고한다.

> 당신에게 있어 남성인 인물인 그 사람이 당신에게 가장 필요한 연령대에 갑자기 사라져 놓고, 당신 앞에 여자로 서 있다면 당신은 무엇을 해야 하겠는가? … 남성이 된다는 것은 무엇을 의미하는가? 내가 과거에 비록 그랬기는 하지만, 지금 나의 성 정체성에 의문을 제기하는 차원에서 이를 말하는 것은 아니다. 하지만 정말로 당신은 무엇을 하겠는가? … 나는 현재 다섯 살 아이가 있다. 하지만 아들이 생겼다는 사실을 처음 알았던 순간은 대단히 파괴적이었다. "나는 무엇을 해야 할 지 모른다."고 혼자 생각했기 때문이었다.[42]

성전환 부모의 아이들의 이야기는 중요하다. 그것은 그들의 부모가 반대 성별로 살기로 결정할 때, 자녀의 대체 불가능한 아버지 혹은 어머니를 박탈당하는 것이기 때문이다. 성전환 과정은 아이들에게 아버지와 어머니 모두 필요하다는 사실보다, 반대 성별로 살고 싶은 성인들의 욕구를 우선시하는 것이다. 그것은 자녀들 평생에 부모의 상실과, 성 정체성과 대인 관계라는 바다를 항해할 때 고장난 나침반을 주어 그들을 표류하게 하는 부담을 남긴다.

실천 방법

그럼 우리는 이 정보를 가지고 무엇을 할 수 있을까? 동성 부모와 관련해서 아동을 성인보다 먼저 생각한다는 것은 다음 네 가지를 의미한다.

가장 중요하게는 성 소수자 공동체의 구성원이나 그들이 양육하는 자녀를 결코 폄하해서는 안 된다. 아동의 인권을 옹호하는 것은 남성 동성애자나 여성 동성애자가 양육할 능력이 있는지에 대해 논평하는 것이 아니다. 여성 동성애자는 탁월한 어머니가 될 수 있다. 그녀는 단지 아버지가 될 수 없는 것이다. 남성 동성애자는 환상적인 아버지가 될 수 있으나, 결코 어머니가 될 수는 없다. 아이들은 양친을 원하고 필요로 한다. 아이들을 어른보다 먼저 생각하는 것은 육아에 있어 양성의 중요성에 주목하는 것이다.

둘째, 아동의 인권을 옹호하는 것은 좋은 정책을 옹호하는 것이다. 앞으로 수개월, 또는 수년간, 평등이라는 이름으로 당신의 주정부나 국가가 "어머니"와 "아버지"라는 단어를 결혼과 양육과 관련된 법률에서 삭제할 방법을 찾을 것이다. 아이들을 어른보다 우선시하기 위해 당신은 반대 입장을 공적으로 분명히 밝혀야만 한다. 단순히 조용히 동의하거나 "좋아요"만 누르는 것으로는 충분하지 않다. 모두 손을 모아 도와야 할 시간이다. 이 진보적인 군함이 아이들의 권리에 미치는 악영향을 줄이기 위해 당신은 능동적으로 대의를 위해 싸워야만 하고 화가 난 친구나 분노한 트위터 군중의 면전에서 어머니와 아버지의 중요성을 방어할 준비가 되어 있어야 한다.

　셋째, 우리는 어머니나 아버지가 없는 아이들을 지원하기 위해 우리가 할 수 있는 것을 해야 한다. 동성 부모의 자녀이든, 한부모의 자녀이든 위탁 자녀이든 우리는 모두 한 아이의 잃어버린 엄마나 아빠와 연결될 수 있다. 아이들을 우리보다 먼저 생각한다는 것은 포용, 특히 어머니나 아버지가 인생에서 배제된 아이들을 포용하는 것이다.

　아이들을 우리보다 우선시하는 것은 남성들이 편모나 두 엄마의 자녀들의 인생에서 중요한 역할을 하는 것을 의미한다. 당신의 조카가 정자 기증으로 태어났다면 그 조카와 삼촌과의 데이트를 하면서 좋은 남성은 어떻게 여성을 대하는지에 대해 가르치기 바란다. 옆집에 두 엄마와 사는 어린 소녀가 있다면, 차에 엔진 오일을 교체하는 것이든 진입로에서 농구를 하는 것이든, 단순히 강아지를 산책시키는 것이든 남성의 세계가 무엇을 의미하든지 간에, 그 아이를 남성의 세계로 초대하라. 숙녀분들에게. 비극이든 의도적이었든 어머니가 없는 아이들에게는 어머니와 같은 당신 같은 존재가 필요하다. 그들이 슬플 때에는 얼굴을 감싸 주고 눈물을 닦아주라. 그들이 새로 머리를 하면 얼마나 멋있게 보이는지 황홀경에 빠져 말해 주라. 점심을 준비하는 동안 그 아이들을 집에 데리고 와서 이들이 소녀로 겪는 어려움에 대해 자세히 털어놓을 수 있도록 그들에게 이야기를 걸어 보라. 어머니를 잃은 아이를 알고 있다면, 당신에게는 그 어린 소년이나 소녀가 너무나 필요하고 받아 마땅한 어

실천 방법

머니의 가르침을 주어야 할 중요한 역할이 있는 것이다.

   넷째, 아이들을 우리보다 우선시하는 것은 아이들의 상실감을 세심하게 인정하는 것이다. 만일 당신이 부모님의 이혼을 겪은 슬픔을 믿고 털어놓는 어린 소년을 알고 있을 정도로 운 좋은 사람이라면 그 아이는 아빠가 알아주고 사랑해 주어야 하는 대단한 아이이기 때문에 그가 아버지를 잃은 것이 얼마나 큰 일인지에 대해 그 아이의 슬픔에 공감해 주어야 한다. 그는 그를 사랑하는 엄마가 있어 얼마나 행운인지 알 필요는 없다. 그는 이미 안다. 아이들을 우리보다 우선시하기 위해 당신은 아이들과 정서적으로 불편한 공간에서 살 준비가 되어야 하고 그럴 수 있어야 한다.

7장 기증에 의한 임신

불임은 당연히 절박한 성인들에게 초점을 맞춘 주제이다. 살아 있는 사람이라면 누구나 불임 클리닉에 가는 사람들의 심정을 공감할 수 있다. 우리는 모두 기증에 의한 임신을 고려하는 성인을 알고 그들을 사랑한다. 그들은 실패한 임신 테스트 결과로 인해 희망이 사라져 가는 우리의 가장 좋은 친구들이거나, 아이들에게 너무나 멋지고 모두 다 탁월한 아버지가 될 수 있는 놀라운 남성 동성애자 이웃들이다. 당신의 큰 언니에게 꼭 맞은 남편감이 나타나서 큰 언니가 정신없이 빠져들게 될 희망이 없기 때문에 아마도 당신은 기증에 의한 임신이라는 생각에 유연해져 있을 수 있다. 곧 마흔이 되는 여성은 "모든 것을 가졌다"는 의미를 오해하고 있는 것처럼 보인다. 그녀의 두 개의 석사 학위는 전통적인 모성의 대가로 얻은 것이었다.

우리 대부분은 친구들과 가족이 입양 대신에 거대 보조 생식 기술 사업자(Big Fertility)를 고용하는 데 대해 공감한다. 생물학적 연계는 중요하다. 그리고 유전학적 자녀를 추구하는 것은 인간의 본성이다. 그러나 정자·난자 기증은 성인이 생물학적 혈연관계를 원하는 욕구를 충족시키기 위해 자녀가 아버지나 어머니에 대한 매우 중요한 생물학적 연계가 없이 자라나도록 한다.

우리가 이 사람들을 알기 때문에 너무나 아끼는 이웃에 사는 남성 동성애자나 가장 사랑하는 누이가 자녀를 갖고 싶어하는 욕구를 역설하는 것은 쉽다. 그들이 어려운 환경에서 선한 의도를 가진 좋은 사람들이라는 사실을 알기 때문에 우리는 그들을 안타깝게 여긴다. 우리가 기증으로 태어난 아이들을 모르기 때문에 이러한 아이들을 찾는 것은 더 어렵다. 이들의 이야기는 더 찾기 어렵지만, 이들의 이야기는 더 듣기 고통스러운 것으로 밝혀졌다. 언론 매체는 이러한 시나리오에서 아이들의 정서적 필요나 권리에 대해서는 거의, 아니 아예 다루지 않고, 공감을 자아내는 커플에 대한 이야기만 들려 줌으로써 기증으로 자녀를 출산하여 "가족"을 만드는 것을 축하하도록 사람들을 길들이는 방식으로, 대중이 그 성인들에게만 계속 주의를 기울이도록 유도한다. 주류 언론은 정자·난자 기증으로 피해를 입은 아이들의 이야기를 방송하는 데에는 거의 관심이 없다.

만일 아이들이 자신들의 이야기를 용기를 내어 한다 하더라도 세상이 대개, 그리고 본인들의 부모가 그에 대해 수치심을 느끼도록 만든다. 이들은 "살아 있다는 사실에 감사해야 한다"는 이야기를 듣고 반복적으로 부모는 그들을 얼마나 "원했는지" 상기시킨다. 잠시 후 그들은 자신들의 가장 사적인 감정을 이야기하는데 대한 대가가 정서적으로 엄청난 희생이 따른다는 사실을 자각하게 되며, 본인들의 안전을 위해 익명의 게시판에만 이러한 이야기를 공유하는 편이다. 기증으로 태어난 한 여성은 그녀가 기증으로 태어난 것으로 인해 겪는 어려움에 대해 이야기할 때 다른 사람들이 얼마나 무시하고 비난을 하는지 이야기한다.

"왜 엄마한테 그것에 대해 이야기를 못하는 거죠?"하고 사람들이 묻는다.

나는 두려움에 몸을 떤다…당신은 어떻게 누군가를 앉혀 놓고 그들에게 그들이 당신에게 "가족"으로 충분하지 않다는 이야기를 기본적으로 할 수 있는가?

그녀의 조건 없는 사랑이 나를 불행하고 불완전하게 했다는 사실을 완전히 이해해야만 한다는 것은 너무 충격적이기 때문에 그런 이야기를 한다는 것은 "그녀를 짓밟는 것"이라 하겠다.

나의 전신이 긴장하는 것을 느끼는 바로 그 순간은 사람들이 너무나 친숙하고 유명한 다음과 같은 이야기를 할 때이다. "너는 엄마가 너를 너무나 원해서 이 모든 과정을 거치고 문자 그대로 그녀가 자녀를 사랑할 수 있도록 비용을 지불했다는 사실에 대해 감사해야 한다."

나는 상처받거나 무언가 잘못되었다고 느낄 권리가 없는 사람일까?… 나는 매일 밤 잠자리에 들고 매일 아침 일어날 때마다 상실감을 느낀다.[1]

이 세상은 아이들이 기증으로 태어난 비애감을 전파하기에 안전한 장소가 아니며, 일반 대중은 보조 생식 기술 사업의 어두운 측면에 노출된 적이 없다. 당신이 세 번째로 한 체외 수정 시술이 성공했다는 글을 SNS에 올린다면 곧장 수십 개의 하트, 좋아요 표시, 춤추는 스누피 이모티콘이 쏟아질 것이다. 하지만 이렇게 축하받아 마땅한 세 번째 시도

끝 착상에 대해 아래와 같이 글을 올린다면 소셜 미디어에 하트 세례가 쏟아지지는 않을 것이다.

> 나는 기증으로 태어났고 살게 되어 기쁘다. 하지만 나는 불구대천의 원수라 하더라도 그가 백만 년 동안이라도 이 일을 겪기를 결코 바라지 않을 것이다. 나는 아빠를 갖고 싶었다. 나는 결코 아빠를 가진 적이 없다. 나는 엄마를 기쁘게 해 드리기 위해 단 한 번도 이 이야기를 엄마에게 한 적이 없다. 18년 동안. 그리고 결국 그 과정은 순탄하지 못했다. 엄마는 여전히 불행하다. 나는 혹시 내가 나의 남자 형제나 친아빠와 데이트를 하게 된다 해도 그 사실을 모를 것이다! 내가 매일 하는 질문은 "누가 대체 왜 이런 짓을 나에게 한 걸까?"이다.[2]

남성 동성 커플은 자녀를 하나만 가진다면 그 아이에게 줄 수 있는 사랑이 너무 많기 때문에 대리모에 지급할 자금을 마련하기 위해 하는 GoFundMe 캠페인 이야기, 혹은 한 아이가 어머니의 결핍에 대해 아래와 같이 묘사한 고통스러운 마음 속 이야기, 이 둘 중에 어떤 내용이 '좋아요'를 더 많이 받거나 더 널리 공유될 것인지 맞춰보기 바란다.

> 매일 나는 나의 생모에 대해 궁금하다. 그녀도 나를 궁금해할까? 내가 닮았을까? 우리는 성격이나 좋아하거나 싫어하는 것들도 비슷할까? 내가 이복형제가 있을까? 나에 대해 아는 외할아버지와 외할머니가 계실까? 이 정도는 수박 겉핥기도 안 된다. 나는 나의 친엄마를 모르고 그녀와 관계를 맺을 수 없다는 사실로 인한 고통을 이루 말로 다 표현을 할 수가 없다. 나는 정말 적어도 하루에 한 번 이상 이 생각을 하고, 정신적으로, 정서적으로, 신체적으로 심하게 어려움을 겪고 있다.[3]

만일 당신이 위의 "좋아요" 내기에서 틀린 답을 골랐다면 다시 한번 기회를 주겠다. 불임인 아버지가 오래 고대하던 체외 수정으로 얻은 아이의 사진을 공유하며 감격하는 것과, 자신의 친아버지는 일평생 그의 인생에 일부분이 될 수 없다는 이야기를 막 전해 들은 한 아이가 올린 아래 글 중 어떤 글이 더 많은 이모티콘을 받겠는가?

처음으로 든 생각은 "지금 [욕설] 장난하냐?"였다. 그 다음에 든 생각은 나는 존재하지 말았어야 한다는 것이었다. 그 다음에는 물론 생부는 아닌, 우리 아빠에 대한 엄청난 존경심이 생겼다…아빠는 나를 위해 모든 것을 했다. 나는 그와 덜 닮아보일 수가 없다. 나는 이번에는 [유전자] 검사를 하지 않겠다고 결심했다. (만일 한다면 난 죽을 수도 있다.) [내가 수정된 방식은] 내가 인생을 이해하는 방식을 너무나 깊이 바꿔 놓았다… 내가 이것을 자세히 살펴보려 한다면 전문가의 도움이 필요할 수도 있겠다.[4]

우리는 기증으로 태어난 아이들이 직면하는 어려움을 이제 막 배워가기 시작하는 단계이나, "사랑이 필요한 모든 것이다"는 말은 진실이 아니라는 점이 매우 분명해졌다. 우리 성인들은 이러한 아이들의 말에 귀를 기울여야만 하고 기증으로 출산하는 데 대한 우리의 생각을 바꿔야 한다. 이제 당신의 절친인 남성 동성애자가 아무리 훌륭한 아빠의 역할을 감동적으로 수행한다 하더라도, 당신이 사랑하는 친구의 마음이 아무리 상하고 큰 충격을 받는다 해도, 당신의 누이에게서 생물학이라는 시한폭탄이 바로 터진다 하더라도, 성인이 아이를 갖고 싶어하는 욕구에 대해 안 된다고 단호하게 대답해야 할 때가 있다.

체외 수정은 아동 친화적이지 않다.

당신이 이 책의 앞부분에서 읽지 않고 넘긴 내용이 있다면 아동의 권리에 대해 빨리 이해할 수 있도록 해 주는 커닝 페이퍼가 여기 있다.
- 아동은 자신의 어머니와 아버지에 대한 권리가 있다.
- 육아에 있어 생물학은 중요하다.
- 아이들은 생물학적 부모를 여의게 될 때 고통받는다.
- 독신이든 혼인 상태이든, 동성애자이든 이성애자이든 어떤 성인도 예외 없이 아동의 권리를 보호하기 위해 어려운 일을 할 필요가 있다.

이 장에서는 기증에 의한 임신이 아동의 어머니와 아버지에 대한 권리를 어떻게 침해하는지에 주목한다. 이 장에 수록된 글들은 대부분 보조 생식 기술 사업이라는 장막 이면의 이야기를 들려주는, 기증으로 태어난 사람들이 본인들의 이야기를 두려움 없이 공유할 수 있는 플랫폼인 AnonymousUs.org 웹사이트에서 발췌한 것이다.

만일 보조 생식 기술 사업에서 아이들의 권리를 침해하는 내용을 퍼레이드로 보여준다면 그 중에서도 가장 무시무시한 사례를 고른다는 것이 불가능하다는 사실을 증명하게 될 것이다. "바람직하지 않은" 배아들은 자궁에서의 생명이 어떤 것인지 엿볼 기회조차 얻기 전에 주기적으로 버려진다. 운 좋게도 질 속에서 생명을 얻을 기회를 획득한 배아들은 이내 선별적인 재생산이라는 고초를 겪게 된다. "선별적인 재생산"이란 12주~20주 사이의 배아를 낙태시키는 것을 과학적으로 표현한 것이다. 잉여 배아들은 냉동 상태로 모아져 가사 상태에 처해지고 결국에는 해동되어 버려지거나, 연구 목적으로 기증되거나 배아 입양의 대상이 된다. 새로운 생명을 만드는 서비스를 제공하는 산업에서는 숱한 새 생명을 앗아가는 끔찍한 일이 반드시 일어난다.

통계학적으로 매우 적은 수의 배아들만 생명에 대한 권리를 부여받지만, 이들이 어머니와 아버지 모두에게 알려지고 이들의 사랑을 받을 권리는 체외 수정을 통해 주기적으로 훼손된다. 기증된 난자와 정자를 사용하는 일이 너무나 만연하고, 더 나쁘게는 아이의 인생에 친부모가 관여할 기회를 배제시킬 바로 그 목적으로, 사용자들은 익명으로 이러한 절차를 진행하는 것을 종종 선호한다.

부부나 미혼인 사람들이 본인들의 생식 세포를 사용할 수도 있지만 카탈로그에서 보고 고른 한 명의 낯선 사람의 생식 세포나 두 낯선 사람의 생식 세포가 사용되기도 한다. 예산이 부족한 부부는 기증된 잉여 배아를 이식하는, 보다 저렴한 방법을 채택하기도 한다. 성인들은 돈을 주거나 대가 없이 제삼자 여성의 자궁을 이용해서 아이를 잉태시키기도 한다. 심지어 유전적으로 동일한 기증받은 배아들을 두 명의 여성에게 각각 잉태시켜 "쌍둥이 같은 동기(twibling)"를 얻는 부모들까지 있다. 여성 동성애자 커플은 한 여성의 난자를 채취하고 낯선 남성의 정자를 활용하여 다른 여성의 자궁에서 자녀를 잉태시킬 수도 있다. 보조 생식 기술 사업은 인간을 상품화하기 위한 새로운 시장이며, 자녀를 생물학적 정체성으로부터 절연시키는 창의적이 방법들은 끝도 없다.

인류가 성관계 없이도 아기를 처음 만들어 내기 시작한 이래, 인간에 대한 이러한 급진적인 실험이 미치는 영향을 추적하고 평가하는데 정부가 관심이 있을 것이라 생각할 수 있다. 하지만 그렇지 않다. 기증으로 임신하는 세상에서 성인의 욕구와 보조 생식 기술 사업에서는 수익성이 다른 무엇보다도 중요하다. 아동에 미치는 영향은 무관한 것처

체외 수정은 아동 친화적이지 않다.

럼 보인다. 기증으로 태어난 아이들의 성과에 관련된 연구는 거의 없고, 관련 자료가 부족한 것에 대한 비난은 실제로 장기적인 보고나 기록 보유 의무가 전혀 없이, 거의 완벽하게 규제를 벗어나 있는 산업인 거대 보조 생식 기술 사업자에게 돌아간다. 실증적인 자료의 양이 적기 때문에 우리는 이 장에 나와 있는 것처럼 직접 체험한 것을 기술하거나 관찰한 내용에 더욱 의존할 수밖에 없다.

기증으로 태어난 자녀들의 성과를 평가하는 얼마 안 되는 대규모 연구 중 하나인 "우리 아빠의 이름은 기증자입니다(My Daddy's Name Is Donor)."는 미국의 가치 연구소에서 후원했다. 연구원들은 18 ~ 45세의 정자 기증으로 태어난 485명의 성인을 관찰했다. 대조군으로 영아기에 입양된 562명의 성인과 생물학적 부모가 키운 563명의 성인을 같이 평가했다.[5] 이 장의 자료 중 많은 부분은 이 연구에서 나왔다.

거대 보조 생식 기술 사업자의 중과실까지 더해지면서 기증으로 태어난 인물에 대한 지식이 부족한 부분은 연구에 있어 또 다른 장애물이 된다. 기증으로 태어난 많은 사람들은 본인들의 출신을 모른다. 기증으로 태어난 성인들을 위한 글로벌 지원 단체인 '우리는 기증으로 태어났다.'에서는 2019년에 실태조사를 실시했는데 편모나 동성 부모가 양육한 자녀의 82%가 본인들이 어떻게 태어났는지 알고 있었다. 이는 이성 부모의 자녀 중 11%만이 이 사실을 알고 있던 것과 대조적이다.[6] 잠재적인 조사 대상자가 본인들이 해당 인구 통계 집단에 소속된다는 사실을 모를 때 그 특정 집단의 성과를 평가하기란 불가능하다.

나는 누구인가?

정자·난자 기증으로 태어난 아이들은 종종 부모님은 생물학은 중요하지 않다는 의견이라고 이야기한다. 그런 성인에게 가장 중요한 것은 그 자녀를 얼마나 원했고, 그 부모는 그들을 양육한 바로 그 사람이라는 점이다. 이와 같은, 기증으로 수정된 사람에 대한 감상과, 실제 기증으로 수정된 사람이 바라보는 관점이 얼마나 다를 수 있는지 다음 글을 통해 알아보자.

> 엄마는 내가 어렸을 때 나에게 말해 주었다. 그녀가 얼마나 간절히 아기를 원했는지, 나를 얼마나 원했는지, 내가 얼마나 특별한지에 관한 모든 것들을. 그렇지만 그렇게 느껴지지 않는다. 지금 나는 중년이고 그게 중요하지 않다고 스스로를 속이던 시절도 겪었다. 하지만 그건 중요하다. 솔직히 말해서 항상 그랬다. 나는 내가 기억하는 한 분리된 것처럼 느껴왔다. 마치 인공적인 모조품처럼.[7]

원하고 바랬다는 것이 생물학을 잘 대체할 수 있다면 생식 세포 기증으로 태어난 아이들은 생물학적 양친이 양육한 아이들과 똑같이 잘 지내야 할 것이다. 하지만 그 아이들은 그렇지 못하다. "우리 아빠의 이름은 기증자입니다."에서 진행한 연구에서 정자 기증으로 태어난 젊은 성인들이 다음과 같은 사실을 밝혔다.

- 본인의 태생과 정체성에 대해 엄청나게 씨름할 가능성이 높다.
- 가족 관계가 혼란스럽고, 갈등 상황에 있거나 가정을 잃는 상황을 더 많이 겪는다.
- 원 가족이 이혼과 여러 번의 가족 변동을 경험할 가능성이 높

다.
- 비행, 약물 남용, 우울증과 같이 심각하게 부정적인 결과로 힘들어할 가능성이 높다.[8]

만일 생물학이 중요하지 않고 부모란 그저 아이를 키우는 사람들로 정의한다면 기증으로 태어난 아이들이 출신과 정체성으로 왜 그렇게 심각하게 힘들어 하는가? 그들에게 "나에게 정자를 기증해 준 사람은 나의 정체성의 절반이다"라는 진술에 동의하는지 물었을 때 거의 삼분의 이에 해당하는 485명의 성인이 동의한다고 응답했다. '우리는 기증으로 태어났다'에서 사람들이 같은 질문을 정자·난자 기증으로 태어난 이 단체의 구성원들에게 했을 때, 64%가 동의했다.[9] 기증으로 아이를 낳은 부모들과 우리 문화는 생물학이 중요하지 않다고 믿고 싶어하지만 정작 기증으로 수정된 아이들은 다르게 말한다.

본인에게 기증해 준 사람의 신원을 파악하기 전에 엘리자베스는 애통했었다.

> 나는 아빠가 없다. 또한 아빠에 따라 가는 정체성에 대한 감정도 없다. 나의 뿌리의 절반, 나의 아버지, 나의 가족의 병력조차 알지 못한다…그래서 의사가 "가족병력이 있나요..?"라고 물을 때면 나는 그런 건 모르고, 알 수가 없다고 말할 수 밖에 없다.[10]

또 다른 여성이 스물두 살 때 정자 기증으로 태어났다는 사실을 알게 된 후, 어마어마한 비탄에 빠졌던 경험을 나눴다.

> 나는 우리 아빠가 나의 존재를 만드는데 기여한 친아버지가 아니라고는 단 한 번도 생각해 본 적이 없다…그러나 그 날 이래 이 소식은 항상 부끄러우면서도 슬프게 느껴진다. 하루 아침에

내 모습을 보면서 바로 즉시 낯선 사람을 보게 되었다… 어떤 때는 아무것도 느낄 수 없다가도, 슬프고 혼자 남겨졌으며, 혼란스럽고 때로는 길을 잃은 것처럼 느꼈다. 감정의 롤러코스터를 타면서도 왜 그런지 확신할 수 없었다. 내가 갑자기 알지도 못하고 알려고도 하지 않았던 사람을 슬퍼하게 된 것이 아니다. 더 중요한 것은 내 스스로에 대해 서글프게 느끼게 되었다는 점이다.[11]

기증으로 수정된 아이들은 "나는 누구인가?"라는 존재에 관한 보편적인 질문과 씨름하는 과정에서 자신의 신체에 대한 권리를 박탈당한 것이라고 가장 잘 표현할 수 있는, 입양 전문가들이 "가계상의 혼란"이라고 부르는 것을 묘사한다. 정자·난자 기증으로 수정된 많은 아이들에게 있어 출생의 비밀이 드러나면, 자신의 친족의 가계도의 절반이 떨어져 나간 새로운 정체성을 다시 세워야 하는 힘든 자아 성찰의 작업이 시작된다.

스무 살의 한 여성은 난자 기증으로 태어나게 된 사실을 알게 된 이후 경험한 혼란을 다음과 같이 묘사했다.

나는 충격에 휩싸였다. 일주일이 지났건만 나는 아직도 무슨 생각을 해야 할 지 모르겠다. 내가 대학에서 독일어를 공부한 이유 중 하나는 "엄마의 할아버지"가 독일 출신이라는 점 때문이었는데, 이제는 완전히 무엇을 해야 할 지 모르겠다.
나는 누구인가? 나는 적어도 아버지와 혈연관계에 있다는 사실을 알아서 감사하지만 거울을 볼 때 나의 얼굴이 어디서 왔는지 궁금하다. 나는 이것에 대해 전혀 의심해 본 적이 없다. 자라나면서 내가 입양된 건 아닐지 궁금해했고 그 생각에 집착

하게 된 일이 기억나지만 할머니는 항상 내가 아빠를 닮았다고 말씀하셨는데, 그건 사실이었다.[12]

다음의 여성은 역설적이게도 본인의 난자를 기증하고 나서 5년이 지나서야 그녀가 정자 기증으로 태어났다는 사실을 알았다. 그녀가 자신이 자녀의 관점에서 기증으로 임신하는 것을 바라보게 되자마자, 그녀의 잃어버린 생물학적 부모의 현실이 강렬한 가계상의 혼란으로 나타났다.

> 나는 아무도 이해하지 못할 것이기 때문에 [출생]에 대해 그 누구와도 이야기할 수 없는 것처럼 느꼈다. 젠장, 나도 이해가 안 된다. 이런 감정 중 일부는 이성적이지 않다는 것을 알지만 그렇게 느끼지 않을 수가 없다.
>
> 나는 내가 누구인지 모르는 것처럼 느껴진다.
>
> 나는 내가 실제 사람이 아닌 것처럼 느껴진다.
>
> 나는 과학 실험 대상으로 느껴진다.
>
> 나는 내가 가짜인 것처럼 느껴진다.[13]

엘리는 본인이 정자 기증의 산물이라는 사실을 알고 심각한 신경 쇠약에 시달렸다.

> 당신의 정체성의 절반이 한 순간에 그렇게 벗겨진다는 것이 얼마나 고통스러운 일인지 말로 표현하는 방법을 모른다… 신원을 알 수 없는 너의 아빠가 너를 팔았다는 사실을 발견했을 때 당신의 자아 정체성을 다시 세우는 방법에 대한 지침서란 존재하지 않는다.[14]

엘리와 같이 기증으로 태어난 많은 아이들은 본인들을 길러 주신 분들이 친부모가 아니라는 사실을 알게 될 때 충격에 휩싸인다. 또 다른 이들은 아래 세 명의 익명의 계정에서 설명한 바와 같이, 나중에 본인이 기증으로 수정되었다는 사실을 알게 되었을 때, 무언가 정확하게 맞지 않았다는 생각을 항상 하게 되었다고 시인했다.

나의 어린 시절이 전부다 잘못된 것처럼 느껴진다. 나는 내 자리에 어울리지 않는 것 같고 다른 아이들과도 다른 것 같다… 나는 자라나면서 어머니께 내가 입양된 건지 여러 번 물어봤었다…우리는 사람이라는 사실에 주목하라. 우리는 쉽게 속지 않는다. 우리의 지각은 무언가 벗어났다고 말해 준다. 우리는 우리가 알았던 그 어떤 것보다도 확실히 알고 있다. 우리는 우리 부모가 아이를 갖고 싶다는 욕망에 대한 "치료"나 신체적 대리인이 아니다…우리는 기증된 유전적인 조직이 아니다. 우리는 정자가 아니다. 우리는 시술이 아니다. 우리는 인간이다. 그래서 우리는 괴롭다. 그 어느 누가 정확한 이유도 알지 못하면서 괴물처럼 느껴지는 것을 즐거워하겠는가?[15]

｡

우리 부모님은 성공할 수 있는 모든 기회, 이 세상의 모든 것을 주셨고 나는 그렇게 사랑하는 가족의 일원이 되는 영광을 영원히 누릴 것이다. 이와 관련해서 나의 일부는 항상 알고 있었다. 나는 내가 입양되었는지 불륜의 결과였는지, 아니면 무언가 이와 비슷한 상황이었는지 늘 궁금했다. 우리 엄마는 결코 바람을 필 사람이 아니고 내가 엄마를 빼닮았기 때문에 분명히 엄마의 친자라는 사실을 알았기 때문에 그런 생각은 늘 묻어 두었다. 하지만 무언가 늘 안 좋았다…아이들은 직관력이 있다.[16]

완벽한 그림이 나올 수 있도록 [우리 아빠]와 닮은 다른 남자의 정자가 검색되었다. 우리 부모님은 어색함은 시간이 지나면 사라질 것으로 들었다. 하지만 진실은 결코 사라지지 않는다. 어렸을 때 나는 병원에서 바뀐 아이로 생각했었다…나는 내 자리에 어울리지 않는 사람이라고 느꼈다. 마치 두 세계 사이의 전투 같은 게 끝없이 일어나는 것 같았다. 한편으로는 부모님이 내게 기대하고 바라는 모습이 되고자 노력하면서 부모님의 인정을 끊임없이 추구했다. 다른 한 편으로는 그것만으로는 결코 충분하지 않아 보였다…마치 너무 작은 신발을 신기 위해 노력하는 것 같았다. 이것은 마치 너에게 맞는 신발은 하나도 없겠지만 계속 억지로 쑤셔 넣으면서 강제로 인생의 길을 걸어가라고 하는 것이다.[17]

부모님을 찾아서

생물학적 정체성에 대해 알고 싶은 본능적인 호기심 때문에 기증으로 수정된 많은 자녀들은 오랫동안 생물학적 부모를 찾아 헤매게 된다. 혼란스러운 상태에서 친부모를 찾고 있는 어떤 젊은이는 다음과 같이 적었다.

[아버지날]에는 자주 그렇듯이 결국은 막다른 길로 인도하게 되는 불확실한 정보 약간을 가지고 인터넷을 검색하며 시간을 보냈다. 나는 아버지와 같이 있는 친구들이 가득한 인스타그램 피드를 스크롤하면서 "왜 나는? 왜 나는 아빠를 알 수가 없는

걸까?"라는 영원히 끝날 것 같지 않은 질문을 스스로에게 던졌다. 가장 안 좋았던 부분은 다음과 같은 부분이라고 생각된다. 외할아버지가 수년 전 돌아가셨는데, 역시 아버지가 돌아가신 엄마 친구 한 명과 같이 점심을 먹자고 엄마가 나에게 말했었다. 우리 모두는 "아버지가 없기" 때문에 다같이 점심을 하면 좋을 것 같다는 이야기였다. 그 때 온통 내가 생각했던 것은 이렇다. "우리 아버지는 돌아가시지 않았다구요. 엄마가 내가 아버지를 갖지 못하도록 결정한 거라고요. 그러니까 엄마가 우리 아버지와 돌아가신 외할아버지를 비교하는 것은 기본적으로 우리 아버지를 죽이는 거에요…" 아버지를 언젠가는 찾게 될 것이라는 [희망을 나는 갖고 있다.] 나는 그를 한 번도 만나지 못하고 죽을 것이라는 사실을 받아들이거나 상상할 수 없다. 그에 대해서는 어느 정도 분노하고 좌절감을 느끼기 때문에 아버지를 사랑하고 있는 내가 미친 것 같다. 나는 내가 왜 그를 사랑하는지 설명할 수는 없다. 그저 사랑한다.[18]

아래의 불안정한 영혼은 생물학적 가족을 찾는 일로 소진되었다.

나는 열심히 생물학적 부계의 가족을 이 년 동안 찾아 헤맸다. 각종 DNA 사이트와 페이스북 그룹들, 다른 온라인 그룹들이 많은 도움이 되었다. 그저 검색하는 것 자체가 너무나 진빠지는 일이었다. 때때로 그냥 잊어버리거나 그만 찾았으면 하고 바라기도 했다. 그러나 그냥 묻어둘 수는 없다. 노력을 해도 매일 거울을 보거나 낯선 사람에게서 익숙한 특징을 볼 때마다 이 생각이 든다.[19]

엘리를 만든 인공 수정 병원이 그녀의 기록을 말소시켜서 엘리는 생물학적 아버지의 정체에 대해 알게 되기까지 십 년을 기다려야 했다. 유전자 검사 방식이 우편으로 처리되는 덕분에 마침내 그녀는 본격적으로 기증자를 찾을 수 있는 방법이 생겼다.

> 나를 길러 주신 아빠와 내가 친자 관계가 아니라는 사실을 확인하는 결과가 나왔다. 그나마 가장 가까운 사람은 4대조 할아버지의 자손들이라서 빠른 시일 안에 확인하는 것은 너무나 어려웠다. 하지만 나의 결심이 확고했기 때문에 이후 여섯 달 동안 매일 저녁 네다섯 시간을 4대조 할아버지의 자손에 해당하는 사람들의 공개 가능한 가계도를 비교하면서 보냈다. 그러던 어느 날 밤 마침내, 1800년대의 한 부부가 여러 개의 먼 가계도에서 반복되었다는 점을 알게 되었다. 나는 이들의 자녀 스무 명 모두와 그들의 자손을 가지고, 이들의 오늘날까지의 가계도를 만들어 보았다. 그 가계도의 인물 중 내가 생겨난 도시에 있는 의과 대학을 다닌 적이 있는 사람을 찾았다. 마침내 일말의 가능성을 찾은 것이다. 나는 소셜 미디어에서 그의 사진을 보았고 내 아들이 늙었을 때의 모습으로 나를 다시 쳐다보고 있는 것을 보았다. 아무도 잘 알아볼 수 없는 나의 사랑스러운 아들의 이목구비였다. 마침내 나의 절반을 찾은 것이다. 이번의 눈물은 기쁨의 눈물이었다.[20]

이 여성은 30년간 찾아 헤맨 끝에 마침내 친아버지의 사진을 보게 되었을 때의 경험을 인생을 바꿀 만한 영향으로 묘사하고자 한다.

> 처음으로 아버지의 얼굴을 보는 것이 어떤 기분인지는 설명할 수가 없다…그 순간 나는 온전해졌다. 나의 평생 매일 가졌던 한 쪽이 처졌고 절반은 공허했던 느낌이 갑자기 채워졌다. 나

는 평생 처음으로 온전하고 완전한 사람이 되었다. "그렇다고 너가 변하지는 않아. 너는 어제와 똑 같은 사람이야."라고 내게 말했던 모든 사람들에게. 당신은. 틀렸어. 나는 과거의 나와 동일한 사람이 아니다. 나는 온전한 사람이 되었다. 나는 내 정체성을 찾았다. 당신이 전에 본인의 정체성에 대한 권리를 갖지 못했던 게 아니라면 내가 어떻게 느껴야 한다고 나에게 말하지 마라.[21]

린지는 마침내 친아버지와 연락이 된 다음 얼마나 완전하게 느꼈는지에 대해 이야기한다.

토요일에 친아버지와 두 시간 반 동안 화상 채팅을 했다. 그는 이번 주 내내 매일 메세지를 보내서 질문도 하고 친절한 말도 해 주고 가족 사진을 왕창 보내주셨다. 그건 내가 희망하거나 상상할 수 있었던 그 이상이었다…우리 상호의 연관성은 이상했다. 그가 말하고 생각하는 방식이 나를 따라하고 있었다. 우리는 모두가 하나로 느꼈다…난생 처음 나는 완벽하다고 느꼈다.[22]

실종된 이복 형제자매

한편, 기증으로 태어난 어떤 아이들은 생물학적 부모를 찾는 데에는 별로 관심이 없다. 그들은 더 확대된 대가족이나 동일한 기증자로 태어난 수십 명의 이복 형제자매를 가질 수 있는 가능성에 관심을 둔다.

엘리는 행방불명의 이복형제에 대한 너무나 강한 감정을 표현하면서, 이로 인해 그녀 자신의 자녀에 관해 상황을 복잡하게 만들 가능성이 있는 문제들을 고려한다.

> 나 역시 정자 기증으로 태어난 이복 형제자매가 수없이 많이 내 주변에 살고 있을 수 있다는 사실을 알고 충격에 빠졌다. 적어도 스무 명에서 많게는 오십 명이 넘을 수도 있었다. 만나는 것은 말할 것도 없고 그들 대부분의 이름조차 결코 알 수 없을 것이라는 사실에 고통스럽다. 기증으로 본인들이 태어났다는 것조차 모를 가능성이 높다. 그들을 알 수조차 없지만 그들을 사랑하고 보고 싶다. 뜻하지 않게 그 중 하나와 결혼하지 않아서 감사하고, 내 아이들이 이렇게 많은 (아마도 수백 명?) 사촌 중 한 사람과 우연히 사귀게 되지나 않을지가 걱정이다. 그들이 유전자 검사를 받지 않고서야 서로 혈연관계에 있다는 사실조차 모를 것이다. 혹시나 당신의 사촌일지 모를 수도 있다고 데이트 상대방의 신원 조사를 해야 하는 상황이 상상이 되는가? 사촌들끼리 결국 사귀게 되고 유전자 검사 결과를 확인했는데 상대방의 부모(나의 형제자매)가 본인이 기증에 의해 태어났다는 사실을 모른다면 어떻게 할 것인가? 내 자녀들에게 미칠 수 있는 이 복잡한 일들에 대해 생각하면 불안해진다.[23]

이 여성은 전혀 알지 못했던 한 형제의 죽음을 애도한다.

> 나는 1997년 나의 친어머니가 또 다른 엄마와 동성 연인 관계였을 때, 기증에 의해 수정되었다…그들이 이 일을 하지 않았더라면 내가 여기 없었으리라는 사실과 내가 감사하지 않는 것처럼 보일 수도 있다는 사실을 안다. 하지만 때로, 나의 가족의 절반을 알 수가 없는 것과 같이, 그들이 벌인 일에 따라오는 부수적인 피해가 나는 정말로 싫다. 나에게 있어 정자 기증의 산

물이라는 점은 주로 고통의 원천이었다…나는 항상 이복 형제자매를 만나는 것보다 기증자를 만나는 데에는 관심이 덜했다. 그 이유는 그가 나의 아버지가 될 것도 아니면서 내가 태어날 수 있도록 돕는 선택을 했기 때문이다. [나의 형제자매들이] 나를 알고 싶어하지도 않을 수 있지만, 적어도 나이가 더 많은 사람에 대해서는 이제는 내가 결코 알 수 없을 거라고 말할 수 있다. 그는 나의 존재 자체도 모른 채 죽었을 것이다…나는 이 점에 대해 정말 참담한 심정을 금할 길이 없다.[24]

아래 인용글은 소속되고 싶어하는 바람과 갈망으로 온통 가득하다.

나는 기증으로 임신되었다. 유전자 검사를 했고 [가계]도를 열심히 연구했고 온라인으로 염탐도 했다. 생물학적 가족을 찾기 위해 소셜 미디어를 구석구석 뒤지는 것은 첩보 활동을 하는 것처럼 느껴진다. 시간이 오래 걸리기는 했지만 정말 재미있는 작업이었다. 그들 중 일부에게 이야기도 해 보았다. 몇몇에게는 내 이야기도 들려 주었다. 그들은 나와 내 아이들처럼 보인다. 그들은 나의 형제자매이다. 우리는 공통의 관심사가 많다. 그들을 찾아가서 안아 주고, 서로 비슷해 보이는 미소를 지어 가면서 앉아서 같이 이야기를 나누고 싶다. 그들도 나처럼 웃을까? 그들의 손가락 끝마디도 나처럼 개구리 모양일까? 우리는 같이 자라지는 않았지만 분명히 우리가 만난다면 사촌처럼 느낄 것이다.[25]

타일러는 18년 동안 외동아이로 자랐고 유전자 검사를 한 후 (지금도 계속 증가하고는 있지만) 49명의 이복 형제자매를 알게 되었다. 그는 처음으로 이복자매를 만났던 경험을 이렇게 묘사한다.

나는 익숙한 느낌을 떨쳐버릴 수가 없었다. 그녀를 만나면 어떨지 아무 기대가 없었다…하지만 그녀가 떠난 후 친구 집으로 걸어가서는 바닥에 쓰러져 눈물을 흘렸다. 내 생애 첫 18년 동안은 왜 내가 이렇게 다를까를 생각하면서 보낸 이후, 마침내 다른 누군가에게서 내 자신을 볼 수 있었다. 그 어떤 것도 이 상황에 대해 나를 준비시켜 줄 수는 없었다.[26]

아래의 여성은 "생물학은 중요하지 않다."는 음료수를 더 이상 마시지 않는다.

나의 여동생이 태어났을 때 나는 유치원에 다녔고 천마일 떨어진 곳으로 이사했다. 서로의 존재에 대해 알게 된 것은 25년이 지난 후였다. 우리는 문자를 보내고 페이스북을 하고 전화로 이야기하면서, 같이 자라난 것 같은 "진짜 자매"가 되기 위해 잠정적인 노력을 했다. 그녀의 부모가 허락하지 않았지만 우리는 성인이고 이제는 그분들의 손을 벗어난 문제이다. 우리 엄마는 나의 친아버지의 가족조차 찾지 못하게 했다. 엄마는 "그는 단순히 '기증자'일 뿐이야."라고, "그건 다르다."고 말했다. 그렇지만 여전히, 당신이 가족이란 당신이 포용하기로 선택한 사람들뿐이라고 믿을 때조차, 나의 형제자매들과 나는 서로를 포용하기로 했다. 그들에 관한 한, 나는 그들을 가족에 포함시킨다…가족이란 의뢰인 부모와 그들이 키우고자 선택하는 자녀만으로 구성되지 않는다. 물론 그것도 가족이지만 때로 자녀들, 특히 기증으로 임신되거나 입양된 아이들은 그들을 양육한 부모 이상의 더 많은 가족이 있다. 때로 가족은 서로 비슷하게 보이지만, 떨어져 자랐지만, 피를 나눈 두 사람을 의미한다.

단순히 그들이 자매이기 때문에 때로는 두 이방인도 가족이 된다. 나는 우리 엄마가 믿는 것처럼 이것이 "다르다"고 생각하지 않는다.[27]

한 여성은 아래 내용을 알지 못하는 형제자매에게 썼다.

> 나는 네가 나에 대해 알고 있는지가 궁금해. 나는 너에 대해 생각하거든. 아주 많이. 나는 네가 나처럼 사랑스러운 좋은 가족에게서 자랐지만 늘 머리 속에서는 너의 "다른" 가족에 대해 생각하는 젊은이가 되어 있는지 궁금해. 나는 정말 너랑 연락이 되어 이야기하고 관계를 맺고 싶어. 너는 내 일부이지만 나는 너를 잃었고 너도 나를 잃었어. 나는 너를 만난 적도 없고 이름도 모르고 심지어 몇 명이나 있는지조차도 모르지만 네가 보고 싶다. 우리는 기증자의 디아스포라야.[28]

잃어버린 부모와 형제자매를 찾으면서 이들에게 알려지고 싶고 사랑받고 싶어하는 목소리를 내는 아이들의 고통스러운 이야기는 너무나 많아서, 그 이야기로 이 책의 세 배 분량의 페이지도 가득 채울 수 있다. 전부 슬프고 절박하고 어리둥절한 이야기이다. 그들의 이야기는 "영원히 뇌리에서 떠나지 않을 것이다."라고 하거나 "무엇이든 하겠다."라는 구절로 가득하다.

불안정한 가족

보조 생식 기술의 의뢰인이나, 동성이든 이성이든, 업계의 용어로 의뢰인 부모의 결혼 생활의 장기적인 안정성에 대한 연구는 거의 없다. 하지만 "우리 아빠의 이름은 기증자입니다."라는 연구에서 정자 기증으로 임신된 아이들은 생물학적 부모나 양부모가 양육한 대조군 대비 불안정을 더 많이 경험했다. "종합적으로 볼 때, 기증으로 수정된 자녀의 44%가 태어나서 16세 전까지 '가족의 이전'을 경험했다. 이는 입양아의 22%, 생물학적 부모가 기른 자녀의 35%의 수치와 대조된다."

자녀를 만들기 위해 수천 불을 쓰는 것과 의뢰인 부모 간, 혹은 의뢰인 부모와 자녀 간 확고한 결속력 사이에 상관 관계가 없다는 사실은 직관에 어긋난다. 그러나 자녀를 얻기 위한 지출과 노력이 그 가족을 만든 성인이 가족에 대해 더 많이 헌신하는 것을 의미하지는 않는다. 만일 당신이 기증으로 태어난 자녀들이 토론방에 올린 수백 가지의 신상에 관한 이야기나 수천 개의 답변을 다 읽는다면 불안정한 가정이 기증으로 태어난 아이들에게는 극단적으로 일반적이라는 사실을 알게 될 것이다.

이러한 유형의 불안정은 무차별적이다. 동성 부모이든 이성 부모이든 가족 구성과 상관없이 기증으로 태어난 아이들은 가족의 붕괴에 불균형적으로 많은 영향을 받는다. 이어지는 이야기는 모두 원래 쓰여진 그대로 옮긴 내용이며 이 사실을 입증한다.

> 나의 이야기는 조금도 과장하지 않았고 독특한 것이지만, 누구의 이야기가 그렇지 않겠는가? 나는 정자 기증으로 임신한 동성 커플의 산물이다. 나는 친엄마(Mom)와 또 다른 엄마(Nommie)의 외동이다. 우리 엄마들은 내가 네 살 때 헤어졌고 친엄마가 후에 내 남동생의 아버지가 된 남자와 데이트하기 시작했다. 엄마의 남자친구와 나는 아직도 매우 친하게 지내고 있고 심지어 그를 아빠라고 부르기까지 한다.[29]

어떤 젊은 여성은 아직 집, 사실은 두 집에 사는데, 두 어머니 모두 본인들의 난자를 사용하기에 너무 나이가 많아서 그녀와 쌍둥이 남자 형제는 난자와 정자 모두 기증받아 태어났다.

    내가 다섯 살 정도가 될 때까지는 모든 게 다 좋았다. 우리 엄마들이 너무 심하게 싸우기 시작했다…나는 정말 슬펐다…엄마들이 헤어졌다…우리는 결국 매주 두 엄마의 집을 오가게 되었다. 두 엄마 중 한 분이 항상 너무 나빴다. 집에서 너무 문제가 많았다. 다른 엄마의 집에 갈 때만 평화를 느꼈다. 못된 엄마의 집에 있을 때면 그 집에는 나에게 못되고 무례하게 구는 새로운 파트너가 있었다. 그 곳에 있을 때 늘 울었다…내 인생은 아무도, 그 어느 누구도 알 수 없을 만큼 복잡하다.[30]

한 의붓어머니는 복합 가정에서 감내해야 했던, 특히 의붓딸을 지옥처럼 묘사했다. 그녀의 남편과 전처는 난자 기증으로 이 여자아이를 임신했다. 이 여성은 "만일 당신이 [7만 불]이 있다면 의사들이 당신의 나이, 대인 관계 이력, 정신 건강 등을 불문하고 이것을 하도록 할 것이다. 그것은 너무나 잘못된 일이다."라고 말한다. 그녀는 남편의 전처가 기증으로 낳은 딸에 대한 본심을 드러냈던 그 시간을 이야기한다. 말다툼이 과열되자 그녀는 "당신 자식을 와서 데려가. 그녀는 내 애도 아니잖아!"라고 악을 썼다.[31]

열여섯 소녀가 경험한 가정의 분열은 그녀의 기증자가 실제로는 친외삼촌이라는 사실에 비하면, 단순히 주석 하나에 불과하게 느껴졌다.

    나는 동성 엄마들이 있다. (사실은 그들이 이혼하고 재혼했기 때문에 과거에 있었다. 하지만 두 분다 여전히 멋지고 좋다.)…나는 늘 내가 정자 기증으로 태어난 사실을 알았지만 어느 모르는 사람이겠거니 생각했다. (희망했다.) 그런데 그를 찾아서 만날 수 있었는데…그 사람이 친척일 것이라는 생각은 전혀 못 했다…너무 이상하고 근친상간처럼 느껴지고 전혀 멋있지 않았다…어떻게 외삼촌이 내가 자기 자식이 아닌 척할 수 있었는가? 우리는 가족 모임 같은 행사를 했었지만 늘 나를 "조카"라고 불렀다. 나는 외삼촌의 딸인데. 어떻게 사람이 그들이 자식을 원하지 않는다고 결정하기만 하면 자기 자식을 자기 자식이 아닌 체할 수 있는가? "나한테 피가 반쯤 섞인 아이가 생겼는데 그냥 이 사람에게 주어 버리세요." 이게 말이 되는가![32]

2장에서는 생물학적 부모와 친자와의 결속력이 어떻게 더 강한지에 대해 다뤘는데, 기증으로 임신된 아이들의 가정이 붕괴될 때 이 아이들은 대개 생물학적 부모가 아닌 사회적 부모와의 연락이 끊긴다.

다음은 앨라나의 이야기이다.

고통스러운 이혼 이후로 "아빠"를 다시 본 적이 없다. 엄마가 재혼을 하는 바람에 새"아빠"가 생겼다. 하지만 그 전 아빠나 새아빠 두 분 다 집에서 내가 안전하다는 느낌을 갖게 해 준 적이 없다. 모든 남자는 악랄하고 비도덕적이라는 점이 내게는 너무 분명했다. 나는 정말로 그들이 사랑할 역량이 부족하거나 내가 어딘가 잘못되어 사랑받을 가치가 없다고 생각했다.[33]

한 젊은이에게 사회적 아버지와는 생물학적으로 연계점이 없다는 사실은 궁극적으로 삶과 죽음을 의미했다.

내가 정자 기증으로 출생했다는 사실은 삶과 죽음 모두를 의미했다. 죽음은 나의 아버지에 관한 것이다…내가 여덟 살 때 어머니와 헤어진 후 아버지는 어머니가 다른 사람을 만나면서 일생일대의 비밀을 알게 되는 상황에 처했다. 나와 내 동생의 출생의 비밀 말이다. 그는 "피는 물보다 진하다."고 믿는 가정 출신이었다. 가족들이 아버지에게 양육권을 청구하도록 독려하는 시점에 이르러, 그 과정에서 진실이 드러날 것을 알았다. 그는 돈독한 가정의 유대 관계와 비밀의 힘 사이에 끼여 단순히 갈 곳이 없었다. 그 곳은 그가 살 수 없는 세상이었다. 그래서 그는 내가 열 살 때 자살했다.[34]

붕괴되는 가정의 비율이 높다는 것은 어느 정도 예측 가능하다. 권리가 있다는 감정이, 성인이 자녀를 갖고 싶어하는 욕구가, 자녀가 그들의 생물학적 부모에 대해 갖는 권리를 대체한다는 믿음의 배후에 있다는 것은 꽤 확실하다. 이 권리가 있다는 식의 사고방식이 부모와 자녀 간 존재한다면, 이러한 태도는 연인 관계에서도 나타나거나 연인 관계의 종결에도 그 책임이 있을 가능성이 꽤 높다.

상품화

성관계 없이 아기를 만들기 위해서는 자궁, 정자, 난자가 필요하다. 생식 세포 시장은 다른 물품 판매 시장과 마찬가지로 수요와 공급의 법칙의 영향을 받는다. 8장에서 자궁 대여 사업에 소요되는 높은 대가에 대해 논의할 것이다. 정자는 명백한 이유로 열두 개에 백 원 정도로 흔해 빠진 것이다. 물론 백 원은 아니지만 유리병 하나에 900불 정도로 그 비용은 상대적으로 저렴하다.[35] 난자는 구하기가 더 힘든 생식 세포이다. 그 가격은 난자 한 개 당 십만 불까지도 든다. 평균 가격은 12,000불에서 20,000불 선이다. 인간의 난자는 이 지구 상에 가장 비싼 물품 목록 중에서도 전갈 독과 샤넬 넘버 파이브 근방의 높은 가격이다.³⁶ (여담으로 여학생들에게 하는 경고 하나: 캠퍼스 온 사방에 붙어 있는 "다른 사람들을 도우면서 8천불까지도 벌어보세요!"라는 식의 난자 기증 광고는 사실상 "당신의 미래의 생식 능력을 형편없는 8천 불에 팔아버려라. 거기에는 추가 대가 없이 당신의 건강에 야기할 장기적인 합병증까지 포함되어 있다!"로 읽어야 한다. 더 자세한 내용은 난자 착취(Eggsploitation)라는 다큐멘터리를 보기 바란다.)

보조 생식 기술 사업의 본질은 상업성이고 이 시장에서 태어나는 많은 아이들은 당연히 상품화된 느낌을 받는다. 결국 그들은 어떤 사람에게 팔고 또 다른 사람이 구입한 것이다. 익숙한 느낌이 들도록 이 책 전체에 걸쳐 "기증자(donor)"이라는 표현을 쓰긴 했지만 사실상 "기증자"는 부정확한 표현이다. 아무도 본인의 정자나 난자를 기증하지 않는다. 아주 소수의 여성들만 이타적인 이유로 본인의 자궁을 제공한다. 생식 수단과 생식 물질의 거래에 연루된 모든 사람은 적어도 사람을 상품으로 취급하는 일에 가담하는 것이다. 최악의 경우에는 인간의 자녀를 인신매매하는 것이다. "기증된" 정자로 태어난 아이의 말을 들어보자.

> 나는 정자 매춘부인 나의 아버지가 판 정자를 사서 수정되었다. 그 사람은 기증자가 *아니고* 판매자이다. 저온 냉동은행은 수십억 달러의 기업이지, 불임인 사람을 돕기 위한 자애로운 비영리 기구가 아니다. 돈이 중요한 모든 것이다. 돈은 더러운데 나는 그 돈으로 태어났다…내 목숨에는 가격이 매겨졌고 그 결과는 내가 감당하고 있다.³⁷

"우리 아빠의 이름은 기증자입니다."의 연구원이 기증으로 태어난 자녀들에게 "나의 임신과 관련된 상황 때문에 괴롭다."는 표현에 동의하는지 문의했을 때, 45%의 응답자가 동의한다고 답했다. 동일한 비율

의 응답자가 "나를 수정시키기 위해 돈이 거래되었다는 사실 때문에 괴롭다."는 표현에 동의했다.[38]

비혼모가 익명의 사람의 정자를 기증받아 태어난 한나는 태어날 때 어머니가 자신더러 짊어지게 한 부담을 다음과 같이 묘사한다. "'원했다'는 것은 때때로 마치 내 권리에 대해서는 아랑곳없이 그저 내가 당신을 행복하게 하기 위해 창조되었다는 저주와 같이 여겨진다…내가 상품처럼 느낀 적이 없다고 한다면 그건 거짓말이다."[39]

자신의 존재의 상업적인 본질을 묘사하는 아래 자녀의 이야기의 핵심에는 분노가 자리하고 있다.

부모가 돈을 받고 낯선 사람에게 자신을 유기했고, 인간의 생명은 그들에게 있어 가구를 사는 것과 꼭 같은 상업적인 서비스였다는 사실을 알고 자란다는 게 어떤 것인지, 아무것도 모르면서 사람들이 인공으로 만들어진 자녀들의 사회적 부모들을 확실히 인정하고자 할 때 기가 막힌다. 당신은 돈에 거래된다는 것이 어떤 기분인지, 어머니와 사회적 아버지를 위해서 그들의 면전에서 거짓말을 듣고, 당신을 한 번도 사랑한 적 없고 당신을 위해 어떤 것도 하고 싶어하지 않는 생부, 당신이 존재하는 것조차 모르는 온 가족과 앞으로도 결코 알 수 없을 수십 명의 이복 형제자매를 애도하는 감정들을 억눌러야만 한다는 것이 어떤 기분인지 아는가?[40]

난자 기증으로 태어난 열여덟 살의 한 여성이 주장하는 난자 기증에 대한 반대 의견은 다음과 같다. "내가 돈이 많이 들었고 인생에서 가장 필요한 여성은 나에게 이방인이면서도 50%의 나를 구성한다는 사실 때문에 괴롭다. 때때로 나는 태어나지 않았더라면 하고 바랬다. 나는 이런 것을 원하지 않았고 결코 이런 일에 동의하지 않았을 것이다."[41]

기증에 의한 임신과 아기 매매 사이의 경계는 끔찍하게도 모호하다. 아래와 같이 기증으로 수정된 한 여성은 그 경계선을 명확하게 구분해 준다.

> 한 여성이나 남성이 자신의 생물학적 자녀를 돈과 수익을 위해서 완전히 낯선 사람에게 넘겨주는 것이 악하고 부패하고 심지어 불법인데도 불구하고 왜 '기증'이라는 용어 하에서는 괜찮다는 것인가? 중개인과 실험실과 기술, 유리 접시를 걷어내고 이 관행에 대해 생각해 보라…지금 무슨 일을 하고 있는 것인지 이해가 되는가? 자녀를 물건으로 바꾸면서 이 세대 사람들에게 자녀는 낙태로 처분할 수 있는 것이며, 부모됨이란 자녀를 살 수 있는 충분한 돈이 있는…커플에게 기증될 수 있는 것이라고 이야기하는 것이다.[42]

출생의 거래적인 본질에 대해 불편하게 생각하는 것을 넘어서 기증에 의해 임신된 많은 아이들은 본인들이 설계되고 제조된 것처럼 느낀다. 물론 그들은 정확히 옳다. 이렇게 자녀를 갖고자 하는 부모들은 문자 그대로 온라인 카탈로그를 뒤져서 "기증자"를 고른다. 구매자는 인종, 신장, 눈 색깔, 학력으로 필터링한 결과를 도출할 수 있는 선택권이 있다. 아기를 만들어내는 데 돈이 많이 들기 때문에 비용을 부담하는 성인들이 딱 알맞은 *바로 그* 아기를 갖기 원한다는 점은 이해할 만하다. 이 점에 대해 정자 기증으로 수정된 앨라나 뉴맨은 다음과 같이 서술했다.

> 나는 아주 어렸을 적부터 내가 실제로 카탈로그에서 골라서 구

매되었다는 사실을 알았다. 나는 금발의 푸른 눈이 다른 천연색보다 높게 평가된다는 것을 알았다. 나의 어머니는 아버지와 결코 사랑에 빠진 적이 없었기 때문이다. 아버지는 어머니에게 한 번도 완전한 인간으로 받아들여진 적이 없고 몇몇 유전적 형태만이 인정되었다. 나는 정확히 내가 그녀를 행복하게 만들어 주기 위해 창조되었으며 그것이 나의 존재 이유라는 사실을 언제나 알았다.

기증된 정자의 산물인 또 다른 젊은 여성은 이기적인 이유로 기증자를 골라 비혼 출산을 선택한 어머니를 다음과 같이 비난한다.

그녀는 *바로 그녀처럼 보이는* 기증자를 골라서 그녀와 *완전히 동일한* 혈통을 갖고자 했다. 나는 기증자의 개요서를 본 적이 있다. 기증자에 관한 질문에 대한 그의 답변은 유대인 징기스칸이 되고자 하는 누군가에게나 어울릴 법한 너무나 의기소침할 정도로 무감각한 내용이었다…엄마는 그의 인격에 대해 개의치 않았고 그저 본인과 완전히 빼다박은 아기를 만들고 싶어 했다. 그녀는 나누는 것을 싫어했다.[43]

비혼 출산을 선택한 어머니가 짊어져야 할 회한의 짐은 기증으로 임신된 자녀에게 부과된다.

나의 어머니에게 있어 내 존재의 요체는 그녀의 딸이 되는 것이어서 나는 그녀가 나를 한 인격체로 보지 않고 그녀가 완전히 통제하고 있는 프로젝트처럼 보는 것처럼 느껴진다. 솔직히 왜 안 그러시겠는가? 그녀는 문자 그대로 나를 카탈로그에서 골랐는 걸. 그녀는 내가 생부를 만날 선택권조차 갖지 못하도록 확실히 했다…나는 이러한 방식으로 수정된 것을 너무나 후

회하고 있는 내 스스로가 너무나 싫다.[44]

우생학

정자 및 난자 기증을 통해 만들어진 많은 아이들이 스스로를 맞춤 인간처럼 느낀다고 보고한 것은 놀랄 일도 아니다. 그러나 일부는 그보다 더 심각하게 생각한다. 일부는 제삼자 생식 세포를 사용하는 체외 수정의 전 과정과 대리모 행위는 그야말로 현대의 우생학이라고 믿는다. 기증으로 임신된 한 여성은 체외 수정을 고려하고 있는 부부들에 보내는 공개 서한을 통해 이 행위가 미치는 광범위한 영향에 대해 고려해 달라고 부탁했다.

> 당신 역시 우생학, 열생학, 유전의 균질화, 근친상간에 연루될 수 있다. 만일 당신이 신장, 체중, 성적 지향, 인종, 사회 경제적 지위, 생물학적 다양성에 대해 차별적인 일반적인 불임 클리닉을 이용한다면, 당신은 선별적인 생식 행위에 가담하는 것이다. 당신은 특정한 생명이 다른 생명보다 더 존재의 가치가 있다고 하는데 연루되는 것이다. 차이가 있는 사람들을 지지한다고 말할 당신의 권리를 포기하는 것이다. 당신은 자녀를 혈통이 좋은 개처럼 취급하게 될 것이다.[45]

위 서한의 저자가 지나치게 과장하는 것처럼 생각할 수 있지만, 생식 세포 매매는 전적으로 시장의 힘에 지배를 받는다. 쇼핑객들은 보다 호감이 가는 특성을 지닌 기증자에게 더 많은 대가를 지불할 것으로 기대된다. 매력, 운동 신경, 학문적 성취도, 하얀 피부와 같이 수요가 많은 특징은 많은 돈을 필요로 한다. 다음은 과거 불임 클리닉에서 일했던 직원이 확인해 준 내용이다. "부모가 되고자 하는 사람들은 유전자를 사는 것이다. 그들은 적절한 대학 학위를 받은 영화배우처럼 아름다운 백인을 원했다."[46]

1979년 로버트 K 그래함은 "천재 정자 은행(genius sperm bank)"으로도 알려져 있는 "생식 세포 선별 보관소(Repository for Germinal Choice)"를 설립했다. 이 천재 은행은 지력이 가장 뛰어난 백인들로부터 수집한 정자만을 밀매하고 멘사 회보(Mensa Bulletin)에서 어머니들을 모집했다. 그래함의 목표는 인류의 "유전적 쇠퇴"를 역전시킬 것으로 본인이 믿고 있는 "지성적인 선택"을 실현하는 것이다.[47] 많은 이들에게 있어 그래함이 "이상적인" 자녀를 만들고자 하는 탐구는 나치의 우생학 프로그램과 너무나도 흡사하게 닮아 보인다.[48]

Them Before Us의 지지자이자 기증으로 태어난 닉 이젤은 생식 세포 선별 보관소의 산물이다. 그는 사회 전체의 건전성에 기증에 의한 임신이 미치는 영향에 대해 이야기한다.

"기증에 의한 임신"은 종종 불임 산업에서 "우생학"인 것처럼 광고되는 "열생학"의 한 형태이다. "완벽한 기증자"를 찾는데 두는 강조점과 노력은, 결국 기증자 한 명 당 자손의 숫자에 제한을 둘 수 없다는 사실에 직면하게 될 때 무의미하게 된다. 유전적 성격의 통일성이 증가하게 되면 그러한 특성이 얼마나 "바람직한"지와 상관없이 우리의 공동의 유전자 풀에 만회하거나 측량할 수 없는 해악을 야기한다.

정자 기증으로 수정된 익명의 한 젊은이는 보조 생식 기술이 바람직하지 않은 특정 유형의 인간을 사회에서 모두 제외시키기 위한 수단으로 보는 이유를 설명한다.

익명의 기증은 매우 엄격하고 자본주의적이며 부분적으로 우생학에 기반한다. 뇌가 제 기능을 하고 신장·체중이 균형적이고 대학을 졸업하였으며 보통 178센티미터 이상, "정상적인" 생물학적 남성들만 기증할 수 있다. 이것은 믿을 수 없을 정도로 특정한 정도의 중상층 백인 남성들만 선정하는 시스템을 만들었다. 그것은 "이 사람들은 자녀를 만들기 충분한 가치가 있는 남성들이다."라는 논리와 "저 사람들은 그럴 가치가 없는 남성들"이라는 2진법을 만들어 낸다…이것이 특정한 외모와 유전적 구성의 인간을 만들고자 하는 선별적인 생식 방법이다. 이것이 바로 우생학이다…우리는 맞춤 아기와 인간 복제에 대해 이런 방법들이 아직 일어나지 않고 있는 것처럼 이야기한다. 기증으로 수정된 사람 중 한 명으로서 내가 바로 이미 실제로 운영 중인 이러한 개념의 산 증인이다.[49]

보조 생식 기술 사업은 파괴된 아동의 권리를 토대로 세워진다. 기증에 의한 임신은 자녀를 만든다는 가상적인 권리를 아동이 생물학적 부모에게 알려지고 그들의 사랑을 받을 완전히 실제적인 권리보다 우선시한다. 이러한 아이들은, 본인의 출생의 상업적 본질과, 생물학적 한 부모 혹은 양친 부모 모두를 여의게 된다는 문제를 다뤄야만 할 뿐 아니라, 자신의 가계의 뿌리의 절반 혹은 전부가 없이, 생물학적 정체성에 대한 감각을 조합해야 하는 문제와 씨름해야 한다. 앞서 논의했던 것처럼 그들은 가정의 불안정을 경험하는 비율이 높고 종종 수정의 본질로 인해 상업화된 것처럼 느낀다. 제삼자를 사용하여 자녀를 만드는 것은 본질적으로 부인할 수 없이 바로 아동의 권리를 성인의 욕구의 제단 위에서 희생시키는 것이다.

기증에 의한 임신은 감정적인 부담을 성인으로부터 아동에게 이전시키기 때문에 항상 성인을 아이들보다 우선시한다. 그것은 자녀에 대한 성인의 갈망을, 잃어버린 부모에 대한 자녀의 갈망으로 바꿔 놓는다.

실천 방법

아동의 권리와 재생산 기술에 관해, 해야 할 일들과 해서는 안 되는 일들을 처리하는 일은 단순하다. 성인들이 힘든 일을 *해야 하고* 아이들을 성인을 위해 희생시켜서는 *안 된다*. 우리는 아기를 원하는 성인들에 대해 마음으로부터 공감해야 하지만, 궁극적으로는 아동의 권리를 위해 싸워야 한다.

인구의 10%가 불임인 상황에 처해 있다. Them Before Us는 이러한 문제의 근본 원인에 대한 연구와 치료를 열광적으로 지지한다. 하지만 불임을 치료하는 것이 페트리 접시에서 아기들을 만들어내는 것을 의미한다면 그것은 *강력하게 반대한다*. 아무리 성인들에게 감정적인 비용이 많이 소요된다 하더라도 아이들이 생물학적 부모에 대해 갖는 권리나 그들의 생명에 대한 권리를 희생시킴으로써 불임에 대한 비용을 아이들에게 부담시키는 것은 부도덕한 일이다. 불임이든 아니든 성인들은 본인들의 욕구를 아동의 권리에 합치시켜야만 한다.

체외 수정이 허용되어야 하는 상황은 잠재적인 부모의 생식 세포만이 사용되며 즉시 삽입시킬 수 있는 수의 배아만 만들어져야 하는 경우로 제한되어 있다. 선별적인 낙태가 있어서는 안 되며 생물학적 어머니가 그 자녀를 임신하여 양육해야 한다. 그러한 상황은 너무나 비용이 많이 들기 때문에 사실상 이런 상황은 들어본 적이 없다.

기증에 의한 임신은 항상 아동의 권리를 침해하기 때문에 Them Before Us는 모든 형태의 제삼자 재생산 기술은 금지되어야 한다고 믿는다. 거대 보조 생식 기술 사업자를 상대로 지는 싸움을 하고 있는 입법자들을 위해 우리는 아동에 미치는 영향을 완화시키기 위해 다음과 같은 수정안을 제안한다.

- 아동이 생물학적 부모에 접근할 수 있도록 기증자에 대한 정보를 저장할 정부 차원의 데이터베이스를 구축하라.
- 기증자의 신원을 공개하도록 하여 아동이 본인의 의료 정보 및 생물학적 정체성을 알 수 있도록 하라.
- 잠재적 부모들이 입양과 유사한 선별 절차를 거치도록 하여 안전한 환경을 보장하라.
- 출생증명서에 의뢰인 부모가 아니라 생물학적 부모를 기재하도록 하는 정확한 출생증명서를 요구하라.

아동 인권 옹호자들은 정자와 난자 기증 문제에 대해 어떻게 접근해야 하는가? (기증으로 임신된 사람들의 커뮤니티를 연결해 주고 지원해 주는 소셜 네트워킹 사이트인) '기증자의 자녀(Donor Children)'의 설립자인 맷 도란이 다음과 같은 말로 마무리한다.

> 나는 전 과정이 금지되어야 한다고 생각한다. 그것은 합법화된 인신매매이자 수십억 달러 규모의 거대한 사업이며 자신이 아이를 갖겠다고 아이들의 생물학적 근원에 대한 아이들의 권리를 박탈시키는 것이다. 물건을 사는 것과 같은 행위이며 한 아이의 자연적 유산에 대한 인권을 부정하는 것이다.[50]

8장 대리모

대부분의 사람들은 대리모 행위에 대해 킴 카다시안 웨스트와 카니예 웨스트의 인스타그램 피드 아니면, 지미 팰런과 사라 제시카 파커처럼 대리모를 사용한 사람들의 소셜 미디어에 올라온 잘 꾸며진 사진들을 본 것 이상으로는 잘 알지 못한다. 아마도 대리모 행위라는 주제는 남성 동성애자이자 독신인 앤디 코언이 그의 "꿈의 아기"를 축하하는 피플(People) 잡지의 표지 기사가 떠오를 것이다. 의심할 여지 없이 대리모를 사용한 유명 인사의 자녀들은 소중하고 아름답다. 그들은 엘리트의 인생을 산다. 그들은 최고의 학교에 등록해서 최고급 의류를 입고 내가 평생 방문한 것보다 많은 나라들을 열 번째 생일이 되기 전까지 방문할 가능성이 높다. 이 아이들은 공통점이 많다. 특권, 명성, 부…태어난 날 엄마를 잃어버린 것까지…

아버지의 부재는 태고적부터 문제였고 4장에서 이야기한 바와 같이 결혼은 모든 사회에서 아버지의 문제를 해결하기 위한 최적의 방법으로 판명되었다. 역사는 결혼을 통해 아버지를 자녀에 연결시키는 것이 매우 효과적인 전술임을 증명했다. 하지만 자녀의 인생에 있어 아버지가 있어야 한다는 널리 퍼져 있는 사회적 기대에도 불구하고 아버지의 부재는 오랫동안 종종 전쟁 전후 남성들이 대규모로 사망하면서 발생했었다. 즉, 인류는 아버지의 상실에 대한 경험이 충분히 많다.

이와 대조적으로 어머니가 대규모로 없는 상황은 인류에게 지금까지 경험해 보지 못한 미지의 영역이다. 인류가 시작된 이래 자녀들은 태어나기 위해 살아 있는 어머니에게 붙어 있어야 했고 자녀의 생존은 영아기에 그들과 어머니를 연결시키는 강력한 생물학적 힘에 의존한다. 역사적으로 말해서 바로 최근 5분 전까지만 해도 한 아기의 임신과 생존은 어머니라는 존재에 의존했다. 종교나 정부가 아니라 생물학이 어머니의 대대적인 상실이라는 참담한 효과에 제동을 걸 필요가 있는 주요 동력이 될 것이다.

현대 의학의 도래 이전에 출산은 위험한 사업이었고 많은 어머니들이 이 과정에서 비극적으로 목숨을 잃었다. 자녀가 태어난 날 어머니의 죽음은 전 세계적으로 재앙과 같은 것으로 인정되었던, 억장이 무너지는 사건이다. 이제는 대리모 행위 덕분에 어머니의 상실이라는 비극을 일어나게 하는 것이 수십억 불 규모의 산업이 되었다.

의도적인 어머니의 상실

대리모 행위는 어머니가 본인의 유전학적 자녀를 임신하는 전통적인 대리모(traditional surrogacy) 방식과, 기증된 난자로 어머니가 임신하게 되는 인공 수정자(gestational surrogacy) 방식의 두 가지 유형이 있다.

대리모는 자연적으로는 한 여성이 하도록 되어 있는 역할을, 유전적 어머니, 낳아 준 어머니, 사회적 어머니와 같이, 사실상 선택적인 세 종류로 세분화한다.

보조 생식 기술 사업은 의뢰인 부모들에게 무엇이든 그들이 사고 싶어하는 어머니의 역할만을 판매함으로써 부모됨에 있어 여성만이 할 수 있는 특정 역할을 매매하는 방식으로 수익을 올린다. 당신은 난자가 있지만 출산을 대신해 줄 어머니가 필요한가? 클리닉에서는 기꺼이 이러한 수요를 채워 줄 방법을 주선해 준다. 당신은 아이를 낳아 키우고 싶은데 유전학적인 어머니가 필요한가? 난자 기증자들의 카탈로그를 살펴봐라. 당신은 유전 물질과 자궁 모두 제공할 수 없고 사회적 어머니도 필요가 없는가? 걱정하지 마라, 당신이 돈이 많았으면 좋겠다. 하지만 사실 이 세 가지의 어머니의 역할 중 그 어떤 역할 하나도 선택적이지 않다. 따라서 그 역할을 분리시키면 항상 아이들에게 해가 된다.

유전학적 어머니는 눈 색깔, 머리 색, 신장, 신체 유형과 같은 자녀의 형질의 절반을 결정해 주는 염색체의 절반에 기여한다. 유전학은 또한 자녀의 기질과 지능 지수에도 크게 영향을 주며 자녀가 특정 질병에도 취약하게 만든다. 아이를 유전학적 어머니로부터 분리시키는 것은 (2장과 7장에서 말하는) 가계상의 혼란을 야기시키는 주된 요인이다. 유전학적 어머니를 상실한 많은 아이들은 사회적 어머니가 잉태해서 양육하게 되지만 이는 "셋 중 둘은 그다지 나쁘지 않다"는 산식으로 표현될 문제가 아니다.

유전학적 어머니가 대리모를 통해 낳은 자녀를 키우는 경우 역시 피

의도적인 어머니의 상실 263

해를 본다. 그 아기가 출산 직후 유전학적 부모에게 건네진다 하더라도 그 아기가 태어난 날 유전학적 아버지와 어머니는 그 아기에게 있어, 이 지구상 70억 명 인구 중 두 명의 낯선 사람에 불과하다. 아기에게 있어서 대리모의 자궁은 단순히 다른 누군가의 빵을 굽는 오븐이 아니다. 낳아 준 어머니는 그 아이가 생애 첫 9개월 반 동안 알아 온 유일한 사람이다. 자궁 안에서 아기를 달래준 것도 그녀의 목소리이고 잘 수 있도록 자장가를 불러준 것도 그녀의 심장 박동이다. 아기가 친숙하게 느끼는 것은 낳아 준 어머니의 냄새이고 그 아기가 산도를 나오면서 울면서 찾는 것은 그 어머니의 젖이다. 출생이란 어머니와 자녀 간 유대 관계의 연속이지, 태고의 상처를 의도적으로 입히는 순간이 아니다. 출생의 시간이란 아기들이 전적으로 의존하고 있던 어머니를 처음으로 만나기 위해 만들어진 순간이지 마지막으로 볼 수 있는 시간이 아니다.

아기들은 낳아 준 어머니의 식습관, 스케줄, 정서적인 상태에 영향을 받는다. 어떤 연구에 따르면 4개월 된 영아의 기질과 자궁 속에 있는 아이에 대한 어머니의 스트레스 정도와 상관 관계가 있다.[1] 또 다른 연구에 따르면 6~9세의 남녀 아이들의 어머니가 임신 중 고도의 불안감에 시달린 경우 수학적 추론 능력과 높은 상관 관계에 있는 지수인 시공간적 운용 기억능력이 임신 중 고도의 불안감을 겪지 않은 어머니의 자녀 대비 더 낮은 것으로 나타났다. 연구진들은 또한 이러한 집단의 여아들이 충동을 제어할 능력이 감소한다는 점을 발견했다.[2] 간단히 말해서 낳아 준 어머니는 자녀에게 매운 음식을 선호하는 기호를 물려주는 것보다 훨씬 더 많은 영향을 미친다. 낳아 준 어머니와 자녀 사이의 태반을 통해 피가 자유롭게 오가기 때문에 사실 과학자들은 아이들의 세포가 어머니의 몸 속에 출산 후에도 수년 동안 남아 있다는 사실을 발견했다.³ 대리모와 아기 사이의 친밀한 유전적인 전이와 강렬한 정서적 유대는 매우 현실적인, 정서적이면서 신체적인 유대 관계를 형성한다. 급진적인 페미니스트인 르나떼 클라인은 "*대리모: 인권의 침해 (Surrogacy: A Human Rights Violation)*"라는 저서에서 자궁에서 어머니와 자녀를 연결해 주는 혈연관계는 유전학적 어머니보다 대리모를 더욱 진짜 어머니로 만든다고 주장했다.⁴

3장의 요지를 반복하자면 자녀들은 어머니로부터 커다란 혜택을 받는다. 난자 기증자나 대리모가 있는 거래에서 아이들은 종종 사회적 어머니가 양육하도록 사회적 어머니들에게 보내진다. 이 점은 혼란을 야기할 수 있지만 내 말을 조금만 더 참고 들어주기 바란다. 난자 기증의 경우 사회적 어머니가 낳아 준 어머니일 수 있다. 사회적 어머니는 그녀의 난자로 대리모를 통해 임신한 경우 유전학적 어머니도 될 수 있다. 어떤 경우에는 사회적 어머니가 낳아 준 어머니도 유전학적 어머니도 아닐 수 있다. 아마 기증된 배아를 사용했거나 기증된 난자가 대리모를 통해 사용되었을 것이다. 난자 기증과 대리모는 목적에 따라 어머니의 역할을 선택하는 옵션을 금액을 지불할 수 있는 누구에게나 제공할 수 있다.

난자 기증자를 사용하여 임신된 아이들과 대리모를 통해 태어난 아이들은 자연적인 어머니가 구현하는 세 측면 중 둘을 잃어버린다. 이러한 아이들은 그들에게 중요한 어머니의 두 요소와의 관계를 부인당한다. 난자 기증과 대리모를 통해 태어나서 친아버지와 사회적 어머니가 양육한 한 청소년이 다음과 같이 적었다.

> 나는 나의 생물학적 어머니가 항상 궁금하다. 그녀는 어떻게 생겼을까? 그녀는 여유가 있을 때 무엇을 하는 것을 좋아할까?

그녀는 무슨 일을 하고 살까? 그녀는 내가 존재하는 것을 알기나 할까? 그녀는 나를 만나고는 싶어할까? 그녀를 만나게 된다면 무슨 말을 해야 할까? 질문은 너무나 많은데 답은 없다. 친한 친구들만 이 문제에 대해 알고 있고 그들 역시 이것들을 알고 싶어한다. 때때로 거리를 걸어갈 때면 오늘 내가 친어머니를 보지나 않았을까 생각한다. 아마 그녀를 봤는데 알지도 못했을 수도 있다. 이런 방식에 있어 최악은 도통 알지를 못한다는 것이다.[5]

전통적인 대리모 방식으로 태어난 제시카 컨은 생물학적 가족과 연락이 되어 예기치 못한 사실을 어떻게 알게 되었는지 이야기한다.

나는 생모를 찾는 축복을 받아 대가족과의 관계를 발전시킬 수 있게 되었다. 스물여섯 살에 내 인생 최초로 나의 유머 감각과 신체적 특징 등이 어디서 왔는지 볼 수 있었다. 내가 이 사람들에 둘러싸여 자라나지 못했지만 이 편 가족으로부터 온 유전자는 나에게 있어 지배적이다. 드디어 나는 과거에는 스스로 이해하지 못했을 수 있는 방식으로 내 자신이 이해가 되었다.[6]

어떤 아이들은 세 어머니를 모두 잃는다. 남자 기증자를 통해 대리모에 임신된 이후 어머니가 없는 가정에서 자라나는 것이다. 그런 가정의 아이들은 성인들이 물질적인 필요를 얼마나 잘 공급할 수 있는지와 관련 없이 어머니에 대한 고통스러운 갈망으로 괴로워한다.

남성 동성애자 커플에게 난자를 기증해 주어 태어난 딸과 연락이 된 한 여성이 말한다.

[내 딸은] 지난 주 내가 일하는 곳으로 연락을 해 왔다. 그 아이가 얼마 동안 소셜 미디어를 통해 온라인으로 나를 팔로우 해

온 것을 안다…물론 나는 많이 당황스럽다. 그녀는 나와 똑 닮았고 (세 쌍둥이)라서 남자 형제와 여자 형제가 있고 본인의 인생을 사랑하지만 어머니가 없어서 힘들었었고 나에게 너무나 질문거리가 많다고 했다…[7]

난자 기증으로 수정된 후 대리모가 낳아 남성 동성애자 커플이 양육한 한 젊은 남성이 쓴 글이다.

나는 아빠 둘과 같이 산다…그 중 하나는 나의 친아빠이고 한 사람은 그렇지 않다. (우리 아빠들에게 내가 태어날 수 있도록 난자를 준..) 생물학적 어머니는 우리 집에 자주 온다. 그녀는 38세이고 우리 아빠들과 오랜 시간 가장 친한 친구였다….나는 그녀를 엄마로 부르고 싶으나 내가 그렇게 하려고 하면 아빠들이 항상 화를 낸다…실제로 아빠들이 없을 때 그녀를 엄마로 불러본 적이 있고 그녀도 그것을 좋아했다…그녀와 나는 서로 관련된 점이 아주 많다…난자 기증과 대리모를 통해 아기를 갖고 싶어하는 남성 동성애자들이 끔찍하다고 생각되지 않는가?…하지만 그들이 나를 갖고 싶어했기 때문에 나는 그들의 착한 아들이 되어야만 하는가…? 나는 무엇을 해야 하는가…? 나는 아직 너무 어리지만 모두 내가 할 수 없고 원하지 않는 모든 것을 받아들이길 바란다.[8]

자녀들의 어머니에게 있어 필수적인 모성의 일부 요소 혹은 전부를 박탈시키기 위해 모성의 여러 측면들을 갈라놓는 불의는 대리모 행위의 도덕성에 심각한 의심을 던지기에 충분하다.

불행히도 어머니의 부재는 대리모 행위의 전혀 좋지 않고 매우 나쁜 결과 중 하나일 뿐이다. 자녀들을 생모로부터 체계적으로 분리시키는

의도적인 어머니의 상실

것이 아이들에게 어떻게 디스토피아적인 위협을 야기하는지에 대한 몇 가지 예가 있다.

위험한 아빠들

대리모를 통해 아빠가 된 좋은 아버지들은 충분히 있다. 나도 몇몇을 안다. 일화적인 증거가 좋기는 하지만, 한 아이의 최선의 이익이 대리모 행위에 있어 가장 주된 관심사라는 사실을 보증하기에는 부적절하다. 대리모 행위를 통해 부모가 된 성인들에게는 입양과 같은 방식의 선별 검사나 추적 조사가 없어서, 대리모로 태어난 아이들이 전반적으로 어떤지에 대해 알 수가 없다. 우리가 아는 것은 고의로 어머니가 없는 아동을 만드는 이 새로운 관행이 아이들을 새로운 끔찍한 방식으로 위험에 처하게 한다는 사실이다.

2014년에 "아기 공장의 아빠"로 알려진 28세의 일본의 백만장자인 미쓰토키 시게타는 태국에서 대리모를 통해 12명에서 15명의 자녀의 아버지가 되었다.[9] 전하는 바에 따르면 그는 "대가족"을 원했고 불임 클리닉 한 곳에다 "천 명의 자녀"를 원한다고 말했다. 시게타는 일 년에 12명의 대리모를 고용했으며 방콕의 한 아파트에 그렇게 얻은 아이들을 데리고 있다. 인도와 우크라이나에서도 대리모로 더 많은 자녀를 얻었다는 의심을 받고 있다.

태국에서 대리모 행위는 그 당시 합법이었기 때문에, 대리모는 합법적인 어머니로 인정받지 않으며 따라서 자녀에 대한 권리도 갖지 못한다. 소문에 의하면 아기들은 시게타의 정자와 익명의 백인인 유전학적 어머니로부터 만들어진다. 시게타는 미혼이라서 그 아이들은 사회적 어머니 역시 갖지 못할 것이다. 애초에 아동 인신매매가 의심되어서 아이들의 양육권을 부인당했던 시게타는 결국 그가 그 자녀들이 유일하게 알 수 있는 생물학적 부모였기 때문에 2018년 양육권을 위한 법정 다툼에서 승소했다. 시게타와 같은 사건으로 인해 태국은 2016년 상업적인 대리모 행위를 금지하게 되었다.

시게타의 자녀들은 대량 생산되었다는 사실과 더불어 살아야만 한다. 대리모로 태어난 다른 아이들은 훨씬 더 해로운 운명으로 고통당한다. 2014년 마크 뉴튼과 피터 트렁은 대리모로 얻은 아들을, 수사관에 따르면, "가장 극악한 '소아성애' 조직…(가장 극악한 조직이 아니라면 적어도 내가 들어본 중에서 최악의 조직)"에 넘겨준 혐의로 유죄 판결을 받았다. 뉴튼과 트렁은 러시아인 대리모를 고용하여 낳은 아들을 그가 태어난 날부터 학대하기 시작했다. 이 커플은 그 아들을 데리고 세계를 여행하면서 여행과 숙박 경비를 위해 성인들이 이 작은 아이를 성적으로 학대할 수 있도록 거래했다. 이 타락한 인간들은 그 성범죄 중 많은 부분을 필름에 담았다. 뉴튼과 트렁에 의한 것으로 기록된 이 무시무시한 학대는 너무 사악한 것이라서 배심원들에게 정신적 외상을 초래할 수도 있다는 점을 두려워한 주심 판사가 재판 중에 그 내용을 보여주지 못하게 했다. 경찰은 뉴튼과 트렁이 그 아이를 대리모로 만든 "유일한 이유는 착취를 위해서였다"라고 믿는다.[10]

미혼이며 이스라엘인인 익명의 소아성애자는 여러 명의 어린 소년을 상대로 성범죄를 저질러 일 년 반 감옥에서 복역한 후에 국제적인 대리모 조직을 통해 아버지가 되었다. 만일 입양에 적용되는 안전 보호 장치가 대리모 행위에도 적용되었더라면, 성범죄 기결수가 아이를 의뢰할 수 있는 방법은 전무했을 것이다. 하지만 그런 안전 장치가 대리모 계약에는 없기 때문에 대리모 계약은 법적으로 구속력이 있으며 국가가 그 자녀를 그의 집으로부터 빼앗아 올 권한이 없다.[11]

대리모 행위가 잘못될 수 있는 것을 보여 주는 가장 악명 높은 사건은 게이미(Gammy) 사건이다. 게이미와 쌍둥이 여자 형제인 파이파는 게이미가 다운 증후군이 있다는 사실이 밝혀진 다음 게이미를 낙태하기 거부한 태국의 대리모가 낳았다. 의뢰자였던 데이빗 파넬과 웨뉴 리는 게이미를 데려가는 것을 거부하고 파이파만 데리고 호주의 집으로 돌아갔다. 태국의 대리모에게 남겨진 게이미는 그녀가 키웠다. 2년 후 언론에서 이 쌍둥이와 관련된 스캔들을 폭로했을 때 성범죄 기결수인 파넬의 신분 역시 알려졌다. 2020년 파넬이 죽을 때까지 그는 파이파의 양육권을 유지했다.[12]

거대 보조 생식 기술 사업자가 유일하게 자격 요건으로 고려하는 것은 재력이다. 즉, 당신이 한 인간인 아이를 살 형편이 된다면 당신은 살 수 있다.

아기를 팝니다. 바로 여기서 신생아를 가져가세요.

2012년 생식에 대한 권리를 옹호하는 변호사인 테레사 에릭슨은 아기를 판매한 혐의로 징역형을 선고받았다. 그녀와 그녀의 팀은 대리모를 모집해서 수정란을 착상시키기 위해 이들을 (대리모 행위에 대한 기준이 악명 높을 정도로 느슨한) 우크라이나로 보냈다. 대리모들이 임신 4~6개월에 접어들었을 때 에릭슨은, 원래 부모들이 친권을 포기했다고 주장하면서 의뢰인 부모들을 찾았다. 그녀는 한 아기 당 십만 불에서 십오만 불의 가격을 매겼다.[13]

에릭슨의 범죄는 보조 생식 기술 사업에 있어 일반적인 것처럼 생물학적으로 무관한 성인들에게 아기들을 판 것이 아니었다. 그녀의 범죄는 절차상으로 인한 것이었다. 에릭슨은 거래의 *시기* 때문에 징역형이 나온 것이다. 그녀의 기업은 그 대리모 계약이 수정 전에 체결되었더라면 전적으로 합법이었을 터이다. 그 계약을 수정 이후에 체결하는 것은 영아 매매의 범주에 해당된다. 이익에 눈이 먼 산업만이 계약의 시점을 마치 한 아이의 가계상의 혼란이나 아이가 상업화된 것처럼 느끼는 것, 어머니를 잃은 충격을 경감시킬 수 있는 것처럼 정할 수 있다.

2012년에 델라웨어의 브리짓 위스머는 그녀의 신생아를 15,000불에 존 개버건에 판매한데 대해 유죄를 인정했다.[14] 그녀는 아기가 뱃속에 있을 때 판매하기로 동의했었다. 그 어머니와 구매자 둘 다 단순히 이 거래의 시점으로 인해 "자녀 판매" 혐의로 기소되었다. 만일 이들이 수정 전에 전통적인 대리모 계약을 체결했더라면 어떤 혐의로도 기소되지 않았을 것이며, 뒤죽박죽인 우리 언론은 위스머를 가족을 만들고자 하는 누군가를 도와준 데 대해 "대리모 천사"로 치하했을 터이다. 그 대신 그녀는 정신적으로 불안정하고 어머니로서 적합하지 않은 것처럼 제대로 비춰졌다.

많은 이들이 인간을 사고 파는 관행은 훌륭한 우리 나라의 역사에서 가장 어두운 오점이라고 말할 것이다. 미국에서 아기를 사고 파는 것은 여전히 불법이라는 점을 전할 수 있어서 기쁘다. 하지만 각 주에서 점점 더 많은 입법자들이 상업적인 대리모 행위를 합법화하는 법안을 통과시키고 있다. 본질적으로 많은 주에서 어머니의 자궁 속에서 자라나는 아이를 그 여성에게 돈을 직접 지불하고 구매하면 불법이지만 거대 보조 생식 기술 사업자에게 이 거래를 가능하게 하는 대가를 지급하는 것

아기를 팝니다. 바로 여기서 신생아를 가져가세요.

은 전혀 문제가 되지 않는다. 이들이 수정되기 앞서 금전적인 거래를 하는 것에 대해 아이들이 어떻게 생각하는가? "우리 아빠의 이름은 기증자입니다."에서 한 연구에 따르면 기증에 의한 임신으로 태어난 자녀의 45%는 "나를 임신시키기 위해 돈이 거래된 사실은 신경이 쓰인다."는 문장에 동의했다.[15]

AnonymousUs.org을 만든 앨래나 뉴맨은 "나의 아버지는 나와 전혀 연결되지 않는다는 것을 보장받기 위해 약 75,000불을 지급받았다."고 기록했다.[16]

전통적 대리모 방식으로 태어난 제시카 컨은 그녀의 존재를 위해 거래된 돈이 그녀에게 근본적으로 어떠한 영향을 미쳤는지에 대해 다음과 같이 표현했다. "당신이 이 세상에 나온 이유 중 많은 부분은 단순히 돈 때문이라는 사실과, 당신은 버려지거나 누구에게 주거나 다시는 기억하지 않는 대가로 [누군가 돈을 받았다]는 점을 알게 될 때, 그것은 당신이 자신을 바라보는 관점에 영향을 미친다."[17]

열일곱 살인 브라이언은 전통적인 대리모 방식으로 태어났는데 다음과 같이 인정사정 없이 이 관행을 평가한다.

> 특히 주어 버리기 위해 만들어졌다는 사실에 대해 당신은 어떻게 생각하는가?... 나는 우리 부모님이나 어머니가 그렇게 했다는 사실을 신경쓰지 않는다. 내게는 그저 내가 팔렸고 누군가 산 것처럼 보인다. 당신은 원하는 대로 이를 예쁜 단어들로 포장할 수 있다…당신은 이들이 당신의 아이들이 아닌 척할 수 있다. 당신은 이건 선물이라거나 [어머니가 되고자 한 사람에게] 당신의 난자를 기증했다고 말할 수 있다. 그러나 사실은 누군가 당신이 자녀를 만들기 위해 당신과 계약을 했으며 당신은

당신의 부모의 권리를 포기하고 당신의 혈육인 자녀를 넘겨 주었다는 것이다. 나는 당신이 내가 당신의 자녀가 아니라고 생각하든지 내가 무엇을 생각하든지 상관없다! 나는 내가 당신의 자녀라는 사실을 아마 알고 있을 것이다. 당신이 무언가를 돈을 받고 교환했다면 그것은 상품이라고 불린다. 아기는 상품이 아니다. 아기는 인간이다.[18]

명백하게 자녀를 상품화하는 것이라는 사실은 제시카 앨런의 이야기에서 적나라하게 드러난다.[19] 백인 여성인 제시카는 2017년 흑인 남성과 결혼하였으며 중국인 부부를 위해 쌍둥이의 대리모가 되었다. 대리모 계약에 따르면 아이들은 출산 직후 의뢰인 부모에게 양육권이 주어지도록 되어 있었다. 수개월이 지난 후 그 쌍둥이의 사진을 본 제시카는, 한 아기는 중국인이었으나 다른 한 아기가 너무나 확실히 혼혈인 모습에 경악했다. 매우 드문 케이스인 임신 중 임신(중복 임신)이 된 것이다. 제시카는 중국인 커플의 배아가 그녀의 자궁에 착상된 이후에 본인의 남편의 아이도 임신했던 것이다.

그 중국인 부부는 원하지 않은 혼혈 아들을 대리모 기관에 반환하면서 2만불가량을 환불해 달라고 요구했다. 그 대리모 알선 업체는 제시카의 아기를 입양시켜서 환불을 원하는 중국 부모에 줄 보상금을 마련할 계획이었다. 그 업체는 제시카에게 그 아기의 존재에 대해 알려줄 의도가 전혀 없었다. 제시카는 대리모여서 본인의 아기에 대해 법적으로 주장할 근거가 계약상으로 전혀 없었기 때문에 본인의 아들에 대한 양육권을 얻기 위해 값비싼 법적 싸움을 하게 되었다. 그녀가 아기의 사진을 보지 않았더라면 아들의 존재도 몰랐을 것이며 다시는 아들을 보지도 못했을 것이다.

아기를 팝니다. 바로 여기서 신생아를 가져가세요.

잉여 배아와 배아 입양

일반적으로 체외 수정의 성공률과 특히 대리모 행위에서의 성공률이 낮기 때문에[20] 가장 비용 효율적인 접근 방식은 의뢰인 부모에게 수십 개의 배아를 만들게 하는 것이다. 보통 한 번에 네 개까지의 배아를 착상시키는 일은 흔하며 산모가 정상적으로 출산하기 전까지 여러 차례 이식시키는 일도 흔하다. 남성 그룹인 NSYNC의 멤버로 기억할 지 모르는 랜스 베이스는 여섯 번째로 대리모 시술을 시도하는 데 대해 "나는 우리가 얼마나 많은 기증자의 [배아]를 거쳤는지 아마 기록을 갱신했을 거다."라고 언급했다.[21] 지금 이 글을 쓰는 시점에서 베이스와 그의 남편은 대리모로 열 번째 시도를 하였으며, 이는 대략 아홉에서 서른여섯 명의 아기들의 생명을 대가로 얻어지는 노력이다.

대리모에 의한 임신이 실패할 가능성이 왜 이렇게 높은가? "유전상의 차이"가 원인 중 하나이다. 즉, 여성의 신체가 그 배아를 이질적인 개체와 유사한 것으로 자각하는 것이다.[22] 다음은 '생명 윤리와 문화 네트워크를 위한 센터(Center for Bioethics and Culture Network)'의 회장인 제니퍼 랄의 설명이다.

> "기증된" 난자로 임신한 여성의 경우 전자간증(임신 후반에 일어나는 독소혈증)이나 사망 등 임신 관련 합병증에 걸릴 위험이 매우 높다는 내용이 의학 학술지에 잘 기록되어 있다. 물론 임신 관련 합병증은 산모의 건강과 산모의 몸 속의 아기의 건강에 위험을 끼친다. 이러한 위험은 바로 그 용어 정의 그대로 "기증된" 난자로 임신한 대리모에게도 옮겨진다.

실험실에서 수정된 아기 중 소수(한 연구 결과에 따르면 7.5%[23])만이 무사히 태어난다. 많은 아기들은 착상 실패로 죽는다. 도움이 안 되는 위로일 수 있으나 그래도 이 아기들은 어머니의 자궁 속의 온기를 받으며 죽는다. 많은 다른 아기들은 그렇게 운이 좋지 않다. 페트리 접시의 예비용 배아들은 극저온으로 냉동된 상태로 세상에 나오기 전까지 수년을 기다리지만 결코 세상 빛을 보지 못하는 경우도 많다. 미국에서만 대략 백만 명의 영혼이 냉동 상태로 착상될 기회를 기다리고 있다. 불임 클리닉의 냉동실은 수십만의 잉여 배아 또한 저장하고 있다. 한 의료기관에 따르면 그 기관에 냉동된 배아의 약 21%는 부모들이 폐기시킨다고 한다.[24]

부모가 폐기시키든지 매년 500불에서 천 불을 써서 이 상태를 유지시키든지 대부분의 잉여 배아들은 절망적인 운명에 처한다. 미국 보조 생식 의학회(American Society for Reproductive Medicine)에 따르면 잉여 배아의 부모들은 세 가지 선택권[25]을 지니지만, 그 중 어느 하나의 선택권도 자녀의 권리를 존중해 주지 않는다. 부모들이 갖는 선택권은 다음과 같다.

- 해동시켜 폐기하기
- 연구 목적으로 기증하기
- (익명으로 혹은 직접) 다른 의뢰인 부모에게 기증하기

한 조사에 따르면 부모들의 82%는 본인들의 냉동 배아를 장래 임신을 시도하는데 사용할 계획을 가지고 있다. "배아 처분 선택권"이 제시될 때 복수 응답이 가능한 부모들의 반응은 다음과 같다. 79%는 자녀를 더 원하는지 확신하지는 않지만 계속 이 상태로 보관하는 것을 유지하도록 하며, 29%는 연구 목적으로 기증하고, 14%는 폐기하며, 13%는 다른 가족에 본인들의 배아를 기증할 수 있도록 한다.[26]

Them Before Us는 태어났든 태어나기 전이든 아이들은 그 권리가 인정되고 보호되어야 할 가치가 있는 인간임을 믿는다. 나는 "해동시켜서 폐기하는" 것보다 더 인간성을 말살시키는 언어를 상상하기가 힘들다. 소수의 커플이 잉여 배아를 폐기하는 방법을 선택한다는 점에서도 이에 대해 대부분의 부모가 동의하는 것으로 보인다.

조사 대상 성인 중 압도적인 비율이 잉여 배아를 계속 보존하는 방법을 선택했다. 냉동 아기를 폐기하는 것을 꺼리는 이유는 이 냉동 배아와 유전적으로 완전히 동일한 형제자매들이 아침 식탁에서 같이 밥을 먹는 것을 기뻐하는 까닭일 수 있다. 이러한 상황에 처해 있는 부모는 오물오물 밥을 먹는 일학년짜리 자녀와 냉동고 속에 갇혀 있는 아기들과의 유일한 차이란, 그저 시간의 경과뿐이라는 사실을 뼈에 사무치게 인식하고 있음은 확실하다.

이와 대조적으로 충격적인 수의 부모들이 자신의 자녀들을 연구실에서 사용될 수 있도록 기증하는데 대해 편안하게 느끼는 것처럼 보인다. 아동 권리 옹호론자 중 한 사람은 이를 다음과 같이 본다. 자신의 신체를 연구 목적으로 기증하기 원하는 성인들은? 성공을 빈다. 이웃의 신체를 연구에 기증하기 원하는 성인들은 어떤가? 절대로 안 된다. 비록 그 신체를 만든데 책임이 있는 사람이라 할 지라도, 잉여 배아의 신체를 포함해서 그 누구도 다른 누군가의 신체를 연구 목적으로 양도할 권한을 갖고 있지 않다.

배아 기증은 전통적인 입양과 기증에 의한 임신 사이의 복잡한 잡종이다. 그 미묘한 차이로 인해 그 자체만으로도 책 한 권을 쓸 법하다. 요점 정리서와 유사한 성격의 본서 '아이들은 정말 괜찮을까?'의 입장에서는 배아 기증과 배아 입양이 보통 일이 아니다. 우선 배아 입양은 입양된 배아가 산모와의 관계를 유지한다는 측면에서 전통적인 입양과 다르다. 또한 배아를 입양하고자 하는 성인들은 냉동된 아이의 생존권이 동기가 되어 그 아이가 잃어버린 부모가 남긴 상처를 치료하고자 하는 경우가 많다. 생명에 대한 권리를 동기로 하는 배아 입양은 이러한 아이들의 원 상처를 알아주고 그들이 부모를 잃은 슬픔을 극복해 가는 과정에서 지지해 줄 수 있는 부모에게서 자라날 가능성이 높아진다는 의미이다.

가계상의 혼란이 배아 입양으로 태어난 아이들에게 있어 가장 나쁜 단점이다. 배아 입양이 최근 이십 년 사이에 발생했다는 점에서 이렇게 태어난 많은 수의 아이들이 스스로 말할 수 있게 되기까지는 많은 시간이 필요할 것이지만 벌써 말할 준비가 된 몇몇 아이들도 있다. 한 젊은 여성은 사회적 어머니가 길렀는데 본인을 "배아 판매 및 여성 자궁 임대의 산물"이라고 묘사했다. 그녀는 생물학적 부모님과 자랐더라면 어떠했을지를 꿈꾼다.

한 때 당신이 하나의 세포를 구성했던 두 사람에게 길러지는 것. 뱃속에서 자라날 때 유대 관계를 맺은 한 여성, 이렇게 만들어 준 두 사람에게로 이 세상에 태어나는 것, 돈으로 만들어지는 것이 아니라 모든 당사자로부터 상호 사랑에서 만들어지는 것, 거울을 보면서 아버지의 눈과 어머니의 코와 그 둘의 절충된 키를 볼 수 있는 것, 당신과 닮은 아이들과 같이 놀며 자라나는 것, 만들어 주신 분들을 공유하는 것, 유전자와 애정이 우리를 하나로 [연합시켜 주고] 세상과는 [구별시켜 주는] 한 가정에서 사랑받는 것, 당신을 산 낯선 사람이 아니라 당신을 만든 두 사람의 사랑을 받는 것, 이것은 자연스럽고 아름다운 것이다. 하지만 나는 수익 사업과 [친숙하지 않은] 불임 부부를 지원하기 위해 이 원 가족의 구성원으로부터 부인당했다.[27]

배아 기증으로 태어난 아이들이 본인들이 수정된 방식이 어떤 영향을 미쳤는지 설명하기에 충분한 나이가 된 아이들이 많지 않은 상황에서 기증에 의해 수정된 성인들에게 배아 기증으로 태어난 아이들이 어떤 종류의 도전에 직면할 수 있을지 추측해 달라고 문의했다. 엘리자베스는 다음과 같을 것으로 예상했다.

> 나는 이러한 과정에서 태어난 아이들이 심리적으로 상당히 어려움을 겪을 것이고 [배아 기증]이 인간의 상업화의 일부라는 점이 우려스럽다. 만일 오랜 시간 동안 냉동 상태로 보관된 경우라면 그들이 출생의 기원에 대해 의문을 가질 정도로 자랐을 시점에 그들의 유전학적 부모는 이미 나이가 많이 들었거나 돌아가셨을 수 있다…왜 그들의 유전학적 부모가 그들을 사실상 유기한 것일까? 수십 명일 수 있는, 운이 좋지 않아 아직 냉동 상태인 이 아이들의 형제자매들은 어떤가? 냉동된 적이 없는 그들의 살아 있는 형제자매들은 또 어떤가? 그들은 이들보다 나이가 훨씬 더 많을 수도 있다…프랑켄슈타인 같은 이러한 이야기들은 이 문제가 던질 수 있는 숱한 문제들의 극히 일부의 예에 지나지 않는다.[28]

아래는 그레고리가 진술한 내용이다.

> 당신이 원한 배아도 있고 버린 배아도 있다. 이들은 생물학적 부모가 버리고 다른 부부가 양육하도록 팔아 버린 미래의 인간들이다…이들은 유전학적 친족과 유대 관계가 없이 자라나서 "누군가" 그들을 원했기 때문에 그저 앉아서 좋다고 해야만 하

는 처지에 있다. 게다가 그들은 다른 누군가인 그들의 친부모가 그들을 원하지 않았다는 생각을 견뎌야만 한다. 여기서 아이들은 희생자이며, 그것은 성인들이 원하는 것을 충족시키기 위한 것이다.[29]

이 얼어붙은 영혼을 치료하는 방법은 배아 입양이 아니다. 해결책은 애초에 잉여 배아를 만들지 않는 것이다. "잉여 배아"라는 용어 이 자체를 잠시 생각해 보자. 다른 말로 이것은 필요한 것보다 더 많은 수의 인간이라는 뜻이다. 이 얼마나 괴물 같은 생각인가! 인간의 생명이 필요 그 이상으로 많다고? 우리의 집단 지성으로 어떻게 공포에 움찔하지도 않고 그런 용어를 사용하게까지 되었는가? 아이들은 결코 냉동되거나 보관되거나 폐기되거나 "기증되어서"는 안 된다.

어머니가 나이가 많거나 자궁 절제술을 받았거나 돌아가셨거나 해서 생물학적 부모들이 정말 본인의 아이를 임신할 수 없는 상황이라면 배아 입양이 아이를 존중할 수 있는 유일한 선택지일 수 있다. 배아를 입양하는 부모는 반드시 자녀가 경험하게 될 혼란과 상실감에 대해 대처할 준비가 되어야만 하므로, 이는 아무 생각 없이 접근할 수 있는 선택권이 아니다.

잉여 배아의 권리를 온전히 존중해 줄 수 있는 유일한 선택지는 미국 보조 생식 의학회에서 다뤄지지 않았다. 이 배아들은 재정적인 부담이 아무리 크더라도, 애초에 계획했던 것보다도 대가족이 된다 하더라도 어머니의 자궁에 착상되어야 한다.

이 배아들은 교환하거나 거래하거나, 해동시켜 버리거나, 연구 목적으로 사용하거나 다른 가족에게 기증할 수 있는 상품이 아니다. 이들은 이들을 만든 아버지와 어머니의 바로 실제 자녀들이다. 기증으로 임신된 한 여성의 아래 표현에 이 모든 것이 다 포함되어 있다.

> 자녀를 원하는 것과 사랑하는 것은 두 가지 서로 다른 행동이다. 전자는 이 세상을 본인이 원하는 방식으로 지속시키고자 하는 자연적인 마음으로 바라는 것이다. 후자는 당신의 인생을 주어서 누군가 번영하게 하는 것이다. 배아를 본인이 직접 기르는 것 외에, 만들어서 냉동시키고 버리는 것은 그들을 위해 당신의 인생을 주는 것이 아니다. 그것은 당신의 인생을 위해 그들을 희생시키는 것이다.[30]

낙태

만일 한 아이가 냉동실을 빠져나와 자궁에 성공적으로 착상이 될 정도로 운이 좋다 하더라도 아직 그 아이가 위기를 완전히 벗어난 것은 아니다. 투자를 극대화하고 살아 있는 아이를 만들 가능성을 높이기 위해 의뢰인 부모들은 임신 24주까지의 기간 동안 정기적으로 배아의 건강 상태가 완벽한 경우에조차 다수의 배아를 착상시키고 원하지 않는 아이를 선별적으로 줄인다(즉 낙태시킨다). 이 대리모 계약의 냉혹하고 상업적인 성격을 보여 주는, 대리모 계약서에서 발췌한 내용은 아래와 같다.

> 의뢰인 부모들은 임신 20주가 끝나기 전까지 선별적으로 감축시킬 궁극적이고 유일한 법적 권한을 보유한다…의뢰인 부모들은 대리모를 다루는 의사의 권고를 고려하여 선별적으로 감축하기 위해 태아의 수를 결정할 유일한 권리를 갖는다…의뢰인 부모가 선별적인 감축을 요구할 권리는 절대적이고 대리모

에게 어떠한 설명이나 타당한 이유를 필요로 하지 않는다.[31]

"감축"이란 "원하지 않는 아이의 심장에 염화칼륨을 주입하여 그가 선별된 형제자매의 곁에서 말라 죽도록 하는 것"을 다르게 표현한 방식이다. 많은 대리모 계약에는 대리모가 태아를 감축시키는 지시에 따르지 않을 경우 부담해야 할 벌금까지 포함되어 있다. 여기 그 예가 있다.

의뢰인 부모의 지시와 상반되는 방식으로 그 대리모가 낙태시키거나 낙태시키지 않을 권리를 행사하고자 하는 경우, 그러한 행동은 이 계약의 위반으로 판단될 수 있는 것으로 여겨진다. (TO THE EXTENT THAT THE SURROGATE CHOOSES TO EXERCISE HER RIGHT TO ABORT, OR NOT ABORT, IN A MANNER INCONSISTENT WITH THE INSTRUCTIONS OF THE INTENDED PARENTS, IT IS UNDERSTOOD THAT SUCH ACTION MAY BE DETERMINED TO CONSTITUTE A BREACH OF THIS AGREEMENT.)[32]

위 내용은 대문자 잠금(Caps Lock) 단추가 켜져 있어서 대문자로 쓰여진 게 아니다. 대리모에게 애매모호하게 해석될 여지를 조금도 주지 않도록 마치 고함을 지르는 것처럼 대리모 계약서에 실제로 보이는 내용이다. 대리모가 의뢰인 부모가 원하는 것을 거부한다면 그녀는 대가를 치르게 될 것이다.

캐나다의 한 대리모가 이러한 계약서에 서명한 대가를 경험했다. 의뢰인 부부의 태아가 자궁 속에 있을 때 다운 증후군인 것으로 진단받자, 의뢰인 부모는 대리모에게 낙태를 지시했다. 대리모는 아기를 낙태하는데 대한 책임을 원하지 않았기 때문에 이에 저항했으나 그녀가 서명한 계약서에 따라 낙태에 대한 거부는 그녀가 장애 아동을 양육할 책임을 부담하도록 만드는 것이었다. 이미 두 자녀의 어머니인 그 대리모는 결국 그 아기를 낙태 시술자에게 맡겼다. ANU Fertility의 대변인은 "임신 중인 아이는 의뢰인 부모의 아기다. 대개 의뢰인 부모의 유전학적 자손이다…어째서 의뢰인 부모가 원하지 않는 자녀를 강제로 길러야 하는가? 그건 공정하지 않다."라는 논평을 통해, 의뢰인 부모의 요청에 아무런 문제가 없다고 보았다.[33]

의뢰인 부모가 한 아이 당 수억 원을 지불할 때 낙태는 양적인 면과 질적인 면 양 쪽에서 대리모를 통제하게 된다.

건강상의 위험

대리모의 세계에서 이루어지는 모든 행위에는 거의 규제가 없다. 전 세계적으로 거대 보조 생식 기술 사업자들은 항상 나쁜 일을 한다. 많은 아이들이 외국에서 대리모를 통해 태어나서는 또 다른 나라에서 인생을 산다. 뒤얽힌 출생의 이야기는 대리모로 태어난 아이들이 지불해야 하는 장기간의 건강에 관한 비용에 대한 연구를 신뢰할 수 있게 만든다. 여기 우리가 알게 된 일부 내용에 대한 개요가 있다.

2013년 한 연구에서 대리모로 태어난 아이들과 손상이 없는 생물학적 가정에서 자란 아이들과 비교했다. 일곱 살이 되기까지 대리모로 태어난 연구 대상의 아이들은 높은 수준의 정신적 고통을 경험했다. 연구진은 "임신을 했던 어머니와의 연계의 부재가 유전학적 연계의 부재보다 아이들에게 더 많은 문제를 야기할 수 있다."라는 결론을 내렸다.[34]

2018년의 한 연구에서는 동일한 여성의 자연적으로 임신된 아이들과 대리모로 태어난 아이들을 비교한 결과 "의뢰된 배아(체외 수정 배아)를 대리모(배아와 유전학적 관계가 없는 여성)가 임신하여 태어난 신생아는 자연스럽게 수정되어 동일한 여성이 임신한 정상 출산의 사례와 대비하여 조산, 저체중, 산모의 임신성 당뇨, 고혈압, 전치 태반의 발생율이 더 높았다. [대리모] 임신은 대리모와 아기 모두에 더 많은 위험을 초래하는 또 다른 요인인, 자연 분만보다 제왕 절개로 출산할 가능성이 더 높았다.[35]

대리모로 태어난 아기들은 조산의 위험과 저체중으로 태어날 가능성이 더 높다. 대리모 임신에 필수적인 절차인 체외 수정으로 태어난 아이들의 경우에는, 조산의 위험이 네 배 증가하고 사산의 위험이 4~5배 증가한다는 연구 결과가 있다.[36] 메이요 의료원에 따르면 조산으로 태어난 아이들은 단기적으로는 호흡 곤란, 심장병, 뇌출혈 위험 증가, 체온 조절 문제, 위장 문제, 면역 체계 약화 위험에 노출된다. 조산은 장기적으로는 시력 및 청력 문제, 만성적인 건강 문제, 뇌성마비, 치아 문제, 행동 및 심리적인 문제도 야기할 수 있다.[37]

일부 증거에 따르면 체외 수정으로 수정된 아이들은 인지 장애의 위험도 증가한다는 주장도 있다. 2018년의 한 연구에서 재생산기술로 수정된 아이들은 자연 임신 아이들 대비 여덟 살까지 지적 장애를 겪을 위험이 58% 더 높았다.[38]

일어날 수 있는 최선의 시나리오조차 원 상처를 입힌다.

지금 당신이 무엇을 생각하고 있는지 알겠다. 한 부부가 의뢰인 아버지의 정자 하나와 의뢰인 어머니의 난자 하나만을 이용하고 아이를 하나도 낙태시키지 않고 냉동시키지도 않고 가장 독자 생존이 가능한 배아를 우생학적 방식으로 선별하는 것을 거부하는 경우라면 어떤가? 그런 경우라면 대리모가 괜찮지 않는가?

그렇지 않다.

이러한 시나리오의 아기들이 유전학적 부모에 의해 양육되고 냉동된 형제자매가 없고 낙태 시술자의 바늘에 형제나 자매를 잃지 않고, 극저온 상태로 냉동된 적도 없다는 사실에도 불구하고 그들은 여전히 그들이 태어난 날 그들이 알았던 유일한 사람과의 관계를 잃게 된다.

강경한 보수주의자 유형의 사람이 급진적 페미니스트 유형의 사람과 함께 Them Before Us의 사명을 수행하는 것을 목격할 수 있었던 것은 놀라우면서도 기운이 불끈 솟는 사건이었다. 이와 마찬가지로 놀라운 일은 다가가기 가장 어려운 것으로 알려진 하나의 인구 집단으로부터 나왔다.

부모를 잃은 아이들에 대한 최선의 대응 방안으로 우리가 입양을 지지하는 것을 일부 입양아들은 반대할 것이다. 몇몇 입양아들은 우리의 생각에 동의하지 않았다. 그들의 원 상처가 너무나 깊었기 때문이다. 그들이 생모와 분리되며 겪은 고통이 너무 심해서 이들은 모자 간의 유대를 끊는 것을 정당화할 수 있는 것은 아무것도 없다고 주장한다. 9장에서 길게 설명한 것처럼 많은 양자들은 출생 시 겪은 충격이 평생에 걸쳐 우울증, 유기·상실의 문제, 정서적 문제를 야기한다고 믿으며 이를 증명할 자료도 있다. 입양된 아이들이 평균 이상의 소득과 교육 수준이 높은 부모에게 양육되는 경향이 있다는 사실에도 불구하고,[39] 이들은 여전히 혼인 상태의 생물학적 부모가 양육한 또래 대비 학업과 행동에 있어 더 많은 도전에 직면한다.

입양된 아이들이 친모에 대한 아동 권리를 옹호하고자 하는 열정은 대리모 행위가 아동에 미치는 악영향에 대한 가장 강력하고 비판적인 증언이 된다. 우리는 부실하게 건설된 댐 같은 대리모 행위에 대한 합리화의 가장 꼭대기에 앉아 있으며 그 분수령은 급속히 메워지고 있다. 우리는 차이는 있을지 몰라도, 우리가 다루었던 너무나 많은 아이들의 고통의 크기를 이해하기 위해 십 년을 더 기다려야 할 것이다. 하지만 틀림없이 그 댐은 결국 파열될 것이다. 대리모로 태어난 제시카 컨은 이 쏟아질 홍수의 일부를 맛보게 해 준다.

> 대리모의 자녀들은 전통적인 입양 아동과 마찬가지로 입양에 따르는 모든 정신적 외상을 겪는다. 우리는 우리가 어디서 왔는지 알고 싶다. 우리는 생물학적 어머니가 누구인지 알고 싶다. 우리는 누가 낳아 주었는지 그들이 어떻게 생겼는지 알고 싶다… 이 세상에는 이미 가정이 필요한 아이들이 있는데 왜 의도적으로 [대리모]를 통해 입양에 따른 외상을 경험할 아이들을 만드는가?[40]

인간은 서로에게 상처와 슬픔을 주는 것으로 악명이 높다. 그리고 아이들이 너무나 자주 성인들이 무모하게 내린 결정에 정면으로 맞서야 한다. 때때로 성인들의 무모함의 여파는 입양이며 입양에는 고통스러운 상실이 수반된다. 대리모는 *의도적으로* 아이에게 입양과 동일하게 깊고 지속되는 심리적인 고통을 입힌다. 입양과 대리모는 처음에는 달리 보이지만 모두 부모님의 상실과 관련된다. 성인이 자녀를 얼마나 절실히 원하는지와 상관없이 대리모는 비도덕적이다.

자궁 속에서의 유대는 어머니와 아기들이 자연적으로 맺는 것이다. 뱃속의 아기가 본인의 아기가 아니라는 점을 알지만 그럼에도 불구하고 일어날 수 있는 최선의 시나리오조차 원 상처를 입힌다.

고, 많은 대리모들은 유대감을 형성하지 않기 위해 최선을 다하지만, 그래도 어쩔 수 없이 아기와 연결된다.

나는 임신을 할 수 없는 친구를 위해 친구의 남편의 정자를 사용해서 대리모가 되는 데 동의했다. 나는 출산 후에도 애착을 가지고 내 아기에게 모유 수유를 했다. 이 아기는 내 난자, 내 아기이지 그녀의 아기가 아니라는 점을 명심하라. 나는 출산 직후 이 아기를 그녀에게 입양시키도록 되어 있었다…나는 그 아기를 지켰다…그녀는 이모는 될 수 있지만 내가 엄마다…나는 어떤 악감정도 없고 그들이 관련되기 원한다. 결국 그가 아버지 아닌가.[41]

또 다른 대리모는 임신했던 쌍둥이와 너무 완전히 결합되어 의뢰인 부모에게 자녀들을 넘겨준다는 사실을 견딜 수 없었기 때문에 25,000파운드(32,000불)의 대가를 수령하기 거부했다. "이 아이들의 인종이 다르다는 것은 중요하지 않다. 나는 이 아이들의 어머니처럼 느낀다…임신 기간 동안 이 아이들과 결합되어 있었고 그들이 태어나자마자 나는 사랑의 감정이 밀려드는 것을 느꼈다."[42]

이러한 대리모들은 수십의, 아마도 수백 가지의 다른 관계를 맺고 있지만 그들이 임신하고 있는 각 아기와의 관계를 양도하는 것이 불가능한 것으로 밝혀졌다. 하지만 우리는 아이들이 평생 동안 알고 지낸 유일한 사람과의 유대를 끊어낼 때 아이들에게 아무런 해도 없다고 어느 정도 믿고 있지 않는가? 위와 같은 상황의 여성은 이 아이들을 양도해야 한다는 사실을 온전히 잘 예상하고 있었음에도 불구하고 이를 견딜 수가 없었는데…아기들이 할 수 있다고 믿는가?

많은 연구에서 어머니와의 분리는 영아에게 있어 주된 생리학적 스트레스 요인이라는 사실을 보여준다.[43] 짧은 시간 동안 어머니와 떨어져 있는 경우에조차 영아의 두뇌의 구조를 영구적으로 변경시킬 수 있다.[44] 정신 분석가인 에리카 코미사에 따르면 아기들은 신경학적으로 취약하고 중추 신경계로서 기능하기 위해 어머니에게 의존적이다.[45] 이들이 어머니를 잃게 되면 이들의 유일한 선택은 이를 마치 죽음과 같은 분리로 처리하는 것이다. 전통적인 대리모 방식으로 태어나서 아버지와 사회적 어머니가 기른 브라이언이 다음과 같이 기록했다.

> 내가 태어났을 때 무언가 끔찍한 일이 우리에게 일어났다. 우리는 어머니들을 잃었다. 비록 그들은 죽지는 않았지만 우리가 어머니로서의 그들을 잃었고 그건 그 작은 아기에게 죽음처럼 느껴졌기 때문에 죽는 게 더 나았을 것이다. 우리가 유일하게 아는 사람이었던 어머니들은 갑자기 사라졌다…이로 인해 우리는 버림받았다고 크게 느끼게 된다. 이것은 우리가 인정하든지 않든지 우리 가슴 속에 빈 공간을 남기거나 우울증이나 누군가 다른 사람에게 가까워지는 것에 대한 공포와 같이 다른 방식으로 나타난다. 이런 충격은 때때로 우리가 십 대나 청소년이 되기까지 나타나지 않기도 하지만 나처럼 아기 때 6주 동안 미친 듯이 소리를 지르며 울어서 사람들이 배앓이라고 부르는 것처럼 나타나는 경우도 있다. 사람들은 이를 배 속 가스나 미숙 신경계라고 불렀다. 어떤 것도 우리를 위로해 줄 수 없다…나는 엄마를 원했지만 그녀는 거기 없었다…엄마는 그저 대체할 수 있는 존재가 아닌데 우리가 이러한 상황에서 그냥 괜찮게 지내리라고 기대할 수 없다.[46]

대리모와 입양은 모두 아이에게 있어 심각한 상실에서 기인하기는 일어날 수 있는 최선의 시나리오조차 원 상처를 입힌다.

하지만, 이 둘이 다른 아주 결정적인 부분이 있다. 입양아들은 아이의 원 상처를 고쳐 주고자 하는 어른들이 양육하는 반면, 대리모로 태어나거나 기증으로 수정된 아이들은 그 원 상처를 입힌 책임이 있는 바로 그 성인들이 양육한다. 양육은 아동의 권익을 지지한다. 대리모 행위는 바로 이 권리를 침해한다. 입양은 상실을 경험한 아동을 도와 주기 위한 것이지만 대리모 행위는 아동에게 성인의 욕구를 지원하기 위해 상실을 감내하도록 강요한다. 아동의 최선의 이익을 고려한다면, 부모의 상실을 치료해 주고자 하는 것과, 부모를 고의적으로 잃게 만들기 위해 수억 원을 지급하는 것 사이에는 큰 차이가 있다.

실천 방법

아동과 관련된 어떤 사안과 관련해서 성인들이 대체로 동의는 하지만 이상적이지는 않은 관계에 대해서는 Them Before Us의 철학은 "그것을 허용은 하되 장려하지는 말라."는 것이다. 우리가 이혼과 다자성애, 선택에 의한 비혼 출산을 금지할 필요는 없다. 오히려 공공 정책에서 아동이 부모를 향한 권리를 가지는 대상인 두 성인을 연합시키는 유일한 관계인 전통적인 결혼을 장려하고 지지해야 한다.

대리모 행위는 바로 금지되어야 한다. "(자녀를 너무나 원하는 부부에 대한 동정 등)은 어떤지"와 상관없이, 이타주의적이든 상업적 동기에서든, 한 아이를 임신하는 것이든 네 쌍둥이를 임신하는 것이든, 생물학적 부모가 키우든 낯선 사람이 키우든 간에 대리모 행위는 아동이 정서적 대가를 항상 치르도록 한다. 당신이 아동 인권 옹호론자라면 대리모 행위는 절대로 안 된다.

대리모 행위와 관련된 전쟁에서 현금이 두둑한 불임 사업자의 로비에 의해 열세에 있는 입법자들에게 다음과 같은 정책을 제안하는 바이다.

- 클리닉에서 세심하게 장기적으로 기록을 보관하는 것을 의무화하도록 함으로써 대리모 행위가 아동의 건강과 정서적 안녕에 장기적으로 미치는 영향을 연구하고 이해하기 위해 연구진들이 이 기록에 접근하여 사용할 수 있도록 할 것
- 산모에게 대가 지급을 금지할 것. 대리모 행위에 대한 대가 지급을 금지할 경우 아동 인신매매를 방지하기 위해, 입양이라는 최선의 관행에 더 근접한 형태로 조정될 것이다.
- 의뢰인 부모에게 입양과 유사한 수준의 선별 절차 및 입양 후 보호 관찰 절차를 밟도록 의무화할 것
- 정신적으로 장애가 있는 여성을 대리모로 활용하는 것을 금지할 것
- 인간의 배아를 냉동시키는 것을 금지할 것

오늘날 대리모를 반대하는 것은 내키지 않아도 어쩔 수 없이 협력해야 하는 사안이다. 당신이 태중의 아기의 인권을 보호해야 한다고 믿는 기독교인이건 실시간으로 이루어지는 '시녀 이야기(Handmaid's Tale)'에 공포감을 느끼는 급진적인 페미니스트이건 일단 "이건 모두 결국 아기에 관한 것이다."라는 허식 너머를 들여다 본다면 대리모 행위에서는, 맞춤 아기를 만드는 것을 허용하는 것과 인간을 상업화하는 것 외에는 아무것도 볼 수 없다.

9장 입양

부모로서의 지위에 대해 논의할 때 특히, 기증에 의한 임신에 관한 맥락에서 "생물학이 중요하다."라고 말한다면 당장 5초 안에 누군가가 그러면 입양도 반대하냐며 당신을 비난할 것이다.

여러 방면에서 입양과 기증에 의한 임신이 유사하기 때문에 이 둘을 혼동하는 것은 이해할 만하다. 두 경우 모두 적어도 한 부모는 생물학적으로 혈연관계가 없는 아이를 양육한다. 입양아와 기증으로 태어난 아이들의 성과가 생물학적 부모가 양육한 자녀만 못하다는 점도 이 둘 간의 유사점 중 하나이다. 입양과 기증에 의한 임신 간 차이를 만드는 결정적인 요인은 아동의 권리에 대한 관계에서의 차이다. 입양은 아동의 권리를 지지하는 반면 기증에 의한 임신은 아동의 권리를 침해한다.

당신이 이 책의 앞부분을 읽으면서 결혼과 가족에 관한 한, 성인들이 어려운 일을 할 때 아동의 권리가 보호된다는 사실을 이해하게 되었길 바란다. 입양은 성인이 친부모를 여읜 아동의 상처를 회복시켜 주고자 하는 것이라서 아동의 권리를 존중하는 것이기에 Them Before Us에서는 입양을 자랑스럽게 인정한다. 기증에 의한 임신은 성인이 고의로 아동을 한 명 혹은 두 명의 친부모로부터 분리시키기 때문에 아동의 권리를 무시하는 것이다. 그렇기 때문에 Them Before Us에서는 이를 바람직하지 않은 것으로 보아 허용하지 않는다. 기증에 의한 임신과 입양 사이의 차이점을 자세히 들여다보기 전에 먼저 입양에 관해 정확하게 평가할 필요가 있다.

입양은 성인이 아니라 아동을 위한다.

과거 몇 년 동안 성 소수자 그룹이 여러 주에서 신앙을 기반으로 하는 입양기관들이 아동을 이성애자 부부에게 우선적으로 입양시키는 것을 금지하기 위한 싸움을 벌여왔다. 성 소수자 로비스트를 위해 일하는 변호사들은 동성 부모도 입양을 할 권리가 있다고 주장했다. 몇몇 주에서는 이러한 노력에 대해 기독교 입양기관을 위한 보호를 강화하는 방식으로 대응했고 다른 주에서는 이를 소위 성 소수자 커플에 대한 차별로 인정하고 이성애자 부부가 우선적으로 입양하는 것을 금지했다.

그래서 동성 커플은 입양할 권리가 있다는 것인가?

입양을 제대로 이해했다면 답변은 분명하다. 안 된다. 동성 커플은 입양할 권리가 없다. 왜냐하면 어떤 성인도 입양할 권리란 없기 때문이다. 이성애자와 동성애자 모두 입양할 권리를 가지지 않는다. 옆 집에 사는 친절한 기독교인 부부도, 짝을 찾을 것이라는 희망도 없이 어머니 집 지하에 얹혀 사는 "총각"과 마찬가지로, 입양할 권리를 가지고 있지 않다. 어떤 성인도 생물학적으로 혈연관계가 없는 아동에 대한 권리를 갖지 않는다. Them Before Us에서 아동 인권을 옹호하는 우리는 *아동이 입양되어야 할 권리*에만 관심을 갖는다.

다시 말하자면 2장에서 아동이 혼인 관계의 생물학적 부모가 양육할 때 가장 성과가 좋은 이유에 대해 살펴보았다. 그 내용을 간단히 요약하자면 생물학적 부모는 통계상 자녀를 가장 잘 보호하고 자녀와의 유대 관계가 가장 강하고 자녀에게 가장 많이 투자한다. 생물학적 부모는 모든 아이들이 갈망하는 생물학적 정체성을 지닌 유일한 두 사람이다.

입양의 양상은 과거 100년간 상당히 변화했다. 50년대와 60년대는 (과거 대비 혼전 임신율과 신생아 입양률이 과도하게 높았던) "베이비 스쿱 시대(baby-scoop era)"로 알려져 있다. 이 시기의 문화는 어린 미혼모들에게 신생아를 포기하라고 압박하는 것이었다. 그 이후로는 국제 입양이 지배적인 추세가 되어 2000년대 초반 최고조에 달했다가, 마약성 진통제 남용 위기(opioid crisis)가 발생한 이후로 위탁 돌봄이 급증했다.[1] 아동이 부모를 잃게 되는 무수한 상황들이 존재하지만 해외이든 국내이든 신생아이든 위탁 돌봄에서 졸업할 나이인 열일곱 살이든 입양은 아동이 본인의 가족과 같이 있을 수 있는 방법이 전혀 없을 때에만 최후로 고려해야 하는 방법이다. 아동이 개탄스러운 환경에 살다가 후에 사랑하는 양부모에 입양이 되는 상황이라 하더라도, 부모를 여의는 것은 아이에게 상처를 남기기 때문에, 입양은 최후의 수단이다.

아동과 생물학적으로 혈연관계에 있는 혼인 상태의 부모가 있는 집을 떠난다는 것은, 입양을 포함해서, 아동에게 좋지 않은 결과를 야기할 가능성이 높아진다. 나 같은 양부모를 포함하여 아동 권리를 옹호하는

입양은 성인이 아니라 아동을 위한다.

사람들은, 이러한 통계적 현실을 회피해서는 안 된다. 입양 아동은 어떤 아동도 겪어서는 안 될, 생물학적 부모로부터 떨어져서 생물학적으로 낯선 사람과 다시 애착 관계를 형성해야 하는 일을 경험하기 때문에 힘들어하기 쉽다. 다음의 두 가지는 모두 진실이다. 우리는 입양의 진정한 대가를 인정할 수 있어야 하고, 동시에 입양의 필요성도 인정할 수가 있다.

입양은 아동이 친부모를 잃었을 때 이들의 원 상처를 싸매어 줄 수 있는, 사회가 제공할 수 있는 최선의 도구이지만, 모든 문제를 해결해 주는 마법사도 아니다.

입양은 상실과 함께 시작된다.

많은 사람들이 입양이 아동에게 있어 만병통치약이 아니라고 하는데 대해 방어적으로 반응한다. 거의 자동적으로 나오는 이 부정적 성향의 반응은 많은 사랑을 받는 입양아나 그들이 칭송하는 놀라운 양부모에 대한 생각을 보호하고 싶었기 때문이었을 것이다. 이러한 반발은 아마도 입양이 아이를 구원할 수 있는 유일한 선택지인 개인적이고 예시적인 상황에 뿌리를 두었을 것이다. 이유야 어떻든 입양이 도움이 필요한 아이의 모든 문제를 해결할 것이라는 믿음에 도전하는 것은, 엘비스 프레슬리가 가왕(The King)이 아니라는 주장을 부인하는 것처럼, 일반적으로도 거부된다.

입양을 낭만적으로만 묘사하는 것 역시, 입양의 불리한 면에 대해 논의할 때 반사적으로 나오는 부정적 반응을 만들어내는 또 다른 요인이다. 우리 문화는 입양을 단순한 문제로 보는 경향이 있다. 사랑이 많은 양부모 + 버려진 아이 = 문제 해결! 실제로 입양이 이렇게 복잡하지만 않다면 얼마나 좋을까. 입양아들이 고학력에 평균 이상의 수입이 있는 부모의 가정에 배치되는 경향에도 불구하고 입양아들은 혼인 관계의 생물학적 혈연관계의 부모가 양육한 자녀 대비 학업과 행동 면에서 더 많은 문제를 보인다.[2]

물론 입양이 필요한 상황이 있고, 양부모를 필요로 하는, 가슴이 미어질 듯이 많은 수의 아동을 보았다. 입양기관의 직원으로서 즉각적으로 의학적 조치를 취하지 않거나 이들이 회복하는 것을 도와줄 사랑하는 부모가 없을 경우 죽을 수밖에 없는, 특별한 돌봄이 필요한 버려진 아동의 사례를 많이 다루었다. 나는 적막한 고아원에도 있었다. 아기 침대 하나에 둘에서 세 명의 신생아가 조용히 누워 있었는데 이들이 아무리 울어도 들어주는 이가 없었기 때문에 아기들은 우는 것도 포기한 것이다. 이렇게, 아이들이 가장 끔찍한 상황에 처한 경우라 하더라도, 입양은 대가를 요구한다.

아동이 부모를 여읜다는 것은, 특히 생모를 여의는 것은, 결코 작은 일로 여겨질 수가 없다. 우리 사회가 집단적으로 부모와의 이별이 입양아에 입히는 상처에 대한 장기적인 영향을 인정하는데 실패했기 때문에, 기증에 의한 임신과 대리모를 인정하도록 하는데 크게 기여했다고 믿는다.

아기가 자궁에서 나올 때 이미 이 아기는 어머니와 유대 관계를 맺고 있기 때문에 어머니의 가슴에 안겨진다. 어머니의 냄새와 소리는 친숙하고 어머니는 안전하게 느껴진다. 항체가 풍부한 아기의 최고의 양식인 어머니의 초유는 아기 인생의 최초 며칠 동안만 나오는데 이는, 아기의 면역을 강화시키면서 자궁 밖에서 살아갈 수 있도록 준비시키는

입양은 상실과 함께 시작된다.

것이다. 헌신적인 양부모에 입양된 경우라 하더라도 생모야말로 아기가 태어난 날 아기들이 아는 유일한 사람이다. 어머니가 양육할 능력이 없다고 해서 그 어머니와의 유대를 끊는다는 것은 비극이다. 성인의 욕구를 충족시키고자 대리모를 통해 이러한 고유의 유대 관계를 고의로 단절시키는 것은 비극적인 동시에 불의하다.

"원 상처"란 입양아의 부모의 상실을 묘사하는데 사용하는 용어라는 점을 앞에서 언급했다. "입양아의 바이블"으로 알려진 "원 상처(The Primal Wound)"의 작가 낸시 뉴튼 베리어는 출생 시 어머니와 분리된 충격의 영향을 힘겹게 감내해야 하는 입양아에게서 거의 보편적으로 나타나는 이 고통에 관해 다룬다. 이들의 원 상처는 종종 우울증, 불안 장애, 외현화 행동 문제, 행동 장애와 같은 정신 건강 상의 문제로 곪아터진다.[3] 연구 결과는 입양아들의 고통스러운 이야기가 사실임을 입증한다. 8장에서 다룬 것처럼 연구자들은 어머니와의 단절을 신생아에게 있어 생리학적으로 중요한 스트레스 요인으로 인정하며,[4] 잠깐 동안 어머니와 떨어지는 것조차 신생아의 두뇌 구조를 영구적으로 변형시킬 수 있다는 사실을 발견했다.[5]

워싱턴 주에서 상업적 대리모를 합법화하려는 것에 대한 반대 증언에서 줄리앤 재즈는 생모와의 단절이 그녀의 전 인생에 어떤 영향을 미쳤는지에 대해 이야기한다.

> 나는 나의 원 상처로 경험했던 정신적 외상에 대해 증언할 수 있다. "자아"감에 대한 조숙증은 출산 시 어머니와 단절된 사람들에게 큰 위험을 야기한다. 한 아동이 어머니와 같이 있게 될 때 정상적인 자아는 수개월, 수년에 걸쳐, 어머니와 어머니와의 일반적인 상호 작용 속에서 점차적으로 발달한다. 아기가

태어나자마자 엄마로부터 분리된다면 그 아이는 자아감이 너무 일찍 발달하게 되는데, 종종 성인들은 이를 그 아이가 새로운 환경에 잘 적응하고 있다는 "증거"로 쉽게 오해한다. 실제로는 그 아이의 자아가 더 상처받지 않도록 보호하기 위한 순응적인 "껍데기" 혹은 거짓된 자아가 만들어진 것이다. 자아의 조숙증은 병적 측면에서 극단적일 수 있으나 실제 병적인 측면이 없다 하더라도 항상 아이에게 해롭다. 나의 거짓 자아의 증거는 "사람들을 기쁘게 해 주는 사람", "인정받기를 추구하는 사람"이 되고자 하는 스스로의 헌신으로 발견된다. 한 아이로서 나는 밝고, 협동적이고, 대체로 "좋은" 아이로 여겨졌다. 하지만 현실은 내가 기저를 이루는 실체가 없는 "껍데기"를 만들어 낸 것이지, 실제로 나는 거짓이 드러날까, 내 인생이 빼앗길까 하는 끊임없는 공포 속에 있었다. 나의 가장 어린 시절의 상처를 치료하고, 정직하고 진정한 자아가 제 자리를 찾도록 하기 위해 어렵고 강력한 치료를 하느라 수십 년이 걸렸다.[6]

"사랑이 많고 학식이 있으며 교회에 다니고 열심히 일하는" 양부모에게 입양되었음에도 불구하고 스테이시는 그녀의 원 상처가 어린 시절과 성장 과정에 어떤 영향을 미쳤는지에 대해 다음과 같이 기술했다.

나는 태어나고 여섯째 날 부모님께 입양되었다. 우리 엄마가 가장 좋아하는 이야기가 있다. 엄마는 엄마가 되기 위해 8년을 간절히 기다렸고 부모님은 1976년 성탄절 전야의 전날 나를 데리고 오셨다. 나는 발가락 부분에 종이 달린, 줄무늬가 있는 벨벳 성탄절 양말 안에 쌓여서 왔고 그야말로 성탄절의 기적이었다. 입양 절차는 끝났다. 하지만 나는 아주 어릴 적부

입양은 상실과 함께 시작된다.

터 내가 다른 어머니로부터 왔다는 이야기를 들었다. 양부모가 나를 너무 사랑해서 생모가 제공할 수 있는 것보다 더 좋은 삶을 주고 싶어 했다는 이 이야기는 너무나 이상적이고 아름답다. 나는 선택받았고 나를 기른 우리 부모님은 나를 너무나 원했다. 그 분들은 내가 특별하고 나중에 생긴 생물학적 자녀와 똑같이 나를 길렀다고 가르치셨다. 나는 전혀 사랑을 덜 받거나 다르게 대우받지 않았다. 이렇게 "평범하게" 자랐음에도 불구하고 한참 시간이 지날 때까지, 확인되거나 다루어지지 않은 깊은 공허감을 가지고 자라났다. 어린 시절 나는, 나의 생물학적 가족에 대한 신비감에 거의 집착하게 되었다. 나는 영화 "애니(Little Orphan Annie)"속의 주인공 애니와 나를 동일시했다. 나는 어떤 형태의 가족과도 음울하게 단절된 것처럼 느꼈다. 나는 나의 "진짜 부모"가 누구인지에 관한 이야기를 지어냈다. 나는 내 인생이 버려지면서 시작되었다는 무언의 사실을 결코 완전히 떨쳐버리지 못했다. 나는 내가 태어나기도 전에 나의 생물학적 어머니가 버린 것이다. 수년 후 그녀를 찾았는데 그 분은 나를 낳고 나서 쳐다보지도 않았다고 말했다. 그녀는 나를 안아 주지 않았다. 나는 그 방에서 절단된 기생충 마냥 쫓겨났고 그녀는 내가 성인이 될 때까지 나를 다시 보지도 않았다. 나는 병원 신생아실에서 며칠을 혼자 보냈다. 그 이후의 21년 동안은 어울리지 않는 곳에 있다는 생각으로, 내가 누구인지 확신하지 못한 채, 내 가치에 대해 의문을 가지고, 버려진 아이들의 행동으로 나타날 수 있는 부작용을 보이면서 잘못된 것으로 입증된 아이처럼 보냈다. 나는 대인 관계나 살아 있는 모든 존재와의 관계에 있어 도전을 받는, 버려지고, 잘못된 것으로 입증된 성인이 되었다. 나는 이러한 영향을 받는 네 아이들을 낳았다. 그 원 상처는 대체하거나 돌이킬 수 없는 공허감의 유산이다.[7]

    Them Before Us의 지지자 중 한 사람은 입양아로서, 또한 "[대리모로 출산한 딸]을 넘겨주면서 엄청난 상실감을 느낀" 대리모로서 이러한 원 상처의 양 측면을 경험했다. 다음은 그녀의 이야기이다.

    당신이 어머니가 동의를 했든 하지 않았든 당신을 줘 버렸다는 사실을 알게 될 때 큰 정신적 외상이 따른다. 이 상처는 성인기에 이르기까지 당신의 전 인생에 영향을 준다. 동성 부모는 한 아이의 인생에 가장 큰 영향을 주는 역할 모델이 되지만, 아이가 "성인의 욕구"에 대한 정서적 대가를 지불할 필요가 없다. 아기들을 무슨 물건처럼 보고 사회가 이들에게 입양된 것이나 대리모로 태어난 데 대해 감사해야만 한다고 이야기한다. 아니다. 그래서는 안 된다. 그들은 그렇게 해달라고 요청하지도 않았고 그렇게 해도 된다고 허락하지도 않았다. 그 아이들은 결코 감사하게 생각해서도 안 된다.[8]

    대화의 주제가 입양이 아니고 가족 구조일 때에는 부모의 상실이 야기하는 해로움에 대해 보편적으로 이해하게 된다. 예를 들면 2018년 여름, 아이들이 미국과 멕시코 간 국경을 넘고자 할 때 부모님과 헤어져야 하는 것을 보고 온 나라가 어쩔 줄을 몰라했다. 당신의 정치적 성향이 어떠하든지 우리는 모두 아동을 부모로부터 떨어드리는 것이 잔인하다고 하는데 동의할 수밖에 없다. 정신 건강 전문가들은 확실히 그렇다고 믿는다. 13,000명 이상의 전문가들이 "부모와 떨어진 아이들이

입양은 상실과 함께 시작된다.

이러한 정신적 외상을 입힌 경험의 파편이 정신에 박힌 채 자라지 않는 것처럼 행동하는 것은, 우리가 아동 발달, 두뇌, 정신적 외상에 관해 아는 모든 것을 무시하는 것이다."라고 맹비난하는 청원에 본인들의 이름을 올렸다.[9]

미국 소아과 학회 역시 "아이들을 부모로부터 떼어 놓는 것은 우리가 소아과 전문의로서 아동의 건강을 보호하고 증진시키고자 지지하는 모든 것과 모순된다."고 논평하면서 가족을 분리시키는 정책을 비난했다. 사실상 가족의 분리와 같이 매우 스트레스가 높은 경험은 아동의 두뇌 구조에 지장을 주고 아동의 장단기 건강에 영향을 주면서 회복할 수 없는 상해를 유발할 수 있다. 이러한 형태로 심각한 스트레스, 즉 유독한 스트레스에 장기간 노출되는 것은 아동의 평생에 영향을 줄 수 있다.[10]

그렇다. 전문가 의견이 증언한다. 이제는 우리가 이렇게 자명한 진리를 가족 구조의 문제에 적용할 필요가 있다. 국경에서의 위기 상황이 우리에게 확인시켜 준 것처럼 가족은 함께 있어야 한다. 불행하게도 부모와의 분리에 관한 오랫동안 인정된 사회과학은 특정한 정치적인 관점을 지지할 때에만 파티에서 환영받는다. 과학이 거대 보조 생식 기술 사업자를 고용하고자 하는 성인의 욕구와 충돌한다면 그 과학은 퇴출되어야 한다.

가계상의 혼란

종종 입양아들이 경험하는 가계상의 혼란이란 정체성의 혼란을 종합적으로 일컫는 것으로, 2장에서 자세히 설명했다. 요약하자면 대부분의 아이들에게 청소년기의 주제는 "나는 누구이며 나는 어디에 속하는가?"이다. 생물학적 가족과 사는 아이들은 대가족에 접근할 수가 있어서 예로부터 전해 내려오는 이 질문에 대한 답변을 얻는데 도움을 받을 수 있다. 입양아들은 이 질문에 대한 답변을 친족 간의 유대 관계가 없는 상태에서 얻어야만 한다. 그 결과 어떤 입양아들은 가족들로부터 유리된 것과 같이 느낀다고 보고한다. 그들은 다르다는 느낌을 그들이 단순히 어울리지 않는 것처럼 표현했고, 스스로의 모습을 바라보는 것조차 어려워한다고 했다. 외부인처럼 느껴지기 때문에 입양아들은 반항성 장애, 분리 불안, ADHD, 주요한 우울 장애와 같은 외현화 장애가 발달할 위험이 높아진다.[11] 다음은 입양아가 온라인 상에 올린 글이다.

성인이 된 입양아들이 공유하는 한 가지는 거울을 보면서 본인들이 누구인지를 모르겠다고 느끼는 점이다. 내가 가장 놀랐던 점은 외계인의 혼혈처럼 느낀다거나 태어난 게 아니라 이 세상에 보내진 것처럼 느낀다는 이야기이다. 허튼 생각이긴 하지만 나도 그런 생각을 했다. 당신이 사람들을 볼 때 당신은 그 사람들의 엄마, 아빠, 자매도 보는 것이다. 당신이 스스로를 볼 때 당신은 아무것도 볼 수가 없다. 나는 계속해서 나의 부모님을 찾았고 거울에 비친 모습은 거울에게로 돌려 주었다.[12]

또 다른 입양아가 쓴 글이다.

대부분의 경우에 나는 행복하고 걱정이 없는 어린 시절을 보냈지만 내가 열네 살 때 가장 친한 친구의 엄마가 자살을 했을 때 상황이 완전히 극적으로 변했다. 그때 너무 늦기 전에 나의 생모를 찾아야 한다는 급박한 감정이 촉발되었고 나의 강렬한 질문에 대한 대답은 무덤에 묻혀버렸다. 나의 생물학적 뿌리에 대해 사실상 아무것도 모른다는 것은 청소년기에 심각하게 손상된 정체성의 위기로 나타났다. 이것은 모든 형태의 반사회적이고 자기 파괴적인 행동으로, 궁극적으로는 나의 양부모와 심각하게 역기능적인 관계로 나타났다.[13]

낳아 준 가족과 연락이 되지 않는 폐쇄입양에서 다양한 정도로 연락이 허용되는 공개입양으로 극적인 전환이 가능했던 이유는 아동기 발달에 있어 생물학적 연관성이 중요하다는 점을 분명하게 확인해 주는 산더미 같은 증거들 덕분이었다. 이 점은 아동이 부모로부터 구출되어야만 하는 상황에서조차 사실이다. 오늘날 입양의 5% 정도만 폐쇄입양이다.[14]

아동 중심의 배정

아동 중심의 입양은 아동의 최선의 이익을 성인의 욕구보다 우선시한다. 아이를 중심으로 하는 철학으로 운영되는 입양기관은 어머니와 아버지의 두 가지 성별이 미치는 중요한 영향력을 인정하기 때문에 이성애자 커플을 우선적으로 배정하는 것을 두려워하지 않는다. 아동 중심의 사회 복지사는 주의 깊게 아동이 정체성의 싸움을 헤쳐나갈 수 있도록 기꺼이 안내해 주고, 그들이 원 상처를 처리해 나가는 과정에서 지침을 제공해 줄 사랑이 많은 양부모를 선정한다. 아동 중심의 입양에 있어 가장 중요한 교리는 양부모는 아동의 필요에 부응하기 위해 존재한다는 것이다. 아동은 성인의 욕구에 부응하기 위해 존재하지 않는다. 아동 중심의 입양은 아동의 권리를 존중하고자 하며, 어떠한 성인도 아무리 그들이 원한다 하더라도, 한 아동에 대한 *권리*를 가지지 않는다는 사실을 알고 있다.

마찬가지로 모든 요소를 확인하고 따져보며 입양할 수 있는 모든 부모들을 고려한 다음에, 아동을 우선적으로 생각하는 기관에서는 아동에게 최적의 장소로 동성 커플이나 독신인 성인이 가장으로 있는 가정을 찾을 수도 있다. 예를 들어 내가 엄마가 되기 전에, 영웅 같은 한 레즈비언 커플이 특별한 돌봄을 필요로 하는 나이가 많은 아이를 입양하는 것을 돕기 위해 해외 출장을 간 적이 있다. 그 아이가 앓고 있는 질병이 부담스러워서 여러 이성애자 부부가 그 아이의 입양을 거절했었고 입양될 희망이 거의 없었다. 그런데 이 두 여성이 그 아이가 수년 동안 수술과 물리치료를 받을 수 있도록 해 주면서 이 소녀가 살 수 있는 기회를 제공했다. 그렇다. 그녀는 그녀를 만들어준 아버지의 사랑을 받지는 못하겠지만 어떠한 이성애자 부부도 이 어린 소녀를 위해 그 어려운 일을 선뜻 하려고 하지 못했다. 이 아이의 권리의 측면에서 볼 때 그 기관은 올바로 배정한 것이다.

각각의 아이들은 다른 환경에서 왔고 각각 특별한 요구 조건이 있기 때문에 모든 아이들이 배정되기까지 많은 변수가 반드시 고려되어야만 한다. 아이들을 가장 잘 섬기기 위해 입양기관들은 아동을 배정하는데 있어 역동적이고 주관적인 판단을 할 자율성이 주어져야만 한다. 하지만 그 과정에서는 다음의 사항을 항상 고려해야 한다.

- 친족 간의 유대를 유지하기 위해 가능한 한 친척에게 아동을 배정할 것
- 아동이 어머니와 아버지의 사랑이 주는 혜택을 경험할 수 있도록 어머니와 아버지가 모두 있는 가정을 선호할 것
- 아동이 장기적으로 안정감을 누릴 가능성을 높이기 위해 혼인

상태의 부부를 우선시할 것
- 정신적, 정서적, 신체적으로 건강한 양부모만을 고려할 것
- 특히 형제자매가 있거나 특별한 돌봄이 필요한 아동의 경우에는 양부모들이 아이를 양육할 재정적 자원이 있는지 확인할 것
- 나이가 많은 아동의 경우, 아동의 희망사항과 아동이 편안하게 느끼는 것을 고려할 것
- 생물학적 형제자매를 함께 입양할 수 있는 가정을 우선시할 것

불행하게도 특히 아동이 나이가 많거나 특별한 장애가 있거나 형제자매가 있는 경우에는 이들을 항상 이상적인 조건에 배정할 수 있는 선택권이 있는 것은 아니다. 생물학적으로 혈연관계가 있거나 신체적, 정서적, 재정적 기준을 충족하는 혼인 상태의 엄마와 아빠가 항상 있는 것도 아니다. 그래서 대부분의 입양아를 배정할 때에는 이러한 중요한 요인 중 하나 이상이 결여된다.

나의 아들과 중국에서 입양된 다른 아이들은 모두 생물학적 가족 구성원에게 배정될 가능성이 없는 아동의 예이다. 중국에서 아동 유기가 불법이기 때문에 절박한 생모들은 아동을 공적인 장소나 고아원에 남겨둘 때 신원을 알 수 있는 정보를 남기지 않는다. 나의 아들의 경우에는, 그 아이의 대가족에 입양되는 것이 불가능했다. 그래서 그 아이는 생물학적 유대는 없지만 양육할 정신적, 신체적, 재정적 기준을 충족하는 양부모에게 배정되었다. 비록 이상적인 상황은 아니지만 이것이 대가족과의 유대가 없는 아동을 위한 최선의 시나리오이다. 하지만 양부모가 아무리 사랑한다 하더라도 양부모가 그 아이의 생물학적 부모의 상실을 온전히 보상해 줄 수 없다. 우리는 아들에게 그의 유전학적 어머니와 아버지로부터 받았어야 할 모든 사랑을 제공해 주기를 열망하지

만 그가 잃어버린 것을 우리가 대체할 수 있다고 생각하지는 않는다.

아동 인권 활동가들이 입양의 복잡한 성격을 이해할 때 보조 생식 기술에 내재한 문제를 발견하기가 더 쉬워진다.

입양은 아동의 권리를 보호하고 기증에 의한 임신은 침해한다.

입양을 지지하는 많은 사람들이 그들이 입양을 지지한다면 정자와 난자 기증도 지지해야만 하는 것으로 잘못 이해하고 있다. 이들은 이 두 경우 모두 한 아이가 생물학적 부모가 아닌 다른 사람에 의해 양육되기 때문에 이 둘 간에 차이가 없다고 생각한다. 이렇게 잘못 생각하게 된 이유는, 아동을 성인의 정서적 안녕을 위해 봉사하는 것으로 생각하는 오류를 범하는, 성인을 중심으로 하는 사고에서 기인한다. 입양은 한 아이의 부모에 대한 필요를 만족시키기 때문에 아동의 권리를 존중한다. 반면 기증에 의한 임신과 대리모 행위는 아동과 부모의 관계를 단절시키기 때문에 아동의 권리를 침해한다. 입양과 기증에 의한 임신이 근본적으로 다른 네 가지 이유에 대해 아래에 기술한다. 이 부분을 넘어가고 싶다면 다음과 같이 아주 간단히 요약할 수 있다. Them Before Us에서 외우는 주문처럼, 성인이 힘든 일을 해야 한다.

1. 누가 의뢰인인가?

입양기관에서 일하던 나의 이상적인 풋내기 시절을 돌이켜 볼 때 내가 담당하고 있던 어려운 사례를 그 기관의 설립자에게 가져갔던 일이 떠오른다. 나는 일련의 예비 부모들이 입양아를 배정받을 수 있도록 모든 노력을 다하는 중이었다. 그녀는 지혜의 수류탄에서 핀을 뽑아서 나에게 그것을 조심스럽게 전달했는데 그 때 마치 시간이 멈추어 버린 것만 같았다. 그녀는 "케이티, 우리는 한 아이를 모든 부부에게 주려고 여기 있는 게 아니에요. 우리는 모든 아이에게 부모를 찾아주는 일을 하는 거라고요. 성인들이 우리에게 비용을 지불하지만 우리의 고객은 바로 아이에요."라고 말했다. 완전히 충격적이었다.

"아이들은 부모를 가질 자격이 있다."는 원칙에 따라 입양이 이루어질 때, 모든 성인 지원자들에게 아이를 배정하는 게 아니라, 도움을 필요로 하는 모든 아이를 위해 가정을 찾아주는 데 집중하게 된다.

전술한 바와 같이, 혈연관계가 없는 성인이 있는 가정에 사는 아이들은, 특히 혈연관계가 없이 동거하는 남성이 있는 경우, 통계상 학대와 방임을 경험하는 비율이 높다. 이러한 위험 요인에 대한 더 자세한 설명은 2장을 참고하기 바란다. 잠재적으로 위험이 존재하는지 여부가 사회복지사나 입양 전문가들이 아동을 배정할 때 가장 중요하게 고려하는 요인이다. 그래서 심사, 신원 조사, 신체 및 정신적 평가도 하는 것이며, 양부모가 될 가능성이 있는 사람들에게 아동을 배정하기 전에 훈련을 실시할 필요가 있다. 이는 또한 양부모 가족에 대해 입양 이후에도 관리 감독이 필요한 이유이기도 하다. 이러한 안전 장치들은 모두 입양이 도움이 되고자 하는 그 아동을 보호하기 위해 마련된 것이다.

대개 거대 보조 생식 기술 사업자가 청구하는 것만큼은 아니지만 입양은 비용이 많이 들 수 있다. 입양과 관련된 비용은 대개 고객인 그 아동이 합법적으로 유기되었는지를 확인하는 필수적인 절차와 양부모가 적합한지를 확인하는 과정에서 대부분 발생한다. 거대 보조 생식 기술 사업자의 고객은 본인을 위해 아동을 구매하기 위해 비용을 지불하는 반면, 양부모는 본질상 아동의 안전을 보장하기 위해 비용을 지불한다. 나 자신이 입양 절차를 개인적으로 경험했기 때문에 우리가 아들을 중국에서 입양하기 위해 지불한 25,000불이 어떻게 쓰였는지 설명해 보겠다. 다음은 파우스트 가문의 넷째 아이를 입양하기 위해 발생한 실비 내역이다.

- 입양의 예비 절차, 본 절차와 입양 후 절차를 조직하는 과정을 지원하고 우리의 입양이 국제 입양 기준을 준수하는지 여부를 보증하기 위해 입양기관에 지불한 수수료
- 연방 차원의 신원 조사 비용
- 주 차원의 신원 조사 비용
- 18세 이상의 모든 가족 구성원의 지문 등록 등 미국 이민 서비스국(United States citizenship and immigration services) 신청 절차에 따른 수수료
- 중국의 중앙 입양기관에 예비 부모 평가 및 입양 서류 준비, 유기 확인을 위해 지급한 수수료
- 우리 아들이 입양되기까지 받은 돌봄 서비스를 제공한 고아원에 지급한 강제 "기부금"
- 남편과 내가 중국 비자를 발급받기 위해 지급한 수수료 및 아들을 미국으로 데려오기 위해 이민 허가에 소요된 비용
- 여행 경비
- 중국인 의사로부터 우리 아들이 받은 의료 검진 비용
- 영사관 방문 및 승인 절차에 소요되는 비용
- 두 종류의 입양 사후 보고서 관련 비용

이 외에도 의무 사항인 가정 조사를 위해 다음의 항목을 포함하는

입양은 아동의 권리를 보호하고 기증에 의한 임신은 침해한다.

비용이 발생했다.
- 수 차례의 가정 방문
- 개인적인 신원 보증인
- 재무기록 조회
- 남편과 나의 건강 검진
- 나의 친자녀들의 일반적인 건강과 복지 상태를 증언하는 소아과 전문의의 진단서
- 지역 지원 시스템에 대한 평가
- 입양에 대한 이해도 평가
- 입양에 대한 의향 평가
- 다른 자녀 양육 방식에 대한 관찰

아동을 생물학적 부모로부터 법적으로 분리시키고 생물학적으로 혈연관계가 없는 외부인에게 다시 연결시키는 것은 쉬운 일이 아니며 쉬운 일이 되어서도 안 된다. 입양아의 행복은 관할 관청이 생물학적 부모의 법적 권리를 종료시키는 일의 적법성을 검증하는 일과 예비 양부모를 적절하게 조사하는 데 상당한 주의를 기울이는데 달려 있다. 우리가 중국을 방문한 덕에 아들의 어린 시절을 더 잘 이해하게 되었고 그가 자라난 문화를 공감하게 되었다. 이 두 경험은 모두 입양 허가를 받기 위해 지불한 대가보다 귀중한 것이었다. 그렇지만 중요한 사실은 다른 모든 비용은 미국의 연방과 주법, 중국과 국제 입양 기준에 충실한 입양이 될 수 있도록 보장함으로써 우리 아들의 안전과 최선의 이익을 보호하기 위해 발생했다는 점이다. 이 과정을 단축시키면 입양의 의도 그 자체적으로 가장 반대하는 것인, 아동을 위험에 처하게 만드는 상황이 발생한다. 입양에 있어서는 아동이 고객이다.

반대로 제삼자 보조 생식 기술에서는 아동이 *상품이고 고객은 성인이 된다.* 거대 보조 생식 기술 산업은 아동 중심의 입양과 정확히 반대의 원칙 하에서 운영된다. 거대 보조 생식 기술 사업자는 성인에게 그 대가가 무엇이든 아기를 제공하기 위해 존재한다. 그 본질상 제삼자 보조 생식 기술에서는 성인이 아동에 대한 권리를 가진다는 원칙 위에 운영되는 시장을 만든다.

깜짝 테스트: 거대 보조 생식 기술 사업자가 새로운 고객을 받아들이기 전에 다음 중 어떤 자질을 조사할까요?

ㄱ. 혼인 여부

ㄴ. 성별

ㄷ. 재정 안정성

ㄹ. 부모가 되기 위한 정서적 준비

ㅁ. 부모의 역할을 수행하기 위한 신체적 능력

ㅂ. 범죄 기록

ㅅ. 정신 질환 이력

ㅇ. 해당 사항 없음

당신이 정답을 'ㅇ'이라고 생각했다면 당신에게 아동 인권 포인트 1,000점을 주겠다.

거대 보조 생식 기술 사업자는 사실상 규제가 없는 환경에서 사업을 운영 중이다. 이들은 상품, 즉 아동을, 돈을 지불할 수 있는 누구나에게 전달하기 위해 존재한다. 아동의 안전을 보장하는 책임을 부담하는 이들이 보수를 지급받는 입양과는 달리, 거대 보조 생식 기술 사업자는 정자, 난자, 임대 자궁을 밀거래하는 사람들에게 돈을 뿌린다. 앞서 언급한 것처럼, "기증자"라는 단어는 부적절하다. 불임 클리닉에서 일어나

입양은 아동의 권리를 보호하고 기증에 의한 임신은 침해한다.

는 유일한 기증 행위란 추수감사절 음식 기부 행사 동안 기증되는 통조림 식품 밖에 없다. 거대 보조 생식 기술 사업자는 가족들을 이타적으로 섬기는 단체가 아니다. 그건 대규모 영리 사업이다. 여기 연루된 사람은 모두 판매자이거나 구매자이다.

거대 보조 생식 기술 사업자의 고객들에게는 수표를 서명해서 결제하는 일만 유일하게 요구되는 행위이다. 의뢰인 부모들은 가정 조사나 미 연방 수사국의 조사, 신체 검사, 심리 평가도 받지 않는다. 거대 보조 생식 기술 사업자를 통해 만들어진 아이들을 추적하거나 후속 조치를 취할 의무가 없기 때문에 그 자녀들이 어떻게 잘 지내고 있는지 분별할 정보가 거의 없다.

우리가 확실히 아는 한 가지가 있다. 거대 보조 생식 기술 사업자는 입양을 위한 선별 검사를 결코 통과하지 못했을 너무나 많은 성인들에게 아이들을 제공한 데 대해 비난받을 만하다. 그러한 고객 중 하나는 대법원으로 올라간 소송 사건의 관계자이다.[15] 50세의 청각 언어 장애인이면서 우편 배달원인 CM은 (조지아에서 병든 노부모의 집 지하방에서 살면서) 세 명의 아기를 대리모로 출산시켰다. 헤로인 중개상으로 알려진 CM의 28세된 조카 역시 그 집에 살았다. 본인의 정자와 스무 살 기증자의 난자를 사용해서 CM은 열세 배아를 의뢰하여 그 중 남아인 세 배아를 대리모에게 이식시켰다. 이 세 배아 모두 성공적으로 착상되자 CM은 대리모에게 한 아기 혹은 두 명의 아기를 낙태시키라고 요구했다. 대리모가 거부하자 그녀를 고소하겠다고 협박했다. 대리모 중개인은 결국 CM이 이 아이들을 돌볼 능력이 없다고 인정했고 다음의 내용을 서면으로 증언했다. "결혼한 부부에게도 세 쌍둥이는 충분히 힘들다. 한부모에게 세 쌍둥이는 몹시 힘들 것이다. 청각 장애가 있는 한부모에게 세 쌍둥이는 전혀 상상할 수 없는 일이다."[16] 이 세 쌍둥이는 심각한 상태의 미숙아로 태어났으며 이들이 신생아를 위한 집중 치료실에 10주간 머물 때 CM은 단 한 번 방문했다. 공식 기록에 의하면, 이 사건이 대법원에 올라갔을 당시 19개월 된 이 아기들은 더러운 바닥에서 음식을 먹고 있었고, 기저귀 발진이 너무 심해서 동네 병원에서 치료를 받아야만 했다.

CM이 양부모가 되고자 했다면 그는 세 아기는 말할 것도 없고 한 아기도 입양을 허가받는 일이 결코 없었을 것이다. 누가 이 사람에게 추천서를 써 주겠는가? 그의 입양 신청은 처음 가정 조사 시 바로 현관 문 앞에서 끝났을 것이다. 신원 조사에서는 헤로인 중개상인 조카의 존재로 인해 경고등이 켜졌을 것이다. CM의 나이, 혼인 상태, 장애는 더 큰 위험 신호를 알렸을 것이다. *CM이 가지고 있었던 것은 돈이었고 돈은 거대 보조 생식 기술 사업자를 통해 아기를 만들기 위해 필요한 유일한 자격이었다.*

아이들이 CM의 세 쌍둥이와 같이 끔찍한 환경에 살지 않는 경우에조차 기증으로 임신된 모든 아이들은 본인의 생물학적 정체성에 대해 절반, 혹은 전부를 희생시켜야만 하고, 자신들의 생부모 중 한 명이나 두 명 모두와 강제로 관계를 맺지 못하게 되고, 아이들에게 너무나 필요한 두 성별의 부모가 줄 수 있는 영향이 결여되어 있는 가정에서 살게 되는 경우가 많다. *제삼자 보조 생식 기술에서 성인은 고객이다.*

2. 입양은 상처를 회복시킨다. 제삼자 보조 생식 기술은 상처를 입힌다.

입양은 깨어진 상태에서 태어난다. 병원에서 양부모에게 배정되든, 기관에서 수년을 보낸 후 입양이 되든, 입양아들은 "영원한 가족"을 찾기 전까지 최초의 가족을 잃어야만 한다. 그래서 이 아이들의 인생에서 사회가 어떤 책임감을 부담해야 하냐고? 정의로운 사회는 주의 깊게 심사하여 버려진 아이들을 본인들의 가족으로 환영할 수 있는 자발적이고 책임감 있는 성인들에게 자격을 부여해야 한다. 아이들 평생에 걸쳐 다양한 방식으로 아이들에게 나타날 적응과 큰 슬픔의 시기를 통과하는 방법을 양부모들에게 가르쳐야 한다. 입양은 "내가 도와줄게"라고 말하는 것이다.

기증에 의한 임신은 선택적으로 만든 깨어진 상태에서 시작한다. 상처를 회복시키고자 하는 양부모와 달리, 제삼자 보조 생식 기술을 의뢰하는 것은 상처를 만든다. 대리모 행위와 기증에 의한 임신의 바로 기초는 성인이 가족을 만들고자 하는 생각에서 아동의 한 (혹은 두) 부모 간 유대 관계를 계획적으로 깨뜨린다는 데 있다.

의심할 바 없이 거대 보조 생식 기술 사업자를 찾아가는 부모는 정말 자녀를 원한다. 7장에서 기증으로 임신된 많은 아이들의 양육에 있어 반복되는 주제가 얼마나 많이 사랑하고 원했는지였다고 논의했었다. 하지만 의뢰인 부모의 사랑이 아무리 간절하다 해도, 기증으로 수정된 성인의 대부분은 잃어버린 부모의 사랑을 적절히 대체할 수 있는 것을 찾지 못할 것이다. 이에 대해 기증으로 임신된 한나는 "당신이 얼마나 나를 원했는지에 대해 말할 때마다 나는 나의 생부가 나를 얼마나 원하지 않았는지에 대해 생각하게 된다."라고 말한다.[17]

기증에 의한 임신은 성인이 생물학적 자녀를 갖고자 하는 열망을, 한 아이의 잃어버린 생부모에 대한 갈망으로 이전시키는 것이다. 정자·난자 기증으로 만들어진 아이들은, 입양된 아이들과 마찬가지로, 잃어버린 부모의 상실을 애도한다. 차이가 뭐냐고? 이 아이들의 상실에 대한 책임을 지는 성인들이 이 아이들의 양육에 대한 책임을 진다는 점이다. *제삼자 보조 생식 기술에서는 "내가 아이를 갖도록 하라."라고 말한다.*

3. 입양에서 성인은 아동의 공허감을 채워준다. 제삼자 보조 생식 기술은 아동이 성인의 공허감을 채운다.

우리 가족은 생일 축하 파티에서 항상 출생의 이야기를 다시 해 준다. 이 전통은 남편과 내가 양부모가 될 것이라는 사실을 알기 전부터 시작되었다.

형이나 누나와는 달리 우리의 양아들은 그가 나오기 전의 몇 시간이 어떠했다는 이야기를 들을 수가 없다. 너무 오래 기다리다 병원에 갔다거나 산고 끝에 경험한 기쁨, 마침내 얼굴을 보고 가슴에 안았다는 그런 흥분되는 이야기가 없다. 그 대신에 그의 출생에 관한 이야기는 그냥 희망적인 소설일 뿐이다. 우리는 그에게 중국인 어머니가 너를 물론 사랑했는데 몇몇 이유로 너를 잘 키울 수 없다고 생각했을 거라고 이야기해 줬다. 그리고는 곧장 아빠와 내가 모두 양아들의 사진을 처음 보자마자 바로 그를 얼마나 사랑하게 되었는지에 관한 이야기로 돌려 버린다. 정저우 시내의 후덥지근한 호텔 로비에서 20개월 된 아들을 처음 본 순간에 대해 낱낱이 다시 기억해 낸다. 물론 그의 "입양 기념일" 이야기의 구원적인 측면을 끄집어내기 위해 최선을 다함에도 불구하고 우리 아들은 버려졌다는 깊고 지속적인 상처로 고통당한다. 그의 일곱 번째 생일은 구원적인 이야기가 더 이상 효과가 없어진 해이기도 하다. 그 더운 호텔에서 기쁘게 만난 일에 대해 이야기할 때 아들이 "하지만 왜 우리

입양은 아동의 권리를 보호하고 기증에 의한 임신은 침해한다.

엄마는 나를 박스에 넣었나요?"라고 물었다. 나는 답을 할 수가 없었다. 나는 답을 알고 있어야만 했다. 지난 5년 동안 이 순간에 무엇을 이야기 해야 할 지 생각해 보지 않았던 게 아니었지만 나는 말문이 막혔다. 나는 이 질문에 대해 준비가 되었다고 생각했었지만 슬픈 얼굴의 아들에게 겨우 해 줄 수 있었던 말은 "그것 때문에 슬프니? 나도 그 일 때문에 슬프단다."였다. 나는 아들의 머리를 가슴에 안고는 30분 동안 달래 주었다. 우리는 그의 생일과 출생 시 몸무게를 알고 태어나자마자 버려진 사실도 안다. 이러한 지식은 결코 충분하지 않을 것이다. 버려진 것으로 인한 원 상처는 결코 완전히 회복하지 못하는 것이다.

입양아들이 생부모에 대한 정보를 찾는 것은 자연스러운 일이다. 기증으로 수정된 아이들과는 달리, 양부모는 자녀의 상실에 대한 책임이 없고 그렇기 때문에 그들의 상처를 살피고 같이 울어줄 자유가 있다. 다음은 아이들이 "낳아 준 엄마가 보고 싶어요."라고 말할 때 양부모들의 반응에 대해 수집한 내용이다.

> 우리 아이 중 하나는 중국에서 계속 살았으면 좋았을 거라고 말했다. 그럴 때마다 우리는 맞장구치면서 이렇게 말해 준다. "맞아! 너가 친가족과 자라나지 못해 나는 정말 슬프단다. 물론 그 분들이 그립지! 동시에 나는 너가 우리 아들이라서 너무나 기쁘단다. 우리는 어서 중국에 돌아가서 너를 키워준 어머니를 만나고 싶구나."[18]

***

> (열한 살난) 우리 큰 애는 그 아이가 말을 할 수 있는 한, 낳아 준 엄마가 보고 싶다고 주기적으로 말해 왔다…우리는 늘 동의

하면서…물론 그렇지…왜냐하면 너는 그들과 같이 있도록 만들어졌으니까…그러니까 너는 진짜 너무나 아플 만하다고 대답한다. 우리는 앞으로도 함께 할 거고 너를 결코 떠나지 않을 거야. 하지만 우리는 네가 정말 아픈 거 알아. 애야…그래도… 너의 인생에 멋진 대안으로 우리를 선택해 주신 위대하신 하나님이 계시니까 "거기에 직접 가서 살아야 할" 필요는 없지 않을까.[19]

이야

내 생각에 [우리 양아들]이 가장 많이 생각하고 있는 것과 그에게 가장 깊이 영향을 준 것은 그의 생부가 생모가 임신하자마자 생모를 떠나서 그녀가 결국 입양을 시키도록 만들었다는 사실 같다. 아들은 이에 관해 분노를 많이 표출했었고, 우리는 항상 그가 옳다고 인정해 주었다…누가 도대체 버려지고 싶겠는가?[20]

이렇게 입양아들은 슬퍼할 때 이들을 양육한 어른들이 그 상처를 회복시켜 주는 일을 하는 것이지 변호를 하는 게 아니기 때문에 지지를 받는다.

물론 양부모들이 아이들이 생부모를 갈망한다는 표현을 하면, 위협을 받는 것처럼 느끼는, 건강하지 못한 가족의 역학 관계도 있다. 그런 부모들은 잘못된 동기로, 준비가 잘못된 상태에서, 혹은 "평생에 걸친 발육 과정과 헌신으로서의 입양의 개념, 아동이 정체성의 혼란과 생부모와의 단절에 관한 상실감을 느끼거나 생부모와 친척에 관해 질문할 수 있다는 점 등은 예비 양부모와 이미 논의한 것이다."와 같이 가정 조

입양은 아동의 권리를 보호하고 기증에 의한 임신은 침해한다.

사에서 다룬 내용이 자신들의 입양아에 관련된 내용이라는 점을 믿지 못한 채, 아이들에게 크게 몹쓸 짓을 하는 것이다. 그 원인이 무엇이든, 이러한 양부모들은 자신의 자녀의 정서적 부담을 악화시키는 것이다.

이렇게 입양의 힘든 부분을 알고 아동이 원 가정을 잃어버린 상실감을 싸매주고, 가능한 한 준비된 상태로, 이러한 씨름을 할 수 있는 관계로 들어서는 것이 양부모들이 해야 할 일이다. 입양에서는, 성인들이 아이들에게 맞춰준다.

이와는 극히 대조적으로 기증으로 수정된 성인들이 말하는 다음 내용은 기증에 의한 임신은 맞춰 주어야 하는 책임이 어떻게 아동에게 돌아가는지를 잘 보여준다. 발췌된 모든 내용은 익명으로 처리되었다. 익명이 보장되어야만 이 사람들이 가족 관계를 해칠 수 있다는 두려움 없이 솔직하게 이야기할 수 있기 때문이다. 이들은 본인의 부모 중 한 명 혹은 두 명을 잃도록 만든 성인과 살고 있거나 살았으며, 모두 본인들의 의견을 억눌러야 할 때조차 그 부모의 감정과, 부모가 기증의 방법을 사용하고자 한 결정을 지지해 주어야만 한다는 압박을 느끼고 있었다. 기증으로 수정된 아이들의 정직한 표현이 비난으로 받아들여질 때에는 진실을 말하기가 어렵다.

> 기증으로 수정된 사람들에게 발생하는 정신적 위험은 우리의 존재는 다른 누군가의 고통에 매여 있기 때문에 의식되지 못하는 요소이다. 우리가 부모의 결정에 동의하지 않는다면 "부모들"로부터 거절당할 위험을 감수한다. 우리는 그들에게 상처를 주지 않으려고 눈치를 살피면서 자라난다. 모두가 우리는 생물학적 부모, 조부모, 이모나 고모, (외)삼촌, 사촌, 형제자매, 언어, 문화를 위해 무언가를 느껴서는 안 된다고 이야기하기 때

문에 우리는 정서적으로 무감각하게 자라난다. 너무나 많은 방식으로 우리는 부모들에게 부모 노릇을 한다…우리는 다른 누군가의 행복을 위해 존재한다. 이것은 너무나 감당하기 무거운 짐이다.[21]

※※※

나는 아이를 절실하게 원하는 비혼모가 키웠다…그녀는 임신을 경험해 보기 위해 가정이 절실하게 필요한 아이를 입양하는 대신, 그녀와 유전학적으로 동일한 연관성을 가진 본인의 것이 아닌 아이를 "만들기"로 결정했다. 나는 너무나 외로웠다…나는 기증으로 수정된 것으로도 알려져 있는데 다른 대안보다는 낫긴 하지만 자라나면서 믿을 수 없을 정도로 혼란스러웠다… 내가 어디서 왔는지 몰랐고 어머니와 이와 관련된 대화를 시작하는 것이 너무나 두려웠기 때문에 아무도 내게 정서적 혼란에 관해 물어본 적이 전혀 없다. 나는 존재하게 된 데 대해 감사하지만 내 존재 그 자체에 대해 도덕적으로 반대한다. 당신이 난자나 정자 기증이나 배아 기증을 고려하는 상황에 처한다면 부디 그 일을 하지 마라. 제발 그냥 입양을 하라.[22]

※※※

우리 엄마는 나를 만들기 위해 수천 불을 썼지만 결국 그 돈은, 내가 나의 유전자의 절반이 어디에서 왔는지 알고 싶고, 나의 생부인 그 남자를 똑바로 쳐다보고 싶고, 내 인생에서 단지 엄마 그 이상을 원한다고, 이건 잘못된 것이라고 내가 엄마에게 이야기하게 만드는 데 쓴 것이다. 엄마는 본인 자신의 아이가 본인을 가장 행복하게 만들 것이란 사실을 알았기 때문에 그렇게 많은 돈을 썼지만 어떻게 행복하지 않은 자녀가 엄마를 행복하게 만들겠는가?[23]

***

우리 엄마가 얼마나 강한 지와 상관없이 나는 내가 생부를 찾았다고 엄마에게 말할 용기를 여전히 내지는 못할 것이다… (나를 이 세상에 데려오고자 수천 불을 쓴 사람인) 엄마가 나를 만족시키기에는 충분하지 않다고 할 정도로 나는 충분히 불행하다고 느꼈다는 사실을 엄마는 결코 모를 것이다.[24]

제삼자 보조 생식 기술에서는 아이들이 성인의 편의를 도모한다.

기증으로 수정된 성인과 성인 입양아 사이의 성과를 비교한 유일한 연구 보고서인 "우리 아빠의 이름은 기증자입니다."를 통해 간파하게 된 사실 중 일부를 여기서 공개한다. 본 보고서에서 입양된 아이들은 기증으로 수정된 아이들보다 더 잘 대처한다. 비록 이 두 집단이 모두 생물학적 양친이 키운 대조군만큼 잘하지는 않지만 말이다.[25]

아래 표는 입양의 아동 중심적이며 구원적인 성격과, 기증에 의한 임신의 성인 중심의 상업적인 성격을 극명하게 보여준다. 대다수의 입양아는 한결같이 소속감을 느끼며 부모님에 대한 높은 신뢰와 유대 관계를 가진다고 보고했다. 입양아들에게 있어 부모의 상실을 인정하는 것은 성인들이 그 빈 자리를 채워주고자 하는 과정인 입양 그 자체의 성격에 의해 가족의 역학 관계에 반영된다. 따라서 아동은 부모님과 마음껏 슬퍼할 수 있다. 열린 대화도 더욱 가능하고 신뢰가 형성되어 있으며 상실감은 해결될 수 있다. 성인의 빈 자리를 채우기 위해 정자나 난자 기증으로 한 아이가 만들어질 때에는, 그 아이가 본인의 큰 슬픔을 감출 가능성이 높으며, 이는 불신과 분노로 이어질 수 있다. 그 아이들을 키운 바로 그 성인들이 그들에게 해를 입혔기 때문에, 큰 슬픔에 빠져 있는 기증으로 태어난 아이들이 성인들에게 위로를 구할 가능성이 더 적고 아이들은 홀로 괴로워하는 경향이 있다.

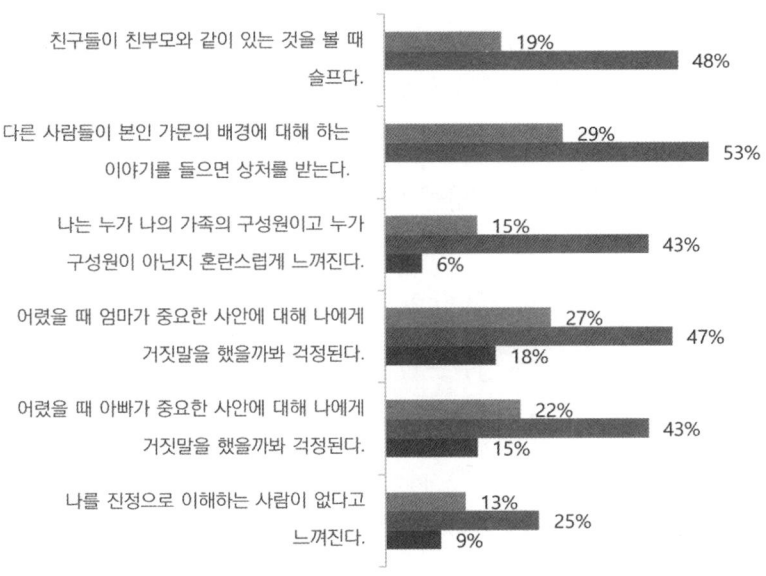

4. 입양은 꼭 필요할 때가 있다. 제삼자 보조 생식 기술은 결코 필수적이지 않다.

우리 양아들은 우리 가족에게 선물이고 우리는 그를 완전히 사랑한다. 그는 총명하고 잘 생겼으며 직관력이 있다…그런데 나는 그가 우리를 결코 필요로 하지 않았더라면 좋았을 거라 생각한다. 우리 아들은 친부모가 데리고 사랑해 주었다면 형편이 더 나았을 것이다. 태어나면서 어머니와 떨어지고 보호시설에서 지내고, 우리 가족 안에서 성년이 되어가는 과정에서 반드시 직면해야 하는 정체성으로 괴로워하는 일을 겪지 않았더라면 더 좋았을 것이다. 그는 본인에게 최선인 것을 얻지 못한 대신 차선으로, 신원 조사를 당했고 교육과 감독을 받았으며 넷째 친자인 것처럼 그를 기르고자 헌신한 엄마와 아빠를 얻었다.

모든 아이들이 서로 본인의 자녀를 열심히 키우고자 하는 혼인 상태의 어머니와 아버지에게 최고의 시나리오로 태어난다면 어떤 아이도 완벽한 세상에 입양될 필요가 없을 것이다. 완벽한 세상에서야 훌륭하고 이상적인 사람들이 많은 게 현실이 될 것이다. 하지만 슬프게도 우리는 너무나 많이 부서지고 입양이 필수적인 상황이 항상 존재하는 실제 세상에 살고 있다.

제삼자 보조 생식 기술이 필수적인 경우는 결코, 단 한 번도 없다. 난자나 정자를 구매하는 이유는 불임으로 엄청난 충격을 받은 이들로부터 부모가 되고 싶어 마음이 아픈 동성 관계의 사람들, 커리어에 온통 마음을 빼앗겨 알맞은 배우자를 희생한 대가로 미혼인 사람에 이르기까지 다양하다. 이러한 상황에 처한 사람들에게 공감하는 것은 당연하다. 아이를 갖고자 하는 열망은 본인의 부모를 알고자 하는 욕망 바로 다음으로 가장 보편적인 인간의 욕구이기 때문이다. 이러한 욕구는 어떤 형태의 성인의 관계를 당신이 좋아하느냐와 상관없이 존재한다. 여기에서 성인의 욕구와 아동의 인권이 교차한다. 성인답게 성숙하게 행동하는 유형의 아동 인권 활동가들은 아이들을 우리보다 먼저 생각하고자 인간의 자연적인 욕구가 아무리 강하다 하더라도 아동의 권리에 양보해야만 한다는 사실을 인정할 것이다.

성인이 원하는 것과 아동의 권리가 충돌할 때에는 아이를 위해 희생해야만 하는 사람은 그 성인이다. 거대 보조 생식 기술 사업자가 아이를 생물학적 부모로부터 떼어놓는 일에 연루될 때에는 필요성이 방정식의 일부처럼 불가피한 것이 결코 될 수 없다. 아이를 원하는 성인에게 너무나 힘든 일이고 이게 힘들다는 것을 결코 부정하는 것은 아니지만 아이들이 힘든 일을 할 필요가 없도록 성인들이 힘든 일을 해야만 한다. 기증으로 수정된 여성의 말을 빌리자면 다음과 같다. "종종 성인들이 해야 할 가장 윤리적인 일은 욕구를 만족시키지 않는 것이다."[26]

실천 방법

입양과 제삼자 보조 생식 기술 모두 아동의 평생 동안의 상실과 관련이 있다. 하지만 입양은 어머니와 아버지가 남긴 빈 자리를 채워 주고자 하기 때문에 아동 인권 지지자들은 입양을 인정한다. 우리는 제삼자 보조 생식 기술이 아이들이 어머니와 아버지에게 접근하는 것을 의도적으로 거부하기 때문에 이를 반대한다.

성인들이 어려운 일을 하도록 하는 것이 아이들을 우리보다 우선시한다는 것의 핵심이다. 누군가 양부모가 되거나 위탁 돌봄을 하든지, 불임에 처했든지 상관없이, 기증에 의한 임신은 아니라고 말하는 것이다. 아이들을 성인보다 우선시한다는 것은 우리의 인생을 아동의 권리와 필요에 맞춰주는 것이지, 아이더러 성인의 권리와 필요에 맞추라고 강요하는 것이 아니다.

아동을 성인보다 우선시한다는 것은 고아를 돌보는 것을 의미하지 고아를 만들어 내는 것을 뜻하지 않는다.

10장 운동에 동참하라

당신이 초점을 다시 맞춘 렌즈를 통해 가족 구조에 관한 논쟁을 보게 되면서 여기 마지막 장에 도달했을 것이라 장담할 수 있다. 이혼 가정의 자녀가 경험한 것에 대해 읽는 동안, 아마도 당신의 가정이 붕괴되어 몸소 겪어야 했던 곤란을 더 잘 이해하게 되었을 지도 모른다. 많은 이야기들을 통해서는, 옆집의 소녀가 더 오래 머물고 싶어하는 이유나, 그저 당신의 주목을 끌기 위해 아무 이야기라도 하고 싶어하는 그 소녀의 어머니에 대한 갈망이 어떻게 발생했는지에 대해서도 아마 눈이 뜨였을 수도 있다. 페이스북 상의 대리모 광고나 "꿈의 아기"를 배달해 주겠다는 약속을 회의적으로 볼 수 있게 되었기를 바란다. 결혼과 가족 사안에 대한 어떤 방송도 아동의 관점이나 권리, 이들의 필요를 노골적으로 빠뜨린다는 사실을 간파할 정도로 당신도 이미 깊이 변화되었다는 점을 알아차렸을 수도 있다.

이제 당신은 결혼이 동성애자 대 이성애자 간 이슈가 아니라, 아동 친화적인 제도로서의 결혼을 제대로 보게 되었다. 편견이 없는 데이터에 따르면 혼인 상태의 생물학적 부모가 자녀를 양육하는데 있어 정서적으로 가장 영양가 많은 환경을 제공한다는 점도 이해하게 되었다. 생물학의 중요성과 아동이 본인의 생물학적 정체성에 접근해야 할 필요성에 대해서도 인정하게 되었다. 아마 당신은 어머니와 아버지가 뚜렷이 다르면서 상호 보완적인 혜택을 자녀에게 제공한다는 사실을 본능적으로 항상 알고 있었고, 이제는 이 신념을 방어할 준비를 갖췄다고 느끼기 때문에 대범해졌을 것이다. 어머니와 아버지가 양육할 때 자녀들이 다른 사람이나 정부의 프로그램이 결코 제공할 수 없는 신체적, 정신적, 정서적 건강을 향유한다는 데이터에 근거한 결론 덕분에 안심하게 되었을 것이다. 내가 내 일을 잘 했다면, 당신은 우리 사회가 아동 인권을 계속 무시한다면 우리 시대의 가장 절박한 사회 문제를 극복하지 못할 것이라는 점을 이해하게 되었을 것이다.

그래서 *당신이* 이를 위해 무엇을 할 수 있는지 알고 싶은가?

물어봐 줘서 기쁘다! 당신은 아직 시작 단계이지만 급속히 확산되고 있는 글로벌 아동 인권 운동인 아동(Them)을 성인(Us)보다 우선시하는 Them Before Us 운동에 동참할 수 있다.

Them Before Us를 지원하는 우리들은 결혼과 육아를 둘러싼 정치적 서술을 완전히 바꿔 놓아야 한다는 사명을 가진다. 우리는 가족 구조에 관한 논쟁이 아동 인권에 초점을 다시 맞추도록 만들어서 공공 정책에 영향을 주기를 간절히 바란다. 아동 인권이 양육 문제에 있어 최전선이자 중심에 놓이게 되면 좋은 공공 정책은 자연적으로 따라올 것이다. 성인 중심의 정책의 처참한 결과를 도처에서 보고 있다. 아동의 필요에 대한 고려는 전혀 없이 아이들이 상품이 되어 만들어지고 여기저기 끌려다니고, 낙태당하고, 성별에 따라 선택되며, 어머니나 아버지의 사랑에 굶주리게 되며, 안정성을 박탈당하고, 고의로 어머니나 아버지가 없는 상태로 만들어진다. 아동 인권의 침해는 아동을 물건처럼 취급받게 만든다.

Them Before Us의 목표

불가능해 보이는 것, 그것을 이루고자 한다.

Them Before Us는 아동의 기본권을 성인의 욕구를 위해 희생시키지 못하게 하며 아동 인권을 존중하도록 성인들을 장려하는 사회 정책을 발전시키기 위해 존재한다. 우리는 모든 성인들이 모든 아동의 권리를 옹호하도록 준비시키는 것을 목표로 한다.

자궁 속의 아이의 권리를 옹호하기 위해 일하는 낙태 반대 단체는 셀 수 없이 많다. Them Before Us는 자궁 안팎에서 어머니와 아버지에 대한 아동의 자연권에 관심을 가진다.

많은 비영리 단체가 더 많은 아동이 교육, 자원, 안전한 생활 환경에 접근할 수 있도록 일한다. Them Before Us는 한 아이가 위의 모든 것을 제공할 가능성이 높은 두 사람에 대해 가지는 자연권을 옹호하는 유일한 기관이다.

우리의 목표는 애초에 아이들에게 부모가 마땅히 제공해야 하는 부모의 역할을 회복시킴으로써 인신매매에서 탈출한 아이들, 십 대 미혼모, 비행 청소년을 위해 일하는 기관이 덜 필요하도록 만드는 것이다.

비록 결혼과 육아와 관련된 가족 친화적인 기관들의 노력을 우리가 존경해 마지 않지만, 이들의 접근 방식에 부족한 부분이 있을 수 있다. 이 기관들이 대개 성인에 초점을 맞추기 때문이다. 이들의 접근 방법에는 아동의 권리가 중요한 요인으로 고려되지 않는다. 안타깝게도 가족 친화적인 조직 중에는 권리를 침해당하는 아동에 대해 일관성 있게 관심을 기울이지 않는 경우도 있다. 이러한 조직은 동성 부모의 아이에게는 과도한 관심을 보이면서 이혼을 경험한 아동의 어려움은 간과한다. Them Before Us는 아동을 일차적으로, 성인을 이차적으로 본다. 우리는 아동의 권리에 대한 위협에 대해서 우리가 성인의 이익을 침해하게 되는 것을 개의치 않고, 가야 할 길을 간다.

권익를 옹호하기 위한 우리의 독특한 접근법은 많은 실패 덕에 가능하게 되었다. 내가 속했던 단체를 포함해서 좋은 의도를 가진 단체가 연이어 전통적인 결혼을 위한 싸움에서 영향을 미치는데 실패하는 것을 보면서 배운 것은 다음과 같다.

이야기가 핵심이다.

전통적인 결혼을 옹호하는 사람들은 결혼이 왜 항상 자녀와 관련된 것이었지를 각인시켜 주기 위해 연구 보고서, 논리, 전통에 호소한다. 결혼을 재정의하고자 하는 시도는 그러한 연구 결과에도 불구하고 성공했다.

만약 사회과학이 결정적인 요인이었더라면, 전통적인 결혼을 옹호하는 사람들이 이겼을 것이다. 결혼을 재정의하고자 하는 이들은 얼굴이 없는 통계 자료에 의존하는 대신, 본인들의 주장을 인도주의적인 것처럼 비춰지는 이야기로 만드는데 성공했기 때문에 승리했다. 우리가 비전통적인 결혼에 영향을 받은 수많은 아이들의 이야기를 보여 주었더라면, 그 운명적인 판결의 결과를 바꾸었을 수도 있다. 우리는 아래의 길이 겪은 것과 유사한 이야기를 제시했을 수도 있었다.

> 나의 경험들은 정치적 궤변(political correct opinions)을 지지하지 않는다…내가 네 살 때 엄마가 아빠와 나를 남겨둔 채 떠났다…엄마가 여성 동성애자와 관계를 맺기 시작했을 때 나는 미움과 질투가 가득했다. 엄마의 파트너 역시 질투했었다. 마치 내가 네 살에서 열 살 사이 몇 년간 엄마와 연인 관계에 있었던 것처럼 엄마의 파트너는 엄마와 나의 친밀감에 대해 질투했었다. 자주 나에게 성 차별주의자처럼 굴었던 엄마의 파트너와 있을 때 대부분 나는 안전하지 않다고 느꼈다. 나는 서로 사랑하고 나를 사랑하는 한 사람의 엄마와 한 사람의 아빠를 원했다.[1]

우리가 이러한 모든 대화 속의 이야기들을 통해 아이들의 고통을 인간적으로 묘사했더라면 결혼, 부모됨, 보조 생식 기술에 대한 입법은 절대적으로, 긍정적으로, 의심의 여지없이 100% 달라졌을 것이다.

우리는 진정한 피해자를 집중적으로 조명해야만 한다.

우리는 정의를 사랑하며, 누군가 희생자가 될 때 잘못된 것을 바로잡고자 하는 것은 집단적인 속성이다. 동성혼 지지자들은 성인들이 피해자인 것처럼 성공적으로 포장해서, 정의를 위하고자 하는 미국의 너무 뻔한 욕구를 이용해 먹음으로써 오버거펠 대 호지스 판결에서 승리했다. 많은 성 소수자 성인들이 난관에 처해 있고 곤란을 겪었다는 것은 거짓이 아니다. 그렇지만 결혼을 재정의하는 이 압도적인 결정은 남녀 동성애자들의 고통을 경감시키는 것보다 아이들에게 더 많은 해를 끼쳤다.

피해자를 잘못 식별하는 것은 결혼, 가정, 부모됨의 모든 측면에서 문제가 된다. 우리는 40대의 커리어 우먼의 생체 시계가 내는, 귀를 먹먹하게 만드는 똑딱 소리를 애도하며, 그녀가 좋은 배우자를 만나지 못하게 된 것을 매우 유감스럽게 생각한다. 그녀가 본인의 선택의 피해자가 되었을지는 몰라도, 그녀가 비혼 출산의 길을 선택할 때에는 또 다른 희생자를 만드는 사람이 된다. 그 때의 피해자는 그녀가 고의로 아버지를 여의도록 만든 그 자녀가 된다.

(성인의 욕구보다 아동을 우선 생각하는) 우리는 동성 커플이 두려움 없이 자유롭게 상호 합의하는 관계를 형성할 수 있어야 한다고 믿는다. 하지만 남성 동성 커플은 본질적으로 자녀를 출산할 수 없으며, 이러한 생물학적 현실 자체가 그들이 희생자라는 것을 의미하지 않는다. 동성 커플의 로맨틱한 감정에 따르기 위해 어머니와 아버지를 강제로 여의게 된 아이들이 희생자이다.

이성애자 불임 부부는 그들의 환경의 희생자일 수 있고 우리가 이들을 동정해 마지 않지만, 임신하기 위해 난자 기증으로 돌아서는 것은, 자기의 파란 눈과 좋아하는 음악에 대한 취향을 물려준 여성이 누구인지 밤마다 침대에 누워 궁금해하는 한 아이를 희생자로 만드는 일이다.

고통스러워하는 성인을 동정하는 것이, 그들이 희생자라는 믿음으로 바뀌면, 아이들이 필연적으로 그 대가를 치룬다. 결혼과 가정 문제에 있어 피해 당사자는 아동이라는 점을 정확하게 식별하는 것은 성인들이 더 바람직한 결정을 내리고 더 좋은 공공 정책을 만들 수 있도록 해

준다.

위선으로 죽는다.

성 소수자 활동가들은 미국 가족 구조의 최악의 상황에 대한 책임이 없다. 결혼의 붕괴는 무책주의 이혼법으로 시작되었다. 이혼은 자녀의 신체 정서적 건강에 평생 영향을 주지만, 너무나 많은 전통적인 결혼을 지지하는 단체에서 이 주제에 대해 부끄럽게도 침묵했다. 가장 실망스럽게도 침묵했던 집단은 종교단체이다.

이혼에 대해 침묵하는 이 동일한 종교 단체는 이성애자 커플이 아동을 상품화하는 착취적인 성격의 불임 산업에 건네는 수십억 불에 관해서도 거의 말을 하지 않는다. 본인의 유전학적 정체성의 절반을 아이들로부터 악의적으로 분리시키는 것은, 많은 전통적인 결혼을 지지하는 단체를 격분하게 하는 정도는 아닌 것으로 보인다. 아이들에게 좋기 때문에 전통적인 결혼을 지지하는 단체가, 아이들을 생산해 내는 산업을 보고도 못본 척한다면 그 누구도 그 단체를 진지하게 생각하기가 어려울 것이다.

기독교적 신념은 동성혼을 반대하는 많은 이들의 반대 근거이기도 하다. 주류 언론은 전통적인 결혼을 지지하는 기독교도를 열광적으로 전도하는 바보로, 특히 이들이 동성혼에 대해 반대하는 근거는 전적으로 동성애자에 대한 혐오인 것처럼 그려내는데 성공했다. 불행하게도 기독교 공동체가 언론이 이렇게 묘사하기 쉽게 만들었다. 사회과학에 기초한 논거를 준비하는데 실패했고, 그 대신 반대의 근거로 성경을 찾았다. 교회 공동체 안에서 성경의 권위를 인용하면서 정책을 변호하는 것은 적법하지만, 특정 공공 정책을 성공적으로 옹호하고자 한다면 일반 대중이 당신의 논거가 기초하고 있는 그 권위를 인정해야만 한다. 이 분야에서는 자연법이 그 권위이다. 하지만 효과적으로 이 권위에 호소하는 기독교인이 거의 없다.

전통적인 결혼을 옹호하는 것은 아동의 권익을 위하는 것이지 반동성애가 아니다. 또한 위선의 함정을 피하기 위해 우리는, 의뢰인 부모가 뛰어난 부모가 될 수 있는 선량한 혼인 상태의 기독교도 부부라 할지라도, 모든 형태의 제삼자 보조 생식 기술에 대해 일관적으로 반대함으로써 한결같이 아동의 권익을 옹호해야만 한다. 우리는 또한 "사랑이 식어서" 이혼하는 것이 대수가 아닌 것처럼 더이상 행동하지 않아야 한다. 우리는 비록 어려운 대화가 될지라도, 친구들에게 동거가 아동에게 미칠 수 있는 위험에 대해서도 이야기를 해야만 한다. 마지막으로, 특히 가장 친한 친구가 이러한 생각을 표현한 *경우라 하더라도*, "성인이 행복하면 아이들도 행복할 거야."라는 식의 형편없고 거짓된 생각을 어떤 경우에라도 떨쳐 버려야 한다. 앤드류 브레이트바트가 관찰한 바와 같이 "정치적 견해는 문화로부터 아래로 내려온다." 공공 정책이 문화로부터 내려온다는 의미는 우리가 공공 정책을 바꾸고자 하는 희망을 가지고 있다면 우리가 문화를 바꾸어야만 한다는 뜻이다.

"내집단(in-group)"이란 "패거리(clique)"를 지칭하는 성인 세계의 용어이다. 이는 당신의 사람들을 의미한다. 당신이 아동의 권익을 옹호한다면 당신의 사람들은 다른 이성애자나 동성애자, 자유 등반가, 기독교인, 세속적인 인본주의자, 역도 선수들이 아니다. 당신의 내집단이자 당신의 사람들이란, 바로 아이들이다. 이들은 또한 모든 이 지구상의 인간이 인격이 형성되는 시기에 속했던 집단이기도 하다. 당신이 우리 중

하나라면 이는, 아동의 인권을 위협하는 사안에 대해, 당신과 신앙, 성정체성, 정치적 배경, 역도 등의 취미를 공유하는 사람들로부터 강경한 반대를 무릅쓰는 경우에도 불구하고, 이 사안에 대해 침묵하지 말아야 한다는 것을 의미한다.

아동 인권의 영역에서 그 권리에 위협을 가하는 사람이 그 누구이든지 모든 아동이 본인의 어머니와 아버지에 대해 갖는 권리는 옹호되어진다. 당신이 이 싸움을 심각하게 생각한다면 당신은 성인들에게, 그들이 당신의 동성애자 남자 형제나 그의 파트너이든지, 당신의 외동딸이든지, 같이 사는 가장 친한 친구이든지, 거울에 비친 당신 자신이라 할지라도, 기꺼이 진실을 말해야만 한다.

과거에는 위선 때문에 효과적으로 아동을 옹호하는 단체가 사라졌었다. 이러한 실수로부터 배워야 한다.

지금은 새로운 접근법을 시도해야 할 때이다.

실제 이야기들은 가장 효과적으로, 싸움에서 사람들의 마음과 생각을 사로잡을 수 있는 변혁을 주도한다. Them Before Us에서는 개인적인 이야기를 사용하여 아동, 가정, 결혼, 부모됨과 관련된 사안에 있어 진정한 희생자를 집중 조명한다. 우리는 성인의 욕구를 아동의 권리보다 우선시하는 모든 관행과 정책에 대해서는 사정없이 비판한다.

쓰나미 파도와 같이 거대한, 유기, 이혼, 기증에 의한 임신, 어머니와 아버지의 상실로 아이들이 겪는 고통은 구체화되고 있으며, 우리는 그 파도의 전면에 서 있다.

다음 세대의 절반이 분열된 가족으로 고통받는 가운데, 이 집단에

속하는 사람들은 어머니와 아버지에 대한 아이들의 권리가 무시당할 때 치르는 대가를 직접 이해한다. Them Before Us는 이 아이들에게 본인들의 이야기를 나눌 수 있는 플랫폼을 제공함으로써 한 아이의 현실을 가족 구조를 둘러싼 모든 논쟁에 붙이고자 한다.

우리는 한부모이든 혼인 상태이든, 동성애자이든 이성애자이든, 성인들이 아이를 위해 희생하고자 하는 것을 기리며 지지한다. 우리는 특정 성인들에 *대항해* 전쟁을 벌이는 게 아니다. 우리는 모든 아이들을 *위해* 싸우는 일을 한다. 하지만 한부모이든 혼인을 했건, 동성애자이든 이성애자이든, 아이들이 성인을 위해 희생해야 한다고 기대하는 성인들에게는 관용을 베풀지 않는다.

전 세계적으로 가족에 관한 모든 대화에 있어 방향을 재설정하도록 하는 것이 우리의 목표이다. 아동을 보호하기 위해 세계를 제패하는 일에 당신도 끌리는가? 그렇다면 당신은 우리(Us) 중 하나이다.

왜 전 세계적인 운동인가?

전 세계적으로 아동 인권이 위협받고 있기 때문에 Them Before Us는 글로벌 운동이다.

- 악착같이 돈을 벌려는 불임 산업에서 맞춤 아기를 주문하는 사업상의 이익을 극대화하고자, 자궁을 저렴한 비용으로 대여할 수 있는 나라를 사냥한다.
- 대부분의 서양 국가에서 동거율은 증가하는 반면, 결혼율이 급속하게 떨어지고 있다.
- 국제연합 등 강력한 국제기구[2]에서 전 세계적으로, 목표하는

국가의 시민들의 의지에 종종 반하는 것임에도 불구하고 그 국가의 결혼을 재정의하기 위해 로비한다.

- 전 세계적으로 1970~2008년 기간 동안 결혼한 1,000명 중 이혼한 수가 2.6명에서 5.5명으로 이혼율이 두 배 증가했다.[3]
- 다자성애가 유럽 전반적으로 증가하고 있으며,[4] 미국에서도 다자성애 관계를 도덕적으로 인정하려는 움직임이 증가하고 있다.[5]
- 규제를 받지 않는 불임 클리닉은 정자, 난자, 배아, 살아 있는 아기를 국경을 넘어 판매하는 등 국제적으로 운영되고 있다.

가족을 파괴하고 아동을 상품화하려는 세력이 국경을 넘어섰기 때문에 우리의 운동도 국경을 넘어야만 한다. 당신이 한 아이를 niña, 儿童, mtoto, enfant, бачча, дете, bambino, tamaitiiti 로 부르는 것과 무관하게 모든 아이들은 공통적으로 두 가지를 갖는다. 모든 아이들(every one of Them)은 본인의 어머니와 아버지에 대한 권리를 갖고, 이 권리가 공격받고 있는 세상에 태어난다.

Them Before Us의 지지자들은 육대주에 거주하며 수십 개의 언어를 사용하고 다른 신들을 섬기며, 다른 음식을 먹는다. 하지만 장소와 좋아하는 음식과 무관하게, 우리는 한 가지 공통점이 있다. 우리 각자는 한 명의 어머니와 한 명의 아버지를 가진다. 우리는 모두 이 세상에 우리를 데려온 그 남성과 그 여성에 의해 알려지고 사랑받고, 그들을 알고 사랑하는 것이 모든 아이를 위한 근본적인 정의의 문제라는 사실에 대해 동의한다.

우리 단체의 일부 회원은 본인의 어머니와 아버지와 친밀한 관계를 향유했거나 향유하고 있다. 많은 회원은 아버지나 어머니를 잃었으며,

다른 아이들이 자신들이 감내해야 했던 고통스러운 어린 시절을 다시 겪지 않게 되기를 바란다. 우리의 대의는 전 세계적으로 호소력을 갖는다. 나이, 언어, 국적, 성적 지향, 혼인 여부, 계층, 신념과 상관없이 우리는 모두 우리의 어머니와 아버지가 우리의 인생에 있었건 없었건, 선택적인 존재가 아니라는 사실을 인정한다.

정확히 누가 "우리(Us)"인가?

먼저, 우리(Us)가 아닌 사람을 알려주겠다.

학계, 언론, 기업, 모든 단계의 정부가 점점 더 성인의 욕구의 편을 들고 있다. 입법자들은 성인에 초점을 맞춘 입법을 지지해야 진보적인 진실성을 지닌 것처럼 과시하게 되었다. 크고 작은 기업들에게는 6월에 무지개 깃발을 게양하는 것이 수익에 큰 도움이 된다. 관대한 이혼법은 변호사들에게 수익이 되며, 통신 매체에서는 "비일부일처제(nonmonogamy)"가 "기혼(matrimony)"보다 훨씬 나은 낚시성 기사라는 점을 알고 있다. 거대 보조 생식 기술 사업자는 수십억 불 규모의 산업이고 당신이 전통적인 결혼을 지지한다는 사실을 할리우드에서 감히 드러내는 것은 당신의 연기 경력에 작별을 고하는 것이다.

그래서, 아동을 변호하는 일은 인기가 없는 의견에 목소리를 내는 불굴의 용기를 지닌 대범한 유형의 일반인들의 몫이 되었다. 이것은 대부분의 정치인이나 언론인, 실업가, 연예인들이 지니기에는 극도로 어려운 자질이다.

감사하게도, 우리의 아동 인권 운동에 동참한 수천의 용감한 보통 사람들이 이미 존재한다. 나는 그들에 관해 지속적으로 이야기할 수 있고 실제로 계속 이야기한다. 따라서 다음 몇 장을 이 운동이 왜 중요한지에 대한 그들의 생각에 할애할 수 있도록 해 달라.

이란의 이슬람 신학교 학생은 "나는 힘이 없는 이들을 도와야 하는 도덕적인 책임감 때문에 아동 인권을 지지한다."라고 말한다.

본인이 입양아이며 동시에 대리모로 임신했던 아이를 보내야 했던 데 대해 깊이 상심해 있는 한 여성은 "아동은 본인의 어머니와 아버지에 대한 권리를 갖기 때문에 아동의 권리를 지지한다. 당신이 어디에서 왔는지에 대해 아는 것은 자연적인 욕구이자 호기심이다."라고 썼다.

또 다른 지지자는 "나는 부모이자 기독교인이며 공인 심리 치료사이자 아동 복지 전문가로서 전 세계적으로 아동이 상품화되는 것을 보는 것이 극도로 괴롭기 때문에 아동 인권 지지자가 되었다. 아기들이 부모의 만족을 위해 대량 생산되고, '기증된' 난자, 정자, 신생아가 인터넷으로 사고 팔리며, 자궁이 국제적으로 임대되는 풍토에서, 그 어느 때보다 모든 나라의 양심적인 시민들이 용감하게 아동 인권을 위해 일어서는 일이 중요하다."라고 설명한다.

한 어머니는 "나는 천주교도이자 다섯 살 미만의 놀라운 네 자녀가 있는 전업주부이다. 아동 인권을 위한 나의 열정은 내가 혼전 교육과 관련된 일을 하면서, 이혼이 자녀에 미치는 영향에 대해 알게 된 이후 생겨났다. 이상적인 가정을 무너뜨리고자 하는 공격이 더 강화되는 현실에서 가정을 보호하고자 하는 나의 열망도 더 커졌다. 이것은 자선과 정의의 문제이다."

전통적인 결혼을 위해 싸우는 아일랜드의 한 남성 동성애자는 "나는 내 자녀를 가질 수 없기 때문에 특히 가장 취약한 모든 아이들을 위해 일어서야 할 도덕적 의무감이 있다는 점을 깨달았다. 아이들은 무력하다. 성인이 아이들보다 본인들의 소망을 우선시해서는 안 될 의무가 있다."라고 밝혔다.

본인이 입양아였으며 친자와 양자가 모두 있는 한 어머니는 "나는 내가 보호시설에 있을 때 나를 위해 그 틈을 막아줄 성인이 필요했기 때문에 아동 인권을 지지한다."고 고백했다.

영국에서 기증으로 수정된 한 여성은 "나는 어머니이자 딸이다. 나는 아동 복지에 헌신한다. 하지만 나의 아버지는 '기증자'이고 우리 인생에서 영원히 사라져 달라는 의뢰를 받았었다. 이것은 세대 간 엄청난 상실이다. 나는 이렇게 고의에 의한 말소가 야기한 고통이 평생 지속된다는 사실을 알기 때문에 아동 인권을 지지한다."라고 설명한다.

호주에서 자녀를 재택 학습으로 가르치는 복음주의자인 한 어머니는 "나는 하나님이 아이들을 특별하게 생각하시고 특히 취약 계층이 고통받고 괴로워하는 것을 끔찍하게 생각하기 때문에 아동 인권을 지지한다. 하나님께서 아이들을 향한 특별한 마음이 있으시다면, 그게 바로 나의 사명이 될 것이다."

스스로 "무교"라고 밝힌 한 지지자는 "이 대의는 여러가지 이유로 나에게 공감된다. 입양아로서 나는 생물학적 연계를 이해하고자 하는 호기심과 열망을 이해한다. 한 아이가 그의 유산의 전부 혹은 일부에 대한 블랙박스에 직면하도록 하는 상황을 고의로 만들고, 이것이 문제가 되지 않는 것처럼 자라게 하는 것은 문제라고 생각하기 때문에 나는 Them Before Us의 일원이 되었다."라고 고백한다.

"걱정이 많은 엄마이자 선생님"이라고 밝힌 한 기독교인은 "나는 역기능적 가정 때문에 세상에서 가장 폭력적인 5대 국가 중 한 나라에서 살았다. 나는 아이들이 취약하고 소중한 생명체이고, 우리가 이들이 사회에서 잘 살아갈 수 있는 새로운 정신을 만들어야 할 사람들이기 때문에 아동 인권을 지지한다."라고 증언한다.

어떤 지지자는 "본인들의 결정으로 불편을 감수해야 하는 사람들은 바로 이혼한 부모가 되어야 한다고 믿는다. 그 부모들이 매주 혹은 격일로 짐을 싸고 서로 다른 집으로 옮겨 다녀야 할 것이다. 깨어진 가정 중에서도 가장 잘 정리된 상황이라 할지라도 지금처럼 아이들이 이리저리 끌려다니도록 하는 관행은 끔찍하다. 아이들은 여전히 고통받는다. 나는 고등학생들과 같이 일하고 있는데 그 점을 볼 수 있다."

천주교도이자 세 자녀의 어머니는 다음과 같은 이유로 아동 인권을 지지한다고 표현한다. "어떤 사람도 상품처럼 취급되어서는 안 된다. 우리가 생명과 가족에 있어 성인들과 마찬가지로 아이들이 천부 인권을 가진다는 점을 인정하는데 실패한다면, 본질적으로 아이들을 성인들 마음대로 생산하고 판매하고 파괴할 수조차 있는 물건으로 취급하는 것이다."

이혼 가정의 자녀는 "이기심으로 당신의 인생을 분리시킨 성인이 존재한다는 것이 어떤 느낌인지 안다. 나는 위탁 부모이기도 한다…최악의 상황에서조차 아이들은 생물학적 부모와 있기를 갈망하는 것을 수차례 보았다. 우리가 원하지 않을 때조차… 생물학이 중요하기 때문에 나는 아동 인권을 지지한다…"고 말한다.

20년 가까이 가족 상담 치료사로 활동한 사람은 "자녀들이 부모의 '생활 방식'에 어떻게 미묘하게 맞춰 주어야만 했는지를 보았다. 이 얼마나 아이들에게 값비싼 희생인가. 그래서 나는 아동 인권을 지지한다."라고 말한다.

성인이 된 입양아는 "나의 입양의 정신적 충격을 직면하기까지 오십 년 이상의 시간이 걸렸다. 나는 내 개인적 경험 때문에 아동 인권을 지지한다. 어머니가 포기했다는 것은 평생에 영향을 미친다."

서 아프리카의 코트디부아르에서 아동 심리를 전공하는 한 학생이 한 말이다. "내가 어렸을 때 나에게 해 주기 바랬던 것을 아이들을 위해 해 주고 싶기 때문에 아동 인권을 지지한다."고 선언했다.

어떤 지지자는 "내가 네 살 때 어머니가 돌아가셨는데 인생을 바꿀 만한 부모의 상실의 영향을 이해하기 때문에 아동 인권을 지지한다. 나는 어머니나 아버지 없이 '만들어진' 아동의 고통을 상상할 수도 없다."고 이야기한다.

위탁 돌봄 시설에서 일하는 힌두교도인 두 아이의 어머니는 "인간이라는 일반적인 사실만으로 아동 인권을 지지하게 되었다. 이 세상의 모든 동물도 고유한 방식으로 새끼를 보호하고 기른다. 우리가 작은 아이를 보면 본능적으로 그 아이를 보호하고 사랑하고픈 열망을 갖게 된다."고 생각한다.

재택 학습을 시키는 기독교인은 "우리 어머니가 아버지를 다른 남자로 대체할 수 있고 내가 그 차이를 모를 것이라 생각했었기 때문에 아동 인권을 지지한다. 남편이 우리 세 아이를 양육하는 것을 보면서, 특히 사랑이 많은 한 남자가 우리 고명딸을 양육하고 보호하는 것을 볼 때, 나는 매일 하나님 안에서 나의 영혼이 꿰매어져 돌아오는 것을 느낀다."고 말한다.

천주교도인 한 남성 동성애자는 자신의 아들의 어머니인 여성 동성애자와 함께 아들을 양육하고 있는데, "내 아들이 자기 어머니와 나를 모두 필요로 하기 때문에 아동 인권을 지원한다. 내 아들은 양친과 모두 유대 관계를 맺고 있어 행복하고 건강하다. 친부모와 관계를 맺을 수 없는 다른 동성 커플이나 정자 기증으로 태어난 아이들과 비교해 볼 때 대조된다. 그 아이들이 사랑받는 만큼, 잃어버린 생물학적 유대 관계 때문에, 특히 아이들이 나이가 들어가면서 더 괴로워한다."고 적었다.

홍콩의 한 지지자는 "나는 이 세상에서 가장 취약하고 목소리를 낼 수 없는 소수 집단을 보호해야 할 의무가 있기 때문에 아동 인권을 지지한다."고 말한다.

불가지론자이자 무신론자인 세 아이의 어머니는 "자연법과 보편적인 진실에 근거하고 있기 때문에 아동 인권을 지지한다. 성인의 욕구를 충족시키고자 하는 유일한 이유로, 고의적으로 깨어진 유대 관계를 만들어내는 성인이 있는 곳에서는 어디에서나, 아동 인권의 침해가 일어난다. 나는 언제나 궁극적으로 아이들과 공감할 것이다."라고 한다.

아들이 자신의 집과 그 아이의 여성 동성애자인 어머니의 집을 오가고 있는 한 남성은 "아이들은 더 나은 것을 받을 자격이 있고 생물학적 어머니와 아버지에 대한 천부 인권을 가지기 때문에 아동 인권을 지지한다. 한 아이의 부모가 갈라서면 그들은 아이들의 영혼을 둘로 가르는 것이다."라고 말한다.

본인이 "완전히 이성애자는 아니"라고 하는 세르비아의 기독교인이면서 성 학대의 피해자인 한 남성은 "아마 내 자신의 경험 때문에서라도 나는 항상 아이들을 학대하는데 대해 예민하다. 결혼은 궁극적으로 자녀들에 관한 것이기 때문에 결혼을 지지하는 것이 동성애 공포증이 아니라는 사실을 깨달은 이후, 모든 것이 내면의 아동의 권익을 옹호하고자 하는 나의 성격으로부터 비롯되었다. 나는 아이가 아버지와 어머니가 필요하고 우리가 아이들이 한 부모가 없이 자라게 하는 환경을 만들어서는 안 되기 때문에 아동 인권을 지지한다."라고 말한다.

이혼 가정의 자녀였으며 본인도 이혼당하여 "내가 열 살때부터 괴로워했던 것을 내 자녀가 겪는 것을 보고 있는" 한 성인은 "아이들은 우리가 우리 자신의 행복을 추구하면서 우리 인생을 통해 우리가 끌고 다니는 짐이나 애완동물이 아니다. 우리가 아이를 일단 가졌다면, 그들의 행복이 가장 우선시되어야 한다!"고 말한다.

한 여성은 "나의 어머니는 크로아티아에서 전쟁 중 한 부모나 양친을 잃은 아이들을 위한 기금을 모으기 시작한 첫 번째 사람이었다. 그 덕택에 나는 아동 인권을 위한 싸움의 여정에 들어섰다. 엄마가 되고 주위의 너무나 많은 깨어진 가정을 보면 나의 결심을 더 단단하게 할 수밖에 없다!"고 쓴다.

다양성이 당신의 가방이라면 우리가 당신의 사람이다. Them Before Us는 친구 관계가 껄끄럽게 되고 사회적으로 불편을 감수하게 되더라도 아동 인권을 보호하기 위해 기꺼이 비용을 지불하고자 하는 동성애자, 이성애자, 기독교도, 회교도, 힌두교도, 유대인, 무신론자로 구성된 모두를 포함하는 단체이다. Them Before Us는 일년 365일 연중 무휴로 온종일 열려 있으며 인종, 신념, 정치적 배경과 무관하게 모든 사람들을 환영한다.

이 운동이 당신의 관점을 어떻게 변화시킬 것인가

당신이 가족 문제를 아동 인권의 필터를 통해 보기 시작할 때 당신이 세상을 보는 렌즈가 달라진다. 아동 인권을 효과적으로 지지하는 사람들은 가족과 양육 문제로 괴로워하는 성인들과 당연히 슬픔을 같이 하지만, 궁극적으로는 아이들을 위해 최선의 것에 관심을 가진다.

당신이 우리(Us) 중 하나가 될 때 당신의 관점이 변화하게 될 몇 가지 방법을 여기 소개한다.

결혼의 정의

그들보다 우리를 우선시하는 경우(Us before Them): 합의하는 두 성인은 누구나 결혼할 수 있다.

우리보다 그들을 우선시하는 경우(Them Before Us): 결혼은 자녀가 자연권을 가지는 두 사람을 연합시키는 유일한 성인 간 관계이다. 모든 결혼에서 자녀가 태어나지는 않지만, 모든 아이는 어머니와 아버지가 있다. 전통적인 결혼은 자녀가 양친에 의해 양육되도록 보장하는 사회가 제공할 수 있는 최선이며, 따라서 이를 특별히 인정하고 보호해야 한다.

동거

그들보다 우리를 우선시하는 경우(Us before Them): 동거는 결혼의 전 단계이거나 결혼과 전혀 다르지 않다.

우리보다 그들을 우선시하는 경우(Them Before Us): 혼인 상태의 부모가 있는 또래와 비교할 때 비혼 상태의 동거하는 부모의 자녀는 부모가 헤어지는 것을 경험할 가능성이 세 배 높고, 신체적, 성적으로 학대를 경험할 가능성이 네 배 높다. 동거는 결혼보다 훨씬 덜 안정적이며 아이들을 위험에 노출시키므로, 인생에서 피해야 할 선택지이지 주류에 편입시킬 성질의 무언가가 아니다.

다자성애

그들보다 우리를 우선시하는 경우(Us before Them): 다자성애자들은 그 누구도 다치게 하지 않는다. 그들이 행복하다면 그것이 나와 무슨 상관이 있는가?

우리보다 그들을 우선시하는 경우(Them Before Us): 부모가 다자성애 관계에 있는 경우 자녀가 있는 집에는 혈연관계가 없는 성인이 같이 살게 된다. 혈연관계가 없이 동거하는 성인의 존재는, 특히 남성일 경우, 자녀가 방임과 학대로 고통당할 위험을 극적으로 증가시킨다. 다자성애 관계는 아이들에게 나쁘다. 더 이상 논쟁의 여지가 없다.

무책주의 이혼

그들보다 우리를 우선시하는 경우(Us before Them): 자녀의 행복은 성인의 행복과 함수 관계에 있다.

우리보다 그들을 우선시하는 경우(Them Before Us): 자녀는 양친과 매일 연결되도록 만들어진 것이다. 완전히 동등하게 합의된 양육권 계약에서조차 자녀가 각각의 부모와 보내는 시간이 절반으로 줄어드는 것이며, 이러한 상황은 어떠한 부모도 완벽하게 자녀를 곤란에서 구출해 주지 못하는 상황이나 마찬가지이다. 무책주의 이혼은 외도하거나 과실이 있는 배우자에게 그 부부의 자산과 양육권의 50%를 보상한다.

왜냐하면 아무도 그 결혼 서약에 대해 책임을 묻지 않을 때, "잘못이 없는" 배우자는 법원으로부터 어떠한 지지도 받지 못하기 때문이다. 이혼이 자녀에게 미치는 폐해는 한 부모가 중독, 유기, 간음, 학대를 통해 결혼 서약을 깨뜨린 데 대한 책임을 질 때에만 정당화된다.

선택적 비혼 출산

그들보다 우리를 우선시하는 경우(Us before Them): 남자? 누가 그들이 필요한가? 그들은 가치가 있는 존재라기보다는 골칫거리이다.

우리보다 그들을 우선시하는 경우(Them Before Us): 자녀들은 아버지에게 알려지고 아버지의 사랑을 받을 권리가 있다. 피치 못할 이유로 편모가 된 어머니들은 당연히 우리의 지지를 받아야 한다. 하지만 가장 헌신적인 어머니조차 그녀의 자녀가 갈망하는, 아버지의 사랑을 제공할 수는 없다. 자녀가 아버지에게 알려지고 사랑받을 권리를 의도적으로 부인하는 것은, 한 여성이 어머니가 되고자 하는 본인의 꿈을 이루지 못하게 되는 경우라 하더라도, 불의한 것이다.

의도에 의한 양육권 행사에 관한 법률

그들보다 우리를 우선시하는 경우(Us before Them): 생물학은 부모됨과 무관하다. 부모가 되고자 하는 "의도"가 있다는 것은 당신이 좋은 부모가 될 것이라는 의미이다.

우리보다 그들을 우선시하는 경우(Them Before Us): 의도에 의한 양육권 행사에 관한 법률은 아이들을 상품처럼 취급한다. 생물학적 부모는 자녀들의 인생에서 가장 깊이 유대 관계를 형성하고 자녀를 가장 잘 보호할 수 있고, 자녀들에게 가장 많이 투자하는 사람들인 동시에 통계적으로도, 자녀들에게 가장 안전한 사람이다. 따라서 의도에 의한 양육권 행사는 아이들을 위험에 처하게 만든다. "의도에 의한" 부모는 자녀들이 간절히 바라는 생물학적 정체성을 자녀들에게 부여하지 못한다. 부모는 생물학이나 입양에만 근거해야 하며, 혈연관계가 없는 모든 성인들은 입양과 같은 심사를 거쳐야만 한다.

성인 중심의 입양

그들보다 우리를 우선시하는 경우(Us before Them): 우리는 입양을 원하는 성인들을 차별해서는 안 된다.

우리보다 그들을 우선시하는 경우(Them Before Us): 어떠한 성인도 입양할 권리가 없다. 부모를 여읜 아이들이 입양될 권리를 가지는 것이다. 사회 복지사들은 아이들을 가장 잘 위할 수 있는 가정에 아이들을 배정하고, 혼인 상태의 어머니와 아버지가 있는 가정에 우선 배정할 자유가 있다.

동성혼

그들보다 우리를 우선시하는 경우(Us before Them): 사랑은 사랑이고, 사랑이 당신에게 필요한 모든 것이다.

우리보다 그들을 우선시하는 경우(Them Before Us): 결혼을 재정의하는 것은 부모됨을 재정의한다. 우리가 결혼에서 남편과 아내를 선택적인 것으로 만들 때, 어머니와 아버지는 부모됨에 있어서도 선택적인 것이 된다. 그렇게 되는 순간, 자녀가 어머니와 아버지가 있어야 한다고 말하는 것이 자동적으로 차별의 영역으로 들어간다. 혼인법은 어머니와 아버지에 의해 양육될 자녀의 자연권을 반영해야만 한다.

정자와 난자 "기증"

그들보다 우리를 우선시하는 경우(Us before Them): 때때로 사람들은 임신하기 위해 도움이 필요하다.

우리보다 그들을 우선시하는 경우(Them Before Us): 제삼자의 생식세포를 사용하는 것은 의도적으로 자녀가 어머니와 아버지와 가지는 관계를 부인하는 것이다. 한 부모의 사망으로 아이가 부모를 여의게 되면, 그것은 비극이다. 제삼자 보조 생식 기술을 통해 의도적으로 자녀의 어머니나 아버지를 부인하는 것은 불의이다. 의뢰인 부모가 한부모이든, 혼인 상태이든, 동성애자이든, 이성애자이든, 제삼자 보조 생식 기술은 아동의 권리를 침해한다.

동성 부모의 양육을 장려하는 것

그들보다 우리를 우선시하는 경우(Us before Them): 가족은 모든 형태와 규모로 다양하게 나올 수 있다.

우리보다 그들을 우선시하는 경우(Them Before Us): 동성 가장이 있는 가정에서 자란 아이들은 아이들이 자연권을 가지는 성인 중 적어도 한 성인(때로는 양친 모두)과의 관계와, 그들이 갈망하는, 상호 보완적인 성격의 어머니의 사랑과 아버지의 사랑을 박탈당한다. "부모 양육(Parenting)"은 부적절한 명칭이다. 오직 어머니로서의 양육과 아버지로서의 양육만이 있을 뿐이다. 아동 발달은 아빠와 엄마가 함께 있을 때 극대화된다.

출생증명서 상의 두 엄마

그들보다 우리를 우선시하는 경우(Us before Them): 한 여성이 한 아이의 출생증명서 상에 그 아이의 어머니의 아내로서 기재되는 것을 금지하는 것은 차별적이다.

우리보다 그들을 우선시하는 경우(Them Before Us): 아동은 생물학적 정체성에 대한 권리를 가진다. 출생증명서는 생물학적 부모의 정보 등, 한 아이의 출생에 관한 사실을 기록하기 위한 중요한 법률 문서이다. 출생증명서는 성인의 의도를 기록하는 것이 아니다. 모든 아이들은 이성애자 부모에게 태어났건 입양되었건 기증으로 수정되었건, 사실을 기록한 출생증명서를 가질 권리가 있다.

대리모

그들보다 우리를 우선시하는 경우(Us before Them): 아이를 갖지 못하는 커플에게 아름답고도 이타적인 선물이다.

우리보다 그들을 우선시하는 경우(Them Before Us): 자녀가 대리모에게 유전학적으로 연계가 있는지 여부와 상관없이, 대리모는 그 아이가 출생할 때까지 유일하게 알고 있는 어머니이다. 대리모 행위는 대체할 수 없는 모자 간 유대 관계를 고의로 단절시키고 자녀에게 원 상처를 입힌다. 아이들은 때때로 생모를 역경과 비극적인 상황에서 잃을 수 있고, 그럴 때 우리는 이들의 상실을 슬퍼한다. 그런 상처를 일부러 입히는 것은 불의이다.

혼인 상태의 어머니와 아버지가 있는 가족 구조에서 벗어나는 것은 모두, 아동의 권리를 무시하는 데에서 기인한다. 생물학적 부모에 대한 아동의 권리를 옹호하는 것은, 핵가족에 대한 도전에 대해 취해야 할 적절한 행동을 쉽게 분별할 수 있도록 도와 주는 틀을 제공한다. 다시 말하면, 결혼 및 가족과, 그 결과로 아동의 행복에 가해지는 위협에 관한 논쟁에서 가장 효과적인 주장은 반드시 아동 중심적인 것이 되어야만 한다.

이 운동이 당신을 어떻게 변화시킬 것인가

우리(Us) 중 하나가 되는 것은 올바른 공공 정책을 지지하는 것 이상을 의미한다. 그것은 당신이 내적 변화를 겪을 것이란 의미이다. 아동의 권리를 옹호하는 것은 아동의 권리를 보호하기 위해 당신의 인생에서 아래의 예시와 같은 어려운 일을 하고 희생을 하는 것을 의미한다.

- 당신이 불임이라는 처참한 현실에 직면해 있다면 부모가 되고자 하는 과정에서 아동의 권리를 손상시켜서는 안 된다. Them Before Us는 자녀와 생물학적 유대를 갖고 싶어하는 부부의 소원에 깊이 공감한다. 하지만 어떠한 성인의 공감도 어떤 자녀가 생물학적 부모와의 연계를 상실하도록 강요하는 것을 정당화할 수 없다.
- 당신이 동성 연인 관계에 있다면, 자녀에게 당신의 애정 성향을 반영하는 가족 구조에 맞추라고 강요해서는 안 된다.
- 당신이 결혼 생활에서 고통을 겪고 있다면 결혼을 회복시키기 위한 힘든 일을 해서 당신의 자녀가 평생 동안 상실이라는 상처를 짊어지지 않게 하라.
- 당신 자녀의 장래의 부모와 평생의 유대 관계(결혼)를 맺도록 서약하기 전까지는, 아기를 만드는 즐거운 활동을 삼가라.
- 어머니와 아버지 둘 다 예기치 않게 임신했다는 소식을 듣게 되면, 아이를 중심으로 하는 선택을 하라. 아버지는 어머니와 아기에게 일생을 헌신하는 것이다.
- 전 남자친구가 낙태를 원하는데 이를 거부하여, 계획하지 않은 임신을 하게 된 미혼모를 당신이 알고 있다면 그녀의 아이의 일평생 그녀를 구체적으로 지원하는 어려운 일을 하라.
- 한 아이에게 부모가 필요한 것이 성인이 부모가 되기를 바라는 욕구보다 더 크다는 사실을 평생 유념하면서 당신이 버려지고, 방임되고, 학대받는 아이에게 위탁 돌봄 서비스를 제공하거나 입양을 하라.

당신이 아이들을 성인보다 우선시할 때 어떠한 성인도 통행권을 받지 못한다. 우리 모두 반드시 아동 인권을 보호하기 위해 어려운 일을 해야만 한다. Them Before Us는 아이들을 위해 희생하는 성인들을 한데 모은다. 본인의 이익을 위해 아이들이 희생할 것을 기대하는 성인들은 여기 지원할 필요가 없다.

실행 방안

인류 역사에 걸쳐 특별히 보호가 필요한 취약한 인류의 구성원이 존재했었다. 노예 해방론자들은 아프리카계 미국인을 위해 싸우고자 일어났었다. 여성 참정권 운동가들은 여성의 투표할 권리를 인정받기 위해 싸우려고 모였다. 인권 운동가들은 미국의 흑인들에게 가해지는 잘못된 일들을 바로잡기 위해 하나로 뭉쳤다. 낙태 반대론자들은 태어나지 않은 아이들의 권리를 옹호하기 위해 50년 전부터 조직을 정비하기 시작했다. 오늘날 우리는 스스로를 변호할 수 없어 가장 취약한 사람들인 아이들을 위해 싸운다. 기꺼이 어려운 일을 하고자 하는 우리 성인들이 아이들이 정의를 누리게 할 수 있는 유일한 사람들이다.

당신은 아이들을 사랑하고 정의를 향한 열정이 있기 때문에, 당신이 우리(Us) 중 하나인 것이다. 당신이 열여덟 살이건 여든 살이건, 인디애나에 살건 이탈리아에 살건 여기 우리의 대의를 진전시킬 수 있는 네 가지 실행 방안이 있다.

구독하라. ThemBeforeUs.com (https://thembeforeus.com/#subscribe) 웹사이트에 가서 우리 뉴스레터를 신청하라. 그러면 새로운 이야기와 기사, 최신 Them Before Us 프로젝트에 대해 알게 될 것이다. 이 책이 당신을 깨어나게 해 주었다면, 뉴스레터를 통해 앞으로도 지속적으로 예리하고 적절하게 변호를 할 수 있도록 관리하라.

사회적으로 관계를 맺으라. 아래 소셜 미디어에서 우리를 찾을 수 있다.

https://www.facebook.com/ThemBeforeUs/

https://www.twitter.com/ThemBeforeUs

https://www.instagram.com/them_before_us/

이러한 계정에서 아동 인권 관련 질의응답, 비디오, 인터뷰, 유행하는 뉴스에 대한 아동 중심의 답변, 인도주의적인 이야기로 구성된 우리의 메시지를 담은 글들을 매일 볼 수 있다. 여기의 내용을 공유하는 것은 당신의 친구들이 아동 인권을 위한 싸움을 엿보게 해 주는 손쉬운 방법이다.

공유하라. 당신이 이 책의 내용 중에서 본인의 모습을 발견했는가? 다른 사람들이 당신의 부모님에게 당신의 정서적 행복을 대가로 이혼하라고 하거나, 정자 기증을 하라고, 혹은 단순히 "옳다고 느끼는 것을 하라"고 조언했을 때 누군가 당신을 위한 목소리를 내어 주었더라면 하고 바랬던 적이 있는가? 그렇다면, 당신의 상실이 당신의 어린 시절에 미친 영향과, 성인기에도 계속 미치는 영향에 대해 생각해 보라. 그리고 당신의 생각을 적고 그 내용을 우리(Us)에게 공유해 달라. 인생에서 자녀의 권리를 우선시하도록 누군가를 설득하는데 당신의 이야기가 사용될 수 있다. 당신 스스로가, 당신이 어렸을 때 당신을 위해 마땅히 변호해 주었어야 할 그런 성인이 될 수 있다. 그렇게 할 때 당신을 힘들게 했던 몇몇 상황들을 회복시킬 수 있는 기회가 생긴다.

연구하라. 당신이 이 책의 내용을 모두 읽었다면 아마 지금쯤 스스로를 아동 인권 전문가로 여길 수도 있다. 당신의 임무는? 가서 다른 사람을 가르치라. Advocate@ThemBeforeUs.com에 연락하면 Them Before Us 학습 지침서가 있는 링크를 보내줄 것이다. 11주 동안의 독서 연구 모임에 다섯 명의 친구를 초대하라. 함께 각 주제를 검토한다면, 토론 주제들이 연구 편, 변호 편, 치료 편으로 구성되어 있다는 사실을 알게 될 것이다. 독서 연구 모임이 끝나갈 때에는 각 참여자들이 또 다른 다섯 명의 친구와 연구 모임을 다시 시작하도록 독려하라. 이 방법이 우리의 메시지를 전하고 다른 사람들도 동일하게 준비시키기 위해 지금까지 시도해 본 방법 중 최선의 방법이다.

이 네 가지 실행 방안이 작아 보일지는 몰라도, 취약한 사람들을 변호하는 보통 사람들의 힘을 과소평가하지 마라. 아이들을 성인보다 우선시할 때, 당신은 한 아이의 기본권을 보장하는 것이며 전반적인 사회의 해악을 바로잡기 위한 당신의 역할을 하는 것이다.

우리 시대의 가장 시급한 문제인 아동 인권을 위한 싸움의 최전선에 있는 우리(Us)와 함께 하라.

감사의 글

Them Before Us는 놀라운 조언을 아끼지 않았던 제프 셰이퍼, 멜리사 모쉘라, 글렌 스탠튼, 헬렌 알바레, 스티브 벨레이에게 감사의 마음을 전한다. 이들이 없었더라면 우리는 이 일을 결코 시작할 수 없었을 것이다.

용감하게 연구를 진행해 준 폴 설린스와 마크 렉너러스에게도 감사한다. 우리에게 이것이 가능하다고 믿게 해 준 메리 서머헤이즈에게도 감사하고, 제니퍼 랄에게는 새로운 길을 여는 방법을 알려준 데 대해 감사한다.

우리를 믿고 본인들의 이야기를 나눠 준 모든 이들에게 감사하고, 우리와 같은 신예들에게 기회를 제공해 준 포스트 힐 프레스 출판사에 감사한다. 엄마가 책을 쓸 수 있도록 상황에 잘 대처해 주고 스스로 샌드위치를 만들었던 우리 가족들에게도 감사한다.

주

들어가는 글

1. Brandi Walton, "The Kids Are Not Alright: A Lesbian's Daughter Speaks Out," The Federalist, April 21, 2015. Stories of the Silent 1 PRIMAL LUV: FROM A BOOK WRIGHT, AnonymousUs.org, December 20, 2012. 2 Karen Clark, Norval Glenn, and Elizabeth Marquardt. "Executive Summary," My Daddy's Name Is Donor, Institute for American Values, 2010.

목소리를 내지 못한 이들의 이야기

1. PRIMAL LUV: FROM A BOOK WRIGHT, AnonymousUs.org, December 20, 2012. 2 Karen Clark, Norval Glenn, and Elizabeth Marquardt. "Executive Summary," My Daddy's Name Is Donor, Institute for American Values, 2010.

2 Karen Clark, Norval Glenn, and Elizabeth Marquardt. "Executive Summary," My

Daddy's Name Is Donor, Institute for American Values, 2010.

1장 아동은 권리가 있다.

1 "Elizabeth Smart's dad: Coming out as gay 'more difficult' than daughter's ordeal," NBC News, December 9, 2019. https://www.nbcnews.com/video/elizabeth-smart-s-dad-coming-out-as-gay-more-difficult-than-daughter-s-ordeal-74787909992

2 "Pamela Anderson separates from husband of 12 days, ending her fifth marriage," National Post, February 3, 2020. https://nationalpost.com/news/world/pamela-anderson-separates-from-husband-of-12-days

3 Kirsty Feerick, "One of Britain's first gay dads expecting triplets with daughter's ex boyfriend," Daily Record, March 9, 2020. https://www.dailyrecord.co.uk/news/scottish-news/one-britains-first-gay-dads-21659429

4 Chloe Sweet, "I'm Dating 4 Guys – And Now I'm Pregnant | LOVE DON'T JUDGE," Barcroft TV, http://www.barcroft.tv/polyamory-open-relationship-pregnancy-dating-four

5 Dominique Mosbergen, "Jeff Bezos' Divorce Is Reportedly Final, Making His Ex Among The World's Richest Women," Huffington Post, July 7, 2019.

6 "Natural rights and legal rights," Wikipedia, accessed March 23, 2020. https://en.wikipedia.org/wiki/Natural_rights_and_legal_rights

7 "법이 정의로운지 불의한지 어떻게 결정하는가? 정의로운 법은 도덕법이나 하나님의 법과 일치하는 사람이 만든 법이다. 불의한 법은 도덕법과 조화를 이루지 않는 법이다. 토마스 아퀴나스의 말을 빌리자면 "불의한 법은 영원한 법칙과 자연법에 근거하지 않은 사람의 법이다." 마틴 루터 킹 주니어, "버밍햄 감옥에서의 편지"

8 Helen Alvare, Putting Children's Interests First in US Family Law and Policy (Cambridge University Press, 2017)

9 Melissa Moschella, "The Rights of Children: Biology Matters," Public Discourse, February 20, 2014. https://www.thepublicdiscourse.com/2014/02/11620/

10 Andrew R. DeLoach, "Saving Human Rights from the Human Rights Movement," Public Discourse, December 9, 2019. https://www.thepublicdiscourse.com/2019/12/58812/

11 이 조약이 부모의 권리를 약화시키고 정부가 자녀의 양육을 지시하도록 하는 과도한 역할

을 부여한다는 우려를 언급하면서 미국은 아동의 권리에 관한 협약에 비준하지 않은 유일한 국가가 되었다.

12   랍비인 길 베른하임은 First Things 사이트에서 동성혼, 부모됨, 그리고 입양(Homosexual Marriage, Parenting, and Adoption)이라는 제목의 본인의 글에서 이러한 정서를 표현했다. 이 기사는 현재 표절로 삭제된 상황이다. 이 표현을 베른하임이 처음으로 썼는지 여부는 모르겠지만 다른 곳에서 이렇게 표현한 예를 찾지는 못했다.

13   "The American Family Today," Pew Research Center, December 17, 2015. https://www.pewsocialtrends.org/2015/12/17/1-the-american-family-today/

14   Bradley Jones, "Republicans and Democrats have grown further apart on what the nation's top priorities should be," Pew Research Center, February 5, 2019. https://www.pewresearch.org/fact-tank/2019/02/05/republicans-and-democrats-have-grown-further-apart-on-what-the-nations-top-priorities-should-be/

15   Malika Saada Saar, "Stopping the Foster Care to Child Trafficking Pipeline," Huffington Post, October 29, 2013. https://www.huffpost.com/entry/stopping-the-foster-care-_b_4170483

16   "About Us," The Fatherless Generation. https://tfgf.org/about-us/

17   "Statistics," The Fatherless Generation. https://thefatherlessgeneration.wordpress.com/statistics/

18   David Blankenhorn, Fatherless America, Confronting Our Most Urgent Social Problem (Harper Collins, 1996), 1.

19   가명. 제나는 내 친구에 의해 청소년 프로그램에 십 대 리더로 참여했으며, 제나와 언제든지 연락하고 지내는 그 친구가 제나의 이야기를 전달해 주었다.

20   Kayla Fontenot, Jessica Semega, and Melissa Kollar, "U.S. Census Bureau: Income and Poverty in the United States: 2017," US Census Bureau, September 2018. https://www.census.gov/content/dam/Census/library/publications/2018/demo/p60-263.pdf

21   Benjamin Scafidi, "The Taxpayer Costs of Divorce and Unwed Childbearing First-Ever Estimates for the Nation and All Fifty States," Institute For American Values, 2008. http://americanvalues.org/catalog/pdfs/COFF.pdf

22   National Center for Educational Statistics Table 236.55. Total and current expenditures per pupil in public elementary and secondary schools: Selected years, 1919-20 through 2012-13. https://nces.ed.gov/programs/digest/d17/tables/dt17_236.55.asp

23   "2015~2016년 미국의 공립 초등학교와 중등교육 기관에 지출된 비용은 7,060억 불에 달했으며 가을학기 공립학교 등록 학생 당 13,847불(2017~2018 고정 달러 기준)이 발생했다. 학

생 당 총 지출 중 12,330불에는 급여, 복리후생비, 외주용역비, 등록금, 비품비용이 포함된다. 총 지출 비용 중 1,155불에는 자본적 지출(자산과 건물에 사용된 비용, 학군의 직원이나 외주 업체가 수행한 수선비)와 학교 부채에 대한 이자인 362불도 포함된다." Expenditures, National Center for Educational Statistics. https://nces.ed.gov/fastfacts/display.asp?id=66

24 Gerard Robinson and Benjamin Scafidi, "More Money, Same Problems: Showering public schools with funds has been a costly failure. Why not try something new?" US News & World Report, September 20, 2016. https://www.usnews.com/opinion/articles/2016-09-20/more-money-wont-fix-failing-public-school

25 National Research Council, The Growth of Incarceration in the United States: Exploring Causes and Consequences (The National Academies Press, 2014), 33. https://doi.org/10.17226/18613 26 "Report: Increases in Spending on Corrections Far Outpace Education," US Department of Education, July 7, 2016. https://www.ed.gov/news/press-releases/report-increases-spending-corrections-far-outpace-education

26 "Report: Increases in Spending on Corrections Far Outpace Education," US Department of Education, July 7, 2016. https://www.ed.gov/news/press-releases/report-increases-spending-corrections-far-outpace-education

27 Isabel V. Sawhill, "Non-Marital Births and Child Poverty in the United States," June 29, 1999.

28 Robert Rector and Vijay Menon, "Understanding the Hidden $1.1 Trillion Welfare System and How to Reform It," Heritage Foundation, April 5, 2018. https://www.heritage.org/welfare/report/understanding-the-hidden-11-trillion-welfare-system-and-how-reform-it

29 Louis Woodhill, "The War on Poverty Wasn't A Failure—It Was A Catastrophe," Forbes, March 19, 2014. https://www.forbes.com/sites/louiswoodhill/2014/03/19/the-war-on-poverty-wasnt-a-failure-it-was-a-catastrophe/

30 "비혼 출산 여성의 비중이 최근 수십 년 동안 급증하여 1960년의 5%에서 1995년 32%에 달했다. 1990년대 중반에 약간 안정세를 보이다가 1997~2008년 사이 32%에서 41%로 점진적으로 증가했다. 이 비율은 2014년 40%에서 다시 안정세를 보이는 것 같다." Births to Unmarried Women, Child Trends, December 2015. https://www.childtrends.org/wp-content/uploads/2015/03/75_Births_to_Unmarried_Women.pdf

31 Robert VerBruggen, "Trends in Unmarried Childbearing Point to a Coming Apart," Institute for Family Studies, February 20, 2018. https://ifstudies.org/blog/trends-in-unmarried-childbearing-point-to-a-coming-apart

32 Teresa Wiltz, "Racial and Ethnic Disparities Persist in Teen Pregnancy Rates," Pew

Trust, March 3, 2015.

33 Willis Krumholz, "Family Breakdown and America's Welfare System," Institute for Family Studies, October 7, 2019.

34 "Fifth Annual Index of Belonging and Rejection," Marriage and Religious Research Institute. https://marri.us/research/research-papers/fifth-annual-index-of-belonging-and-rejection/

35 Larry Elder, Twitter, August 17, 2018. https://twitter.com/larryelder/status/1030615507391660032?s=20

36 "Father Absence Is the Biggest Issue Facing Black America," Prager U, September 16, 2019. https://www.prageru.com/video/father-absence-is-the-biggest-issue-facing-black-america/

37 Thomas Sowell, "War on Poverty Revisited," Capitalism Magazine, August 17, 2004. https://www.capitalismmagazine.com/2004/08/war-on-poverty-revisited/

38 Julie Bosman, "Obama Sharply Assails Absent Black Fathers," New York Times, June 16, 2008. https://www.nytimes.com/2008/06/16/us/politics/15cnd-obama.html

39 "Children in single-parent families by race in the United States," Annie E Casey Foundation. https://datacenter.kidscount.org/data/tables/107-children-in-single-parent-families-by-race

40 William Jeynes, "A Meta-Analysis on the Factors That Best Reduce the Achievement Gap," Sage Journals, April 16, 2014. https://doi.org/10.1177/0013124514529155

41 William Jeynes, "Faith and Family Play a Bigger Role in Academic Achievement Than Race or Socioeconomic Status," Public Discourse, January 30, 2020. https://www.thepublicdiscourse.com/2020/01/59167/

42 "Statistics," The Fatherless Generation. https://thefatherlessgeneration.wordpress.com/statistics/

43 Warren Farrell, "The Boy Crisis: A Sobering look at the State of our Boys," TEDxMarin, October 19, 2015.

44 Robert VerBruggen, "Trends in Unmarried Childbearing Point to a Coming Apart," Institute for Family Studies, February 20, 2018. https://ifstudies.org/blog/trends-in-unmarried-childbearing-point-to-a-coming-apart

45 "What We Believe," Black Lives Matter, accessed March 24, 2020. https://black-

livesmatter.com/what-we-believe/

2장 생물학은 중요하다.

1   기증으로 만들어진 아이들에 관한 중앙 데이터베이스나 기록 관리에 관한 한, 불임 클리닉에 대한 공통된 요구사항이 없으며, 정자나 난자 기증으로 태어난 많은 아동은 혈연관계가 없다고는 하지 않기 때문에, 본 장에서는 주로 혼합가족의 아동에 초점을 맞춘다.

2   "결혼, 가족, 그리고 혼합가족 통계" SmartStepfamilies.com는 2020년 3월 24일에 접속했다. https://www.smartstepfamilies.com/smart-help/marriage-family-stepfamily-statistics.

3   Steiner, M., Dunn, E., and Born, L., "Female-Specific Mood Disorders," Biological Psychiatry (2003), 849-859.

4   Caspi, A., and Moffitt, T. E. "Individual differences are accentuated during periods of social change: The sample case of girls at puberty," Journal of Personality and Social Psychology, 61, 1 (1991), 157-168.

5   Mendle, J., Turkheimer, E., and Emery, R. E. "Detrimental psychological outcomes associated with early pubertal timing in adolescent girls," Developmental Review, 27, 2 (2007), 151-171.

6   Sarah Yang, "Father absence linked to earlier puberty among certain girls," Berkeley News, September 17, 2010. https://news.berkeley.edu/2010/09/17/puberty/

7   Alleyne-Green, B., Grinnell-Davis, C., Clark, T. T., Quinn, C. R., and Cryer-Coupet, Q. R. "Father Involvement, Dating Violence, and Sexual Risk Behaviors Among a National Sample of Adolescent Females," Journal of Interpersonal Violence, 31, 5 (2014), 810-830.

8   Colter Mitchell, Sara McLanahan, Lisa Schneper, Irv Garfinkel, Jeanne Brooks-Gunn, and Daniel Notterman, "Father Loss and Child Telomere Length," Pediatrics, August 2017. https://doi.org/10.1542/peds.2016-3245

9   Kristin Anderson Moore, Susan M. Jekielek and Carol Emig, "Marriage from a Child's Perspective: How Does Family Structure Affect Children, and What Can We Do about It?" Child Trends Research Brief, June 2002.

10   Sara McLanahan and Gary Sandefur, Growing up with a Single Parent: What

Hurts, What Helps. (Harvard University Press, 1997), 38.

11   Sara McLanahan and Isahel Sawhill, "Marriage and Child Wellbeing Revisited: Introducing the Issue," Future of Children, v25, Fall 2015, 3-9. https://futureofchildren.princeton.edu/sites/futureofchildren/files/media/marriage_and_child_wellbeing_revisited_25_2_full_journal.pdf

12   Ryan Anderson, "Marriage: What It Is, Why It Matters, and the Consequences of Redefining It," Heritage Foundation, March 11, 2013. https://www.heritage.org/marriage-and-family/report/marriage-what-it-why-it-matters-and-the-consequences-redefining-it#_ftn9

13   Wendy D. Manning and Kathleen A. Lamb, "Adolescent Well-Being in Cohabiting, Married, and Single-Parent Families," Journal of Marriage and Family, 65, 4 (2003), 876 and 890.

14   Mariani, E., Özcan, B. and Goisis, A., "Family Trajectories and Well-being of Children Born to Lone Mothers in the UK," Eur J Population 33, 2017, 185–215. https://doi.org/10.1007/s10680-017-9420-x

15   Bradford, Wilcox, "Suffer the Little Children: Cohabitation and the Abuse of America's Children," Public Discourse, April 22, 2011. https://www.thepublicdiscourse.com/2011/04/3181/ 16 Posted by u/Jerzy04, "Is it wrong to not feel the same love for my stepchild than my biological?" Reddit. https://www.reddit.com/r/stepparents/comments/bsh8q2/is_it_wrong_to_not_feel_the_same_love_for_my/?utm_source=share&utm_medium=web2x

16   Posted by u/Jerzy04, "Is it wrong to not feel the same love for my stepchild than my biological?" Reddit. https://www.reddit.com/r/stepparents/comments/bsh8q2/is_it_wrong_to_not_feel_the_same_love_for_my/?utm_source=share&utm_medium=web2x

17   Andrea Sachs, "Dangerous Steps," Time Magazine, November 7, 1999 http://content.time.com/time/magazine/article/0,9171,33855,00.html

18   Rashell, ThemBeforeUs.com, January 21, 2020. https://thembeforeus.com/rashell-i-can-say-with-100-certainty-that-my-life-would-have-been-so-much-easier-had-my-parents-just-stuck-it-out/

19   Nate, ThemBeforeUs.com, April 15, 2017. https://thembeforeus.com/nate/

20   Allison, ThemBeforeUs.com, April 12, 2017. https://thembeforeus.com/allison/

21   J. Chen, ThemBeforeUs.com, July 6, 2019. https://thembeforeus.com/j-chen-

my-family-ideal-wont-simply-revolve-around-my-desires-and-what-i-think-could-make-me-happy-since-the-purpose-of-having-a-family-is-to-make-one-another-prosper/

22 "The rate of fatal beatings of Canadian preschoolers by (putative) genetic fathers between 1974 and 1990 was 2.6 per million children at risk per annum, whereas the corresponding rate for stepfathers was 321.6 per million." Martin Daly and Margo Wilson, "The 'Cinderella effect' is no fairy tale," TRENDS in Cognitive Sciences, 9, 11, November 2005. https://www.martindaly.ca/uploads/2/3/7/0/23707972/d_w_2005_trends_in_cog_sci.pdf

23 Radhakrishna A, Bou-Saada IE, Hunter WM, Catellier DJ, Kotch JB. "Are father surrogates a risk factor for child maltreatment?" Child Maltreat., November 2001, 281-9. https://www.ncbi.nlm.nih.gov/pubmed/11675811.

24 Stiffman MN1, Schnitzer PG, Adam P, Kruse RL, Ewigman BG., "Household composition and risk of fatal child maltreatment," Pediatrics, April 2002, 615-21. https://www.ncbi.nlm.nih.gov/pubmed/11927705/

25 W. Bradford Wilcox, "Suffer the Little Children: Cohabitation and the Abuse of America's Children," Public Discourse, April 22, 2001. https://www.thepublicdiscourse.com/2011/04/3181/

26 Patricia G. Schnitzer and Bernard G. Ewigman, "Child Deaths Resulting From Inflicted Injuries: Household Risk Factors and Perpetrator Characteristics," Pediatrics, November 2005. https://doi.org/10.1542/peds.2005-0296

27 Sedlak, A.J., Mettenburg, J., Basena, M., Petta, I., McPherson, K., Greene, A., and Li, S., "Fourth National Incidence Study of Child Abuse and Neglect (NIS-4): Report to Congress," U.S. Department of Health and Human Services, Administration for Children and Families, 2010.

28 "A Portrait of Stepfamilies," Pew Research Center, January 13, 2011. https://www.pewsocialtrends.org/2011/01/13/a-portrait-of-stepfamilies/

29 Marilyn Coleman, Lawrence Ganong, Luke Russell, and Nick Frye-Cox, "Stepchildren's Views About Former Step-Relationships Following Stepfamily Dissolution," Journal of Marriage and Family, February 28, 2015. https://doi.org/10.1111/jomf.12182

30 Christie, ThemBeforeUs.com, August 10, 2019. https://thembeforeus.com/christie-im-in-my-60s-and-im-still-unpacking-what-happened-to-my-sister-and-i-as-

children/.

31   Julia, ThemBeforeUs.com, September 1, 2019. https://thembeforeus.com/julia-for-20-yea···nt-to-my-parents/

32   "NO ONE WHO WAS CREATED FROM DONOR CONCEPTION WAS EVER WANTED," AnonymousUs.org, March 5, 2015. https://anonymousus.org/no-one-who-was-created-from-donor-conception-was-ever-wanted/

33   Tara, ThemBeforeUs.com, November 15, 2018. https://thembeforeus.com/tara/

34   "IVF (EGG DONOR CONCEIVED)," AnonymousUs.org, August 16, 2017. https://anonymousus.org/ivf-egg-donor-conceived/

35   Anne Case and Christina Paxson, "Mothers and others: who invests in children's health?" Journal of Health Economics, 20 (2001), 301–328. https://www.princeton.edu/~accase/downloads/Mothers_and_Others.pdf

36   Matthew D. Bramlett and Stephen J. Blumberg, "Family Structure And Children's Physical And Mental Health," Health Affairs, 26, 2 (2007). https://doi.org/10.1377/hlthaff.26.2.549

37   Kirsten van Houdt, Matthijs Kalmijn, and Katya Ivanova, "Stepparental Support to Adult Children: The Diverging Roles of Stepmothers and Stepfathers," Journal of Marriage and Family, August 19, 2019. https://doi.org/10.1111/jomf.12599 (1999), 453-464.

38   Zvoch K., "Family type and investment in education: a comparison of genetic and stepparent families," Evolution & Human Behavior, 20.

39   Tilse, C., Wilson, J., White, B., Rosenman, L. and Feeney, R., "Most will-makers in step/blended families reported either excluding or leaving a smaller share to their step-children," Having the Last Word? Will making and contestation in Australia (The University of Queensland, 2015). https://www.ptg.act.gov.au/images/pdf/having-the-last-word.pdf

40   SuburbanSuffering, "Different lives for bio and stepkids," Reddit. https://www.reddit.com/r/stepparents/comments/9luq5z/different_lives_for_bio_and_stepkids/e79njez/

41   Laura Radel and Matthew Bramlett, "CHILDREN IN NONPARENTAL CARE: FINDINGS FROM THE 2011-2012 NATIONAL SURVEY OF CHILDREN'S HEALTH," US Department of Health and Human Services, March 1, 2014.

42   Indiana University. "Adoptive Parents Invest More Than Biological Par-

ents In Kids," ScienceDaily, March 9, 2007. www.sciencedaily.com/releases/2007/02/070226152443.htm

43 "베이비 스쿱 시대는 미국 역사상 제2차 세계대전이 끝나고부터 1972년경에 이르는 기간으로, 전 기간에 걸쳐 혼전임신율이 증가하고 신생아 입양율이 높은 특성을 보이는 시기이다. 1940~1970년 사이에 미국에서 400만 명의 어머니가 신생아를 입양시켰으며 1960년대에만 입양된 수만 2백만 명이다." Baby Scoop Era Research Initiative. http://babyscoopera.com/home/what-was-the-baby-scoop-era/

44 Frisk, M., "Identity problems and confused conceptions of the genetic ego in adopted children during adolescence," Acta Paedo Psychiatrica, 31 (1964), 7.

45 "Eminent psychologists of the 20th century," American Psychological Association, 33, 7 (2002). https://www.apa.org/monitor/julaug02/eminent

46 David M. Brodzinsky and Marshall D. Schechter, The Psychology of Adoption (Oxford University Press, 1990), 152.

47 Sue Erikson Bloland, "Fame: The Power and Cost of a Fantasy, The daughter of an eminent psychoanalyst uses her experience to help us understand the pursuit of celebrity – its psychological roots, its social meaning, its human cost," The Atlantic, November 1999. https://www.theatlantic.com/magazine/archive/1999/11/fame-the-power-and-cost-of-a-fantasy/377856/

48 "Reform Myths," American Adoption Congress, accessed March 25,2020. https://www.americanadoptioncongress.org/reform_myths.php

49 "WE ARE DONOR CONCEIVED 2019 SURVEY RESULTS," We Are Donor Conceived, May 1, 2019. https://www.wearedonorconceived.com/uncategorized/we-are-donor-conceived-2019-survey-results/

50 Michael Wierzbicki, "Psychological Adjustment of Adoptees: A Meta-Analysis," Journal of Clinical Child Psychology, 22, 4 (1993), 447-454.

51 Ellie, ThemBeforeUs.com, January 2, 2018. https://thembeforeus.com/ellie/

52 PLEASE STOP SAYING MOTHER/FATHER: A RESPONSE," AnonymousUs.org, May 20, 2015. http://anonymousus.org/please-stop-saying-motherfather-a-response/

3장 성별은 중요하다.

1 Jon Marcus, "Why Men Are the New college Minority," The Atlantic, August 8,

2017. https://www.theatlantic.com/education/archive/2017/08/why-men-are-the-new-college-minority/536103/

2   Mark J Perry, "Women earned majority of doctoral degrees in 2018 for 10th straight year and outnumber men in grad school 139 to 100," American Enterprise Institute, October 8, 2019 https://www.aei.org/carpe-diem/women-earned-majority-of-doctoral-degrees-in-2018-for-10th-straight-year-and-outnumber-men-in-grad-school-139-to-100/

3   Tara Law, "Women Are Now the Majority of the U.S. Workforce-But Working Women Still Face Serious Challenges," Time Magazine, January 16, 2020. https://time/com/5766787/women-workforce/

4   Christina Hoff Sommers, "There Is No Gender Wage Gap!" PraugerU.com, March 6, 2017. https://www.prageru.com/video/there-is-no-gender-wage-gap/

5   Armin Falk and Johannes Hermle, "Relationship of gender differences in preferences to economic development and gender equality," Science Magazine, 362, 6412 (2018). https://doi.org/10.1126/science.aas9899

6   Erik Mac Giolla and Petri J. Kajonius, "Sex differences in personality are larger in gender equal countries: Replicating and extending a surprising finding," International Journal of Psychology (2018). https://doi.org/10.1002/ijop.12529

7   Charles Murray, "Human Diversity: The Biology of Gender, Race, and Class," Twelve, 69.

8   Lydia Saad, "Children a Key Factor in Women's Desire to Work Outside the Home," Gallup, October 7, 2015. https://news.gallup.com/poll/186050/children-key-factor-women-desire-work-outside-home.aspx

9   D. P. Schmitt (2015), "The evolution of culturally-variable sex differences: Men and women are not always different, but when they are… It appears not to result from patriarchy or sex role socialization," In T.K. Shackelford & R.D. Hansen (Eds.), The Evolution of Sexuality (Springer International Publishing), 221-256. https://doi.org/10.1007/978-3-319-09384-0_11

10 John Sifferman, "How Much Should I Be Able To Deadlift?," Physical Living, March 20, 2017. https://physicalliving.com/how-much-should-i-be-able-to-deadlift/

11 Dan Lamothe "Marine experiment finds women get injured more frequently, shoot less accurately than men," Washington Post, September 10, 2015. https://www.washingtonpost.com/news/checkpoint/wp/2015/09/10/marine-experiment-finds-

women-get-injured-more-frequently-shoot-less-accurately-than-men/

12　American Physiological Society (APS). "Not the weaker sex: Extrogen protects women against the flu, study finds: Study in human cells supports why the flu may hit men harder than women," ScienceDaily, January 12, 2016. www.sciencedaily.com/releases/2016/01/160112093424.htm

13　Emily Glover, "It's science: What happens to a guy's brain when he becomes a dad," Motherly, June 14, 2018. https://www.mother.ly/news/what-happens-to-a-mans-brain-when-he-becomes-a-dad

14　University of New South Wales. "Why Do Women Store Fat Differently From Men?" ScienceDaily, March 4, 2009. www.sciencedaily.com/releases/2009/03/090302115755.htm

15　"The National Comorbidity Survey (NCS; conducted from 1990 to 1992) found that lifetime prevalence rates for any anxiety disorder were 30.5% for women and 19.2% for men (Kessler et al., 1994)." McLean, C. P., Asnaani, A., Litz, B. T., and Hofmann, S. G. (2011). "Gender differences in anxiety disorders: prevalence, course of illness, comorbidity and burden of illness." Journal of psychiatric research, 45, 8 (2011), 1027-1035. https://doi.org/10.1016/j.jpsychires.2011.03.006

16　Tanya Lewis, "How Men's Brains are Wired Differently than Women's," LiveScience, December 2, 2013. https://www.scientificamerican.com/article/how-mens-brains-are-wired-differently-than-women/

17　"Gender Quota Database," Institute for Democracy and Electoral Assistance, accessed March 25, 2020. https://www.idea.int/data-tools/data/gender-quotas/quotas

18　테오도어는 실명이 아니며 2019년 6월 22일 페이스북 메시지를 통해 작가에게 전한 내용이다.

19　Maggie, "I'll never fully heal from having an absent father and being raised by a single mother," ThemBeforeUs.com, May 27, 2019. https://thembeforeus.com/maggie-ill-never-fully-heal-from-having-an-absent-father-and-being-raised-by-a-single-mother/

20　Rhianna, "I never have had a mom's love and affection," ThemBeforeUs.com, July 5, 2018. https://thembeforeus.com/rhianna/

21　Corbin, ThemBeforeUs.com, November 28, 2018. https://thembeforeus.com/corbin/

22　Editors William Bradford Wilcox, Kathleen Kovner Kline, Gender and Parenthood, Biological and Social Scientific Perspectives (Columbia University Press, 2013), 307.

23   "Appreciating How Fathers Give Children a head Start," Head Start, Early Childhood Learning & Knowledge Center, last modified June 11, 2018. https://eclkc.ohs.acf.hhs.gov/family-eng

24   Glenn T. Stanton, Secure Daughters, Confident Sons (Multnomah Books, 2011), 169.

25   Stanton, Secure Daughters, 232.

26   E. Duursma, "The effects of fathers' and mothers' reading to their children on language outcomes of children participating in Early Head Start in the United States." Fathering, 123, 3 (2014), 283-302.

27   Robert Oscar Lopez, "Growing Up With Two Moms: The Untold Children's View," Public Discourse, August 6, 2012. https://www.thepublicdiscourse.com/2012/08/6065/

28   David Popenoe, Life Without Father: Compelling New Evidence That Fatherhood and Marriage Are Indispensable for the Good of Children and Society (New York: The Free Press, 1996), 146.

4장 결혼은 중요하다.

1   Brian Faas, "Millennial 'Friendship' Weddings Are a Thing, and Here's Why Your Grandma Should Stop Rolling Her Eyes," PureWow, December 12, 2019.

2   Léa Rose Emery, "Why More and More Women Are Marrying···Themselves," Brides.com, October 09, 2017.

3   Sherif Girgis, Ryan T. Anderson, and Robert P Geroge, What Is Marriage (Encounter Books, 2012).

4   Ryan T. Anderson, Truth Overruled: The Future of Marriage and Religious Freedom, (Regnery Publishing, 2015), 15.

5   "House Report 104-664," U.S. Government Publishing Office, 104th Congress, HOUSE OF REPRESENTATIVES, 2d Session, 104-664. "DEFENSE OF MARRIAGE ACT,"

July 9, 1996, 48.

6   Southern Poverty Law Center. '혐오' 그룹 관련 정보를 수집하는 시민단체

7   Rik Glauert, "Taiwan emerges as new market for LGBT+ surrogacy after gay marriage law," Reuters, December 22, 2019.

8   "Same-Sex Marriage Around the World," Pew Research Center, October 28, 2019.

9   "Children and Family Relationships Act 2015," Ireland Department of Justice and Equality. http://www.justice.ie/en/JELR/Pages/WP15000315

10   Elizabeth Marquardt, "The Revolution in Parenthood, The Emerging Global Clash Between Adut Rights and Children's Needs," Institute for American Values, 2006.

11   "Of the parties to the agreement, there are no more than four intended parents." All Families Are Equal Act (Parentage and Related Registrations Statue Law Amendment), 2016, S.O. 2016, c.23-Bill 28, Section 10.2.3.

12   Jeff Shafer, "Obergefell and the Right to Other People's Children," First Things, September 21, 2017.

13   Jamie Pederson, "In reaction to the Obergefell decision by the US Supreme Court in 2015, the Uniform Law Commission decided that the current version of the parentage act was likely to be unconstitutional and began the process of rewriting it so that it would apply equally to same-sex couples," Washington State Senate Law & Justice Committee Hearing, Jan. 16, 2018.

14   Millie Fontana, "The other side of the rainbow-Millie Fontana's story," Australian Christian Lobby YouTube, September 23, 2015.

15   앤서니 케네디 대법관, "미국은 그 제도를 법적 사회적 질서의 너무나 많은 측면에서 중심에 놓음으로써 결혼의 권리라는 근본적인 특성에 기여했다. 이 원칙에 관해 동성 커플과 이성 커플 간 차이가 없다. 하지만 이들을 그 제도에서 배제시킴으로써 동성 커플은 국가가 결혼에 관련시켜온 기라성 같은 혜택을 부인당했다." 2015년 6월 26일.

16   유엔아동권리협약 제3조 "공공 및 민간 사회복지기관, 법원, 행정당국, 입법기관 등은 아동에 관한 모든 활동에 있어, 아동 최상의 이익을 최우선적으로 고려해야 한다."

17   유엔아동권리협약 제21조, "입양 제도를 인정하거나 허용하는 당사국은 아동 최상의 이익이 최우선적으로 고려되도록 보장해야 한다."

18   헤이그국제아동입양협약 전문 "…해외 입양에 있어 아동의 기본권과 관련하여 아동 최상의 이익을 최우선적이 되도록 보장하기 위한 것이다."

19   유엔아동권리협약 제9조, "당사국은…부모와의 분리가 아동에게 최상의 이익이 된다고 결

정한 경우 외에는 아동이 자신의 의사에 반해 부모와 분리되지 않도록 보장해야 한다.…"

20   헤이그국제아동입양협약 전문, "당사국은 우선순위에 따라 아동이 출생 가족의 보살핌을 받을 수 있도록 적절한 조치를 취해야 한다."

21   "기증에 의한 임신으로 태어난 아이들의 53%는 '내가 정자 기증자에 관한 정보를 찾거나 그와 관계를 형성하고자 한다면 나를 기른 어머니나 아버지가 화를 내거나 상처를 받을까 염려했다.'는데 동의했다." My Daddy's Name is Donor, 7.

22   유엔아동권리협약 제21조(4), "입양제도를 인정하거나 허용하는 당사국은 아동 최상의 이익이 최우선적으로 고려되도록 보장해야 하며 또한…국외입양의 경우, 입양알선이 관계자들에게 부당한 금전적 이익을 주는 결과가 되지 않도록 모든 적절한 조치를 취해야 한다."

23   유엔아동권리협약 제35조, "당사국은 어떠한 목적과 형태로든 아동탈취나 매매 또는 거래를 방지하기 위해 모든 적절한 국내적 양국 간 다국 간 조치를 취해야 한다."

24   헤이그국제아동입양협약 제4조 "본 협약의 범위 내의 입양은 출생 국가의 관할당국이 입양에 동의가 필요한 당사자, 기관, 당국이 필요한 만큼 자문을 받았으며 그들이 본인들의 동의의 효력, 특히 입양이 본인의 출생가족 간 법적 관계를 종료하는 결과를 초래할 것인지 여부에 대해 적법하게 알고 있으며, 그러한 당사자, 기관, 당국이 필요한 법적 형식으로 자유롭게 동의하고 서면으로 표현하거나 입증한 경우, 어떠한 종류의 대가나 보상에 의해 유도되어 동의한 것이 아니라는 것을 보장한 경우에만 이루어진다.

25   유엔아동권리협약 제8조, "당사국은 불법적 간섭 없이 법에 따라 인정되는 국적, 이름 및 가족 관계를 비롯해 아동이 신분을 보존받을 수 있는 권리를 존중해야 한다." 제9조 (3) "당사국은 아동의 이익에 반하는 경우 외에는 부모 중 한 명 또는 부모 모두로부터 분리된 아동이 정기적으로 부모 모두와 개인적인 관계를 갖고 만남을 유지할 권리를 존중해야 한다."

26   Siofra Brenna, "British man who lives with TWO girlfriends becomes a dad by BOTH women: 'The luckiest man alive' insists raising a child in a 'throuple' is the future of parenting," Daily Mail, May 18, 2017.

27   James Lopez, "I grew up seeing my father kiss and cuddle with two different women," ThemBeforeUs.com, April 11, 2017.

28   Emily Buder, "Rather Than Divorce, Two Couples tried a Group Marriage. It Didn't Work," The Atlantic, February 13, 2020.

29   Joseph Henrich, Robert Boyd and Peter J. Richerson, "The puzzle of monogamous marriage," The Royal Society, March 5, 2012. https://doi.org/10.1098/rstb.2011.0290

30   "State of our Unions 2019," The National Marriage Project, July 2019, 22.

31   "State of our Unions 2019," The National Marriage Project, July 2019, 22-23.

32   Wendy D. Manning, "The Future of Children," Marriage and Child Wellbeing Re-

visited, 25, 2 (Fall 2015), 51-66.

33 W. D. Manning (2013), "Trends in Cohabitation: Over Twenty Years of Change, 1987-2010," National Center for Family & Marriage Research (FP-13-12).

34 Martin Daly and Margo Wilson, "The 'Cinderella effect' is no fairy tale," TRENDS in Cognitive Sciences, 9, 11 (2005).

35 Alysse ElHage, "For Kids, Parental Cohabitation and Marriage Are Not Interchangeable," Institute For Family Studies, May 7, 2015.

36 Dr. Scott Stanley, "Some Links about Asymmetrical Commitment," Sliding vs Deciding: Scott Stanley's Blog, January 28, 2019. http://slidingvsdeciding.blogspot.com/2019/01/some-links-about-asymmetrical-commitment.html

37 Dr. Scott M. Stanley and Galena K. Rhoades, "Aggression in Twentysomethings' Cohabiting, Dating, and Marriage Relationships," Sliding vs Deciding: Scott Stanley's Blog, January 29, 2017. https://slidingvsdeciding.blogspot.com/2017/01/normal-0-false-false-false-en-us-ja-x.html

38 Galena Rhoade, "Sliding vs. Deciding: How Cohabitation Changes Marriage," The Natural Family, 2016.

39 Scott Stanley, "Cohabitation is Pervasive," Institute For Family Studies, June 20, 2018.

40 Wendy D. Manning, "Cohabitation and Child Wellbeing," Future Child, 25, 2 (2015), 51-66.

41 Manning, "Cohabitation," Future Child.

42 Email correspondence, February 14, 2020

43 James R. Browning, "Anti-Miscegenation Laws in the United States," Duke Bar Journal, 1, 1 (1951), 39.

44 Doug Mainwarning, "Hearts, Parts, and Minds: The Truth Comes Out," Public Discourse, March 9, 2015.

5장 이혼

1 Facebook comment and private message, January 18, 2020. https://www.face-

book.com/ThemBeforeUs/posts/2744446428954264

2   Private Facebook message, January 20,2020.

3   Private Facebook message, January 20, 2020.

4   Private Facebook message, January 20, 2020.

5   Glenn Stanton, "What is the actual divorce rate," Focus on the Family, November 4, 2015. https://www.focusonthefamily.com/marriage/what-is-the-actual-divorce-rate/

6   http://www.randalolson.com/2015/06/15/144-years-of-marriage-and-divorce-in-1-chart/

7   Michael Reagan, Jim Denney, "The New Reagan Revolution: How Ronald Reagan's Principles Can Restore," 67.

8   Lyman Stone, "More Children Are Living in Intact Families," Institute for Family Studies, January 15, 2020. https://ifstudies.org/blog/more-children-are-living-in-intact-families

9   Judith Wallerstein, "Children After Divorce," New York Times, January 22, 1989. https://www.nytimes.com/1989/01/22/magazine/children-after-divorce.html

10   Jonathan Gruber, "Is Making Divorce Easier Bad for Children? The Long-Run Implications of Unilateral Divorce," Journal of Labor Economics, 22, 4 (2004), 799-833. https://www.jstor.org/stable/10.1086/423155?seq=1

11   Jennifer Graham, "Why is the Census Bureau cheering laws that make it easier for people to get divorced? Deseret News, January 2, 2020. https://www.deseret.com/platform/amp/indepth/2020/1/2/21035589/census-bureau-divorce-laws-no-fault-marriage?_twitter_impression=true

12   Paul R. Amato, Laura Spencer Loomis, and Alan Booth, Parental Divorce, Marital Conflict, and Offspring Well-being during Early Adulthood Social Forces, 73, 3, (1995), 895-915. https://doi.org/10.1093/sf/73.3.895

13   Paul Amato and Alan Booth, A Generation at Risk: Growing Up in an Era of Family Upheaval (Cambridge: Harvard University Press, 1997), 220.

14   Alan Booth and Paul R. Amato, "Parental Predivorce Relations and Offspring Postdivorce Well-Being," Journal of Marriage and Family, 63 (2001), 197-212.

15   Lois M. Collins, "Top reasons couples divorce-and how to head it off," Deseret News, March 28, 2015. https://www.deseret.com/2015/3/28/20561516/top-reasons-couples-divorce-and-how-to-head-it-off#research-shows-that-divorces-tend-to-have-certain-things-as-roots-knowing-what-stresses-a-marriage-can-improve-a-

couples-chance-of-wheathering-it

16　Vanessa Sacks, M.P.P., David Murphey, Ph.D, and Kristin Moore, Ph.D. "Adverse Childhood Experiences: National and State Level Prevalence," Child Trends Research Brief, July 2014. https://www.childtrends.org/wp-content/uploads/2014/07/Brief-adverse-childhood-experiences_FINAL.pdf

17　Sacks, "Adverse Childhood Experiences."

18　"Divorce Statistics and Divorce Rate in the USA, "DivorceStatistics.info. https://www.divorcestatistics.info/divorce-statistics-and-divorce-rate-in-the-usa.html

19　Barbara Dafoe Whitehead, "Dan Quayle Was Right," The Atlantic, April 1993. https://www.theatlantic.com/magazine/archive/1993/04/dan-quayle-was-right/307015/

20　Jim Graves, "A Child of Divorce Speaks Out on the Importance of a Family," National Catholic Register, April 10, 2017. http://www.ncregister.com/blog/jimgraves/a-child-of-divorce-speaks-out-on-the-importance-of-a-family

21　Holly Thomas, "D.I.V.OR.C.E: The kids aren't alright-Grown-up children from divorced families have their say on the effects of their parents' split," Daily Mail, September 14, 2013. https://www.dailymail.co.uk/home/you/article-2417816/Divorce-kids-aren't-alright-adults-divorced-families-speak-effects-parents-split.html

22　Maria, "Divorce was a one-time event for my dad. But it was the beginning of countless losses for me," ThemBeforeUs.com, May 2, 2017.https://thembeforeus.com/maria/

23　Jen Schwartz, "A Child of Divorce-My Story," Huffington Post, August 5, 2010. https://www.huffpost.com/entry/a-child-of-divorce--my-st_b_666739

24　"Effects of Divorce on Family Relationships", marripedia.org, http://marripedia.org/effects_of_divorce_on_family_relationships

25　Rosemary Dunlop, Ailsa Burns, and Suzanne Bermingham, "Parent-Child Relations and Adolescent Self-Image Following Divorce: A Ten Year Study," Journal of Youth and Adolescence, 30 (2001), 117-134.

26　Marsha Kline Pruett, Tamra Y. Williams, Glendessa Insabella, and Todd D. Little, "Family and Legal Indicators of Child Adjustment to Divorce Among Families With Young Children," Journal of Family Psychology, 17, 2 (2003), 174.

27　Valerie King, "Parental Divorce and Interpersonal Trust in Adult Offspring," Journal of Marriage and Family, 64 (2002), 642-656.

28   Heidi R. Riggio, "Parental Marital Conflict and Divorce, Parent-Child Relationships, Social Support, and Relationship Anxiety in Young Adulthood," Personal Relationships, 11 (2004), 106.

29   Seth J. Schwartz and Gordon E. Finley, "Fathering in Intact and Divorced Families: Ethnic Differences in Retrospective Reports," Journal of Marriage and Family, 67 (2005), 207.

30   Yoram Weiss and Robert J. Willis, "Children as Collective Goods and Divorce Settlements," Journal of Labor Economics, 3 (1985), 268-292.

31   M. Claire Noël-Miller, "Repartnering Following Divorce: Implications for Older Fathers' Relations With Their Adult Children," Journal of Marriage & Family 75, 3 (2013), 703.

32   Annie, "Everything in my world was shaken to its core. My dad, who was he really?" ThemBeforeUs.com, March 6, 2018. https://thembeforeus.com/annie/

33   Laura, "I grew up in a world where marriage didn't mean anything, and nobody stuck around for very long," ThemBeforeUs.com, September 30, 2019. https://thembeforeus.com/laura-i-grew-up-in-a-world-where-marriage-didnt-mean-anything-and-nobody-stuck-around-for-very-long/

34   Mindy E. Scott, Alan Booth, Valarie King, and David R. Johnson, "Postdivorce Father-Adolescent Closeness," Journal of Marriage and Family, 69 (2007), 1201.

35   Thomas, "D.I.V.O.R.C.E."

36   Elizabeth Marquardt, "Just Whom Is This Divorce 'Good' For?" Washington Post, November 6, 2005. https://www.washingtonpost.com/archive/opinions/2005/11/06/just-whom-is-this-divorce-good-for/32da3ae3-b15e-491f-a897-96b62a23fe57/

37   Elizabeth Marquardt, "There's No 'Good' Divorce," Boston Globe, November 28, 2005. http://www.americanvalues.org/search/item.php?id=2084

38   Leigh-Ann Smith, "After my parents divorced, my childhood was no longer mine. It belonged to them," The Globe and mail, June 5, 2014. https://www.google.com/amp/s/www.theglobeandmail.com/amp/life/facts-and-arguments/after-my-parents-divorced-my-childhood-was-no-longer-mine-it-belonged-to-them/article12358944/

39   Nate, "My mom and dad had children with their new spouses, but neither step-parent treated me the same as their own children," ThemBeforeUs.com, April 15,

2017. https://thembeforeus.com/nate/

40 John, "My mother was pictured as ignorant and irresponsible by my stepmother," ThemBeforeUs.com, November 28, 2018. https://thembeforeus.com/john/

41 "God Heals A Child of Divorce," BorntoDoThis.org. https://borntodothis.org/2019/01/04/god-heals-a-child-of-divorce/?fbclid=IwAR1uu5vl7usbksLFGmlmJyin6g_EMzpyFMv_7d0EIpGkR9AjRNIyFn-5dq8

42 Mimi Avins, "Grown Up and Messed Up: Following Up on Children of Divorce," LA Times, September 11, 2000.https://www.latimes.com/archives/la-xpm-2000-sep-11-cl-18987-story.html

43 Beth, "I've been told that I don't' matter and other people will be the priority," ThemBeforeUs.com, November 5, 2018. https://thembeforeus.com/beth/

44 Huurre, T., Junkkari, H. and Aro, H. "Long-term Psychosocial effects of parental divorce," Eur Arch Psychiatry Clin Neurosci, 256 (2006), 256-263. https://doi.org/10.1007/s00406-006-0641-y

45 Hannes Bohman, Sara Brolin Låftman, Aviar Päären, and Ulf Jonsson, "Parental separation in childhood as a risk factor for depression in adulthood: a community-based study of adolescents screened for depression and followed up after 15 years," Psychiatry, 17, 117, (2017). https://www.ncbi.nlm.nih.gov/pmc/articles/PMC5370459/

46 Bryce J. Christensen and Nicole M. King, "Parental Divorce-Worse than Parental Death," The Natural Family. http://familyinamerica.org/journals/winter-2016/parental-divorceworse-parental-death/#.XinwhS2ZOt-

47 Kathryn, "My mother told my brother that he was now the 'man of the house'… he became depressed in his 20's and drowned," ThemBeforeUs.com, May 22, 2017. https://thembeforeus.com/kathryn/

48 Violetta K. Schaana, AndréSchulza, HartmutSchächingerb, and ClausVögelea, "Parental divorce is associated with an increased risk to developmental disorders in women," Journal of Affective Disorders, 257 (2019), 91-99. https://www.sciencedirect.com/science/article/pii/S0165032718330957

49 Amy Lee, "Kids Of Divorce And Suicide: New Study Shows Link," Huffington Post, January 24, 2011. https://www.huffpost.com/entry/divorce-and-suicidal-idea_n_812456

50 "Adults at Higher Risk of Suicide Attempt if Parent Abused Alcoho, Research Finds," American Psychological Association, May 6, 2014. https://www.apa.org/news/

press/releases/2014/05/suicide-alcohol

51 Laura, "I grew up in a world where marriage didn't mean anything, and nobody stuck around for very long," ThemBeforeUs.com, September 30, 2019. https://thembeforeus.com/laura-i-grew-up-in-a-world-where-marriage-didnt-mean-anything-and-nobody-stuck-around-for-very-long/

52 Janice Williams, "Divorce Effects: Kids Whose Parents Have Bitter Relationships More likely To Be Sickly Adults, Study Finds," Newsweek, June 6, 2017. https://www.newsweek.com/divorce-kids-parents-sickness-common-cold-621895

53 Karina Hemminki and Bowanga Chen, "Lifestyle and cancer: effect of parental divorce," European Journal of Cancer Prevention, 15, 6 (2006), 524-530. Doi: 10.1097/01.cej.0000220633.93104.64

54 Dube, Shanta R. PhD, MPH; Fairweather, DeLisa PhD; Pearson, William S. PhD, MHA; Felitti, Vincent J. MD; Anda, Robert F. MD, MS; Croft, Janet B. PhD, "Cumulative childhood stress and autoimmune diseases in adults." Psychosomatic Medicine, 71, 2 (2009), 243-250. https://pubmed.ncbi.nlm.nih.gov/19188532/

55 Daniel J. DeNoon , "Children of Divorce Face Higher Stroke Risk," WebMd, November 22, 2010. https://www.webmd.com/stroke/news/20101122/children-of-divorce-face-higher-stroke-risk#1.

56 Donna Jackson Nakazawa, "Childhood Trauma Leads To Lifelong Chronic Illness-So Why Isn't The Medical Community Helping Patients?" Huffington Post, July 29, 2016. http://www.huffingtonpost.com/donna-jackson-nakazawa/childhood-trauma-leads-to_b_11154082.html

57 Donna Jackson Nakazawa, "7 Ways Childhood Adversity Can Change Your Brain: Early emotional trauma changes who we are, but we can do something about it." Psychology Today, August 7, 2015. https://www.psychologytoday.com/us/blog/the-last-best-cure/201508/7-ways-childhood-adversity-can-affect-the-brain

58 Annie, "Everything in my world was shaken to its core. My dad, who was he really?" m, March 6, 2018. https://thembeforeus.com/annie/

59 Parental divorce in childhood is linked to raised inflammation in adulthood," University College London, July 11, 2013. https://www.ucl.ac.uk/news/2013/jul/parental-divorce-childhood-linked-raised-inflammation-adulthood

60 Robyn Wing, MD; Annie Gjelsvik, PhD; Mariann Nocera, MD; and Elizabeth L. McQuaid, PhD, "Association between adverse childhood experiences in the home and

pediatric asthma," Annals of Allergy, Asthma, and Immunology, 114 (2015). https://www.annallergy.org/article/S1081-1206(15)00149-0/pdf

61 "Parents' divorce increases risk of health disorders in children," Public Release Spanish Foundation For Science and Technology, May 24, 2017. https://www.eurekalert.org/news-releases/807432

62 Sean Coughlan, "Divorce 'damages children's GCSEs," BBC News, November 24, 2014. https://www.bbc.com/news/education-30177051

63 Maia, "Our mom left to pursue a same sex lifestyle, leaving my siblings and I devastated," ThemBeforeUs.com, October 31, 2017. https://thembeforeus.com/maia/

64 Gary D. Sandefur, Sara McLanahan, and Roger A. Wojtkiewicz, "The Effects of Parental Marital Status during Adolescence on High School Graduation," Social Forces, 71, 1 (1992), 112.

65 Benjamin Gurentz, "Living with an Unmarried Partner Now Common for Young Adults," US Census Bureau, November 15, 2018. https://www.census.gov/library/stories/2018/11/cohabitaiton-is-up-marriage-is-down-for-young-adults.html

66 Thomas, "D.I.V.O.R.C.E."

67 Nicholas H. Wolfinger, "Parental Divorce and Offspring Marriage: Early or Late?" Social Forces, 82, 1 (2003), 337-353. https://www.jstor.org/stable/3598148?seq=1

68 Heather G, "Mom said to us, "Don't' come around too often, my boyfriend doesn't like it,'" ThemBeforeUs.com, June 29, 2017. https://thembeforeus.com/heather-g/

69 Nicholas H. Wolfinger, Understanding the Divorce Cycle (Cambridge University Press, 2005), 87.

70 Private Facebook Message, January 22, 2020.

71 Linda J. Waite, Don Browning, William J. Doherty, Maggie Gallagher, Ye Luo, and Scott M. Stanley, "Does Divorce Make People Happy?" Institute for American Values, 2002. http://americanvalues.org/catalog/pdfs/does_divorce_make_people_happy.pdf

72 Harry Benson and Steve McKay, "Couples on the brink," Marriage Foundation, February 2017. https://marriagefoundation.org.uk/research/couples-on-the-brink/

73 Constance R. Ahrons, "Family Ties After Divorce: Long-Term Implications for Children," Family Process, 46, 1 (2007), 53-65. https://onlinelibrary.wiley.com/doi/abs/10.1111/j.1545-5300.2006.00191.x

74 ER Sax, "Mother is getting remarried – and I'm not okay." WeddingBee.com, No-

vember 2013. https://boards.weddingbee.com/topic/mother-is-getting-remarried-and-im-not-okay/

75 Joanna Moorhead, "Children and divorce: 'I just want to know why they broke up,'" The Guardian, August 31, 2013. https://www.theguardian.com/lifeandstyle/2013/aug/31/children-divorce-separated-documentary-olly-lambert

6장 동성 부모

1 Madeline Holcombe and Augie Martin, "Jennifer Hart drove her six children to their deaths as her wife looked up how much they would suffer, a jury says," CNN, April 6, 2019. https://www.cnn.com/2019/04/06/us/hart-family-crash-inquest-searches/index.html

2 Jamie Hall, "The Research on Same-Sex Parenting: 'No Differences' No More," Heritage Foundation, April 23, 2015. https://www.heritage.org/marriage-and-family/report/the-research-same-sex-parenting-no-differences-no-more

3 Walter R. Schumm, "A Review and Critique of Research on Same-Sex Parenting and Adoption," Psychological Reports, 119, 3 (2016), 641-760. https://www.ncbi.nlm.nih.gov/pubmed/27620690

4 Paul Sullins, "Bias in Recruited Sample Research on Children with Same-Sex Parents Using the Strength and Difficulties Questionnaire (SDQ)," Journal of Scientific Research and Reports, 5, 5, 375-387. http://www.sciencedomain.org/abstract/7750

5 D. Paul Sullins, "The Unexpected Harm of Same-sex Marriage: A Critical Appraisal, Replication and Re-analysis of Wainright and Patterson's Studies of Adolescents with Same-sex Parents," British Journal of Education, Society & Behavioural Science, 11, 2 (2015), 1-22. http://www.journalrepository.org/media/journals/BJESBS_21/2015/Aug/Sullins1122015BJESBS19337.pdf

6 Sullins, "결과: 동성혼 커플의 청소년들은 현저히 낮은 자율성과 높은 불안감을 경험하지만, 이성 부모를 둔 청소년보다 학교성적이 우수하다. 미혼인 동성 부모의 자녀와 동성혼 커플의 자녀를 비교하면, 아동의 평균 이상의 우울증 증상의 비중은 50%(미혼 동성 부모)에서 88%(동성혼 커플)까지 증가한다. 평균 평점은 3.6에서 3.4로 떨어지고 부모에 의한 자녀의 성학대 비중도 0%에서 38%로 상승한다. 자녀가 동성 부모와 더 오랜 기간 같이 있을수록 더 큰 해를 입었다. 결론: 동성혼 커플의 자녀는 심각한 불이익을 경험하지만, 남성-여성 부모의 자녀 대비 장점도 존재한다. 이성 간 결혼이 아동의 복지를 측정하는 광범위한 영역에서 개선된 성과와 관련이 있지

만, 동성혼은 낮은 성과와 관련이 있다." Unexpected Harm.

7 Reczek, C., Spiker, R., Liu, H., and Crosnoe, R., "The Promise and Perils of Population Research on Same-Sex Families," Demography, 54, 6 (2017), 2385-2397, Table 7. https://doi.org/10.1007/s13524-017-0630-y

8 케네디 대법관, "결혼이 제공하는 인정, 안정감, 예측가능성이 결여된 이들의 자녀는 본인의 가족이 다소 부족하다는 사실을 안다는 낙인으로 고통을 받는다. 그들은 또한 비혼 부모가 양육함에 따라 상당한 물질적인 대가로 괴로워하며, 본인의 잘못이 아닌데 더 어렵고 불확실한 가족 생활로 밀려난다."

9 "BRIEF OF AMICAE CURIAE HEATHER BARWICK AND KATY FAUST IN SUPPORT OF RESPONDENTS," Obergefell vs. Hodges, 2015, 7. https://sblog.s3.amazonaws.com/wp-content/uploads/2015/04/14-556_Heather_Barwick_and_Katy_Faust.pdf

10 Roberto Baiocco, Nicola Carone, Salvatore Ioverno, and Vittorio Lingiardi. "Same-Sex and Different-Sex Parent Families in Italy," Journal of Developmental & Behavioral Pediatrics, 2018. https://www.sciencedaily.com/releases/2018/06/180628120036.htm

11 Private correspondence, January 27, 2020.

12 Stephen, ThemBeforeUs.com, June 14, 2019.

13 Mark Regnerus, "How Different are the Adult Children of Parents who have Same-Sex Relationships? Findings from the New Family Structures Study." Social Science Research, 41 (2012), 752-770.

14 Ana Samuel, "New Family Structures Research and the 'No Differences' Claim." http://www.familystructurestudies.com/summary

15 Jennifer Marshall, "Case Closed at UT Austin: Regnerus Exonerated," The Daily Signal, August 31, 2012. https://www.dailysignal.com/2012/08/31/case-closed-at-ut-austin-regnerus-exonerated/

16 Donald Sullins, "Emotional Problems among Children with Same-Sex Parents: Difference by Definition," British Journal of Education, Society and Behavioural Science, 7, 2 (2015), 99-120. https://ssrn.com/abstract=2500537

17 Paul Sullins, "Developmental outcomes for children with same-sex parents: the irreplaceable advantage of heterosexual marriage." Catholic Social Workers National Association Annual Conference, November 3, 2017. (See Sullins, D. Paul. "Emotional Problems among Children with Same-Sex Parents: Difference by Definition." British Journal of Education, Society and Behavioural Science 7, 2 (2015), 114.)

18 Samantha Wiessing, "I was raised by 2 gay men. I still think children deserve to be

adopted into a home with a mother and a father," The Tennessean, January 23, 2020. https://www.tennessean.com/story/opinion/2020/01/23/children-deserve-adopted-into-home-mother-and-father/

19 "An Angry Teen with Two Moms Gets Advice From A Man Who's Been There," ThemBeforeUs.com, September 19, 2018. https://thembeforeus.com/an-angry-teen-with-two-moms-gets-advice-from-a-man-whos-been-there/

20 Private correspondence.

21 CHILDREN'S RIGHTS? ANYONE? :O(," AnonymousUs.org, June 28, 2015. https://anonymousus.org/childrens-rights-anyone-o/

22 "I WISH I HAD A DAD," AnonymousUs.org, October 29, 2015. https://anonymousus.org/i-wish-i-had-a-dad/

23 "I'M THE PRODUCT OF A MY MOTHER'S EGG AND A SPERM DONOR," AnonymousUs.org, October 12, 2014. https://anonymousus.org/im-the-product-of-a-my-mothers-egg-and-a-sperm-donor/

24 "LOVE IS HATE," AnonymousUs.org, July 13, 2014. https://anonymousus.org/love-is-hate/

25 "CHILD OF LESBIAN PARENTS," AnonymousUs.org, July 17, 2013. https://anonymousus.org/child-of-lesbian-parents/

26 "I AM ALSO AN ATHEIST, AND RAISED BY A GAY COUPLE," AnonymousUs.org, September 7, 2016.

27 "HAVING TWO MOMS SUCKS," AnonymousUs.org, February 4, 2015. https://anonymousus.org/having-two-moms-sucks/

28 "HOW CAN I FIND MY DAD?" AnonymousUs.org, March 16, 2014. https://anonymousus.org/how-can-i-find-my-dad/

29 "RE: MAYBE THE GRASS IS GREENER⋯.," AnonymousUs.org, August 6, 2014. https://anonymousus.org/re-maybe-the-grass-is-greener/

30 John King, "I've been scorned for not adapting to and celebrating my parent's new sexual identities," ThemBeforeUs.com, April 30, 2017. https://thembeforeus.com/john-king/

31 Abigail Garner, Families Like Mine (Harper Collins, 2004), 21. (Note: first set of brackets not in original.)

32 "The other side of the rainbow—Millie Fontana's story," Australian Christian Lob-

by, YouTube, September 23, 2015.

33 The Lesbian's Daughter. https://thelesbiansdaughter.wordpress.com

34 Private correspondence.

35 "@KIDS WHO HAVE GAY MOMS ON THIS SITE, JUST LIKE ME!" AnonymousUs. org, February 15, 2015. https://anonymousus.org/kids-who-have-gay-moms-on-this-site-just-like-me/

36 Emily Conley, "Marriage is Our Future: Denise Shick's Story," Alliance Defending Freedom, February 29, 2016. https://adflegal.org/detailspages/blog-details/allianceedge/2016/02/29/marriage-is-our-future-denise-shick-s-story.

37 Joshua Hewitt, "When my father came out as transgender, the realisation that he was gone hit hard," The Guardian, March 7, 2016. https://www.theguardian.com/commentisfree/2016/mar/08/when-my-father-came-out-as-transgender-the-realisation-that-he-was-gone-hit-hard

38 "How does a parent coming out as transgender affect the child?" Insight SBS, YouTube, April 26, 2019. https://www.youtube.com/watch?v=8WgKrYc2Bj0

39 39 Elizabeth Garrott, "To me, my father had died, and there was no changing that. I was looking at a shell of the man I once knew," ThemBeforeUs.com, June 3, 2019. https://thembeforeus.com/elizabeth-garrott-to-me-my-father-had-died-and-there-was-no-changing-that-i-was-looking-at-a-shell-of-the-man-i-once-knew/

40 John King, ThemBeforeUs.com. https://thembeforeus.com/john-king/

41 Corbin, "Most of my youth [my mom] was a lesbian. My father decided that he has always been a woman," ThemBeforeUs.com, November 28, 2018. https://thembeforeus.com/corbin/

42 "How does a parent coming out as transgender affect the child?" Insight SBS, YouTube, April 26, 2019. https://www.youtube.com/watch?v=8WgKrYc2Bj0

7장 기증에 의한 임신

1 "WHY I STAY QUIET," AnonymousUs.org, March 30, 2016. https://anonymousus.org/why-i-stay-quiet/

2 "RE: 'WHAT SHOULD I DO?'" AnonymousUs.org, May 25, 2015. https://anony-

mousus.org/re/

3 "I THINK ABOUT HER EVERY DAY," AnonymousUs.org, May 27, 2019. https://anonymousus.org/i-think-about-her-every-day/

4 "FOUND OUT AT 37 WITH TWO CHILDREN AND A FAMILY OF MY OWN," AnonymousUs.org, February 3, 2017. https://anonymousus.org/found-37-two-children-family/

5 Karen Clark, Norval Glenn, and Elizabeth Marquardt, "My Daddy's Name Is Donor," Institute for American Values, 2010.

6 "WE ARE DONOR CONCEIVED 2019 SURVEY RESULTS," WeAreDonorConceived.com, May 1, 2019. https://www.wearedonorconceived.com/uncategorized/we-are-donor-conceived-2019-survey-results/

7 "ALWAYS FELT THERE'S SOMETHING MISSING," AnonymousUs.org, February 5, 2019. https://anonymousus.org/always-felt-theres-something-missing/

8 Karen Clark, Norval Glenn, and Elizabeth Marquardt, "Executive Summary, My Daddy's Name Is Donor," Institute for American Values, 2010, http://www.americanvalues.org/pdfs/Donor_summ_findings.pdf

9 "2019 SURVEY RESULTS," WeAreDonorConceived.com.

10 Elizabeth Howard, "My dad was a sperm donor. My lack of identity reflects his," The Guardian, January 16, 2014. https://www.theguardian.com/commentisfree/2014/jan/16/dad-sperm-donor-lack-identity-delivery-man

11 "NEWS TO ME AT 22," AnonymousUs.org, June 6, 2017. https://anonymousus.org/news-to-me-at-22/

12 "MY 'BIOLOGICAL' MOM WAS AN ANONYMOUS EGG DONOR," AnonymousUs.org, April 23, 2019. https://anonymousus.org/my-biological-mom-was-an-anonymous-egg-donor/

13 "CONCEIVED BY DONOR, BECAME A DONOR," AnonymousUs.org, January 5, 2017. https://anonymousus.org/conceived-donor-became-donor/

14 Ellie, "Now it is my turn to speak. I hate my conception," ThemBeforeUs.com, January 2, 2018. https://thembeforeus.com/ellie/

15 "MY STORY," AnonymousUs.org, February 6, 2019. https://anonymousus.org/my-story-5/

16 "DEAR IT'S NOT EASY- I AGREE! AND I'M GOING TO DO IT, A MESSAGE FROM A DONOR CONCEIVED CHILD," AnonymousUs.org, February 6, 2019. https://anon-

ymousus.org/dear-its-not-easy-i-agree-and-im-going-to-do-it-a-message-from-a-donor-conceived-child/

17 "THAT'S NOT MY NAME," AnonymousUs.org, May 15, 2016. https://anonymousus.org/thats-not-name/

18 "HAPPY FATHER'S DAY!," AnonymousUs.org, June 23, 2015. https://anonymousus.org/happy-fathers-day/

19 "FOREVER SEARCHING," AnonymousUs.org, June 17, 2015. https://anonymousus.org/forever-searching/

20 Ellie, ThemBeforeUs.com.

21 "Anything is possible," WeAreDonorConceived.com. https://www.wearedonorconceived.com/personal-stories/anything-is-possible/

22 Lindsey Webb, "Opening Pandora's box," WeAreDonorConceived.com. https://www.wearedonorconceived.com/personal-stories/opening-pandoras-box/

23 Ellie, ThemBeforeUs.com.

24 "HALF-SIBLINGS FROM SPERM DONOR," AnonymousUs.org, May 5, 2019. https://anonymousus.org/half-siblings-from-sperm-donor/

25 "I FOUND HIM," AnonymousUs.org, July 27, 2016. https://anonymousus.org/i-found-him/

26 Tyler Sievers, "I have 49 siblings (so far)," WeAreDonorConceived.com. https://www.wearedonorconceived.com/personal-stories/i-have-49-siblings-so-far/

27 "I HAVE A SISTER," AnonymousUs.org, March 29, 2016. https://anonymousus.org/i-have-a-sister/

28 "I WONDER," AnonymousUs.org, February 12, 2016. https://anonymousus.org/i-wonder/

29 "THE BEAUTIFUL STORY OF J AND L," AnonymousUs.org, January 7, 2015. https://anonymousus.org/the-beautiful-story-of-j-and-l/

30 "MY STORY :)," AnonymousUs.org, June 22, 2014. https://anonymousus.org/my-story-2/

31 "STEP DAUGHTER BORN THROUGH EGG DONATION," AnonymousUs.org, August 8, 2019. https://anonymousus.org/step-daughter-born-through-egg-donation/

32 "JUST FIGURED OUT MY UNCLE IS ACTUALLY MY FATHER, AND MY MOTHER IS MY AUNT," AnonymousUs.org, February 15, 2015. https://anonymousus.org/just-

figured-out-my-uncle-is-actually-my-father-and-my-mother-is-my-aunt/

33   Alana S. Newman, "Children's Rights, or Rights to Children?" Public Discourse, November 10, 2014. https://www.thepublicdiscourse.com/2014/11/13993/

34   "TOWARDS OPENNESS – MY DONOR CONCEIVED PAST," AnonymousUs.org, July 13, 2015. https://anonymousus.org/towards-openness-donor-conceived-past/

35   "PRICING Donor Semen," California Cryobank, accessed April 13, 2020. https://www.cryobank.com/services/pricing/

36   Abbie Boudreau, Ashley Louszko, Hana Karar, Erin Brady and Lauren Effron, "'Premier' Donor Eggs Command High Prices for Desirable Genes," ABC News, November 5, 2015. https://abcnews.go.com/Health/big-business-egg-donation-sparks-controversy-pricing/

37   "SCIENCE OWNS ME," AnonymousUs.org, February 8, 2015. https://anonymousus.org/science-owns-me/

38   Karen Clark, Norval Glenn, and Elizabeth Marquardt, "Executive Summary, My Daddy's Name Is Donor," Institute for American Values, 2010. http://www.americanvalues.org/pdfs/Donor_summ_findings.pdf

39   Hannah, "Letter to my single-mom-by-choice and donor dad," ThemBeforeUs.com, November 1, 2017. https://thembeforeus.com/hannah/

40   "RE: MAYBE THE GRASS IS GREENER…," AnonymousUs.org, August 6, 2014. https://anonymousus.org/re-maybe-the-grass-is-greener/

41   "I THINK ABOUT HER EVERY DAY," AnonymousUs.org, May 27, 2019. https://anonymousus.org/i-think-about-her-every-day/

42   "WHY IS IT OK FOR YOU TO DONATE YOUR OWN CHILDREN IN EXCHANGE FOR PROFIT? WHY?" AnonymousUs.org, January 24, 2014. https://anonymousus.org/why-is-it-ok-for-you-to-donate-your-own-children-in-exchange-for-profit-why/

43   "CONFUSED CLONE," AnonymousUs.org, March 26, 2019. https://anonymousus.org/confused-clone/

44   "WHY DO I FEEL SO GUILTY?" AnonymousUs.org, February 8, 2018. https://anonymousus.org/why-do-i-feel-so-guilty/

45   "DEAR CURRENT AND PROSPECTIVE PARENTS, PLEASE READ THIS," AnonymousUs.org, March 27, 2019. https://anonymousus.org/dear-current-and-prospective-parents-please-read-this/

46   Rachel White, "Only White, Straight, Attractive Women Allowed? The Strange

World of Egg Donation," AlterNet, August 3, 2010. http://www.alternet.org/story/147682/only_white%2C_straight%2C_attractive_women_allowed_the_strange_world_of_egg_donation

47 David Plotz, "The 'Genius Babies,' and How They Grew," Slate, February 8, 2001.

48 Kat Eschner, "The 'Nobel Prize Sperm Bank' Was Racist. It Also Helped Change the Fertility Industry," Smithsonian Magazine, June 9, 2017.

49 Zave Fors, "I Was Artificially Created," WeAreDonorConceived.com.

50 Jennifer Lahl, "Podcast #008: Matt Doran," Venus Rising Podcast, December 20, 2019. https://podcasts.apple.com/us/podcast/podcast-008-matt-doran/id1481872967?i=1000462383000

8장 대리모

1 Elizabeth A. Werner, Michael M. Myers, William P. Fifer, Bin Cheng, Yixin Fang, Rhiannon Allen, and Catherine Monk, "Prenatal predictors of infant temperament," Developmental Psychology, June 18, 2007. https://doi.org/10.1002/dev.20232

2 C. Buss, E. P. Davis, C. J. Hobel and C. A. Sandman, "Maternal pregnancy-specific anxiety is associated with child executive function at 6–9 years age," Stress, 14, 6 (2011), 665-676. DOI: 10.3109/10253890.2011.623250

3 Yasemin Saplakoglu, "Why Does a Mother's Body Keep Some of Her Baby's Cells After Birth?" LiveScience.com, June 28, 2018. https://www.livescience.com/62930-why-mom-keeps-baby-cells.html

4 Renate Klein, "Surrogacy: A Human Rights Violation," Spinifex Press, November 1, 2017, 24.

5 "NOT KNOWING," AnonymousUs.org, April 7, 2013. https://anonymousus.org/not-knowing/

6 Jessica Kern, "Judiciary and Public Safety: Bill 20-32, the Surrogacy Parenting Agreement Act of 2013," TheOtherSideOfSurrogacy.blogspot.com, Wednesday, June 19, 2013

7 "LOST AND LONGING," AnonymousUs.org, June 11, 2016. https://anonymousus.org/lost-and-longing/

8 "I HATE MY GAY DADS. AM I A BAD PERSON?" AnonymousUs.org, March 3, 2014.

https://anonymousus.org/i-hate-my-gay-dads-am-i-a-bad-person/

9   Nur Asyiqin and Mohamad Salleh, "Japanese behind 'baby factory' wants more surrogate kids," The Straits Times, February 25, 2018.

10   Nick Ralston, "Named: the Australian paedophile jailed for 40 years," The Sydney Morning Herald, June 30, 2013.

11   Noam Barkan, "Convicted pedophile raises surrogate daughter," YNetNews.com, February 6, 2013.

12   "Convicted Australian paedophile father allowed to keep Thai surrogate baby," South China Morning Post, April 14, 2016.

13   Alyssas Newcomb, "Two San Diego Women Sentenced In Baby Selling Case," ABC News, February 24, 2012.

14   Colleen Curry, "Woman Allegedly Sold Newborn Baby for $15K," ABC News, October 5, 2011.

15   Karen Clark, Norval Glenn, and Elizabeth Marquardt, "Executive Summary, My Daddy's Name Is Donor," Institute for American Values, 2010. http://www.americanvalues.org/pdfs/Donor_summ_findings.pdf

16   Alana S. Newman, "Children's Rights, or Rights to Children?" Public Discourse, November 10, 2014.

17   Kern, "Judiciary and Public Safety."

18   Brian C, "The Son of a Surrogate," August 9, 2006. http://sonofasurrogate.tripod.com.

19   Matthew Eppinette, "Surrogacy: Messy and Complicated," Center For Bioethics and Culture, October 26, 2017. http://www.cbc-network.org/2017/10/surrogacy-messy-complicated/

20   Jennifer Lahl, "Why surrogacy is against human rights," Iona Institute, YouTube, November 22, 2016. https://www.youtube.com/watch?v=gCpPIDMU8Hg

21   James Besanvalle, "'Lance Bass and husband still hopeful after fifth failed surrogacy attempt," GayStarNews.com, January 2, 2019. https://www.gaystarnews.com/article/lance-bass-husband-hopeful-surrogacy/

22   M.L.P. van der Hoorn, E.E.L.O. Lashley, D.W. Bianchi, F.H.J. Claas, C.M.C. Schonkeren, and S.A. Scherjon, "Clinical and immunologic aspects of egg donation pregnancies: a systematic review," Human Reproduction Update, 16, 6 (2010), 704–712.

https://doi.org/10.1093/humupd/dmq017

23 Maggie Fox, "Conception is a rare event, fertility study shows," Reuters, October 25, 2010.

24 Mary Pflum, "Nation's fertility clinics struggle with a growing number of abandoned embryos," NBC News, August 12, 2019.

25 "What are my options if I decide not to use my stored embryos?" American Society for Reproductive Medicine, accessed April 13, 2020. https://www.reproductivefacts.org/faqs/frequently-asked-questions-about-infertility/q11-what-are-my-options-if-i-decide-not-to-use-my-stored-embryos/

26 Zimon AE, Shepard DS, Prottas J, et al. "Embryo donation: Survey of in-vitro fertilization (IVF) patients and randomized trial of complimentary counseling," PLoS One, (2019), 14. doi:10.1371/journal.pone.0221149

27 "PRIMAL LUV: FROM A BOOK WRIGHT," AnonymousUs.Org, December 20, 2012. https://anonymousus.org/primal-luv-from-a-book-wright/

28 Private Twitter Message, December 9, 2020.

29 Private Facebook Message, September 20, 2019.

30 Private email correspondence, December 11, 2019.

31 Jennifer Lahl, "Contract Pregnancies Exposed Part 2," Center for Bioethics and Culture, November 14, 2017. http://www.cbc-network.org/2017/11/contract-pregnancies-exposed-part-2/

32 Lahl, "Contract Pregnancies."

33 Tom Blackwell, "Couple urged surrogate mother to abort fetus because of defect," National Post, October 6, 2010.

34 Susan Golombok, Lucy Blake, Polly Casey, Gabriela Roman, and Vasanti Jadva, "Children born through reproductive donation: a longitudinal study of psychological adjustment," adjustment," The Journal of Child Psychology and Psychiatry, November 23, 2012. https://doi.org/10.1111/jcpp.12015

35 Kallie Fell, "Study Finds Surrogate Pregnancies are Different," Center for Bioethics and Culture, April 4, 2018. http://www.cbc-network.org/2018/04/study-finds-surrogate-pregnancies-are-different/

36 Yona Nicolau, Austin Purkeypile, T Allen Merritt, Mitchell Goldstein, and Bryan Oshiro, "Outcomes of surrogate pregnancies in California and hospital economics of surrogate maternity and newborn care," World Journal of Obstetrics and Gynecology, 4,

4 (2015).

37 "Premature birth," Mayo Clinic, accessed April 21, 2010.

38 Michele Hansen, Kathryn R. Greenop, Jenny Bourke, Gareth Baynam, Roger J. Hart and Helen Leonard, "Intellectual Disability in Children Conceived Using Assisted Reproductive Technology," Pediatrics, December 2018, 142. DOI: https://doi.org/10.1542/peds.2018-1269

39 Nicholas Zill and W. Bradford Wilcox, "The Adoptive Difference: New Evidence on How Adopted Children Perform in School," Institute for Family Studies, March 26, 2018. https://ifstudies.org/blog/the-adoptive-difference-new-evidence-on-how-adopted-children-perform-in-school.

40 Kern, "Judiciary and Public Safety."

41 "I CANNOT DETACH FROM THE CHILD I BORE," AnonymousUs.org, February 5, 2019. https://anonymousus.org/i-cannot-detach-from-the-child-i-bore/

42 Jo Knowsley, "Surrogate mother says 'Sorry, but I'm keeping your babies,'" Daily Mail, December 17, 2006.

43 Barak E. Morgan, Alan R. Horn, Nils J. Bergman. "Should Neonates Sleep Alone?" Biological Psychiatry, 70, 9 (2011), 817. DOI: 10.1016/j.biopsych.2011.06.018

44 Indiana University-Purdue University Indianapolis School of Science. "Even brief maternal deprivation early in life alters adult brain function and cognition: Rat study," ScienceDaily, May 3, 2018. www.sciencedaily.com/releases/2018/05/180503142724.htm

45 James Taranto, "The Politicization of Motherhood," Wall Street Journal, October 27, 2017.

46 Brian C, "The Son of a Surrogate," August 9, 2006. http://sonofasurrogate.tripod.com

9장 입양

1 Dennis Thompson, "Kids Sent to Foster Care Doubles Due to Opioids," WebMd, July 15, 2019.

2 Nicholas Zill and W. Bradford Wilcox, "The Adoptive Difference: New Evidence on How Adopted Children Perform in School," Institute For Family Studies, March 26,

2018.

3   Keyes, M. A., Sharma, A., Elkins, I. J., Iacono, W. G., and McGue, M., "The mental health of US adolescents adopted in infancy," Archives of pediatrics & adolescent medicine, 162, 5 (2008), 419–425. https://doi.org/10.1001/archpedi.162.5.419

4   Barak E. Morgan, Alan R. Horn, and Nils J. Bergman, "Should Neonates Sleep Alone?" Biological Psychiatry, 70, 9 (2011), 817. DOI: 10.1016/j.biopsych.2011.06.018

5   Indiana University–Purdue University Indianapolis School of Science. "Even brief maternal deprivation early in life alters adult brain function and cognition: Rat study." ScienceDaily, May 3, 2018. www.sciencedaily.com/releases/2018/05/180503142724.htm

6   Edited for clarity with permission. Julianne Jaz, testimony for Senate Law & Justice Committee, Executive Session: SB 5992, SB 6145; Public Hearing: SGA 9110, SGA 9222, SB 5987, SB 6037, SB 6051, SB 6053, January 16, 2018, 10:00 a.m.

7   Stacy Woodhouse, Private Correspondence, October 28, 2019.

8   Private Correspondence, April 21, 2020.

9   "Petition from Mental Health Professionals: Stop Border Separation of Children from Parents!" Child's World America, accessed April 22, 2020. https://childsworldamerica.org/stop-border-separation/stop-border-separation-text-preview/

10   "AAP Statement Opposing Separation of Children and Parents at the Border," American Academy of Pediatrics, May 8, 2018.

11   M. Wierzbicki, "Psychological adjustment of adoptees: A meta-analysis," Journal of Clinical Child Psychology, 22, 4 (1993), 447–454. https://doi.org/10.1207/s15374424jccp2204_5

12   Comment from Littlewanderer, "Forum: genealogical bewilderment," adoption.com, March 21, 2011. https://adoption.com/forums/thread/368281/genealogical-bewilderment/

13   Paula Gruben, "Hole in My Soul," Overcoming Odds, https://www.overcomingodds.today/standup-speakup/hole-in-my-soul

14   "10 Things that Scientific Research Says about Open Adoption," American Adoption News, August 14, 2017. https://www.americanadoptions.com/blog/10-things-that-scientific-research-says-about-open-adoption/

15   Arina O. Grossu, "Supreme Court must take on heartbreaking surrogacy case,"

The Hill, September 30, 2017.

16　Michelle Goldberg, "Is a Surrogate a Mother?" Slate, February 15, 2016.

17　Hannah, "Letter to my single-mom-by-choice and donor dad," ThemBeforeUs.com, November 1, 2017.

18　Sarah Brown, private Facebook comment, October 4, 2016.

19　Tiea Hansen, private Facebook comment, October 4, 2016.

20　Letitia Paul-Guenther, private Facebook comment, October 6, 2016.

21　Katy Faust, "Question from my friend's facebook page," Public Facebook Page, December 1, 2016.

22　"ALONE," AnonymousUs.com, September 25, 2018.

23　"RE: 'I AM NOT YOUR FATHER,'" AnonymousUs.com, August 3, 2015.

24　"TO ANY PARENT THAT THINKS THEIR DONOR CONCEIVED CHILD SIMPLY DOES'T CARE," AnonymousUs.com, October 3, 2015.

25　Karen Clark, Norval Glenn, and Elizabeth Marquardt, "My Daddy's Name Is Donor," Institute for American Values, 2010.

26　Hannah, "Letter to my single-mom-by-choice and donor dad," ThemBeforeUs.com, November 1, 2017.

10장 운동에 동참하라

1　Gill, "My life has had many negative issues due to my mother being lesbian," ThemBeforeUs.com, August 15, 2017.

2　Official Civil Society Platform, "THE FAMILY ARTICLES," Civil Society for the Family. https://civilsocietyforthefamily.org/wp-content/uploads/THE-FAMILY-ARTICLES-2.pdf

3　Cheng-Tong Lir Wang, and Evan Schofer, "Coming Out of the Penumbras: World Culture and Cross-National Variation in Divorce Rates," Social Forces, 97, 2 (2018), 675-704. https://doi.org/10.1093/sf/soy070

4　Judith Bergman, "Polygamy: Europe's Hidden Statistic," Gatestone Institute, June 5, 2016. https://www.gatestoneinstitute.org/8199/polygamy-europe

5　Andrew Dugan, "Moral Acceptance of Polygamy at Record High—But Why?"

Gallup, July 28, 2017. https://news.gallup.com/opinion/polling-matters/214601/moral-acceptance-polygamy-record-high-why.aspx Charts designed by Christopher Hanna at Nimbleroot.com